Nachfolgemanagement in Familienunternehmen

Bewertung – Due Diligence – Finanzierung

Von
Hubert Kersting
Sven Bitzer
Raphael Dupierry

ERICH SCHMIDT VERLAG

Bibliografische Information der Deutschen Nationalbibliothek
Die Deutsche Nationalbibliothek verzeichnet diese Publikation
in der Deutschen Nationalbibliografie; detaillierte bibliografische Daten
sind im Internet über http://dnb.d-nb.de abrufbar.

Weitere Informationen zu diesem Titel finden Sie im Internet unter
ESV.info/978 3 503 13890 6

Gedrucktes Werk: ISBN 978 3 503 13890 6
eBook: ISBN 978 3 503 13891 3

Alle Rechte vorbehalten
© Erich Schmidt Verlag GmbH & Co. KG, Berlin 2014
www.ESV.info

Dieses Papier erfüllt die Frankfurter Forderungen
der Deutschen Nationalbibliothek und der Gesellschaft für das Buch
bezüglich der Alterungsbeständigkeit und entspricht sowohl den
strengen Bestimmungen der US Norm Ansi/Niso Z 39.48-1992
als auch der ISO Norm 9706.

Druck und Bindung: Strauss, Mörlenbach

Danksagungen

Das vorliegende Buch bietet einen umfassenden Überblick über die erfolgreiche Umsetzung des Nachfolgemanagements.

Wir bedanken uns bei Prof. Dr. Martin Kaschny, der maßgeblich als Ideengeber und kritischer Begleiter unsere Arbeit unterstützt und gefördert hat. Wir bedanken uns für die inhaltliche und redaktionelle Mitarbeit bei Farzan Baikzadeh, Nicole Bardon, Patrick Breiden, Hans Georg Büllesbach, Tobias Cramer, Katharina Endlein, Ulrike Flackus, Florian Förster, Mark Frost, Björn Malessa, Serjoscha Rahn, Fadit Sitto, Michael Stienen, Axel Stockinger, Polina Vertiprakhova und Martin Waszak. Besonders bedanken wir uns bei Christoph Emsbach und Ramona Hahn für die tatkräftige Realisierung des Buches. Dank schulden wir nicht zuletzt zahlreichen Fachexperten für ihre Unterstützung.

Ganz besonderer Dank gilt unseren Familien für ihre Geduld und Nachsicht während unserer Arbeit an diesem Werk. Ihnen sei diese Arbeit gewidmet.

Düsseldorf und Koblenz, im März 2014

Hubert Kersting
Sven Bitzer
Raphael Dupierry

Vorwort

Wir begrüßen Sie zu diesem anschaulichen Leitfaden, der Ihnen hilft, Unternehmensübergaben oder -übernahmen gezielt zu meistern. Dass Nachfolge sicher gemanagt wird, ist nicht selbstverständlich, da Nachfolgemanagement hochkomplex ist. Zahlreiche Faktoren, seien sie familiärer, rechtlicher, steuerrechtlicher, betriebswirtschaftlicher oder technischer Natur, machen jede Übergabe bzw. Übernahme zu einem einmaligen Projekt.

Dies belegt die lange Liste von Negativ-Beispielen: Die um die Macht streitenden Brüder trugen ihre Kämpfe im operativen Geschäft aus, woran das Imperium der Gebäckdynastie Bahlsen zerbröselte. Dauerstreit und Rosenkrieg der Hamburger Tchibo-Legende Max Hertz zunächst mit seiner Ehefrau und später mit dem Sohn. Zeitweise, so erinnert sich Ralf Schwarzkopf, stritt er mit seinem Vater Eugen Schwarzkopf unentwegt über ein Organigramm der Firma.

Konflikte zwischen Junior und Senior können die Belegschaft spalten. Auch Schlagzeilen wie „Chef als Ratingrisiko" zeigen, verletze Gefühle bergen ein großes Konfliktpotenzial. Der Blick in Bezug auf den Generationswechsel und die Zukunftssicherung ist subjektiv. Altunternehmer sind häufig davon überzeugt unersetzlich zu sein und haben wenig Vertrauen in die nächste Generation. Oftmals sind sie nicht bereit, Altbewährtes zu ändern, und bangen um ihre Altersversorgung und ihr Lebenswerk.

Insbesondere in KMU ist aus diesen Gründen eine sorgfältige Planung der Unternehmensnachfolge entscheidend. Der zukünftige Erfolg des Unternehmens hängt dabei von zahlreichen Faktoren ab, die in diesem Leitfaden aus unterschiedlichen Perspektiven beleuchtet werden. Es wird aufgezeigt, worauf es beim Nachfolgemanagement ankommt.

Düsseldorf und Koblenz, im März 2014

Hubert Kersting
Sven Bitzer
Raphael Dupierry

Inhaltsverzeichnis

Danksagungen V

Vorwort VII

Inhaltsverzeichnis IX

Abbildungsverzeichnis XIII

Checklistenverzeichnis XVII

To-do-Listen Verzeichnis XIX

Abkürzungsverzeichnis XXI

1. Inhalt des Buches 1

    1.1 Ziele 1
    1.2 Aufbau des Buches 3

2. Unternehmensnachfolge in Deutschland 5

    2.1 Unternehmen in Deutschland 5
    2.2 Besonderheiten von Familienunternehmen und KMU 7
    2.3 Nachfolgesituation in Deutschland 10

3. Perspektiven der Unternehmensnachfolge 13

    3.1 Familieninterne und familienexterne Nachfolge 14
        3.1.1 Nachfolgeregelungen innerhalb der Familie 14
        3.1.2 Übernahme durch Externe 17
        3.1.3 Stilllegung und Betriebsaufgabe 19
    3.2 Ebenen der Nachfolge 23

4. Phasenmodell der Nachfolge 27

    4.1 Konzeptphase 27
    4.2 Kontaktphase 32
    4.3 Verhandlungsphase 33
    4.4 Übergangsphase 33

5. Komplexitätsproblem der Nachfolge 35

5.1 Steuerliche Einflussfaktoren 35
   5.1.1 Ertragssteuern 35
   5.1.2 Erbschaft- und Schenkungssteuer 46
   5.1.3 Sonstige Steuern 51
5.2 Rechtliche Einflussfaktoren 54
   5.2.1 Übertragungsformen 54
   5.2.2 Haftung 58
   5.2.3 Rechtsformen 59
   5.2.4 Unternehmenskauf 70
   5.2.5 Rechtsnachfolge 71
   5.2.6 Arbeitsrecht und Übergang 72
   5.2.7 Weitere Rechtsfragen 74
5.3 Betriebswirtschaftliche Einflussfaktoren 76
   5.3.1 Wirtschaftliche Situation des Unternehmens 76
   5.3.2 Markt- und Wettbewerbssituation 78
   5.3.3 Investition und Finanzierung 89
   5.3.4 Vorbereitung des Unternehmens 93
5.4 Psychologische Einflussfaktoren 101
   5.4.1 Übergeber 102
   5.4.2 Übernehmer 117
5.5 Interessenmanagement 125
   5.5.1 Interessenlagen interner und externer Gruppen 125
   5.5.2 Kommunikationsmanagement 133
   5.5.3 Konfliktmanagement 160

6. Übergabe innerhalb der Familie 171

6.1 Identifikation des Nachfolgers 171
   6.1.1 Auswahl des Nachfolgekandidaten und Nachfolgeprozess 171
   6.1.2 Ausbildung und Qualifizierung 172
6.2 Übergabekonzept: Annäherung und Ausarbeitung 174
   6.2.1 Altersversorgung und Übergabe 174
   6.2.2 Übertragungsvorgänge in der Familie 175
   6.2.3 Übertragungsarten 177
   6.2.4 Übergangsüberlegungen 184
   6.2.5 Bestandteile eines Nachfolgekonzeptes 187
6.3 Übernahme und Übergabe: Vorgespräche, Verträge, Finanzierung 189
   6.3.1 Ablauf und Strukturierung der Nachfolgeverhandlung 189
   6.3.2 Finanzierung 189
   6.3.3 Ausgleichsoptionen für unternehmensfremde Familienmitglieder 190
6.4 Übernahme und Übergabe: Umsetzung 190
   6.4.1 Umsetzung Einarbeitungsplan 191
   6.4.2 Umsetzung Ausstiegsplan 191

7. Übergabe an familienexterne Nachfolger 195

7.1 Identifikation und Aufbau der Nachfolger 196
    7.1.1 Identifikation von potenziellen Nachfolgern aus dem Mitarbeiterkreis 196
    7.1.2 Bindung von Nachfolgekandidaten 198
    7.1.4 Besonderheiten von Kleinunternehmen beim Nachfolgeraufbau 199
    7.1.5 Informationsasymmetrien als Phänomen im Nachfolgeprozess 199

7.2 Instrumente der Nachfolgesuche 200
    7.2.1 Eigensuche und Direktansprache 201
    7.2.2 Unternehmensvermittler und M & A-Spezialisten 202

7.3 Übergabeformen für Familienunternehmen 203
    7.3.1 Management-Buy-Out und Management-Buy-In 203
    7.3.2 Private Equity Fonds 204
    7.3.3 Börsengang 205
    7.3.4 Stiftung 205
    7.3.5 Betriebsverpachtung und Vermietung 206

7.4 Umsetzung der Nachfolge 208
    7.4.1 Ermitteln geeigneter Käufergruppen 208
    7.4.2 Mediaplanung 211
    7.4.3 Vertraulichkeitsvereinbarungen 212
    7.4.5 Absichtserklärung 212

7.5 Übergabeplan 215

8. Unternehmensbewertung 217

8.1 Einordnung der Unternehmensbewertung im Nachfolgeprozess 219
8.2 Methoden der Unternehmensbewertung 222
    8.2.1 Gesamtbewertungsverfahren 223
    8.2.2 Substanzwertverfahren 234
    8.2.3 Vergleichsverfahren 240
    8.2.4 Multiplikatormethoden 240
    8.2.6 AWH-Standard als Ertragswertermittlung im Handwerk 249
8.3 Besonderheiten bei der Bewertung von Kleinst- und Kleinunternehmen 257
8.4 Bewertungspraxis bei KMU 260
8.5 Kapitalisierungszinssatz als Größe der Risikoeinschätzung 262
    8.5.1 Bedeutung der Bestandteile des Kapitalisierungszinssatzes 268
    8.5.2 Kapitalisierungszinssatz im DCF-Verfahren 273

9. Prüfung des Unternehmens 281

9.1 Prüfung von KMU 281
    9.1.1 Prüfung beim Asset Deal 281
    9.1.2 Prüfung beim Share Deal 282

9.1.3 Vergleich von Asset Deal und Share Deal 283
9.2 Due Diligence 284
    9.2.1 Ablauf der Due Diligence 285
    9.2.2 Analyseschwerpunkte der Due Diligence – Teilreviews 295
9.3 Due Diligence im Rahmen der Bewertung von KMU 315

10. Finanzierung einer Übernahme 325

10.1 Investitionsplan und Finanzierungsbedarf 325
    10.1.1 Kosten der Übernahme 334
    10.1.2 Betriebsmittelbedarf 343
10.2 Finanzierungsmöglichkeiten bei der Unternehmensnachfolge 347
    10.2.1 Eigenkapital 348
    10.2.2 Mezzanine-Kapital 351
    10.2.3 Fremdkapital 353
    10.2.4 Avalfinanzierung 356
    10.2.5 Subventionen und Staatshilfen 365
10.3 Kreditsicherheiten 370
10.4 Zahlungsmodalitäten 373

11. After Sales 377

11.1 Strategische Ausrichtung des Zielunternehmens 377
11.2 Coaching, Consulting, Networking 378
11.3 Vorsorge für den Notfall 382

12. Schlussbetrachtung 389

Literaturverzeichnis 391

Internetquellen 419

Rechtsquellen 435

Stichwortverzeichnis 437

Abbildungsverzeichnis

Abbildung 2.1: Klassifikation Unternehmen nach Beschäftigten und Umsatz 5
Abbildung 2.2: Bedeutung der KMU in Deutschland 2009 6
Abbildung 2.3: Anteil der Familienunternehmen in Deutschland 7
Abbildung 2.4: Stärken und Schwächen der Familienunternehmen und KMU 9
Abbildung 2.5: Jährliche Unternehmensübertragungen nach Übertragungsursachen 11
Abbildung 2.6: Unternehmen die einen Nachfolger suchen nach Branchen 12
Abbildung 3.1: Formen der Unternehmensnachfolge 13
Abbildung 3.2: Ursachen für den Rückgang familieninterner Nachfolge 15
Abbildung 3.3: Gewünschte und tatsächliche Übertragungsformen 16
Abbildung 3.4: Hemmnisse bei der Unternehmensnachfolge 23
Abbildung 4.1: Y-Modell der Nachfolge 28
Abbildung 5.1: Möglichkeiten der Übertragung 44
Abbildung 5.2: Ertragssteuerliche Behandlung 46
Abbildung 5.3: Persönliche Freibeträge (ErbStG §§ 15 f., 15.03.12) 47
Abbildung 5.4: Tarife (ErbStG § 19 Stand 15.3.2012) 48
Abbildung 5.5: Ermitteln der Steuersituation 52
Abbildung 5.6: Einzelunternehmen 62
Abbildung 5.7: Gesellschaft bürgerlichen Rechts 63
Abbildung 5.8: Offene Handelsgesellschaft 64
Abbildung 5.9: Partnerschaftsgesellschaft 65
Abbildung 5.10: Kommanditgesellschaft 66
Abbildung 5.11: Gesellschaft mit beschränkter Haftung 67
Abbildung 5.12: Entscheidungsmatrix Rechtsformwahl 69
Abbildung 5.13: Die wirtschaftliche Situation des Unternehmens 81
Abbildung 5.14: Kundenanalyse 83
Abbildung 5.15: Zusätzlicher Personalbedarf 87
Abbildung 5.16: Investitionspläne Asset und Share Deal 90
Abbildung 5.17: Komponenten der Finanzierung 91
Abbildung 5.18: Instrument Funktionendiagramm 98
Abbildung 5.19: Instrument: Stellenbeschreibung 99
Abbildung 5.20: Vorlage Unternehmensvorbereitung 100
Abbildung 5.21: Gewichtung der Auswahlkriterien 112
Abbildung 5.22: Bewertungsmatrix 113
Abbildung 5.23: Vor- und Nachteile der Neugründung 119
Abbildung 5.24: Vor- und Nachteile der Unternehmensübernahme 120
Abbildung 5.25: Was unterscheidet einen Neugründer von einem Übernehmer? 121
Abbildung 5.26: Übersicht der Stakeholderinteressen 136
Abbildung 5.27: Übersicht Bewertung der Stakeholder 137

Abbildung 5.28: Analyseschema Stakeholder-Kommunikation 138
Abbildung 5.29: Gewichtung der Gruppen unterschiedlicher Nachfolgelösungen 140
Abbildung 5.30: Führungsaufgaben im Veränderungsprozess 149
Abbildung 5.31: Informations- und Kommunikationsmaßnahmen 157
Abbildung 5.32: Kommunikationsmatrix 159
Abbildung 5.33: Bestimmen der Eskalationsphase 166
Abbildung 6.1: Familieninterne Unternehmensnachfolge 171
Abbildung 6.2: Familieninterner Nachfolgeprozess 172
Abbildung 6.3: Vermögensübergang durch vorweggenommene Erbfolge 177
Abbildung 6.4: Zielformulierung 185
Abbildung 6.5: Balkendiagramm 186
Abbildung 6.6: Beispiel einer zeitlichen Nachfolgeplanung 186
Abbildung 6.7: Die Nachfolgetreppe 189
Abbildung 6.8: Beispiele für Projektübergabeplan und Projektabschlussbericht 193
Abbildung 7.1: Familienexterne Unternehmensnachfolge 195
Abbildung 7.2: Wege der Nachfolgesuche 201
Abbildung 8.1: Entwicklung der Werttheorien 217
Abbildung 8.2: Prozess der Unternehmensbewertung 219
Abbildung 8.3: Unternehmensbewertungsverfahren 222
Abbildung 8.4: Phasen der Planung 226
Abbildung 8.5: Unterschiede zwischen Ertragswert- und DCF-Verfahren 227
Abbildung 8.6: Vier Schritte der Wertbestimmung bei der Multiplikatormethode 242
Abbildung 8.7: Vor- und Nachteile von ausgewählten Multiplikatoren 246
Abbildung 8.8: Die Multiplikatormethode 247
Abbildung 8.9: Effiziente Portfolios, Effizienzkurve 265
Abbildung 8.10: Effiziente Portfolios, Kapitalmarktlinie 266
Abbildung 8.11: Vergleich der Anwendung von Bewertungsverfahren 279
Abbildung 9.1: Vergleich der Besteuerung von Asset Deal und Share Deal 284
Abbildung 9.2: Zeitlicher Ablauf der Due Diligence 285
Abbildung 9.3: Prozess einer Due Diligence unter Maßgabe der Dokumentation 288
Abbildung 9.4: Interne- und externe Informationsquellen des Zielunternehmens 291
Abbildung 9.5: Fünf-Kräfte-Modell 296
Abbildung 9.6: Wettbewerbsvorteilsmatrix 297
Abbildung 9.7: Vorgehensweise bei einer technisch-kommerziellen Due Diligence 299
Abbildung 9.8: Drei-Ebenen-Modell nach Edgar H. Schein 306
Abbildung 9.9: Inhalte, Instrumente und Ziele der finanziellen Due Diligence 311
Abbildung 10.1: Betriebskosten 326
Abbildung 10.2: Zahlungseingangsdauer bei KMU 330
Abbildung 10.3: Private Ausgaben 332
Abbildung 10.4: Wichtige Merkmale der Mezzanine-Finanzierung im Vergleich 352
Abbildung 10.5: Charakteristika von Eigen- und Fremdkapital 354
Abbildung 10.6: Die Avalfinanzierung im Überblick 357
Abbildung 10.7: Beispiele für die Erscheinungsformen 358

Abbildung 11.1: Managementsystem und Coaching 379
Abbildung 11.2: Phasen des Coachings 381
Abbildung 11.3: Jährliche Übertragungen nach Übertragungsursachen 383

Checklistenverzeichnis

Checkliste 3.1: Betriebsstilllegung 20
Checkliste 4.1: Konzeptphase Übergeberseite 30
Checkliste 4.2: Übernehmer: Konzeptphase 31
Checkliste 5.1: Wiederkehrende Leistungen 43
Checkliste 5.2: Erbschafts- und Schenkungssteuer 51
Checkliste 5.3: Steuersituation 52
Checkliste 5.4: Verkauf des Betriebes 54
Checkliste 5.5: Haftung 60
Checkliste 5.6: Übergeber: Wahl der Rechtsform 60
Checkliste 5.7: Übernehmer: Wahl der Rechtsform 61
Checkliste 5.8: Arbeitsrecht 74
Checkliste 5.9: Rechtliche Bedingungen 75
Checkliste 5.10: Bilanz- und GuV-Daten 78
Checkliste 5.11: Marktrelevante Daten 79
Checkliste 5.12: Daten zur Wettbewerbssituation 80
Checkliste 5.13: Kundendaten 83
Checkliste 5.14: Lieferantendaten 84
Checkliste 5.15: Produktdaten 85
Checkliste 5.16: Personaldaten 86
Checkliste 5.17: Umfeld - /Standortdaten 87
Checkliste 5.18: Daten über Betriebsausstattung 89
Checkliste 5.19: Daten über Finanzierung und Investitionen 92
Checkliste 5.20: Übersicht Steuerungsinstrumente 95
Checkliste 5.21: Betriebliche Organisation 96
Checkliste 5.22: Möglichkeiten zur Objektivierung 101
Checkliste 5.23: Übergeber Entscheidung für das Ausscheiden 104
Checkliste 5.24: Übergeber: emotionale Ausgangssituation 107
Checkliste 5.25: Übergeber: Finanzbedarf /Altersvorsorge 109
Checkliste 5.26: Übergeber: Tätigkeiten im Ruhestand 110
Checkliste 5.27: Übergeber: Allgemeines Anforderungsprofil Nachfolger 112
Checkliste 5.28: Übergeber: Übernahmebereitschaft des Nachfolgers 115
Checkliste 5.29: Existenzgründer- und Unternehmereigenschaften 119
Checkliste 5.30: Übernehmer: Voraussetzungen zur Erlangung von Vorteilen 121
Checkliste 5.31: Übernehmer: Finanzbedarf und Eigenkapital ermitteln 123
Checkliste 5.32: Übernehmer: Vorstellung zur Übergabe 124
Checkliste 5.33: Übernehmer: Erste Fragen an den Übergeber 124
Checkliste 5.34: Aufkommende Fragen der Unternehmerfamilie 127
Checkliste 5.35: Aufkommende Fragen der Mitarbeiter 128
Checkliste 5.36: Aufkommende Fragen der Führungskräfte 129
Checkliste 5.37: Zentrale Fragen des Betriebsrates 130

Checkliste 5.38: Fragestellungen der Kunden, Geschäftspartner und Lieferanten........... 131
Checkliste 5.39: Aufkommende Fragestellungen für Finanzinstitute.................. 132
Checkliste 5.40: Anliegen der Öffentlichkeit 133
Checkliste 5.41: Konzeption der Nachfolgekommunikation 134
Checkliste 5.42: Vorgehensweise zur Analyse der Interessengruppen 135
Checkliste 5.43: Organisation von Familientreffen... 145
Checkliste 5.44: Übernehmer: Persönliche Kommunikation im Unternehmen................. 153
Checkliste 5.45: Übernehmer: Selbstbeurteilung des kommunikativen Verhaltens......... 156
Checkliste 5.46: Aktions- und Kommunikationsmaßnahmen......................... 158
Checkliste 5.47: Konfliktpotenziale aus dem Gegensatz von Kontinuität und Wandel 161
Checkliste 5.48: Potenzielle Konflikte zwischen den Hauptakteuren der Nachfolge 163
Checkliste 5.49: Abbau von Emotionen nach Konfliktart................................ 164
Checkliste 5.50: Vorgehen bei Konfliktlösungen 168
Checkliste 6.1: Checkliste Schenkung.. 179
Checkliste 6.2: Checkliste Erbfall 180
Checkliste 6.3: Regeln bei der Übergabe von Verantwortung im Nachfolgeprozess....... 188
Checkliste 7.1: Checkliste MBO... 203
Checkliste 7.2: Checkliste MBI.. 204
Checkliste 7.3: Checkliste Private Equity Fonds 204
Checkliste 7.4: Checkliste Börsengang 205
Checkliste 7.5: Checkliste Stiftung 206
Checkliste 7.6: Checkliste für den Verpächter 207
Checkliste 7.7: Checkliste für den Pächter 208
Checkliste 7.8: Ermitteln geeigneter Käufergruppen 210
Checkliste 7.9: Absichtserklärung 214
Checkliste 7.10: Übergabeplan... 215
Checkliste 8.1: Bewertungsverfahren 262
Checkliste 9.1: Due Diligence 320
Checkliste 10.1: Finanzierungsbedarf bei der Übernahme............................. 374
Checkliste 11.1: Coaching, Consulting, Networking..................................... 382
Checkliste 11.2: Notfallplanung 387

To-do-Listen Verzeichnis

To-do-Liste 3.1: Betriebsaufgabe 19
To-do-Liste 4.1: Konzeptphase Übergeber 29
To-do-Liste 4.2: Konzeptphase Übernehmer 31
To-do-Liste 5.1: Steuersituation 35
To-do-Liste 5.2: Datenerfassung 93
To-do-Liste 5.3: Rückzug des Übergebers 102
To-do-Liste 5.4: Vermögenssituation des Übergebers 107
To-do-Liste 5.5: Lebensgestaltung des Übergebers 110
To-do-Liste 5.6: Profil des Übernehmers 111
To-do-Liste 5.7: Entscheidungen des Übernehmers 117
To-do-Liste 5.8: Vorbereitung des Übernehmers 122

Abkürzungsverzeichnis

AfA	Absetzung für Abnutzung
AG	Aktiengesellschaft
ALG II	Arbeitslosengeld II
AO	Abgabenordnung
APV	Adjusted Present Value
AWH	Arbeitsgemeinschaft der Wert ermittelnden Betriebsberater im Handwerk
BAB	Betriebsabrechnungsbogen
BetrVG	Betriebsverfassungsgesetz
BFH	Bundesfinanzhof
BGB	Bürgerliches Gesetzbuch
BilMoG	Bilanzrechtsmodernisierungsgesetz
BMWi	Bundesministerium für Wirtschaft und Technologie
BVK	Bundesverband Deutscher Kapitalbeteiligungsgesellschaften
BWA	Betriebswirtschaftliche Auswertung
CAPM	Capital Asset Pricing Model
DCGK	Deutscher Corporate Governance Kodex
DCF	Discounted Cashflow
DIHK	Deutsche Industrie- und Handelskammer
DIW	Deutsches Institut für Wirtschaftsforschung
D & O Versicherungen	Directors & Offers Versicherungen
EBGB	Einführungsgesetz zum Bürgerlichen Gesetzbuch
EBIT	Earnings before Interest and Taxes
EBITDA	Earnings before Interest, Taxes, Depreciation and Amortization
EDV	Elektronische Datenverarbeitung
e.K.	eingetragener Kaufmann
EK	Eigenkapital
ErbbauRVO	Erbbaurechtsverordnung
ErbStG	Erbschaftssteuergesetz
ERP	Enterprise Resource Planning
EStG	Einkommensteuergesetz
EU	Europäische Union
EUR	Euro
EÜR	Einnahmenüberschussrechnung
EV/Umsatz	Entity umsatzbasierender Multiplikator

F&E	Forschung und Entwicklung
FIBOR	Frankfurt Interbank Offered Rate
FK	Fremdkapital
FTE	Flow to Equity
GbR	Gesellschaft bürgerlichen Rechts
GK	Gesamtkapital
GmbH	Gesellschaft mit beschränkter Haftung
GmbH & Co. KG	Gesellschaft mit beschränkter Haftung & Compagnie Kommanditgesellschaft
GoU	Grundsätze ordnungsmäßiger Unternehmensbewertung
GrESt	Grunderwerbsteuer
GreStG	Grunderwerbsteuergesetz
GuV	Gewinn- und Verlustrechnung
GWG	geringwertiges Wirtschaftsgut
HGB	Handelsgesetzbuch
HR	Handelsregister
IDW	Institut der Wirtschaftsprüfer e.V.
IfM	Institut für Mittelstandsforschung
IFRS	International Financial Reporting Standards
IPO	Initial Public Offering
ISO	International Organization for Standardization
KCV	Kurs Cashflow Verhältnis
KfW	Kreditanstalt für Wiederaufbau
KG	Kommanditgesellschaft
KGV	Kurs Gewinn Verhältnis
KMU	kleine und mittlere Unternehmen
KStG	Körperschaftsteuergesetz
LoI	Letter of Intent
LuL	Lieferungen und Leistungen
M & A	Merger and Acquisition
MBI	Management Buy In
MBO	Management Buy Out
OCI	Organizational Cultural Inventory
OHG	offene Handelsgesellschaft
p.a.	per annum
p.e.o.s.	project engineering organization service
PartnG	Partnerschaftsgesellschaft
PKW	Personenkraftwagen
RAP	Rechnungsabgrenzungsposten
RPA	Rapid Plant Assessment

StbGebV	Steuerberatergebührenverordnung
SV	Sachverständiger
TCF	Total Cash Flow
UG	Unternehmergesellschaft (haftungsbeschränkt)
US-GAAP	United States Generally Accepted Accounting Principles
UStG	Umsatzsteuergesetz
VVG	Versicherungsvertragsgesetz
WACC	Weighted Average Cost of Capital
WP	Wirtschaftsprüfer

1. Inhalt des Buches

1.1 Ziele

Die Nachfolge in einem Unternehmen ist ein hochkomplexes Thema. Dem Unternehmer und dem potenziellen Nachfolger[1] stellen sich im Zuge des Prozesses eine Vielzahl von Fragen. Dieses Buch versucht der Komplexität gerecht zu werden, indem es die auftauchenden Fragen aus verschiedenen Perspektiven beleuchtet und dabei zugleich Unternehmensnachfolge als ganzheitlichen Prozess versteht. Deshalb verknüpfen eine durchgehende Fallstudie und zahlreiche Einzelbeispiele die theoriegeleiteten Erläuterungen mit dem realen Leben.

Neben finanziellen und organisatorischen, spielen emotionale Herausforderungen bei der Unternehmensnachfolge eine zentrale Rolle, vor allem wenn – wie fast immer – die Nachfolge im Familienunternehmen stattfindet und die Betroffenen den Prozess des betrieblichen Generationenwechsels erstmalig erleben. Es liegt auf der Hand, dass die Frage „Wer führt mein Unternehmen weiter und wie?" viel stärkere Emotionen mobilisiert als etwa die Einführung einer neuen Technologie oder der Abschluss eines neuen Lieferantenvertrages. Auch die emotionale Frage muss „gemanagt" werden – wird sie es nicht, kann das Projekt Unternehmensnachfolge scheitern.

Die Art und Weise des Nachfolgeprozesses wird stark von der Betriebsgröße beeinflusst. Kleinbetriebe haben häufig nur begrenzte finanzielle Mittel. Der Nachfolgeprozess muss sich deshalb an vereinfachten Methoden der Unternehmensübertragungspraxis orientieren; Verfahren mit intensiver Beratung sind nicht möglich. In kleinen und mittleren Betrieben hängt der Unternehmenserfolg zugleich weitgehend von der Persönlichkeit und der Kompetenz des Inhabers ab. Diese Kompetenz ist auch im Rahmen des Nachfolgeprozesses gefragt. Das vorliegende Buch versucht auch in diesen Bereichen Orientierung zu geben.

Zudem gibt dieses Buch den in die Nachfolgeüberlegungen eingebundenen Beratern Hilfestellungen bei der Analyse der Probleme, der Begleitung des Prozesses und bei betriebs- und größenspezifischen Lösungsansätzen. Auf diese Weise kann das Buch zugleich auch als ein Leitfaden für Übernehmer von Betrieben fungieren.

---

[1] Die männliche Anredeform schließt hier und im Folgenden die weibliche ein.

1. Inhalt des Buches

Die spezifischen Probleme familieninterner Nachfolge werden gesondert angesprochen. Indem die einzelnen Phasen der Nachfolge herausgearbeitet, ihre Bedeutung erläutert und die einzelnen Schritte beschrieben werden, ergibt sich für den Praktiker umfassende Orientierung im gesamten Prozess. Dem Leser wird gezeigt, dass sich mit einer phasen- und aufgabenbezogenen Vorgehensweise die Unternehmensnachfolge überschaubarer, weniger komplex und letztlich erfolgreicher gestalten und umsetzen lässt.

Da die Beurteilung und die Bewertung von Unternehmen eine wichtige Entscheidungsgrundlage für Unternehmenstransaktionen sind, werden die Prüfung des zu übernehmenden Unternehmens (Due Diligence) und seine Bewertung eingehend betrachtet. Dabei werden unterschiedliche Methoden für unterschiedliche Betriebsgrößen beschrieben. Besondere Beachtung finden Methoden für Kleinbetriebe.

Checklisten verstärken den Praxisbezug und helfen dem Leser, Lösungswege für seine spezifischen Problemstellungen zu finden.

1.2 Aufbau des Buches

Kapitel 2 führt eine quantitative *Bestandsaufnahme* der Unternehmensnachfolge in Deutschland durch. Vor dem Hintergrund aktueller Daten wird die Bedeutung des Themas für die deutsche Wirtschaft deutlich.

Kapitel 3 zeigt die unterschiedlichen *Perspektiven* auf, aus denen das vielschichtige Thema betrachtet werden kann. Stichworte sind:

- familieninterne oder externe Nachfolge,
- Betriebsgröße und Nachfolge,
- Management- und Eigentümerebene.

Im **Kapitel 4** wird das Projekt Unternehmensnachfolge in ein *Phasenmodell* aufgegliedert, an dem sich der gesamte Prozess der Unternehmensnachfolge ausrichten und abarbeiten lässt. Das phasenweise Vorgehen erlaubt es, die Komplexität des Prozesses zu reduzieren und die Nachfolge bzw. Übernahme übersichtlicher zu gestalten.

Das *komplexe Problem Nachfolge* wird im **Kapitel 5** anhand psychologischer, steuerlicher, rechtlicher und betriebswirtschaftlicher Einflussfaktoren strukturiert. Auch die unterschiedlichen Interessenlagen interner und externer Gruppen werden thematisiert. Im Rahmen der daraus resultierenden Konfliktpotenziale wird auf das Kommunikations- und Konfliktmanagement eingegangen.

Kapitel 6 behandelt die Besonderheiten der *familieninternen Nachfolge*. Zu nennen sind hier die Auswahl und die Ausbildung der Nachfolgegeneration, Probleme im Verhältnis zwischen den Generationen sowie steuerrechtliche Gestaltungsoptionen (unentgeltliche Übertragungen im Rahmen von vorweggenommenen Erbregelungen). Bei letzterem Punkt thematisiert das Buch zahlreiche rechtliche Fragen, die sich bei der Übertragung von kleinen und großen Vermögen oder Vermögensteilen innerhalb der Familie stellen. Das Kapitel orientiert sich am Phasenmodell der Übertragung, sodass das Buch sowohl Nachfolgeinteressenten wie auch Beratern bei der Strukturierung des komplexen Themas Hilfestellung leisten kann.

Kapitel 7 erörtert eingehend die verschiedenen Möglichkeiten der Übertragung an einen *externen Nachfolger:* Von der Übergabe an einen oder mehrere Mitarbeiter, über die Einschaltung von Unternehmensbörsen bis zu sogenannten Merger&Acquisitions M&A-Projekten. Auch hier erweist sich das Phasenmodell als zielführendes Werkzeug, das die abzuarbeitenden Schritte umfassend darstellen und mit To-do-Listen den weiteren Projektverlauf strukturieren kann. Das Kapitel behandelt Haftungsfragen und Übertragungsformen ebenso umfassend wie Fragen des Arbeitsrechts.

Kapitel 8 beschäftigt sich mit der *Unternehmensbewertung*. Es gibt eine Übersicht über die Methoden und ihre Anwendbarkeit bei verschiedenen Betriebsgrößen. Der Leser erhält Orientierung, wie der Wert eines Unternehmens ermittelt werden kann.

Im **Kapitel 9** wird die *Due Diligence* – die Prüfung des Unternehmens mit der gebührenden Sorgfalt – beschrieben. Ziel einer Due-Diligence-Prüfung ist es, die Stärken und Schwächen des infrage stehenden Unternehmens zu objektivieren. Dabei wird das Unternehmen aus verschiedenen Perspektiven beleuchtet, etwa der wirtschaftlichen, der finanziellen, der steuerlichen oder der organisatorischen Perspektive.

Die Finanzierung der Unternehmensnachfolge stellt Unternehmen und Unternehmer immer wieder vor enorme Herausforderungen. Oft hängt die Umsetzung einer Nachfolgekonzeption entscheidend davon ab, Partner zu finden, die die Übergabe finanzieren und begleiten. Von der Ermittlung des Finanzierungsbedarfs bis zu verschiedenen Finanzierungs- und Absicherungsmodellen wird der Aspekt der *Nachfolgefinanzierung* deshalb im **Kapitel 10** umfassend beleuchtet.

Kapitel 11 befasst sich mit dem sogenannten *After Sales*. Hier geht es um das Coaching des Nachfolgers und die generelle strategische Ausrichtung des Unternehmens nach der Übergabe. Beschrieben wird auch, wie der nächste Generationenwechsel zeitig vorbereitet werden kann und was im Notfall, etwa wenn der Unternehmer unvorhergesehen ausfällt, getan werden sollte.

Kapitel 12 fasst die Informationen aller Kapitel zusammen, gibt in komprimierter Form die wesentlichen Inhalte wieder und endet mit einer Schlussbetrachtung.

2. Unternehmensnachfolge in Deutschland

2.1 Unternehmen in Deutschland

Kleine und mittlere Unternehmen

Kleine und mittlere Unternehmen (KMU) sind nach der Definition des Instituts für Mittelstandsforschung (IfM) in Bonn Unternehmen mit weniger als 500 Beschäftigten und einem Jahresumsatz von weniger als 50 Mio. Euro.[2]

Größenklasse KMU Definition IfM	Beschäftigte	Jahresumsatz
Kleine Unternehmen	bis 9	bis 1 Mio. Euro
Mittlere Unternehmen	bis 499	2 bis 50 Mio. Euro
Großunternehmen	über 499	Über 50 Mio. Euro

Abbildung 2.1: Klassifikation Unternehmen nach Beschäftigten und Umsatz
Quelle: IfM Bonn (2002) KMU-Definition des IfM Bonn

Von den insgesamt 3,68 Mio. Unternehmen in Deutschland gehörten 2009 99,7% zu den KMU. Sie erwirtschaften 39,1% aller Unternehmensumsätze. Insgesamt sind 15,29 Mio. sozialversicherungspflichtige Beschäftigte in kleinen und mittleren Unternehmen angestellt (60,8%). Weiterhin stellen die KMU für 1,35 Mio. Auszubildende 83,2% aller Ausbildungsplätze.[3] Die kaum zu unterschätzende Bedeutung mittelständischer Unternehmen in Deutschland veranschaulicht Abbildung 2.2.

---

[2] Vgl. IfM Bonn (2002) KMU-Definition des IfM Bonn.
[3] Vgl. IfM Bonn (2012) Kennzahlen zum Mittelstand 2009/2010 in Deutschland.

2. Unternehmensnachfolge in Deutschland

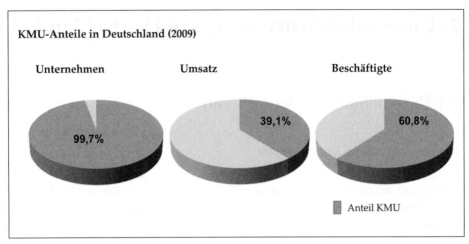

Abbildung 2.2: Bedeutung der KMU in Deutschland 2009
Quelle: Eigene Darstellung in Anlehnung an Statistisches Bundesamt; IfM Bonn

Familienunternehmen

95% aller KMU zählen zu den Familienunternehmen.[4] Eine allseits akzeptierte Definition von Familienunternehmen existiert nicht. Nach der Definition des IfM unterscheidet sich das Familienunternehmen von sogenannten managementgeführten Unternehmen ausschließlich durch das Merkmal der „Einheit von Eigentum und Leitung". Es müssen also Eigentums- und Leitungsrechte in Familienunternehmen in einer Person oder einer Familie vereint sein.[5]

Familienunternehmen können oft besonders flexibel geführt werden, weil Abstimmungsprozesse zwischen Eigentum und Leitung entfallen. Störungen in Form von sogenannten Principal-Agent-Konflikten sind damit ausgeschlossen. Gleichwohl können Streitigkeiten in der Familie die Entwicklung eines Familienbetriebes hemmen. Die Familie kann somit die Stärke als auch die Schwäche des Betriebes darstellen. Zur Klassifizierung von Familienunternehmen können weiterhin folgende quantitativen Kriterien[6] verwendet werden:

- Mindestens 50% der Anteile eines Unternehmens werden von bis zu zwei natürlichen Personen und ihren Familienmitgliedern gehalten,
- Die natürlichen Personen sind Mitglieder der Geschäftsleitung.

---

[4] Vgl. IfM Bonn (2010) IfM-Materialien Nr. 199, S. 26.
[5] Vgl. IfM Bonn (2010) IfM-Materialien Nr. 199, S. 3.
[6] Vgl. IfM Bonn (2002) Definition der Familienunternehmen des IfM Bonn.

	Managergeführt	Eignergeführt
Großunternehmen	0,2 %	0,1%
Kleinere und mittlere Unternehmen	4,7%	95,0%
	Nicht-Familienunternehmen	Familienunternehmen
	4,9 %	95,1 %

Abbildung 2.3: Anteil der Familienunternehmen in Deutschland
Quelle: IfM Bonn (2011)

2.2 Besonderheiten von Familienunternehmen und KMU

Kleine Unternehmen

In Deutschland sind 88% der Betriebe kleine Unternehmen mit weniger als zehn Beschäftigten und unter 1 Mio. € Umsatz.[7] In Kleinunternehmen mit weniger als fünf Mitarbeitern sind Leitungs- und die Ausführungsebene meist in der Person des Eigentümers vereint. Der Delegationsgrad ist gering. Alle Schlüsselqualifikationen werden in der Regel von der Person des Unternehmers ausgefüllt. Der wirtschaftliche Erfolg des Kleinunternehmens hängt entscheidend von den unternehmerischen Fähigkeiten der Leitungsperson ab, insbesondere wenn es im Handel oder Dienstleistungsgewerbe tätig ist.

Die traditionelle Arbeitsteilung, wie sie häufig im Bauhandwerk vorzufinden ist – fachliche Führung durch den Ehemann als Meister und kaufmännische Leitung durch die mitarbeitende Ehefrau – nimmt immer mehr ab. Vergleichbare Entwicklungen finden sich bei den Bäckern und Fleischern, wo in der Herstellung der Ehemann und im Verkauf die Ehefrau arbeitet. Derart gewachsene Strukturen finden sich auf der Übergeberseite immer seltener. Verschiedene Gründe sind dafür verantwortlich:

- Unterschiedliche Berufsperspektiven der Ehepartner,
- Strukturveränderungen in der Branche (z.B. Filialisierung im Einzelhandel und im Bäckerhandwerk),
- Patchwork-Familien durch gestiegene Scheidungsquoten.

Diese gesellschaftlichen Veränderungen wirken sich naturgemäß auch auf die Nachfolge in Familienunternehmen aus.

---

[7] Vgl. IfM Bonn (2012) Schlüsselkennzahlen der KMU 2009.

Familienunternehmen und KMU

Die raschen Veränderungen des wirtschaftlichen Umfelds erleben KMU oftmals besonders intensiv. Hierzu zählen immer schnellere Produkt- und Prozessinnovationen, die Globalisierung der Nachfrage und des Wettbewerbs, kürzere Produktlebenszyklen, rasant steigende Variantenvielfalt und sich wandelnde Rahmenbedingungen, z.B. durch neue Gesetze.[8] Selbst bei geringen Veränderungen, etwa durch steigende Rohstoffpreise, müssen KMU besonders schnell reagieren, wenn sie wettbewerbsfähig bleiben wollen.

Nicht zu Unrecht stehen mittelständische Unternehmen deshalb für eine Reihe positiver Eigenschaften: Wertorientierung, Standortverbundenheit, Kundennähe, flache Hierarchien, schnelle Entscheidungsabläufe, langfristige Ausrichtung und Flexibilität.[9] Gleichwohl gibt es auch einige Schwächen. In Abbildung 2.4 sind die Stärken und Schwächen von Familienunternehmen und KMU gegenübergestellt.

---

[8] Vgl. Bergmann (2009) S. 5.
[9] Vgl. Picot (2008) S. 5.

2.2 Besonderheiten von Familienunternehmen und KMU

Eigenschaften	Stärken	Schwächen
Abhängigkeit von einzelnen Personen	• Langfristiges Denken, Perspektiven • Kein Zwang zu kurzfristigen Erfolgsmeldungen • Hohe Identifikation, stabile Unternehmenskultur • Flache Unternehmenshierarchie	• Statisches Denken, Beschränkung auf Wissen und Fähigkeiten des Eigentümers • Probleme, die Kultur und Arbeitsweise an neue Herausforderungen anzupassen • Potenzielle Konflikte mit persönlichen Zielen des Eigentümers
Enge Beziehung zu Kunden und Partnern	• Stabile Geschäftsgrundlage • Kooperationsfähigkeit • Fähigkeit und Bereitschaft, Partnerschaften einzugehen und zu pflegen	• Risiko, sich zu sehr auf die bisherige Geschäftsverbindung zu verlassen
Einfache Strukturen	• Hohe Flexibilität und Anpassungsfähigkeit • Schnelle Reaktionszeiten • Ressortübergreifende Kommunikation und Zusammenarbeit	• Oft nicht geeignet für die komplexe Planung und Durchführung von Internationalisierungsaktivitäten • Geringe Bereitschaft zu höherem Organisationsgrad
Geringe Größe	• Grundlage für Spezialisierung und Nischenstrategien	• Geringe Finanzkraft zur Finanzierung der notwendigen Investitionen und von Anlaufverlusten • Aufwendungen für Marktforschung und Markterschließung stellen einen relativ großen Anteil an den Gesamtkosten dar • Zu kleine Personalbasis für zusätzlich anfallende Aufgaben • Wenige international erfahrene Mitarbeiter

Abbildung 2.4: Stärken und Schwächen der Familienunternehmen und KMU

Quelle: Eigene Darstellung in Anlehnung an Picot, Gerhard (2008), S. 14

2.3 Nachfolgesituation in Deutschland

Merkmale der Unternehmensnachfolge
Nach der Definition des IfM Bonn gibt es drei Merkmale, die eine Unternehmensnachfolge kennzeichnen: Sie findet, erstens, nur in *Eigentümer- und Familienunternehmen* statt. Das zweite Charakteristikum ist der *Übergang der Unternehmensleitung*. Ein reiner Eigentümerwechsel ist nicht als Nachfolge anzusehen, die gleichzeitige Übertragung der Leitung ist somit entscheidend.

Das dritte Merkmal einer Unternehmensnachfolge sind die Anlässe: Entweder das Alter des Unternehmers oder unerwartete Vorfälle wie Krankheit oder Tod können Ursachen für den Wechsel in der Unternehmensleitung sein. Voraussetzung für die Verwendung des Begriffs Unternehmensnachfolge ist, dass die Gründe für den Wechsel in der *Person des Eigentümermanagers* liegen und nicht auf die wirtschaftliche Situation des Unternehmens zurückzuführen sind.[10] Erst wenn letzteres Kriterium erfüllt und das Unternehmen wirtschaftlich hinreichend attraktiv ist, gilt das Unternehmen nach dem IfM Bonn auch als *übergabewürdig*[11].

Die Nachfolgefrage stellt sich in Familienunternehmen also dann, wenn der Eigentümer aus der Führung seines Unternehmens alters- oder krankheitsbedingt ausscheidet oder verstirbt und das Unternehmen zudem ein hinreichendes Potenzial für eine Übernahme bietet. Im Idealfall erkennt ein Unternehmer frühzeitig die Zeichen der Zeit und plant die Unternehmensnachfolge vorausschauend. Das Alter und damit verbundene gesundheitliche Einschränkungen können den Unternehmer jedoch auch unerwartet zum Generationenwechsel zwingen.[12] Der Anteil der Selbstständigen, die 50 Jahre und älter sind, steigt konstant. Aus dieser Gruppe hat sich jeder fünfte Unternehmer noch nicht mit dem Thema Nachfolge auseinandergesetzt. Mehr als die Hälfte der Unternehmer hat das Thema Nachfolge noch nicht endgültig geregelt.[13]

---

[10] Vgl. IfM Bonn (2010) IfM-Materialien 198, S. 9 f.
[11] Ein Unternehmen ist danach „übernahmewürdig", wenn die zu erwartenden Gewinne höher sind als die zu erwartenden Einkünfte aus der Gründung eines neuen Unternehmens oder aus einer abhängigen Beschäftigung plus Kapitalerträge. Nach IfM gelten Unternehmen als „übernahmewürdig", wenn sie einen Gewinn über 50.000 € jährlich erzielen.
[12] Vgl. Statistisches Bundesamt (2010) Wirtschaft und Statistik 12/2009, S. 1210.
[13] Vgl. TNS Emnid, Deutsche Unternehmerbörse, Studie zur Unternehmensnachfolge 2011.

Zahlen und Fakten

Wie das IfM Bonn feststellt, trifft die Unternehmensnachfolge viele Unternehmen und Beschäftigte völlig unerwartet. Krankheiten, der plötzliche Tod oder familiäre Schicksalsschläge sind die Ursachen.

Nach Schätzungen steht über einen Zeitraum von fünf Jahren in 110.000 Familienunternehmen mit 1,4 Mio. Beschäftigten die Übergabe an, pro Jahr also 22.000 Unternehmen mit 287.000 Beschäftigten. Der häufigste Anlass ist das Erreichen des Ruhestandsalters (86%). In 3.100 Unternehmen (14%) tritt der Fall unvorhergesehen, durch Tod oder Krankheit, ein. Dadurch sind etwa 40.000 Beschäftigte betroffen.[14]

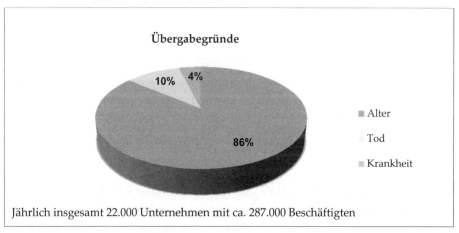

Abbildung 2.5: Jährliche Unternehmensübertragungen nach Übertragungsursachen
Quelle: IfM St06-07a14

Den Löwenanteil der anstehenden Übernahmen (rund 60%) machen Unternehmen mit bis zu neun Beschäftigten aus. Jede Dritte im Fünfjahreszeitraum anstehende Übergabe betrifft den Handel. Der Grund dafür dürfte im hohen Anteil eigentümergeführter Unternehmen in diesem Wirtschaftszweig liegen. Aber auch Übergaben im Industrie- und Dienstleistungsgewerbe werden voraussichtlich zunehmen.

---

[14] Vgl. IfM Bonn (2010) IfM-Materialien Nr. 198.

2. Unternehmensnachfolge in Deutschland

Abbildung 2.6: Unternehmen die einen Nachfolger suchen nach Branchen
Quelle: DIHK-Report (2011) S. 17

Die verschiedenen Branchen haben spezifische Problemfelder, wenn es um die Nachfolge geht: eine relativ starke Eigentümerprägung im Handel, eine hohe Familienorientierung im Gastgewerbe, in der Industrie die relativ hohen Finanzierungsvolumina, die beim Kauf der Unternehmen aufgewandt werden müssen, und im Dienstleistungsgewerbe die schwierige Ermittlung des Unternehmenswertes.

Der aktuellen **Deutsche Industrie- und Handelskammer (DIHK)**-Studie zur Unternehmensnachfolge ist zu entnehmen, dass jedes dritte Unternehmen keinen geeigneten Nachfolger findet. Allein 2010 wurden aus diesen Gründen rund 1.800 Firmen stillgelegt. Damit gingen mehr als 23.000 Arbeitsplätze zunächst verloren. Gleichzeitig finden über 45% der nachfolgeinteressierten Existenzgründer kein passendes Unternehmen.[15]

---

[15] Vgl. DIHK (2011) S. 16 f.

3. Perspektiven der Unternehmensnachfolge

Die Übertragung des Eigentums und der Verantwortung kann durch unterschiedliche Verfahren realisiert werden: Verkauf oder Vererbung bzw. Schenkung.

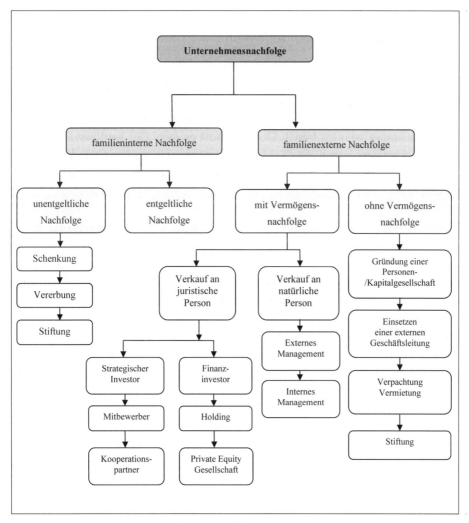

Abbildung 3.1: Formen der Unternehmensnachfolge
Quelle: Eigene Darstellung in Anlehnung an Brüser (2007) S. 65

Dies gilt unabhängig davon, ob das Eigentum innerhalb der Familie bleibt, an Dritte oder Wirtschaftssubjekte, wie Kapital- oder Personengesellschaften, weitergegeben wird. Im engeren Sinne handelt es sich um eine Unternehmensnachfolge, wenn mehr als fünfzig Prozent des Eigenkapitals und die Leitungsmacht übertragen werden.

3.1 Familieninterne und familienexterne Nachfolge

3.1.1 Nachfolgeregelungen innerhalb der Familie

Die familieninterne Nachfolge ist bei Nachfolgeüberlegungen dominierend. Nahezu jeder zweite Firmeninhaber bevorzugt eine Nachfolgeregelung innerhalb der Familie, wenn sie prinzipiell möglich ist. Tatsächlich kommt es aber nur bei etwa jeder dritten Nachfolge dazu – potenzielle familieninterne Nachfolger finden sich dazu immer weniger bereit. Der Grund ist einfach: Der heutigen Generation stehen viel größere berufliche Wahlmöglichkeiten offen als der Gründergeneration, die Weiterführung des Familienbetriebes ist für diese deshalb keine Selbstverständlichkeit.

Fehlendes Interesse für den elterlichen Betrieb ist mit 63% der Hauptgrund, wenn die junge Generation die Nachfolge nicht antreten will. Dies gilt vor allem für kleine Unternehmen (mit unter 50 Mitarbeitern); hier liegt die Quote bei 86%. In der Konsequenz sind kleine Familienunternehmen überdurchschnittlich häufig von Stilllegungen mangels Nachfolger betroffen.[16]

Wie Abbildung 3.3 zeigt, weicht die tatsächliche Übertragungsform häufig von der eigentlich gewünschten ab. Deshalb gewinnen für Familienunternehmen zunehmend alternative Übergabemodelle an Bedeutung.

---

[16] Vgl. IfM Bonn (2009) Schriften zur Mittelstandsforschung Nr. 116 NF, S. 53-70.

Abbildung 3.2: Ursachen für den Rückgang familieninterner Nachfolge
Quelle : TNS Emnid ; DUB (2012) S. 15

Bei größeren Unternehmen ist der Anteil potenzieller Familiennachfolger, die kein Interesse an einer Übernahme haben, mit 31% geringer.[17] Eine Erklärung ist die wirtschaftliche Attraktivität der Unternehmen. Je größer sie sind, desto höher sind oftmals die Verdienstmöglichkeiten und damit auch die Motivation der nachwachsenden Generation, sich früher oder später im elterlichen Unternehmen zu engagieren.

Allerdings: Je größer der Betrieb, desto seltener hält der Alteigentümer den eigenen Nachwuchs für geeignet, den Betrieb zu übernehmen. Während bei kleinen Unternehmen mit bis zu 49 Mitarbeitern rund 62% den Nachwuchs als potenziellen Nachfolger betrachtet, sind es bei Unternehmen mit 100 bis 500 Mitarbeitern nur knapp die Hälfte. Die Ursache dürfte in den mit der Unternehmensgröße wachsenden Managementanforderungen liegen. Während das Know-how des Altunternehmers mit dem Unternehmen kontinuierlich wachsen konnte, müssen Nachfolger das entsprechende Anspruchsniveau schneller erreichen. Dies kann

---

[17] Vgl. TNS-Emnid, S.11.

3. Perspektiven der Unternehmensnachfolge

sehr fordernd sein. Es wird der jungen Generation daher oftmals nicht zugetraut, diese Aufgaben schultern zu können.[18]

Dagegen kann das familienfremde, angestellte Management allein nach Qualifikation ausgewählt werden. Die Familie konzentriert sich dann auf Aufsichtsaufgaben. Dabei kann unternehmensrechtlich verfügt werden, dass die Familie nur als Ganzes handeln kann. Die Familie muss sich in diesem Fall erst intern eine Meinung bilden, bevor sich einer ihrer Vertreter in den Aufsichtsgremien äußert.

Um den Familienfrieden zu wahren, werden in manchen größeren Familienunternehmen Familienmitglieder nicht mit operativen Aufgaben betraut. Bekannte Familienunternehmen – beispielsweise die Porsche AG[19] – schließen Familienmitglieder von Managementaufgaben im eigenen Unternehmen aus. Insbesondere für größere Unternehmen, die über eine mehrere Generationen übergreifende Unternehmensgeschichte verfügen und in denen die Familie inzwischen in mehrere Stämme und Linien aufgeteilt ist, bietet sich eine solche Lösung an.

Abbildung 3.3: Gewünschte und tatsächliche Übertragungsformen
Quelle: Eigene Darstellung in Anlehnung an DIHK Report (2011) S.13

---

[18] Vgl. TNS Emnid; DUB (2012) Studie zur Unternehmensnachfolge 2011, S. 15 f.
[19] Porsche konnte nur bis zur Integration in den Volkswagenkonzern zu den Familienunternehmen gezählt werden.

3.1.2 Übernahme durch Externe

Je kleiner der Betrieb, desto wichtiger ist es, die Nachfolge durch Einbeziehung von Mitarbeitern oder Externen zu organisieren. Wenn keine familieninterne Nachfolge möglich oder erwünscht ist, kann der Unternehmer erwägen, einen geeigneten Nachfolger im Unternehmen aufzubauen.

Dies ist idealerweise ein Mitarbeiter, der systematisch an Führungs- und Leitungsaufgaben herangeführt worden ist, Personalverantwortung übernommen hat und fachlich, z.B. durch Meister- oder Technikerprüfung, ggf. auch durch Betriebs- oder entsprechende Studienabschlüsse, gut vorbereitet ist. Solche Personen besitzen naturgemäß „intime" Kenntnisse des Unternehmens und können das Potenzial bei den Kunden und im Markt abschätzen.

Für diesen Personenkreis ist die Übernahme unternehmerischer Verantwortung der nächste konsequente Karriereschritt. Aufgrund Ihrer Erfahrungen sind sie in der Lage, das unternehmerische Risiko bei der Übernahme des Arbeitgeberbetriebes abzuschätzen. In der Praxis wird diese naheliegende Lösung – systematischer Aufbau eines Nachfolgekandidaten bis zur planmäßigen Übernahme – in nur 13% der Fälle umgesetzt.

Mögliche Gründe, warum so selten unternehmensintern Nachfolgekandidaten aufgebaut werden.

- Aufbau einer betriebsinternen Nachfolgelösung wurde nicht angegangen, weil vermieden werden sollte, dass ein (interner und nach seinem möglichen Ausscheiden externer) Konkurrent entsteht.
- Die Organisationsstruktur ist in Kleinbetrieben zentralistisch und auf die Person des Altinhabers zugeschnitten. Der Delegationsgrad ist gering und die Verantwortungsbereiche der einzelnen Mitarbeiter sind schmal. Es fehlt an Entwicklungspotenzial für Unternehmensnachwuchs in dieser Struktur.
- Inhaber von Kleinunternehmen können aus betriebswirtschaftlichen Gründen qualifizierten Nachwuchsführungskräften häufig keine längerfristigen Perspektiven bieten, die wirtschaftlich attraktiv sind. Die Verdienst- und Entwicklungsmöglichkeiten in größeren Unternehmen sind häufig besser.
- Zeitvorstellungen und Lebensplanungen von Übergeber und Übernehmer stimmen nicht überein. Der Nachfolger hat z.B. mit Mitte 40, nach

> zum Teil fast 25 jähriger abhängiger Beschäftigung, kein Interesse mehr, unternehmerische Verantwortung zu übernehmen.
> - Die Vorstellungen über Unternehmenswerte liegen weit auseinander.
> - Es liegt kein systematisch ausgearbeiteter, den Interessenlagen von Übergeber und Übernehmer, berücksichtigender Fahrplan mit entsprechenden Meilensteinen vor.

Findet sich unter den Mitarbeitern, ehemaligen Mitarbeitern oder möglichen Interessenten aus dem erweiterten Bekanntenkreis kein geeigneter Nachfolgekandidat, so ist ein Übernehmer von außerhalb zu suchen. Hier bieten sich u.a. die Nachfolgebörse nexxt-change.de, aber auch Anzeigen in Fachzeitschriften oder der regionalen Tageszeitung an. Die Erfolgschancen einer solchen Nachfolgersuche sind für Kleinunternehmen jedoch gering.

> **Mögliche Gründe für geringe Erfolgschancen für Kleinunternehmen bei der Nachfolgersuche:**
>
> - Rentabilitätsschwäche des zur Übernahme anstehenden Unternehmens
> - (hohe Konjunkturabhängigkeit, geringes Entwicklungspotenzial am Standort, hohe Wettbewerbsintensität in einer Branche mit Verdrängungseffekten).
> - Preisvorstellung des Übergebers bzw. gesamter Finanzierungsbedarf stehen im Widerspruch zu den wirtschaftlichen Erfolgsaussichten.
> - Nachfolgeinteressenten haben wenig Branchen- und Führungserfahrung. Es ist für sie daher schwierig, das Potenzial des Unternehmens und den regionalen Markt einzuschätzen.
> - Die Interessenlagen von Übergeber und Übernehmer stimmen nicht überein. Dem Übergeber liegt viel an einer schnellen Abwicklung und an einem sofortigen Verkauf; der Übernehmer bevorzugt dagegen eine längere Einarbeitung, um seine persönliche Eignung abklären und die wirtschaftliche Substanz prüfen zu können.
> - Informationsasymmetrie: Der Alteigentümer hat einen Informationsvorsprung gegenüber dem Interessenten. Da die Entscheidung über eine Unternehmensnachfolge - als vollhaftender Inhaber – letztlich eine Chancen-Risikoabwägung ist, wird das Vorhaben, Übernahme im Zweifel nicht vollzogen.

3.1.3 Stilllegung und Betriebsaufgabe

Nach Angaben des IfM Bonn gibt es im Zeitraum von 2010 bis 2014 pro Jahr ca. 22.000 „übergabereife" Unternehmen (siehe Kapitel 2.3). Eine frühere Studie für den Zeitraum 2005 bis 2009 kam zu dem Ergebnis, dass pro Jahr 70.800 Unternehmen zur Übergabe anstehen. Man darf deshalb annehmen, dass zwischen den zur Übergabe anstehenden und den „übergabewürdigen" Unternehmen eine Diskrepanz von fast 50.000 Unternehmen pro Jahr besteht.[20] Dabei handelt es sich überwiegend um Kleinunternehmen, zumeist aus dem Dienstleistungs- und Einzelhandelsbereich. Aber auch eine nicht geringe Zahl von größeren Unternehmen besitzt nicht die wirtschaftlichen Voraussetzungen für eine Übernahme.

Gilt ein Unternehmen als nicht „übergabewürdig", ist es also nicht ausreichend rentabel, dann ist es dem Altinhaber – aus verschiedensten Gründen – nicht gelungen, das Unternehmen im Wettbewerb erfolgreich zu positionieren bzw. es auf Marktveränderungen auszurichten.

Allerdings verweigern sich Alteigentümer in zahlreichen Fällen der Erkenntnis, dass sich das Unternehmen in einer solchen strategischen Krise befindet.[21] In letzter Konsequenz läuft eine derartige Entwicklung auf die schleichende Betriebsstilllegung, in schlimmsten Fall auf die persönliche Insolvenz des Unternehmers hinaus.[22] Die Liquidierung eines Unternehmens hat fast immer weitreichende Konsequenzen. Nicht zuletzt wegen der sozialen Verantwortung gegenüber Familienmitgliedern und Mitarbeitern sollte sie rechtzeitig geplant werden.

To-do-Liste Betriebsaufgabe

- ☐ Frühzeitige Planung,
- ☐ Betroffene einbeziehen,
- ☐ Steuerlast optimieren (Aufgabegewinn) (Fachberatung nötig),
- ☐ Versicherungen und langfristige Verträge kündigen,
- ☐ Abmeldungen, Löschungen, Änderungen und andere Formalitäten.

To-do-Liste 3.1: Betriebsaufgabe

---

[20] Vgl. IfM Bonn (2007) Schriften zur Mittelstandsforschung Nr. 115 NF, S. 78.
[21] Vgl. Ernst & Young (2003) S. 28.
[22] Vgl. KfW (2010) KfW-Standpunkt Nr. 5, S. 21.

Checkliste: Betriebsstilllegung

Bestehende Verträge kündigen
Arbeitsverträge, Miet- oder Pachtverträge, Leasing- und Wartungsverträge sowie Darlehensverträge, Versicherungsverträge.

- ☐ Kündigungsfristen (insbesondere bei Arbeits-, Miet-, Leasing und Darlehensverträgen) sind zu beachten?
- ☐ Besteht bei einer Betriebsaufgabe ein außerordentliches Kündigungsrecht? Sind Aufhebungsverträge möglich. Welche Kosten kommen hinzu?

Abmeldungen, Löschungen, Änderungen und andere Formalitäten
- ☐ Strom, Gas, Wasser und Müll, Beitragszentrale, GEMA abmelden.
- ☐ Löschung aus dem Handelsregister (HR) ggfs. Handwerksrolle
- ☐ Gewerbeabmeldung
- ☐ Konzessionen bei Versorgungsunternehmen, Mitgliedschaften bei Verbänden kündigen,
- ☐ Telefon- /Internetanschluss kündigen,
- ☐ Telefonbucheinträge, eventuell Internet-Homepage löschen,
- ☐ Post benachrichtigen (Nachsendeauftrag bei Standortwechsel),
- ☐ Betriebsfahrzeuge ummelden oder verkaufen,
- ☐ Geschäftskonto, eventuell auch die Bankverbindung löschen,
- ☐ Betriebliche Daueraufträge und Lastschriften kündigen,
- ☐ über den reduzierten Geschäftsumfang den Steuerberater informieren, eventuell das Mandat kündigen,
- ☐ Kunden, Lieferanten informieren,
- ☐ Betriebsaufgabeerklärung über Steuerberater beim Finanzamt abgeben.

Gewährleistungsverpflichtungen sind von einer Betriebsstilllegung nicht betroffen. Der Alteigentümer haftet, bis die Fristen abgelaufen sind!

Aufbewahrungsfristen
Bücher und Aufzeichnungen, Inventare und Jahresabschlüsse müssen *zehn Jahre*,
empfangene Handels- und Geschäftsbriefe, Geschäftsberichte sowie andere Unterlagen, die für die Besteuerung wichtig sind, müssen *sechs Jahre* lang aufgehoben werden.

Checkliste 3.1: Betriebsstilllegung[23]

---

[23] Checklisten (To-do-Listen)
Die hier aufgeführten Checklisten und To-do-Listen sind Zusammenstellungen auf der Grundlage zahlreicher Veröffentlichungen zu diesem Thema, insbesondere der „nexxt-change"-Unternehmensbörse des BMWi sowie der Industrie- und Handelskammern.

Aufgabegewinn[24]

Wird die Betriebstätigkeit eingestellt, werden entweder Wirtschaftsgüter (z.B. die Betriebsimmobilie oder der PKW) ins Privatvermögen zum gemeinen Wert (Zeitwert, Verkehrswert) überführt oder an Dritte (z.B. Maschinen, Betriebseinrichtung) verkauft. Dabei entsteht in der Regel ein Aufgabegewinn, weil die Verkehrswerte dieser Wirtschaftsgüter, die in der Steuerbilanz ausgewiesenen Werte übersteigen. Anfallende Veräußerungskosten mindern den Aufgabegewinn.

Bei der Betriebsaufgabe muss der Unternehmer neben dem Gewinn aus laufendem Geschäftsverkehr auch den Aufgabegewinn versteuern. Der Aufgabegewinn ist *nicht gewerbesteuerpflichtig*, sondern wird der *Einkommensteuer* unterworfen – unter Anwendung der Fünftel-Methode oder des halben Steuersatzes.

Voraussetzungen für Steuervergünstigungen

Der Unternehmer, der die genannten Vorteile in Anspruch nehmen will, muss seinen gesamten Betrieb aufgeben. Dies bedeutet, dass er alle wesentlichen Betriebsgrundlagen in einem einheitlichen Vorgang ins Privatvermögen übertragen oder veräußern muss (siehe dazu Kapitel 5.1.1, Betriebsaufgabe /Betriebsveräußerung).[25]

Innovationsstau

Eine Studie der Kreditanstalt für Wiederaufbau (KfW) bestätigt die „Investitionsstauhypothese": Altunternehmer neigen dazu, im Vorfeld von geplanten Übergaben Investitionen zu reduzieren oder ganz zu unterlassen.

Diese Unternehmen erfüllen zwar zunächst noch die Voraussetzungen der „Übergabewürdigkeit", gefährden aber durch unterlassene Investitionen die Zukunftsfähigkeit des Unternehmens und mindern dadurch die Attraktivität des Betriebes für potenzielle Nachfolger erheblich.[26] Ein Gemeinplatz ist, dass Investitionen eine wesentliche Voraussetzung für den Erhalt und insbesondere für das Wachstum von Unternehmen sind. Werden über einen längeren Zeitraum die Investitionen vermindert, sinken folglich die Rentabilität und die Möglichkeiten, Gewinne zu erwirtschaften.

---

[24] § 16 Abs. 3 Sätze 6 bis 8 EStG.
[25] Vgl. Handwerkskammer für München und Oberbayern (2006) S. 1-4.
[26] Vgl. IfM Bonn (2008) IfM-Materialien Nr. 182.

Wird einer strategischen Krise nicht zeitig entgegengetreten, kann ein Teufelskreis in Gang kommen, der schließlich die Existenz des Unternehmens bedroht: Tragende Mitarbeiter verlassen das Unternehmen. Manchmal werden vorhandene Mittel aus der Altersversorgung ins Unternehmen gesteckt, um Verluste aufzufangen. Die Chancen auf erfolgversprechende Nachfolgegespräche sinken kontinuierlich. Die Suche nach anderen Übernahmeinteressierten kostet Zeit und verschärft die Rentabilitätskrise weiter. Immer mehr notwendige Investitionen werden mit dem Verweis auf die anstehende Übergabe unterlassen. Wenn Alteigentümer in dieser Situation – sinkender Unternehmenswert und abnehmende Rentabilität – die Anzahl der Beschäftigten nicht anpassen, verstärkt sich der Prozess noch. Je länger sich die Übergabephase hinauszögert und je größer der Investitionsstau wird, umso existenzbedrohender wird die Krise für das Unternehmen.

Verzögerungen aufgrund unstrukturierter Übergabeplanung gehen auch auf Kosten der Liquidität. Insbesondere ungeplante, abrupte Übergaben entziehen dem Unternehmen viel Kapital und damit finanziellen Handlungsspielraum, weil die für anfallende Steuern (Ertragssteuern /Erbschaft- und Schenkungsteuer) benötigten Mittel dem Unternehmen entnommen werden müssen. Um die Zahlungsfähigkeit des Unternehmens zu erhalten, müssen nicht selten Kredite aufgenommen werden. Die resultierende niedrigere Eigenkapitalquote hat negative Auswirkungen auf das Kreditrating. Eine Abstufung erschwert die Kapitalbeschaffung bei Finanzierungspartnern zusätzlich.

Verlaufen die Nachfolgegespräche im Sande, weil die Vorstellungen des Übergebers über den Wert des Unternehmens und dessen Zukunftsaussichten stark von der Risikoabschätzung und der Bewertung des potenziellen Übernehmers abweichen, kann das Scheitern selbst den beschriebenen Teufelskreis abermals verstärken.

Kommt es zu einer Übertragung des Unternehmens, gehört es zu den ersten Aufgaben des Nachfolgers, die personellen Ressourcen des Unternehmens anzupassen, das Unternehmen neu auszurichten und unterlassene Investitionen nachzuholen. Wie schwierig die Situation des Unternehmens ist, wird spätestens sichtbar, wenn für diese Investitionen Finanzierungsgespräche mit Banken geführt werden. Unterlassene Investitionen, die zu einem Investitionsstau geführt haben, lassen Übernahmegespräche daher oft scheitern (Abbildung 3.4).[27]

---

[27] Vgl. KfW (2010) KfW-Standpunkt Nr. 5, S. 22.

Unternehmer
- bereiten Übernahme nicht zeitig vor 46%
- können emotional „nicht loslassen" 41%
- fordern überhöhten Kaufpreis 41%
- finden keinen passenden Nachfolger 37%
- warten mit Verkauf, um Altersvorsorge aufzustocken 23%
- befürchten hohe Erbschaftssteuerbelastung 18%
- haben sonstige Gründe 8%

Hemmnisse bei der Unternehmensnachfolge:

Nachfolger
- haben Finanzierungsschwierigkeiten 59 %
- finden kein passendes Unternehmen 45%
- unterschätzen die Anforderungen 44%
- haben unzureichende Qualifikationen 32%
- befürchten hohe Erbschaftssteuerbelastung 19%
- haben sonstige Gründe 9%

Abbildung 3.4: Hemmnisse bei der Unternehmensnachfolge
Quelle: DIHK Report (2011) S. 4

3.2 Ebenen der Nachfolge

Sich mit der Nachfolge zu befassen, heißt Antworten auf viele Fragen zu finden, Zielkonflikte aufzuzeigen, Lösungsmöglichkeiten zu erarbeiten und Alternativen zu prüfen. Eine Möglichkeit, diese Aufgabe zu lösen ist schrittweise vorzugehen und sich zunächst die verschiedenen Ebenen zu verdeutlichen, auf denen Lösungen gefunden werden müssen.

So kann die Ebene Leitung/Management getrennt von der Ebene Eigentum/Haftung betrachtet und bearbeitet werden. Auf diese Weise kann der Übergabeprozess nach den unterschiedlichen Interessenlagen der Beteiligten optimiert und es können u.U. Kompromisse erzielt werden.

3.2.1 Ebene Leitung und Management

Die Unternehmensnachfolge beschreibt den Übergang des Eigentums und/oder der Leitungsmacht in einem Unternehmen. Eine Unternehmensnachfolge kann auch dann vorliegen, wenn der Eigentümer-Unternehmer lediglich die Ausübung der Leitungsmacht an eine angestellte Führungsperson abgibt.[28] Dies ist zum Beispiel der Fall, wenn ein angestellter Mitarbeiter zum Mit-Geschäftsführer bestellt wird. Die Übergabe der Leitungsmacht an einen angestellten Geschäftsführer kann somit der erste Schritt einer Nachfolgeregelung sein.

3.2.2 Ebene Eigentum und Haftung

Der Familienunternehmer hat nicht nur die Leitungsmacht inne, sondern ist auch der Eigentümer des Betriebsvermögens bzw. der Gesellschaftsanteile. Bei Unternehmensfinanzierungen über Banken haften Einzelunternehmer oder Gesellschafter einer Gesellschaft bürgerlichen Rechts (GbR) oder Offene Handelsgesellschaft (OHG) grundsätzlich persönlich. Eine haftungsbeschränkte Gesellschaft erhält nur bei sehr gutem Rating der Gesellschaft eine Bankfinanzierung. Andernfalls wird eine persönliche selbstschuldnerische Bürgschaft durch den Gesellschafter-Geschäftsführer gefordert und zumeist auch weitere Sicherheiten (z.B. Grundschulden) aus dem Privatbereich.

Angestellte Geschäftsführer und Vorstände von Konzerntöchtern oder größeren und mittleren KMU haben üblicherweise Fünfjahresverträge mit festem Grundgehalt und variablen Gehaltskomponenten. Dazu kommt nicht selten eine attraktive betriebliche Altersversorgung. Gegen Risiken, die mit der Übernahme unternehmerischer Verantwortung verbunden sind, sind sie über sogenannte D&O-Versicherungen,[29] deren Prämien vom Unternehmen getragen werden, abgesichert.

Mittlere und größere KMU fordern von der Unternehmensleitung i.d.R. nicht, für betriebliche Kredite oder Darlehen zu bürgen. Die notwendigen Sicherheiten werden vom Unternehmen gestellt. Für potenzielle Übernehmer stellt sich bei der Übernahme kleiner und mittlerer Unternehmen die Frage, ob sie bereit sind, persönlich mit ihrem gesamten Privatvermögen für die betrieblichen Verpflichtungen als Schuldner oder Bürge zu haften. Denn mit dem Eigentum übernimmt der Nachfolger zugleich auch die finanziellen Beziehungen des Unternehmens, samt entsprechenden Haftungsverpflichtungen. Ohne persönliche Haftungsübernahme werden keine öffentlichen Finanzierungsmittel für KMU bereitgestellt.

---

[28] Vgl. Hering (2003) S. 4.

[29] Die D&O-Versicherung (Directors and Officers Liability Insurance) ist eine Vermögensschadenhaftpflichtversicherung, die ein Unternehmen für seine Organe und Manager abschließt und diese vor den Haftpflichtansprüchen Dritter schützt.

Für potenzielle externe Nachfolger und deren Partner stellt sich deshalb eindringlich die Frage nach den persönlichen Konsequenzen, sollte das unternehmerische Projekt scheitern. Je geringer die Branchenkenntnisse des potenziellen Nachfolgers sind, je weniger er über das infrage stehende Unternehmen weiß und je schwieriger dessen finanzielle Verpflichtungen zu kalkulieren sind, je größer das unternehmerische Risiko ist, desto geringer wird verständlicherweise seine Bereitschaft sein, das Unternehmen zu übernehmen.

4. Phasenmodell der Nachfolge

Eine Unternehmensnachfolge lässt sich im zeitlichen Verlauf in verschiedenen Phasen darstellen. Die phasenweise Planung und Umsetzung ermöglicht es, alle Aspekte gebührend zu berücksichtigen und zu zielorientierten Lösungen zu kommen. Dabei kann es sinnvoll sein, die verschiedenen Phasen in Einzelschritte zu untergliedern.

Die folgenden Kapitel gehen auf unterschiedliche Nachfolgevarianten mit ihren jeweils unterschiedlichen unternehmerischen, finanziellen, steuerlichen und rechtlichen Implikationen sowie ihre gegenseitigen Abhängigkeiten ein.

4.1 Konzeptphase

Jede Nachfolgeregelung braucht eine Findungsphase – sowohl auf Seiten des Übergebers als auch auf Seiten des Übernehmers. Beide Parteien, die die einzelnen Phasen aus unterschiedlichen Perspektiven erleben werden, sollten sich möglichst frühzeitig und umfassend auf das Projekt „Nachfolge" vorbereiten. In der Konzeptphase sammeln Übergeber und Übernehmer systematisch für sie relevante Informationen und führen mit kompetenten Ratgebern Gespräche.

4.1.1 Konzeptphase des Unternehmers

Jeder Unternehmer, der vor der Regelung seiner Nachfolge steht, sollte sich frühzeitig mit den verschiedenen im Zuge der Nachfolge entstehenden Fragen auseinandersetzen.[30] Dabei geht es in der Konzeptphase darum, zunächst die Ziele der Nachfolge zu benennen und möglichst konkrete Vorstellungen über die Grundlinien der Übergabe zu entwickeln.

Eine klare Definition der Ziele schafft die Voraussetzung für erfolgversprechende Lösungsansätze. In kleinen Unternehmen bilden die steuerlichen und rechtlichen Rahmenbedingungen häufig die Grundlage für die Planung des weiteren Vorgehens hinsichtlich Führungsübertragung, Vermögensübertragung und der künftigen Ausrichtung des Unternehmens.

---

[30] Vgl. Müller (2011) S. 16.

4. Phasenmodell der Nachfolge

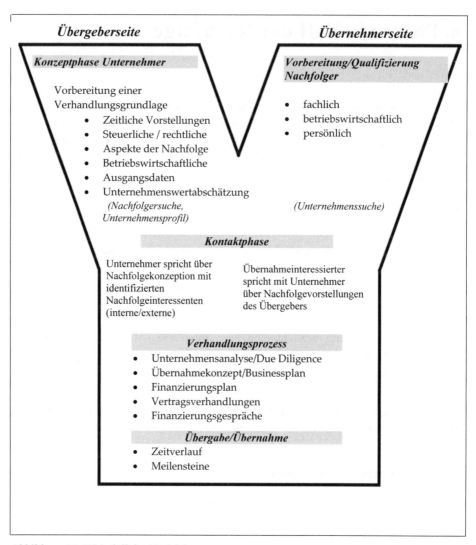

Abbildung 4.1: Y-Modell der Nachfolge

Quelle: Eigene Darstellung in Anlehnung an GO! Leitfaden (2001)

> **To-do-Liste Konzeptphase Übergeber**
>
> ☐ Langfristige Ziele bestimmen,
> ☐ Altersversorgung und Absicherung der Familie überprüfen,
> ☐ Bestandsaufnahme der güter- und erbrechtlichen Verhältnisse,
> ☐ Informationen über die steuerlichen und rechtlichen Ausgangsposition und mögliche Optionen sammeln, Vorgespräche (Steuerberater, Unternehmensberater, Jurist) führen,
> ☐ Berater wählen,
> ☐ Zeitplan erstellen und möglichen Abgabezeitpunkt bestimmen,
> ☐ Unternehmenssituation analysieren (Rating) und Unternehmen auf Nachfolge vorbereiten
> ☐ Unternehmenswert abschätzen lassen,
> ☐ Nachfolgekonzept und Verkaufsstrategie wählen,
> ☐ Unterlagen zusammenstellen,
> ☐ Nachfolger/Käufer suchen.

To-do-Liste 4.1: Konzeptphase Übergeber

In der Konzeptphase geht es um unternehmerische Führungs*entscheidungen*, der Weg dahin ist jedoch immer ein Findungs*prozess*, in dem zahlreiche Gespräche mit verschiedenen Gesprächspartnern geführt werden. Gesprächspartner sind neben Ehepartner und Familienmitgliedern der Steuerberater, der Anwalt, Bankmitarbeiter und auf Nachfolgefragen spezialisierte Unternehmensberater. Lohnend kann auch die Kontaktaufnahme mit Branchenkennern und „gestandenen" Unternehmern sein, die die Übergabe ihres Betriebs bereits vollzogen haben. Zusätzliche Informationen geben spezielle Veranstaltungen zur Nachfolge, die Kammern und Verbände, aber auch Banken anbieten.[31]

Die Nachfolgeregelung hat weitreichende Konsequenzen für das gesamte Unternehmen und erfordert unternehmerische Entscheidungen unter Abwägung von Zielkonflikten. In einer erfolgversprechenden Nachfolgekonzeption eines Übergebers finden die Ergebnisse verschiedenster Abwägungsprozesse ihren Ausdruck. Die Fragen der folgenden Checkliste sollten sorgfältig beantwortet werden, sodass verschiedene Gestaltungsmöglichkeiten in der Kombination mit Alternativen geprüft werden können.

---

[31] Vgl. IHK Nordrheinwestfalen (2004) Wirtschaftsspiegel, S. 14 f.

> **Checkliste: Konzeptphase Übergeberseite**
>
> ☐ Für welchen Zeitpunkt ist die Übergabe (Geschäftsführung und/oder Unternehmensvermögen) geplant?
> ☐ Gibt es Verfügungsbeschränkungen an Vermögensteilen?
> ☐ Welche persönlichen Ziele werden mit der Nachfolgeregelung verfolgt?
> ☐ Kann/soll die Übergabe schrittweise oder zu einem bestimmten Zeitpunkt erfolgen?
> ☐ Welche Nachfolgealternativen kommen in Frage (familieninterne Nachfolge, Fremdgeschäftsführung, Mitarbeiter, externer Nachfolger)?
> ☐ Wie soll das Unternehmen übergehen (vererben, verschenken, verkaufen, vermieten, verpachten)?
> ☐ Welche Nachfolgeregelung lässt sich im Zielkatalog (Interesse der Übergeberseite, Interesse der Nachfolgerseite, Interessenlage der Mitarbeiter, Zukunftsfähigkeit des Unternehmens, Finanzierbarkeit) umsetzen.
> ☐ Sind Vorbereitungen im Privatbereich zu treffen und ggf. welche?
> ☐ Liegen die relevanten Informationen über das Unternehmen aufbereitet vor? (Exposé, Unternehmensprofil, Jahresabschlüsse, Unternehmensplanung)
> ☐ Welche Schlüsselqualifikationen braucht ein Nachfolgekandidat?
> ☐ Sind Nachfolgekandidaten im Umfeld (Familie, Mitarbeiter, Bekanntenkreis) vorhanden? Wo und wie lässt sich ggf. ein geeigneter Nachfolger finden?
> ☐ Welche Berater sind im Vorfeld und über die tatsächliche Übertragung hinaus einzubeziehen? Wo finde ich solche Berater?

Checkliste 4.1: Konzeptphase Übergeberseite

Wenn die vorstehenden Fragen schlüssig und klar beantwortet werden können, sind die Voraussetzungen für die nachfolgende Kontaktphase geschaffen.[32]

4.1.2 Konzeptphase des Nachfolgers

Der Nachfolger sollte ein klares Konzept für die Übernahme entwickeln und damit seine Ernsthaftigkeit und Kompetenz belegen. Von seinen Qualifikationen und Lebensvorstellungen ausgehend sollte er seine Eignung als Unternehmer und Nachfolger prüfen und ein Anforderungsprofil für die Suche nach einem Unternehmen erstellen. Ohne ein erfolgversprechendes Nachfolgekonzept, in dem Unternehmensperspektive, wirtschaftliche Erfolgsaussichten, berufliche Qualifikationen und Fähigkeiten des Nachfolgers im Einklang stehen, ist das Vorhaben „Nachfolge" kritisch zu sehen. Eine tragfähige Finanzierung ist dann unrealistisch.

---

[32] Vgl. BMWi (2010) Unternehmensnachfolge, S. 7 f.

4.1 Konzeptphase

To-do-Liste Konzeptphase Übernehmer

- ☐ Persönliche Lebensvorstellungen und -ziele definieren,
- ☐ Standort des Unternehmens bestimmen,
- ☐ Familie in die Planung einbeziehen, (Zeitbeanspruchung, Lebensmittelpunkt)
- ☐ sich über grundlegende unternehmerische Risiken klar werden,
- ☐ Privathaftung für die Finanzierung berücksichtigen,
- ☐ Privatentnahmen, Soziale Absicherung (Krankenversicherung Altersversorgung u.a.) und Steuerbelastung einplanen.

To-do-Liste 4.2: Konzeptphase Übernehmer

Checkliste Übernehmer: Konzeptphase

- ☐ Welche fachliche Ausbildung und welcher berufliche Erfahrungshintergrund sind vorhanden?
- ☐ Besitzen Sie die persönlichen Fähigkeiten, um Unternehmer zu werden?
- ☐ Sind Sie auf die Anforderungen und Belastungen eines Unternehmeralltags vorbereitet?
- ☐ Fehlen Qualifikationen und können diese im Vorfeld nachgeholt werden?
- ☐ In welcher Branche sollte das Unternehmen tätig sein?
- ☐ Liegt ein entsprechender Branchenhintergrund vor?
- ☐ Welche Größe sollte das Unternehmen haben?
- ☐ Wo sollte sich der Standort befinden?
- ☐ Wie sieht das Übernahmekonzept aus?
- ☐ Welche Chancen und Risiken hat das Vorhaben?
- ☐ Soll das Unternehmen gekauft oder gepachtet werden? Oder wird eine Beteiligungslösung angestrebt? Sollen die Anteile oder das Unternehmen übernommen werden?
- ☐ Besitzen Sie die volle Unterstützung der Familie?
- ☐ Wie sehen die persönliche Absicherung und die der Familie aus?
- ☐ Welche Informationen über das Unternehmen liegen vor und welche werden noch benötigt.
- ☐ Zu welchen Fragen wird Beratung benötigt und wer kann weiterhelfen?
- ☐ Wie kann das Vorhaben finanziert werden?
- ☐ Welche Förderprogramme existieren und kommen in Frage?

Checkliste 4.2: Übernehmer: Konzeptphase

Für einen angehenden Unternehmer ist es sinnvoll, im Rahmen seiner Vorbereitungen einen Persönlichkeitstest durchzuführen. So bieten in NRW einzelne Startercenter als Bestandteil Ihrer Existenzgründungsworkshops einen Insights-Test. Die umfangreiche wissenschaftlich fundierte Auswertung bietet Anregungen zur Einordnung der eigenen Persönlichkeit und zum Thema Selbstwahrnehmung und Fremdwahrnehmung. Mit einem solchen Test können die Stärken und Schwächen offengelegt werden, um sich als Führungskraft und Unternehmerpersönlichkeit bewusst weiter zu entwickeln. Im Internet kann der F-DUP-Test online durchgeführt werden, um Unternehmerpotentiale zu erkennen.[33]

Der Nachfolger sollte sich darüber im Klaren sein, dass seine konzeptionellen Vorüberlegungen sofort nach der Übernahme bei gestandenen Mitarbeitern und Führungskräften einem Realitätstest unterzogen werden und dabei bestehen müssen. Ein potenzieller Nachfolger hat sich während der Vorbereitung unter anderem den Fragen der folgenden Checkliste zu stellen.

4.2 Kontaktphase

In der Kontaktphase werden verbindliche Gespräche zwischen Unternehmer und möglichem Nachfolger aufgenommen. Geht es um die Nachfolge innerhalb der Familie, beginnt diese Phase mit der ersten Präsentation eines Übergabekonzeptes, das ungefähre Zeitangaben zum Ablauf der Nachfolge enthält. Bisher eher unverbindliche Überlegungen werden konkretisiert; Fragen der Umsetzbarkeit kommen in den Blick. Ist der potenzielle Nachfolger ein führender Mitarbeiter, so wird er nun zum Verhandlungspartner.

Bei der Übergabe unter Fremden dient eine erste persönliche Begegnung dazu auszuloten, ob eine Basis für vertrauensvolle Verhandlungen gefunden werden kann. In den meisten Fällen endet der Kontakt nach dieser ersten Begegnung. Ein Grund liegt bei Kleinunternehmen vor allem in den hohen Erwartungen, die häufig an potenzielle Nachfolger gestellt werden. Wenn jedoch eine Basis für vertrauensvolle Verhandlungen besteht, können mit einer Vertraulichkeitserklärung des interessierten Nachfolgers der intensive Teil der Kontaktphase eingeleitet und die ersten Betriebsinterna offengelegt werden. Erfolgreich abgeschlossen wird die Kontaktphase mit der Absichtserklärung, das Unternehmen übergeben bzw. übernehmen zu wollen. Sie erhält üblicherweise die schriftliche Form eines „Letter of Intent" oder „Memorandum of Understanding".[34]

---

[33] Quelle: www.hwk-duesseldorf.de;www.insights-group.de; f-dup.innovate.de;
[34] Vgl. IHK Berlin; Handwerkskammer Berlin (2009) S. 8.

4.3 Verhandlungsphase

In der Verhandlungsphase geht es darum, sich detailliert über die Absichten zu verständigen und sie schließlich in einem Vertragswerk zu fixieren, das dann Grundlage für den Übergang werden kann.

Dabei geht es auch um die Finanzierung des Vorhabens. Ist die Finanzierung von Partnern wie z.B. der Hausbank, öffentlichen Förderbanken oder Sicherungsgebern abhängig, müssen für eine Finanzierungszusage das Übernahmekonzept samt der Planrechnungen und der Vertragsentwürfe beigebracht werden. Dies ist fast immer der Fall, weil allein die Bereitstellung eines Kontokorrentkredits eine Kreditprüfung erforderlich macht.

Die Verhandlungsphase wird mit der Vertragsunterzeichnung abgeschlossen. Dabei sollte auch geregelt werden, welche Obliegenheiten die Vertragsparteien in der Zeit zwischen Vertragsabschluss und eigentlichem rechtlichen Übergang (Closing) haben.

4.4 Übergangsphase

Ziel der Übergangsphase ist es, eine möglichst reibungslose Übergabe des Unternehmens an den Nachfolger zu erreichen. Da sie die intensivste Phase der Nachfolgeregelung ist,[35] sollte ein verbindlicher Zeit- und Ablaufplan entwickelt werden. Dieser sollte sämtliche Aspekte enthalten und die Belange aller Beteiligten berücksichtigen.

---

[35] Vgl. Kluth (2011) S. 10.

5. Komplexitätsproblem der Nachfolge

Die Gestaltung der Nachfolge in inhabergeführten Unternehmen wird von vielen Faktoren bestimmt. Einzelne Faktoren können in den unterschiedlichen Phasen des Nachfolgeprozesses mehr oder weniger große Probleme bereiten. Die Nachfolge ist als multidimensionaler Prozess zu sehen, in dem immer wieder Zielkonflikte auftreten und gelöst werden müssen. Eine Übergabe zu erreichen, die für alle Parteien in jeder Phase optimal ist, erscheint deshalb unmöglich. Alle Beteiligten müssen Kompromisse eingehen. Man spricht in diesem Zusammenhang vom Komplexitätsproblem der Nachfolge. Diese Komplexität gilt es im Vorfeld und bei der Begleitung von Nachfolgen zu berücksichtigen.

5.1 Steuerliche Einflussfaktoren

Ein Faktor, der zur Komplexität von Unternehmensnachfolgen beiträgt, ist die Steuergesetzgebung. In diesem Abschnitt werden Begriffe und Sachverhalte behandelt, die im Zusammenhang mit steuerlichen Fragen bei der Nachfolge von Bedeutung sind.

To-do-Liste: Steuersituation

- ☐ Gespräch mit Steuerberater/Wirtschaftsprüfer suchen
- ☐ Ertragsteuerliche Folgen prüfen; stille Reserven beachten.
- ☐ Rechtsform hinsichtlich der Steuerfolgen prüfen, ggf. ändern,
- ☐ Ggfs. Erbschafts- und Schenkungssteuersituation prüfen,
- ☐ Steuerfolgen bei Immobilien beachten,
- ☐ Mehrwertsteuersituation klären,
- ☐ Sozialversicherungsfolgen klären.

To-do-Liste 5.1: Steuersituation

5.1.1 Ertragssteuern

Unter den Ertragssteuern werden die Einkommensteuer bei Einzelunternehmen und Personengesellschaften, bei Kapitalgesellschaften die Körperschaftssteuer sowie für alle Unternehmen (bis auf Freiberufler) die Gewerbesteuer verstanden.

5.1.1.1 Einkommensteuer

Die einkommensteuerlichen Konsequenzen werden im Nachfolgeprozess im Vorfeld häufig unterschätzt. Bei der Konzeptionierung der Nachfolge ist deshalb insbesondere auf Seiten des Übergebers frühzeitig ein Steuerberater einzubinden, um sich die möglichen steuerlichen Konsequenzen einzelner Überlegungen bewusst zu machen. Um die Auswirkung der Nachfolge auf die Einkommenssteuer abschätzen zu können, sollten die nachfolgenden Begriffe bekannt sein:

Entgeltlicher Übertragungsvorgang

Ein entgeltlicher Übertragungsvorgang ist ein Rechtsgeschäft, bei dem ein Betrieb mit seinen wesentlichen Betriebsgrundlagen gegen ein angemessenes Entgelt veräußert wird. Die Grundlage ist in der Regel ein Kaufvertrag. Als Gegenleistung kommen sowohl ein einmaliger Kaufpreis als auch wiederkehrende Bezüge in Betracht.

Betriebsaufgabe und Betriebsveräußerung

Nicht nur die Betriebsveräußerung, sondern auch die Betriebsaufgabe führt zur Beendigung der bisher ausgeübten gewerblichen Tätigkeit eines selbstständigen Steuerpflichtigen. Von einer Betriebsaufgabe spricht man, wenn alle wesentlichen Grundlagen eines Betriebes in einem einheitlichen Vorgang innerhalb kurzer Zeit

- entweder in das Privatvermögen überführt,
- an verschiedene Erwerber einzeln veräußert, oder
- teilweise in das Privatvermögen und teilweise einzeln veräußert werden.

Eine Abwicklung eines Betriebes innerhalb von sechs Monaten wird nach Auffassung des Bundesfinanzhofs (BFH) noch als akzeptabler Abwicklungszeitraum für eine Betriebsaufgabe angesehen. Der Aufgabegewinn ist wie folgt zu ermitteln:

	Summe der gemeinen Werte der in das Privatvermögen überführten Wirtschaftsgüter
+	Summe der Veräußerungspreise der veräußerten Wirtschaftsgüter
./.	Verbindlichkeiten
./.	Buchwert des Betriebsvermögens (Eigenkapital)
=	**Aufgabegewinn**

Der Zeitraum der Betriebsaufgabe beginnt dabei erst mit den vom Aufgabeentschluss getragenen Handlungen, die objektiv auf die Auflösung des Betriebs als selbstständiger Organismus des Wirtschaftslebens gerichtet sind.[36] Nach dem Einreichen der letzten Bilanz darf künftig keine gewerbliche Tätigkeit mehr ausgeübt werden, sonst können eventuelle Steuervergünstigungen rückwirkend verloren gehen. Die Betriebsaufgabe ist abgeschlossen und endet mit der Veräußerung der letzten wesentlichen Betriebsgrundlage oder mit deren Überführung in das Privatvermögen.

Stille Reserven

Übersteigt der Teilwert bzw. Zeitwert der Gegenstände, die aus dem Betriebsvermögen in das Privatvermögen überführt werden den Buchwert aus der Bilanz, wird ein Gewinn realisiert. Das gleiche gilt, wenn der erzielte Veräußerungspreis über den Buchwerten liegt. Diese Gewinne stellen laufenden Gewinn dar und unterliegen der Einkommensteuer. Man spricht in diesem Zusammenhang von der Auflösung der stillen Reserven. Üblicherweise liegen stille Reserven in Familienunternehmen in steuerrechtlich abgeschriebenen Gegenständen des Anlagevermögens (Maschinen, Fahrzeuge, Betriebs- und Geschäftsausstattung) vor. Grundsätzlich kann vermutet werden, dass erhebliche stille Reserven in Immobilien und Grundstücken des Betriebes enthalten sind.

In Familienunternehmen befinden sich Grundstücke und Gebäude oftmals seit Generationen in Familienbesitz und damit im steuerpflichtigen Betriebsvermögen. Die Buchwerte der Steuerbilanz entsprechen bei alten traditionsreichen, inhabergeführten Unternehmen nicht selten den Werten aus der DM-Eröffnungsbilanz von 1948. Allein durch die Grundstückspreisentwicklung über Jahrzehnte ergeben sich häufig erhebliche Wertsteigerungen. Eine Realisierung dieser stillen Reserven, zum Beispiel durch Überführung vom steuerlichen Betriebsvermögen in steuerliche Privatvermögen durch Entnahme im Zuge einer Betriebsaufgabe, kann zu einer erheblichen einkommensteuerlichen Belastung führen.

Steuerliches Betriebsvermögen

Alle Wirtschaftsgüter eines Steuerpflichtigen, die der Erzielung von gewerblichen Einkünften dienen, werden der betrieblichen Sphäre zugeordnet. Sie sind als

---

[36] BFH, 05.07.1984 - IV R 36/81, BStBl II 1984, 711.

Vermögen in der Steuerbilanz des Steuerpflichtigen ausgewiesen. Diese aktivierten Wirtschaftsgüter sind das steuerliche Betriebsvermögen des Steuerpflichtigen. Zum steuerlichen Betriebsvermögen zählt auch das Vermögen eines Gesellschafters einer Personengesellschaft, das er dieser zur Ausübung der gewerblichen Tätigkeit zur Verfügung stellt.

Praxisbeispiel

Gesellschaft mit beschränkter Haftung & Compagnie Kommanditgesellschaft (GmbH & Co KG) Mitgesellschafter und Kommanditist stellt der Gesellschaft die Betriebs- und Geschäftsräume zur Verfügung, die sich in seinem persönlichen Eigentum befinden. Diese Immobilie wird in einer Sonderbilanz als Sonderbetriebsvermögen geführt.

Als steuerliches Betriebsvermögen wird auch das Immobilien-Vermögen angesehen, das ein beherrschender Gesellschafter einer GmbH im Rahmen einer Betriebsaufspaltung dieser zur Verfügung stellt. Bei unterschiedlichen Gesellschafteranteilen von Besitz- und Betriebsgesellschaft wird, vereinfacht ausgedrückt, Betriebsvermögen dann angenommen, wenn die Gesellschafter der Besitzgesellschaft zusammengerechnet in der Betriebsgesellschaft die Mehrheit besitzen und damit ein einheitlicher Betätigungswille ausgedrückt werden kann.

Eine Beteiligung von bis zu 50% ist nach höchstrichterlicher Entscheidung nicht ausreichend, um steuerliches Betriebsvermögen zu begründen, es sei denn, die Gesellschafter der Besitzgesellschaft haben zusammengenommen mehr als 50% an der Betriebsgesellschaft.

Praxisbeispiel 5.1: Steuerliches Betriebsvermögen

> **Praxisbeispiel**
>
> Eine GmbH mit 100% Gesellschafter-Geschäftsführer hat Betriebsräume angemietet, die Allein-Eigentum des Gesellschafter-Geschäftsführers sind. Eine Betriebsaufspaltung[37] ist begründet. Die Immobilie ist steuerliches Betriebsvermögen.
>
> *Überlegung:* Im Rahmen einer Nachfolgeregelung soll ein Sohn oder eine Tochter 50% der GmbH Anteile übernehmen und in die Geschäftsführung einsteigen. Das Grundstück bleibt wie bisher beim Alt-Gesellschafter-Geschäftsführer.
>
> *Konsequenz:* Die Abgabe von 50% der Gesellschaftsanteile begründet die Aufgabe der steuerlichen Betriebsaufspaltung. Die Immobilie wird ins steuerliche Privatvermögen überführt und unter Auflösung der stillen Reserven der Einkommensteuer unterworfen. Zukünftig werden die Mietzahlungen der GmbH für die Betriebsräume den Einkünften aus Vermietung und Verpachtung zugerechnet.

Praxisbeispiel 5.2: Betriebsaufspaltung

Einkommensteuerliche Vergünstigungen

Nach § 16 Einkommensteuergesetz (EStG) kann ein Steuerpflichtiger einen steuerlichen Freibetrag in Höhe von 45.000 € bei der Veräußerung
- eines ganzen Betriebes,
- eines Teilbetriebes,
- eines gesamten Mitunternehmeranteils,
- oder bei einer Betriebsaufgabe

geltend machen, wenn er das 55. Lebensjahr vollendet hat oder dauernd berufsunfähig ist. Der Freibetrag wird je Unternehmer nur einmal gewährt. Er ermäßigt sich um den Betrag, der 136.000 € übersteigt. Eine Betriebsveräußerung liegt nur

---

[37] Die Betriebsaufspaltung ist eine steuerrechtliche Konstruktion (*Rechtsinstitut*), bei dem ein Unternehmen in zwei oder mehrere rechtlich selbstständige Einheiten aufgespalten wird, die personell und wirtschaftlich weiterhin eine Einheit bilden. Die Betriebsaufspaltung steht nicht im Steuergesetz, sondern ist durch Rechtsprechung des BFH entstanden. Die Grundlagen der Rechtsprechung ergeben sich aus den Einkommensteuerrichtlinien, R 15.7(4) bis R 15.7 (8).

vor, wenn der Betrieb mit seinen wesentlichen Grundlagen in einem einheitlichen Vorgang auf einen Nachfolger gegen Entgelt übergeht. Was ‚wesentliche Betriebsgrundlagen" sind, hängt vom Einzelfall ab. Wirtschaftsgüter sind funktional wesentlich, wenn sie unentbehrlich für den Betriebszweck sind. Quantitativ gehören Wirtschaftsgüter zum wesentlichen Betriebsvermögen, wenn sie, obwohl funktional nicht bedeutend, erhebliche stille Reserven ausweisen. Unter Mitunternehmeranteil werden z.B. die Gesellschaftsanteile einer Person an einer gewerblich tätigen Personengesellschaft, etwa an einer Gesellschaft bürgerlichen Rechts (GbR), einer Offenen Handelsgesellschaft (OHG) oder ein Kommanditanteil an einer Kommanditgesellschaft (KG) verstanden.

Veräußert eine natürliche Person oder eine Personengesellschaft Kapitalgesellschaftsanteile, ist zu differenzieren, ob sich diese im Privat- oder Betriebsvermögen befinden. Bei der Veräußerung aus dem Privatvermögen (d.h. Anteil weniger als 1% vom Stammkapital) sind die Veräußerungsgewinne steuerfrei. Der Veräußerungsgewinn unterliegt dennoch der Einkommenssteuer, wenn der Verkäufer innerhalb der vergangenen fünf Jahre am Kapital der Gesellschaft mit mindestens 1% beteiligt war.[38]

Er unterliegt auch bei einer Beteiligung unter 1% der Einkommenssteuer, wenn der Zeitraum zwischen der Anschaffung und Veräußerung nicht mehr als ein Jahr beträgt.[39] Die Besteuerung des Gewinns erfolgt in diesem Fall nach dem Halbeinkünfteverfahren, nachdem nur die Hälfte des Veräußerungsgewinns mit dem persönlichen Einkommensteuersatz besteuert wird.[40] Die Veräußerung von Kapitalanteilen einer GmbH im Betriebsvermögen, also bei Anteilen von über 1%, unterliegt bei privaten Steuerpflichtigen dem Teileinkünfteverfahren. In diesem Fall werden 60% des Veräußerungsgewinns mit dem persönlichen Einkommensteuersatz besteuert.

Nach § 17 EStG wird der Veräußerungsgewinn zur Einkommensteuer nur herangezogen, soweit er den Teil von 9.060 € übersteigt, der dem veräußerten Anteil an der Kapitalgesellschaft entspricht. Der Freibetrag ermäßigt sich um den Betrag, um den der Veräußerungsgewinn den Teil von 36.100 € übersteigt, der dem veräußerten Anteil an der Kapitalgesellschaft entspricht. Der Veräußerungsgewinn ist die Differenz zwischen Anschaffungskosten und Verkaufserlös abzüglich der Verkaufskosten.

---

[38] Vgl. § 17 Abs. 3 EStG.
[39] Vgl. §§ 22 Nr. 2, 23 Abs. 1 Nr. 2 EStG.
[40] Vgl. § 3 Nr. 40 lit. c) bzw. j) EStG.

5.1 Steuerliche Einflussfaktoren

Praxisbeispiel

Betriebsveräußerung bzw. Betriebsaufgabe mit erheblichen stillen Reserven
Immobilie Wohn- und Geschäftshaus mit renommiertem Café und Nebenräumen in zentraler Lage der Innenstadt. Das Haus ist seit Generationen im Familienbesitz.

Vorhaben: Übergabe des Cafés an einen familienfremden Mitarbeiter durch Verkauf des Inventars und der Betriebsausstattung sowie Vermietung des Cafés an den Mitarbeiter.

Zeitwert Immobilie	1.200.000 €
Verkaufspreis Inventar	100.000 €
Anteil des Betriebsvermögen am Immobilienobjekt	50%
10.000 € Immobilie 40.000 € Betriebs- und Geschäftsausstattung	
Buchwerte:	
Immobilie	10.000 €
Betriebs- und Geschäftsausstattung	40.000 €
Stille Reserven	1.250.000 €
Erlös Verkauf	100.000 €
Belastungsvergleich Einkommenssteuer	
Normalversteuerung einschl. Soli Grundtabelle 2011	570.000 €
Anwendung Fünftel-Regelung	485.000 €
Vergünstigungen Betriebsaufgabe	
§ 16 EStG greift nicht, da Aufgabegewinn den Freibetrag aufzehrt	
§ 34 Veräußerungsgewinn/Aufgabegewinn	305.900 €

Praxisbeispiel 5.3: Betriebsveräußerung

5. Komplexitätsproblem der Nachfolge

Wiederkehrende Bezüge

Wiederkehrende Bezüge sind periodisch gezahlte Beträge als Gegenleistung für die Übertragung eines Unternehmens. Sie liegen dann vor, wenn der Kaufpreis nicht in einer Summe gezahlt wird, sondern zum Teil oder ganz für einen mehr oder weniger langen Zeitraum in Raten gestundet (Kaufpreisraten) oder auch verrentet wird.

Kaufpreisraten

Bei normalverzinslichen gestundeten Kaufpreisraten ist für die Ermittlung des Veräußerungsgewinnes der Kaufpreis zum Zeitpunkt des Vertragsabschlusses heranzuziehen. Bei zinslosen oder niedrig verzinslichen Kaufpreisraten, bei denen die Stundung mehr als ein Jahr beträgt, ist als Veräußerungsgewinn der Barwert anzusetzen. Die in den einzelnen Raten enthaltenen Zinsanteile sind in voller Höhe Betriebsausgaben.

Renten

Renten sind regelmäßig wiederkehrende gleichmäßige Geldleistungen, die entweder auf die Lebenszeit eines Menschen (Leibrente) oder für mindestens zehn Jahre (Zeitrente) gezahlt werden und deren Barwert nach kaufmännischen Gesichtspunkten dem Wert eines übertragenden Betriebes entspricht. Bei Leibrenten besteht ein Wahlrecht zwischen Sofortversteuerung oder nachträglicher Besteuerung der Rentenzahlungen (Zuflussbesteuerung). Dieses Wahlrecht bezieht sich auf ein Ausfallrisiko aufgrund sehr langer Laufzeiten. Die wiederkehrende Leistung dient Versorgungszwecken.

Bei nachträglicher Versteuerung entsteht die Steuerpflicht erst zu dem Zeitpunkt, zu dem die Rentenzahlungen den Wert des Kapitalkontos des Unternehmens zum Veräußerungszeitpunkt übersteigen. Ab diesem Zeitpunkt liegen in voller Höhe nachträgliche Einkünfte aus Gewerbebetrieb vor. Diese werden als laufender steuerlicher Gewinn ohne steuerliche Vergünstigungen besteuert. Der Käufer (Rentenverpflichtender) aktiviert Anschaffungskosten in Höhe des Rentenbarwertes und passiviert die Rentenverpflichtung ebenfalls mit dem Barwert. Der Betriebsausgabenabzug in Höhe des jeweiligen Ertrags- bzw. Zinsanteils wird nach versicherungsmathematischen Methoden ermittelt. Dazu ist gegenüber der Finanzverwaltung ein Sachverständigengutachten zu erstellen.

Verpachtung des Betriebes

Die Verpachtung des Betriebes ist eine Alternative zur Betriebsveräußerung. Der bisherige Betriebsinhaber bleibt Eigentümer der wesentlichen Betriebsgrundlagen. Er überlässt dem Pächter die Wirtschaftsgüter und erhält eine Pacht nach zivilrechtlichen Vorschriften. Hier wird von einer Betriebsverpachtung im Ganzen gesprochen. Der Verpächter kann wählen, ob er den Betrieb unter Auflösung der stillen Reserven sofort aufgibt oder ohne Auflösung der stillen Reserven weiterhin Gewerbetreibender bleibt. Die Pachtzahlungen werden dann den Einkünften aus Gewerbebetrieb zugerechnet und normal versteuert. Gegenstand des Pachtvertrages müssen die wesentlichen Grundlagen des Betriebes sein. Jederzeit wieder ersetzbare Werkzeuge, aber auch Teile des Umlaufvermögens wie der Warenbestand, gehören nicht dazu.[41] Werden nur einzelne Wirtschaftsgüter verpachtet, liegt keine Betriebsverpachtung im Ganzen vor.

Checkliste: Wiederkehrende Leistungen

☐ Ist es sinnvoll, vom Verpachtungswahlrecht (bei Beginn der Verpachtung und während der Verpachtung kann der Steuerpflichtige wählen, ob er den Betrieb fortführen oder ihn unter Auflösung der stillen Reserven mit entsprechender Steuerpflicht aufgeben will) Gebrauch zu machen und die stillen Reserven erst später zu versteuern?

☐ Ist es aus steuerlicher Sicht besser, eine Rente zu vereinbaren?

☐ Soll die Rente auch nach dem Tod des Übergebers an den überlebenden Ehegatten weitergezahlt werden?

Checkliste 5.1: Wiederkehrende Leistungen

Unentgeltliche Übertragungsvorgänge

Von einem unentgeltlichen Übertragungsvorgang wird gesprochen, wenn keine Gegenleistung für die Vermögensübertragung vereinbart wird. Werden wesentliche Betriebsgrundlagen unentgeltlich übertragen und wird der Betrieb vom Erwerber weitergeführt, werden die im Betriebsvermögen begründeten stillen Reserven nicht aufgedeckt. Der Erwerber ist verpflichtet, die Buchwerte des Vorgängers fortzuführen. Der Übertragende realisiert keinen Aufgabe- bzw. Veräußerungsgewinn. Steuerlich unschädlich ist es, wenn einzelne, nicht wesentliche Bestandteile des Betriebsvermögens zurückbehalten werden. Diese werden zum Zeitwert ins Privatvermögen überführt. Werden dagegen wesentliche Wirtschaftsgüter zurückbehalten, liegt kein unentgeltlicher Betriebsübergang mehr

---

[41] BFH-Urteil vom 18.8.2009 XR 20/06.

vor. Es handelt sich nun um eine Betriebsaufgabe, mit den damit verbundenen steuerlichen Konsequenzen.

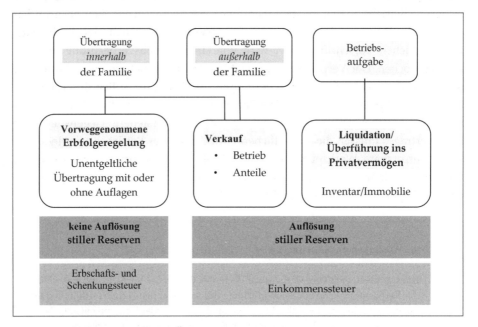

Abbildung 5.1: Möglichkeiten der Übertragung

Quelle: Eigene Darstellung in Anlehnung an IHK Würzburg-Schweinfurt (2011) Schriftenreihe Nr. 28, S. 23 f.

Abschreibungsfähigkeit

Der Erwerber eines Betriebes hat den Kaufpreis auf die übernommenen Wirtschaftsgüter aufzuteilen. Die einzelnen Wirtschaftsgüter und Gesellschaftsanteile von Personengesellschaften sind für den Käufer abschreibungsfähig. Für gebrauchte Wirtschaftsgüter können kürzere Abschreibungsfristen als für neuwertige angesetzt werden. Geschäfts- und Firmenwerte sind auf 15 Jahre abzuschreiben. Das Aufgeld auf den Erwerb von Anteilen an einer Kapitalgesellschaft kann nicht abgeschrieben werden.

Verlustausgleichsbeschränkungen

Wird eine Kapitalgesellschaft mit einem Verlust verkauft, ist dieser Verlust beim Verkäufer bei der Einkommensteuer nach § 17 EStG nicht zu berücksichtigen, wenn die Anteile (ab 1% Beteiligung) innerhalb einer Fünf-Jahresfrist käuflich oder unentgeltlich erworben wurden. Als Verlust wird die Differenz zwischen Anschaffungskosten und Verkaufserlös zuzüglich Verkaufskosten verstanden.

Werden innerhalb von fünf Jahren mittelbar oder unmittelbar mehr als 25% des gezeichneten Kapitals oder der Stimmrechte an einer Körperschaft an einen Erwerber oder diesem nahe stehende Personen übertragen oder liegt ein vergleichbarer Sachverhalt vor (schädlicher Beteiligungserwerb), so sind nach § 8c Körperschaftssteuergesetz (KStG) die bis zum schädlichen Beteiligungserwerb nicht ausgeglichenen oder abgezogenen negativen Einkünfte (nicht genutzte Verluste) nicht mehr abziehbar. Für einen Erwerber von über einem Viertel einer GmbH können zukünftige Gewinne der GmbH nicht mit einem übernommenen Verlustvortrag verrechnet werden.

5.1.1.2 Körperschaftsteuer

Körperschaftsteuer fällt an, wenn das Familienunternehmen in der Rechtsform einer GmbH geführt wird und der Übernehmer kein Interesse an der Übernahme der GmbH-Anteile hat, sondern den Betrieb der GmbH durch einen „Asset Deal" kauft. Mit diesem Vorgehen kann unter anderem die Abschreibungsfähigkeit des Kaufpreises (ein großer Vorteil bei erheblichen Geschäftswerten) erreicht oder die Übernahme von Pensionsverpflichtungen gegenüber der Alt-Gesellschafter-Geschäftsführung vermieden werden.

Ist eine Kapitalgesellschaft Anteilseigner von Tochterkapitalgesellschaften, so sind sowohl Dividenden als auch Veräußerungsgewinne aus dem Verkauf solcher Anteile steuerfrei. Das Aufgeld auf den Erwerb von Anteilen an einer Kapitalgesellschaft kann auch hier nicht abgeschrieben werden.

5.1.1.3 Gewerbesteuer

Die Betriebsveräußerung unterliegt bei einem Steuerpflichtigen nicht der Gewerbesteuer. Gleiches gilt für die Veräußerung von Anteilen an Personengesellschaften und Kapitalgesellschaften. Die Gewinne aus der Veräußerung von einzelnen Wirtschaftsgütern oder ein „Asset Deal" einer Kapitalgesellschaft sind gewerbesteuerpflichtig.

5. Komplexitätsproblem der Nachfolge

			Übertragungsform		
Auflösung stiller Reserven beim Übergeber:	ESt, KöSt.	GewSt		**Abschreibung Kaufpreis**	
Rechtsform Alt			*Asset Deal*	**Rechtsform Neu**	
Einzelunternehmen	Ja	Nein		Einzelunternehmen	Ja
GbR/OHG	Ja	Nein		GbR/OHG	Ja
GmbH/UG	Ja	Ja		GmbH/UG	Ja
GmbH&Co. KG	Ja	Ja		GmbH&Co. KG	Ja
Rechtsform Alt			*Share-Deal*	**Rechtsform Neu=Alt**	
GbR/OHG	Ja	Nein**		GbR/OHG	Ja
GmbH/UG	Ja*	Nein		GmbH/UG	Nein
GmbH&Co. KG	Ja	Nein**		GmbH&Co. KG	Ja

* Steuerfrei, wenn Anteil von inländischer GmbH oder AG gehalten wird
** Gewerbesteuerfrei nur bei Übertragung des gesamten Anteils

Abbildung 5.2: Ertragssteuerliche Behandlung
Quelle: Eigene Darstellung

5.1.2 Erbschaft- und Schenkungssteuer

Unter einer Schenkung wird allgemein die unentgeltliche Zuwendung von Vermögen unter Lebenden verstanden. Gegenstand der Schenkung können sowohl Sachen wie auch Rechte sein. Von Erbschaft wird gesprochen, wenn die Vermögensübertragung durch einen Erbfall begründet ist. Besteuert wird der Vermögensübertragungsvorgang nach dem Erbschafts- und Schenkungssteuergesetz (**ErbStG**).

Steuerpflicht

Das **ErbStG** unterscheidet bei der persönlichen Steuerpflicht die unbeschränkte[42] und beschränkte[43] Steuerpflicht. Die unbeschränkte Steuerpflicht umfasst den gesamten Vermögensanfall, wenn der Erblasser zur Zeit des Todes bzw. der Schen-

---

[42] Vgl. § 2 Abs. 1 Nr. 1 ErbStG.
[43] Vgl. § 2 Abs. 1 Nr. 3 ErbStG.

kende zur Zeit der Ausführung der Schenkung und/oder der Erwerber zur Zeit der Entstehung der Steuer Inländer[44] ist. Die beschränkte Steuerpflicht fällt bei Personen, die keine Inländer sind, an, wenn inländisches Vermögen unentgeltlich übertragen bzw. vererbt wird.

Erbschafts- und Schenkungssteuerbelastung

Mit der Erbschaftssteuerreform 2009 wurde die vom Bundesverfassungsgericht als verfassungswidrig eingestufte ungleiche Behandlung verschiedener Vermögensarten revidiert. 2010 wurden weitere Änderungen vorgenommen. Die nachfolgend dargestellten *Grundsätze des ErbStG 2009/2010* zeigen wesentliche Zusammenhänge zwischen Erbschafts- bzw. Schenkungsrecht und Steuerpflicht auf:

Die Bewertung des Erwerbs: Die Bewertung des gesamten Vermögens bzw. aller Vermögensarten erfolgt mit dem gemeinen Wert. Dies ist der Verkehrswert; er bezieht sich sowohl auf das Grund- als auch auf das Betriebsvermögen.

Erhöhung von Freibeträgen: Die Freibeträge, insbesondere der Steuerklasse I, wurden deutlich, die der Steuerklassen II und III merkbar angehoben.[45] Sie richten sich nach dem Verwandtschaftsgrad zwischen Schenker bzw. Erblasser und Beschenktem bzw. Erben. Die Freibeträge werden nicht besteuert und von der Bemessungsgrundlage abgezogen. Die folgende Abbildung gibt einen Überblick über die persönlichen Freibeträge:

Personengruppe	Steuerklasse	Freibetrag in Euro
Ehegatten	I	500.000
Kinder, Stiefkinder und Kinder verstorbener Kinder	I	400.000
Enkel	I	200.000
Eltern und Großeltern im Erbfall	I	100.000
Eltern und Großeltern bei Schenkungen; Geschwister, Nichten, Neffen, Stiefeltern, Schwiegereltern, Kinder geschiedener Ehegatten	II	20.000
Eingetragene Lebenspartner	III	500.000
Alle übrigen Erwerber	III	20.000

Abbildung 5.3: Persönliche Freibeträge (ErbStG §§ 15 f., 15.03.12)

Quelle: Eigene Darstellung in Anlehnung an nexxt – Initiative Unternehmensnachfolge (2010) Schenkung und Erbschaft – Freibeträge

---

[44] Inländer im Sinne des Gesetzes Vgl. § 2 Abs. 1 Nr. 1 S. 2a) ErbStG.
[45] Vgl. Kraft (2009) S. 253.

Bei einer Schenkung können die Freibeträge alle zehn Jahre steuerlich geltend gemacht werden. Teilschenkungen sind daher empfehlenswert. Beim Erwerb von Todes wegen können überlebende Ehegatten und Kinder bis zum vollendeten 27. Lebensjahr darüber hinaus noch weitere Freibeträge in Anspruch nehmen (Versorgungsfreibetrag). Je nachdem in welchem Verhältnis der Nachfolger zum Inhaber des Unternehmens steht bzw. stand, gelten folgende Prozentsätze, die von dem steuerpflichtigen Erwerb abgeführt werden müssen:

Tarife

Wert des steuerpflichtigen Erwerbs (§ 10 ErbStG) bis einschließlich Euro	Prozentsatz in der Steuerklasse		
	I	II	III
75.000	7	15	30
300.000	11	20	30
600.000	15	25	30
6.000.000	19	30	30
13.000.000	23	35	50
26.000.000	27	40	50
Über 26.000.000	30	43	50

Abbildung 5.4: Tarife (ErbStG § 19 Stand 15.3.2012)

Quelle: Eigene Darstellung in Anlehnung an BMWi (2010) nexxt – Initiative Unternehmensnachfolge: Themen und Texte - Steuern

Übertragung durch Schenkung und Versorgung

Bei der Übertragung von Unternehmen ist das Ziel einer Schenkung die unentgeltliche Vermögensübertragung. Sollen mit der Vermögensübertragung auch Versorgungsaspekte berücksichtigt werden, wird in der Regel eine gemischte Schenkung vorgenommen, also eine Vermögensübertragung mit einem reinen Schenkungsanteil und eine mit einem Auflageteil. Der Schenkungsanteil unterliegt dann der Besteuerung nach dem Erbschafts- und Schenkungssteuerrecht; beim Auflagenteil müssen die ertragssteuerlichen Konsequenzen der Übergeberwie auch der Übernehmerseite bedacht werden.

Unternehmenswert bei Schenkung

Die Bewertung von Unternehmen und Anteilen ist im Erbschafts- und Schenkungssteuerrecht geregelt. Dafür wird seit 2009 eine vergangenheitsorientierte Ertragswertermittlung vorgenommen. Das Vorgehen nach dem „vereinfachten Ertragswertverfahren" ist im Bewertungsgesetz niedergelegt.

Es ist durch folgende Eckpunkte charakterisiert:

- Rückgriff auf die Gewinn- und Verlustrechnungen der vergangenen drei Wirtschaftsjahre,
- Korrektur durch außerordentliche Erträge und Aufwendungen,
- Korrektur durch kalkulatorische Kosten (kalkulatorische Miete, kalkulatorischer Unternehmerlohn),
- Ertragswert ist die ewige Rente aus dem Durchschnittsertrag der vergangenen drei Jahre mit einem festgelegten Kalkulationszinsfuß,
- Der Basiszins für den Kalkulationszinsfuß wird jährlich vom Bundesministerium der Finanzen festgelegt. Er betrug für 2013 2,04%.[46] Der dem vereinfachten Ertragswertverfahren zugrunde liegende Kapitalisierungszinssatz ist der Basiszinssatz und ein Zinsaufschlag von 4,5%.[47]

Neben dem „vereinfachten Ertragswertverfahren" sind auch branchenübliche Verfahren zur Unternehmenswertermittlung zugelassen.[48] Das Bayrische Finanzministerium führt in einer umfangreichen Abhandlung branchenübliche Bewertungsverfahren auf, z.B. das Verfahren der Arbeitsgemeinschaft der Wert ermittelnden Betriebsberater im Handwerk (AWH)-Verfahren zur Bewertung von Unternehmen im Handwerk.[49] Kapitel 8 behandelt dieses und weitere Verfahren.

Bewertung von Immobilien im Schenkungsfall

Nach der Neuregelung des Erbschafts- und Steuerrechts müssen sich Firmenerben im Erb- oder Schenkungsfall zwischen zwei Optionen entscheiden. Die Wahl ist bindend, kann also nachträglich nicht revidiert werden. Bei der ersten Option, der sogenannten Regelverschonung, wird auf 85% des Vermögens keine Erbschaftsteuer erhoben, wenn einige Bedingungen erfüllt werden: So muss das Betriebsvermögen sieben Jahre lang behalten werden. Wird der Betrieb während

---

[46] BMF Schreiben vom 2.1.2013 (2013).
[47] BewG § 202.
[48] BewG § 11 Abs. 2 Satz 2.
[49] Bay StMF(2009) Überblick Branchenspezifische Bewertungsverfahren.

dieser Zeit (teil-)veräußert oder aufgegeben, entfällt die Verschonung zeitanteilig rückwirkend. Weiterhin darf die gesamte Lohnsumme während der sieben Jahre 65% der Lohnsumme zum Erbzeitpunkt nicht unterschreiten. Wird dies nicht eingehalten, wird in dem Verhältnis nachversteuert, in dem die Gesamtlohnsumme tatsächlich unterschritten wurde. Darüber hinaus darf der Anteil des sogenannten Verwaltungsvermögens (z.B. an Dritte überlassene Grundstücke) 50% nicht überschreiten.

Alternativ sieht das neue Erbschaftsteuerecht eine Option vor, die – da sie nicht praxistauglich ist – als politisches Feigenblatt bezeichnet werden muss. Vollständig von der Erbschaftsteuer verschont wird ein Erbe, wenn er den Betrieb mindestens zehn Jahre lang fortführt, die Gesamtlohnsumme in diesen zehn Jahren 100% der Lohnsumme zum Erbzeitpunkt nicht unterschreitet und eine Verwaltungsvermögensgrenze von zehn Prozent nicht überschritten wird. Da eine nachträgliche Änderung der Wahl nicht möglich ist, scheidet diese Option in der Praxis wohl aus.

Begünstigungen bei der schenkungsweisen Übertragung von Betriebsvermögen

Die schenkungsweise Übertragung des Betriebs kann Schenkungssteuer auslösen. Dank der seit 2009 geltenden höheren Freibeträge (für Kinder 400.000 € alle zehn Jahre) sowie der Begünstigung von Betriebsvermögen, kann jedoch die weit überwiegende Zahl der KMU ohne jegliche Erbschafts- bzw. Schenkungssteuerbelastung an die nächste Generation übertragen werden. Sollte aufgrund der Größe des Unternehmens dennoch Schenkungssteuer fällig werden, sind nur 15% des Betriebsvermögens schenkungssteuerpflichtig. Zu berücksichtigen ist, dass das ErbStG wieder auf dem verfassungsrechtlichen Prüfstand steht und eine Änderung gerade der Betriebsvermögensbegünstigung im Laufe des Jahres 2014 erwartet werden kann.

Checkliste: Erbschafts- und Schenkungssteuer

- ☐ Wer kommt als Erbe/Beschenkter des Unternehmens in Frage?
- ☐ Zu welcher Steuerklasse gehört der Erwerber?
- ☐ Hat der Erwerber in den Vorjahren schon Schenkungen erhalten?
- ☐ Können steuerliche Vorteile (Betriebsvermögensbegünstigung) erreicht werden?
- ☐ Sind mögliche Ertragsteuerliche Konflikte zu erwarten?
- ☐ Führt eine Erbengemeinschaft das Unternehmen mittel- oder langfristig fort?
- ☐ Ist das Konzept mit dem Steuerberater ausreichend besprochen worden?

Checkliste 5.2: Erbschafts- und Schenkungssteuer

5.1.3 Sonstige Steuern

Umsatzsteuer

Eine Geschäftsveräußerung im Rahmen eines Asset Deals ist unabhängig von der Rechtsform nach § 1 (1a) Umsatzsteuergesetz (UStG) nicht steuerbar. Umsätze im Rahmen einer Geschäftsveräußerung im Ganzen an einen anderen Unternehmer unterliegen also nicht der Umsatzsteuer. Allerdings muss die Bedeutung des Begriffs „Geschäftsveräußerung" genau beachtet werden: „Eine Geschäftsveräußerung im Ganzen liegt dann vor, wenn eine Übertragung eines Betriebs oder Betriebsteils an einen anderen Unternehmer erfolgt und das Unternehmen von diesem fortgeführt wird."[50]

Grunderwerbsteuer

Grunderwerbsteuer (**GrESt**) entsteht bei der Übertragung eines Grundstücks im Zuge des Asset Deals und unter bestimmten Voraussetzungen beim Share Deal,[51] wenn zu dem Vermögen inländische Grundstücke[52] gehören. Voraussetzung ist, dass sich infolge der Anteilsübertragung unmittelbar oder mittelbar mindestens 95% der Anteile an einer grundbesitzenden Kapitalgesellschaft in der Hand eines Erwerbers befinden[53] oder unmittelbar oder mittelbar mindestens 95% der Anteile an der Kapitalgesellschaft auf den Erwerber übergehen.[54] Auch Reorganisations-

---

[50] Vgl. Brück (2010) S. 263.
[51] Vgl. § 1 Abs. 3 GrEStG.
[52] I.S.d. § 2 GrEStG.
[53] Vgl. § 1 Abs. 3 Nr. 1 GrEStG.
[54] Sog. Anteilsvereinigung, Vgl. § 1 Abs. 3 Nr. 3 GrEStG.

maßnahmen können nach dem Unternehmenserwerb zu einer Grunderwerbssteuerbelastung führen.[55]

Checkliste: Steuersituation

- ☐ Wie ist die Ausgangssituation (z.B. Einzelunternehmen, GmbH, Betriebsaufspaltung, Sonderbetriebsvermögen)?
- ☐ Wie hoch ist die mögliche Steuerbelastung einzelner Übertragungsvarianten? Liegt eine Abschätzung des Steuerberaters vor
- ☐ Sind im Vorfeld steuerliche oder gesellschaftsrechtliche Maßnahmen möglich und sinnvoll?
- ☐ Bestehen stille Reserven, die in der Nachfolgelösung realisiert werden? Ist für die damit zusammenhängende Steuerbelastung ausreichende Liquidität vorhanden?
- ☐ Inwieweit ist die Unternehmensveräußerung bzw. Unternehmensaufgabe umsatzsteuerpflichtig?
- ☐ Ist der Erwerber zum Vorsteuerabzug berechtigt?
- ☐ Sind die Veräußerungs- bzw. Unternehmensaufgabegewinne gewerbesteuerpflichtig?
- ☐ Unterliegt die Übertragung (Veräußerung oder Schenkung) von Betriebsgrundstücken und -gebäuden der Grunderwerbsteuer?
- ☐ Sind sonstige Steuern (künftig) zu beachten?

Checkliste 5.3: Steuersituation

	fällt an (Ja/Nein/ Höhe bekannt?)	berücksichtigen	Anmerkungen
☐ Einkommensteuer Aufgabegewinn (Übergeber)			
☐ Erbschaftssteuer (Übernehmer)			
☐ Abfindungen, Sozialpläne			
☐ Abgaben, Gebühren			
☐ Beratungshonorare			
☐ Vermittlungsprovisionen			
☐ Sonstiges			

Abbildung 5.5: Ermitteln der Steuersituation
Quelle: Eigene Darstellung

---

[55] Vgl. Brück (2010) S. 115.

Praxisbeispiel

Herr Wäller, Besitzer der Wäller Backstube GmbH, ist 68 Jahre alt. Er beabsichtigt seine Bäckerei mit insgesamt zehn Filialen an Herrn Schmidt zu übergeben. Sie vereinbaren eine entgeltliche Übergabe. Dabei realisiert Herr Wäller einen Veräußerungsgewinn. Findet eine Übergabe im Fall einer Kapitalgesellschaft statt, wie hier einer GmbH, unterliegt der Veräußerungsgewinn dem Teileinkünfteverfahren gemäß § 3 Nr. 40d EStG. Dieser Paragraph besagt, dass nur sechzig Prozent des Veräußerungsgewinns steuerpflichtig sind. Auf der Ebene der natürlichen Person als Veräußerer wird auf den steuerpflichtigen Veräußerungsgewinn zusätzlich ESt und GewSt erhoben. Aufgrund der Gewerbesteuerbelastung kann allerdings eine Einkommensteuerermäßigung nach § 35 Abs.1 EStG geltend gemacht werden.

Der Veräußerungserlös der Wäller Backstube GmbH beträgt 3.108.573 €. Der Buchwert der veräußerten Wirtschaftsgüter ergibt zum Veräußerungszeitpunkt 638.435 €. Der Buchwert resultiert aus der Verminderung der Verkehrswerte des Anlagevermögens um Verbindlichkeiten und Sonderposten (siehe Bilanz). Die Veräußerungskosten belaufen sich auf 50.000 €.

Berechnung des Veräußerungsgewinns:

	Erlös	3.108.573 €
-	Veräußerungskosten	50.000 €
-	Buchwert	638.435 €
=	**Veräußerungsgewinn**	**2.420.138 €**

Die GmbH unterliegt dem Teileinkünfteverfahren gemäß § 3 Nr. 40d EStG, wonach nur sechzig Prozent des Veräußerungsgewinns steuerpflichtig sind:

steuerpflichtiger Veräußerungsgewinn ≈ **1.452.083 €**

Aufgrund der Gewerbesteuerbelastung kann eine Einkommensteuerermäßigung für den Veräußerer, Herrn Wäller, nach § 35 Abs. 1 EStG geltend gemacht werden. Für die ESt-Ermäßigung erfüllt der Übergeber Herr Wäller erfolgreich folgende Voraussetzungen:
- Der Steuerpflichtige hat das 55. Lebensjahr vollendet;
- der Veräußerungsgewinn beträgt nicht mehr als 5 Mio. €.

Praxisbeispiel 5.4: Veräußerungsgewinn

5.2 Rechtliche Einflussfaktoren

5.2.1 Übertragungsformen

Der Erwerb eines Unternehmens kann vielfältige rechtliche Formen annehmen. Insbesondere werden der sog. Share Deal und Asset Deal sowie die Verschmelzung (Merger) unterschieden.

Checkliste: Verkauf des Betriebes

- ☐ Kommt ein Verkauf an andere Unternehmen in Frage?
- ☐ Soll das Unternehmen als Ganzes verkauft werden (Asset Deal)?
- ☐ Sollen Anteile verkauft werden (Share Deal)?
- ☐ Sollen einzelne Wirtschaftsgüter verkauft werden? Wenn ja, welche?
- ☐ Werden Grundstücke mit verkauft?
- ☐ Welchen Wert (Substanzwert) haben diese Wirtschaftsgüter?
- ☐ Wird ein Kaufpreis für den Firmenwert verlangt?
- ☐ Liegen Gutachten vor? (Unternehmensbewertung, Immobilienbewertung, Substanzwertermittlung)
- ☐ Liegt eine Abschätzung der Steuerbelastung durch den Steuerberater vor? Ist eine verbindliche Auskunft der Finanzverwaltung notwendig?
- ☐ Soll der Kaufpreis in Raten gezahlt werden?
- ☐ Soll der Kaufpreis auf Rentenbasis entrichtet werden?
- ☐ Wie wird diese Rente berechnet?
- ☐ Können die Restkaufpreis- oder Ratenzahlungen abgesichert werden?
- ☐ Wer trägt die Gewährleistungsansprüche für die zurückliegenden Werkleistungen?
- ☐ Müssen Betriebsversicherungen überprüft oder gekündigt werden?

Checkliste 5.4: Verkauf des Betriebes

Share Deal und Asset Deal

Beim Share Deal, dem Beteiligungserwerb, handelt es sich um den vollständigen oder teilweisen Erwerb von Anteilen, beim Asset Deal, dem Vermögenserwerb, wird das Vermögen (Sachen und Rechte) des Unternehmens erworben. Bei der Verschmelzung werden nach dem Umwandlungsgesetz von 1994 zwei Arten der Fusion unterschieden: Verschmelzung durch Aufnahme und Verschmelzung durch Neugründung. Bei der Verschmelzung durch Aufnahme übernimmt ein Rechtsträger das Vermögen sowie die Verbindlichkeiten eines anderen. Bei der

Verschmelzung durch Neugründung gehen zwei oder mehr Unternehmen in eine neugegründete Gesellschaft über.

Der Unternehmenskauf und die entsprechenden Transaktionsverträge unterliegen den Bestimmungen des Bürgerlichen Gesetzbuches (BGB). Jedoch lassen sie sich nicht mit den einfachen Kategorien von Sach- und Rechtskauf erfassen. Sie bündeln vielmehr besondere Rechte und Pflichten. Dennoch ist nach dem BGB der Erwerb eines Unternehmens als Kauf anzusehen.[56] Die Kaufrechtsvorschriften haben im Wesentlichen Vorgabecharakter und sind nur dann zwingend, wenn sie zum Schutz der schwächeren Vertragspartei notwendig sind.

Die Hauptverpflichtung des Verkäufers ist es, eine mangelfreie Sache zu liefern, Andernfalls liegt ein „Sachmangel" vor.

Der Käufer hat die klassischen Gewährleistungsansprüche, nämlich Minderung oder Rücktritt und Schadenersatz sowie den Ersatzanspruch für vergebliche Aufwendungen. Diese Rechte kann der Käufer allerdings erst dann geltend machen, wenn der Verkäufer seinem Recht und seiner Pflicht zur Nacherfüllung, nämlich zur Beseitigung des Mangels oder Lieferung einer mangelfreien Sache nicht nachkommt oder diese aus anderen Gründen fehlschlägt.[57] Zentraler Anknüpfungspunkt der Leistungsstörung ist die schuldhafte Pflichtverletzung des Kaufvertrages. Das BGB hat jede Pflichtverletzung eines Schuldverhältnisses, die der Schuldner zu vertreten hat, als zentrale Norm geregelt. Demnach kann der Käufer bereits Schadenersatz bei fahrlässiger Verletzung der Pflicht zur Lieferung einer mangelfreien Sache gemäß §§ 437 Nr. 3 und 280 Abs. 1 Satz 2 BGB verlangen. Auf das Fehlen einer zugesicherten Eigenschaft oder Vorliegen von Arglist kommt es nicht an.

Die Gewährleistungsfristen für Sach- und Rechtsmängel betragen gemäß § 438 Abs. 1 BGB jeweils zwei Jahre. Die Verjährung beginnt entsprechend § 438 Abs. 2 BGB mit der Ablieferung der Sache. Diese Regelungen gelten für alle Schuldverhältnisse, die nach dem 31.12.2001 begründet worden sind mit Ausnahme von Dauerschuldverhältnissen. Nach Art. 229 § 5 Einführungsgesetz zum Bürgerlichen Gesetzbuch (EGBGB) gilt das BGB in seiner alten Fassung für alle vor dieser Zeit entstandenen Schuldverhältnisse, nämlich für Sachmängel von sechs Mona-

---

[56] Nach § 453 BGB finden die Vorschriften über den Kauf von sonstigen Gegenständen, also auch Unternehmen, Anwendung. Siehe auch Regierungsbegründung BT-Drucks., 14/6857 v. 31.8.2001 S.5 i.V.m. BT Drucks. 14/6040 v. 14.5.2001, S. 242.
[57] Vgl. §§ 437, 439 BGB.

ten und für Rechtsmängel von 30 Jahren.[58] Das zentrale Thema des Schuldrechts ist im Rahmen der Unternehmensnachfolge das allgemeine Recht der Verjährung. So beträgt nach der Schuldrechtreform die regelmäßige Verjährungsfrist gemäß § 195 BGB drei Jahre, und zwar für alle Ansprüche sowohl auf gesetzlicher als auch auf vertraglicher Grundlage. Die 30-jährige Verjährungsfrist[59] ist heute die Ausnahme. Sie gilt insbesondere für Ansprüche aus vollstreckbaren Vergleichen oder vollstreckbaren Urkunden, sodass hier weiterhin Rechtssicherheit besteht.[60]

Verpachtung und Betriebsverpachtung

Unter Pacht wird nach dem Bürgerlichen Gesetzbuch (§ 581 ff. BGB) eine Nutzungsüberlassung verstanden, die mit dem Recht verknüpft ist, die Erträge aus der Überlassung gegen Pachtzahlung zu vereinnahmen. Nicht nur Ländereien und Gaststätten, auch Betriebe können verpachtet werden. Der Verpächter stellt während der Laufzeit des Pachtvertrages dem Pächter den Betrieb mit den „wesentlichen Betriebsgrundlagen" (Betriebsausstattung und, wenn im Eigentum des Verpächters, die Betriebsimmobilie). Der Pächter ist verpflichtet, das übernommene Inventar und die Substanz zu erhalten[61] und nach Ablauf des Pachtvertrages zurückzugeben. Die Verpachtung der „wesentlichen Betriebsgrundlagen" ist Voraussetzung für die steuerrechtliche Anerkennung einer Betriebsverpachtung.

Um einen Pachtpreis für einen Betrieb zu ermitteln, ist ein Vorgehen zu empfehlen, wie es im Folgenden unter „Vermietung Immobilie" und „Vermietung bewegliche Anlagegüter" beschrieben wird. Der Pachtvertrag geht von der Rückgabe der Pachtgegenstände aus. Bei länger laufenden Pachtverträgen kann dies die Beziehung zwischen Pächter und Verpächter erheblich beeinträchtigen. Wenn Maschinen aus technischen und wirtschaftlichen Gründen ersetzt oder aufwändig an den Stand der Technik angepasst werden müssen, stellt sich die Frage, wer in die neue Maschine investiert. Übernimmt der Pächter die Investition, so braucht er die Zustimmung des Verpächters nicht nur, wenn er eine Verringerung des Pachtpreises erreichen will, sondern auch, wenn er die alte Maschine entfernen möchte.

Da derartige Auseinandersetzungen das Pachtverhältnis erheblich belasten können, empfiehlt es sich, Pachtverhältnisse nur im Rahmen von familiären Nachfolgeregelungen einzugehen, wenn sich damit steuerliche Belastungen vermeiden

---

[58] Vgl. Niewiarra (2006) S. 54-55.
[59] Vgl. § 197 BGB.
[60] Vgl. Niewiarra (2006) S. 56.
[61] § 582 BGB.

lassen. Unter Fremden sind Pachtverhältnisse nur bis zu maximal fünf Jahren sinnvoll. Für beide Parteien vorteilhafter ist die Übertragung des Eigentums an den beweglichen, aber auch an den eingebauten Betriebseinrichtungsgegenständen.

Vermietung

Die Vermietung dagegen ist nach § 535 ff. BGB eine reine Gebrauchsüberlassung gegen Mietzahlung. „Der Vermieter hat die Mietsache dem Mieter in einem zum vertragsgemäßen Gebrauch geeigneten Zustand zu überlassen und sie während der Mietzeit in diesem Zustand zu erhalten. Er hat die auf der Mietsache ruhenden Lasten zu tragen."[62]

Vermietung Immobilie

Bei Nachfolgeüberlegungen geht es nicht selten auch um die Behandlung der betrieblich genutzten Immobilien, die sich im Eigentum des Betriebsinhabers bzw. der Inhaberfamilie befinden.

Immobilien, die das Unternehmen häufig auch physisch repräsentieren und im Bewusstsein von Alteigentümern und Kunden eine entsprechende Bedeutung haben, sind eigenständige Vermögensobjekte mit eigenen Vermarktungsmöglichkeiten. Sie können auch bei laufendem Mietverhältnis verkauft oder anderweitig vermietet werden. Mieteinnahmen oder durch die Immobilien erzielte Verkaufserlöse können einen eigenständigen Beitrag zur Altersversorgung leisten.

Die möglichen Mieteinnahmen ergeben sich aus den ortsüblichen Mietpreisen für vergleichbare Objekte. In einigen Regionen können dafür gewerbliche Mietspiegel herangezogen werden. Wenn aktuelle Wertermittlungsgutachten vorliegen, können auch diese genutzt werden. Wertgutachten für Immobilien beruhen auf dem Ertragswertverfahren, das auf den ortsüblichen Miet- und Grundstückspreisen fußt. Letztere wiederum können den veröffentlichten Bodenrichtwerten entnommen werden.

Vermietung bewegliche Anlagegüter

Ausgangslage einer Unternehmensnachfolge ist nicht selten die klassische Betriebsaufspaltung. Das bewegliche Anlagevermögen ist, zumeist aus Haftungsgründen, in einer eigenständigen Besitz-Gesellschaft ausgegliedert. Typische Bei-

---

[62] § 535 Abs. 1 BGB.

spiele sind Speditionen, Straßen- und Tiefbauunternehmen und Unternehmen, in denen Spezialmaschinen zum Einsatz kommen. Das bewegliche Anlagevermögen ist dann an die Betriebsgesellschaft vermietet.

Nießbrauch

Nießbrauch ist die Belastung einer Sache mit dem Recht der Nutzung (§ 1030 BGB). Bei der Unternehmensnachfolge kann Nießbrauch im familiären Umfeld ins Spiel kommen, wenn Immobilien an die nachfolgende Generation auf dem Schenkungsweg übertragen werden. Diese wird dann Eigentümer der Immobilie. Den wirtschaftlichen Nutzen, den Nießbrauch, behält sich die abgebende Seite vor. Der Nießbrauch wird als dingliches Recht im Grundbuch eingetragen. Erbschafts- und Schenkungssteuer fällt bei diesem Vorbehaltsnießbrauch erst im Fall der Aufhebung des Nießbrauchs an.

5.2.2 Haftung

Bei der Unternehmensnachfolge kann der neue Eigentümer für Verbindlichkeiten seines Vorgängers unter bestimmten Voraussetzungen haftbar gemacht werden. Das Gesetz unterscheidet hier verschiedene Fälle:

Übergabe eines nicht-kaufmännischen Betriebes

Der große Teil der kleinen Unternehmen als Einzelunternehmen oder Gesellschaften bürgerlichen Rechts besitzen aufgrund Ihrer Betriebsgröße und Ihrer Geschäftstätigkeit keine Kaufmannseigenschaft im Sinne des Handelsgesetzbuches (HGB). Darunter fallen die meisten Handwerker, kleinere Einzelhändler und Dienstleister, Restaurants und Gaststätten sowie die Freiberufler. In diesen Fällen werden einzelne Wirtschaftsgüter einschließlich Kundenkartei und Geschäftswert übertragen. Eine Haftung mit Ausnahme der betrieblichen Steuern nach § 75 Abgabenordnung (AO) wird nicht übernommen.

Inhaberwechsel kraft Rechtsgeschäft

Anders verhält es sich beim Übergang eines Unternehmens von Vollkaufleuten im Sinne des HGB. Wer ein unter Lebenden erworbenes Handelsgeschäft fortführt, haftet gemäß § 25 Abs. 1 Satz 1 HGB für alle im Betrieb des Geschäfts begründeten Verbindlichkeiten des früheren Inhabers. Die Haftung des bisherigen Inhabers besteht dabei weiter, somit haften Erwerber und Veräußerer als Gesamtschuldner. Nach § 26 HGB wird die Nachhaftung aber begrenzt. Bei Firmenfortführung durch den Erwerber haftet er für die früheren Verbindlichkeiten nur, wenn sie vor Ablauf von fünf Jahren fällig werden und sich daraus rechtskräftig vollstreckbare Ansprüche gegen ihn ergeben. Diese Frist beginnt mit dem Tag, an dem der neue Inhaber des Betriebes in das HR eingetragen wurde. Die Parteien haben die Möglichkeit, eine abweichende Vereinbarung zu treffen. Diese ist jedoch Dritten (Gläubigern) gegenüber nur dann wirksam, wenn sie in das HR eingetragen und bekanntgemacht wurde oder wenn sie vom Erwerber oder vom Veräußerer dem Dritten mitgeteilt wurde.[63]

Share Deal bzw. Anteilskauf

Bei der Übertragung einer Kapitalgesellschaft haftet der Übergeber nicht für die begründeten Verbindlichkeiten, kann aber ab der Eintragung der Veräußerung in das HR innerhalb von fünf Jahren zur Erbringung rückständiger oder zurückgezahlter Einlagen verpflichtet werden.[64] Er haftet mit dem Käufer gesamtschuldnerisch. Bei der Kommanditeinlage in die KG verhält es sich analog.

Namensfortführung

Wer ein Handelsgeschäft eines Einzelkaufmanns übernimmt, kann das Handelsgeschäft unter dem Namen des Vorgängers mit oder ohne Inhabervermerk fortführen. Der Name wird in das zuständige HR eingetragen.

Kleingewerbetreibende (Einzelhändler, Dienstleister, Handwerker) haben im Geschäftsverkehr mit ihrem ausgeschriebenen Vornamen und ihrem Nachnamen aufzutreten. Eine Fortführung des Vorgängernamens ist nicht möglich. Erst die Eintragung des Vorgängerunternehmens als Handelsbetrieb in das HR als eingetragener Kaufmann (e.K.) im Vorfeld der Übernahme schafft die Voraussetzung einer Übernahme eines Handelsgeschäftes.

5.2.3 Rechtsformen

Die Frage der Rechtsform sollte im Zusammenhang mit einer Unternehmensnachfolge zeitig gestellt werden. Denn mit ihr werden wichtige finanzielle, haftungsrechtliche sowie steuerliche Weichen gestellt. Die richtige Wahl schafft die Grundlage für eine reibungslose Nachfolgeregelung.

---

[63] Vgl. Klunzinger (2006) S. 147-149.
[64] Vgl. Herrmann (2007) S. 78.

5. Komplexitätsproblem der Nachfolge

Checkliste: Haftung

- ☐ Welche rechtliche Ausgangsituation besteht (Einzelunternehmen, Vollkaufmann GbR oder OHG, GmbH oder GmbH & Co KG)?
- ☐ Wird das Unternehmen oder Anteile übertragen?
- ☐ Liegt eine Eintragung im HR vor? Wenn ja: Ist der Handelsregisterauszug aktuell?
- ☐ Kann der Firmenname fortgeführt werden?
- ☐ Wie lange nach der Unternehmensübergabe muss der Übergebende noch haften?
- ☐ Haftet der Übernehmer für die Schulden der Firma? Welcher Regelungsbedarf besteht?
- ☐ Kann der Übernehmer die Haftung ausschließen oder davon freigestellt werden?
- ☐ Welche Ab- bzw. Ummeldeformalitäten ergeben sich beim Inhaberwechsel?
- ☐ Muss ein Notar einbezogen werden?

Checkliste 5.5: Haftung

Checkliste Übergeber: Wahl der Rechtsform

- ☐ Soll die bestehende Rechtsform beibehalten werden?
- ☐ Ist ein Rechtsträgerwechsel im Zusammenhang mit der Übergabe geplant?
- ☐ Welche Argumente sprechen für einen Rechtsformwechsel?
- ☐ Wer hat den Rechtsformwechsel vorzunehmen? Wann ist es sinnvoll?
- ☐ Soll der Name des Unternehmens fortgeführt bzw. verkauft werden?
- ☐ Steuerliche Konsequenzen Übergeberseite/Übernehmerseite
- ☐ Vertragliche Umsetzung (Notar, Rechtsanwälte)
- ☐ An- ggfs. Ummeldeformalitäten

Beispielhafte Anpassungen der Übergeberseite:

- ☐ Haftungsbeschränkende Rechtsform: Kapitalgesellschaft: Unternehmergesellschaft haftungsbeschränkt (UG), GmbH oder AG /Personengesellschaft: GmbH & Co KG oder UG (haftungsbeschränkt) & Co KG
- ☐ Betriebsaufspaltung:
- ☐ Betriebsgesellschaft = GmbH
- ☐ Besitzunternehmen = Einzelunternehmen /GbR
- ☐ Gewerbliches Immobilieneigentum:
- ☐ Eigentümer Unternehmer/in: Steuerliches Betriebsvermögen oder
- ☐ Eigentümer Ehepartner/in Steuerliches Privatvermögen
- ☐ Einbindung Führungskräften Management Buy In (MBI)
- ☐ Mitarbeiterbeteiligung
- ☐ Aufnahme von Kapitalgebern
- ☐ Veröffentlichungspflichten

Checkliste 5.6: Übergeber: Wahl der Rechtsform

Für die Übernahmeseite stellen sich vergleichbare Fragen.

Checkliste Übernehmer: Wahl der Rechtsform

- ☐ Wer soll das Unternehmen nach außen vertreten (Geschäftsführung)? Wie viele Personen sind dafür vorgesehen?
- ☐ Wer sind die Eigentümer des Unternehmens (Eigentümer/Gesellschafter, Beteiligungshöhe)? Sind sie unternehmerisch aktiv oder Kapitalgeber?
- ☐ Kommt die Gründung einer oder sogar mehrerer neuer Gesellschaften in Frage?
- ☐ Soll der bürokratische Aufwand zur Gründung möglichst gering sein?
- ☐ Soll die Haftung beschränkt sein?
- ☐ Wer soll für die Vermögensschulden haften? In welchem Umfang?
- ☐ Wie viel darf die Rechtsform kosten? (Gründung, laufende Kosten)
- ☐ Soll das gesamte Betriebsvermögen bei der Gesellschaft oder das ganze oder Teile bei den Gesellschaftern liegen?
- ☐ Soll das Unternehmen eine eigene Rechtspersönlichkeit haben?
- ☐ Wie soll der Ein- oder Austritt von Gesellschaftern erfolgen?
- ☐ Sollen die Anteile am Unternehmen übertragbar sein und an wen? Sollen Vorkaufsrechte eingeräumt werden?
- ☐ Bei Haftungsbeschränkten Gesellschaften besteht eine Pflicht, Unternehmensdaten zu veröffentlichen? Ist man dazu bereit?
- ☐ Welcher Aufwand kann und soll für die Buchführung/Jahresabschluss betrieben werden (Steuerbilanz und zusätzlich Handelsbilanz bei haftungsbeschränkten Gesellschaften)?
- ☐ Soll die Rechtsform ein möglichst positives Image bieten?

Checkliste 5.7: Übernehmer: Wahl der Rechtsform

Darüber hinaus bietet das Umwandlungsrecht interessante Gestaltungsmöglichkeiten. So kann ein Unternehmen im Rahmen der Nachfolge in ein anderes Unternehmen (Kapital- oder Personengesellschaft) gegen Gewährung von Gesellschaftsrechten eingebracht werden. Der Verkäufer kann wählen, ob das Unternehmen zum Buch-, Teil- oder Zwischenwert eingebracht werden soll. Dies hat entsprechende einkommensteuerliche Konsequenzen. Mit der Einbringung ist der Verkäufer am neuen Unternehmen beteiligt und er hat Anspruch auf Gewinnbeteiligung.

Mit dem Besitz der Mehrheit an den Anteilen besteht die Möglichkeit, die Satzung der Gesellschaft zu verändern (bei einer GmbH sind dazu über 75% der Anteile nötig). In der Gesellschaftersatzung können die Aufgaben und Rechte der Gesellschafter, der Gesellschafterversammlung und der Geschäftsführung und gegebenenfalls des Beirats festgelegt werden. Die Geschäftsführung ist grundsätzlich nach außen nicht beschränkt. Es besteht die Möglichkeit, zwischen Einzelvertretung oder gemeinschaftlicher Vertretung zu wählen. Im Innenverhältnis können Entscheidungen der Geschäftsführung von der Zustimmung der Gesellschafterversammlung oder des Beirats abhängig gemacht werden. Im Folgenden sind die verschiedenen Rechtsformen mit ihren Besonderheiten aufgeführt. Ein Nachfolger muss kritisch prüfen, welche Rechtsform in seinem Fall die geeignete ist.

Einzelunternehmen:	
hoher Leistungsanreiz, volle Kontrolle, volle Haftung	
Vorteile:	Nachteile:
• für Einstieg gut geeignet (z.B. für Handwerker, Kleingewerbetreibende, Dienstleister, Freie Berufe) • entsteht automatisch bei Geschäftseröffnung, wenn keine andere Rechtsform gewählt wurde • nur ein Betriebsinhaber, keine Konflikte mit Partnern • kein Mindestkapital notwendig	• hohes Haftungsrisiko • hohes Engagement und Leistungsbereitschaft erforderlich • volle Haftung mit Privatvermögen
Haftung	
Übergeber: Haftet bis zu 5 Jahre nach der Übertragung für Verbindlichkeiten, die er selbst zu verantworten hat.	
Nachfolger: Haftet gegenüber Gläubigern für Altschulden des Vorgängers. Die geleistete Zahlung kann er beim Vorgänger einfordern.	
Erben: Vermögen und Schulden gehen auf den oder die Erben in ungeteilter Erbengemeinschaft über. Jeder Erbe haftet bei Fortführung des Unternehmens persönlich auch mit eigenem Vermögen.	
Gläubigern steht es frei, sich an den Übergeber oder den Nachfolger zu wenden. **Deshalb** bei Unternehmen, die im HR eingetragen sind • den Namen des Unternehmens nach der Übertragung ändern, oder • einen Hinweis auf Nicht-Haftung für Altschulden nach der Übertragung im HR eintragen lassen. In den Kaufvertrag kann aufgenommen werden, dass der Verkäufer „nach seinem Kenntnisstand" keine Steuerschulden hat. Vom Finanzamt kann überdies eine Unbedenklichkeitsbescheinigung eingeholt werden.	

Abbildung 5.6: Einzelunternehmen

Quelle: BMWi (2010) S. 76

Gesellschaft bürgerlichen Rechts (GbR): einfacher Zusammenschluss – geteiltes Risiko	
Vorteile	**Nachteile**
<ul><li>für jede Geschäftspartnerschaft geeignet (Kleingewerbe, Freie Berufe, Arbeitsgemeinschaft)</li><li>großer Freiraum für Einzelnen möglich</li><li>keine Formalitäten, schriftlicher Vertrag frei gestaltbar kein Mindestkapital notwendig</li></ul>	<ul><li>Teilhaber haften mit Gesellschaftsvermögen und Privatvermögen (Beschränkung möglich)</li></ul>
Haftung	
Übergeber: Haftet den Gläubigern der Gesellschaft für vor seinem Ausscheiden entstandene Verbindlichkeiten, wenn er für diese im Außenverhältnis persönlich bürgt und wenn sie vor Ablauf von fünf Jahren nach dem Ausscheiden fällig und daraus Ansprüche gegen ihn festgestellt sind oder eine gerichtliche oder behördliche Vollstreckungshandlung vorgenommen oder beantragt wurde.	
Nachfolger: Haftet für Altschulden gegenüber Dritten mit seinem Anteil am Gesellschaftsvermögen, auch mit seinem Privatvermögen.	
Erben: Haften für Altschulden mit ihrem Nachlass und sonstigem privaten Vermögen. Alternativ: Ausstieg innerhalb von drei Monaten und Abfindung durch Gesellschafter möglich.	
Gläubiger können sich entweder an den Übergeber oder den Nachfolger wenden. **Deshalb:** Im Kaufvertrag festlegen, wer für Altschulden haftet. Modalitäten für Übertragung und Todesfall im Gesellschaftsvertrag festlegen.	

Abbildung 5.7: Gesellschaft bürgerlichen Rechts

Quelle: BMWi (2010) S. 76

Offene Handelsgesellschaft (OHG):	
hoher Leistungsanreiz, aber Haftungsrisiko	
Vorteile:	**Nachteile:**
• für Handelsgeschäft mit Partner geeignet (Ergänzung von Know-how) • kein Mindestkapital notwendig • hohes Ansehen wegen Bereitschaft zu persönlicher Haftung • hoher Leistungsanreiz, da Eigentümer zugleich Geschäftsführer	• Gesellschafter haften mit Gesellschaftsvermögen und Privatvermögen • Abhängigkeit von Gesellschaftern
Haftung	
Übergeber: Haftet den Gläubigern der Gesellschaft für vor seinem Ausscheiden entstandene Verbindlichkeiten, wenn sie vor Ablauf von fünf Jahren nach dem Ausscheiden fällig und daraus Ansprüche gegen ihn festgestellt sind oder eine gerichtliche oder behördliche Vollstreckungshandlung vorgenommen oder beantragt wurde.	
Nachfolger: Haftet mit seinem gesamten Vermögen für Altschulden gegenüber Dritten.	
Erben: Haften für Altschulden mit ihrem Nachlass und sonstigem privaten Vermögen. Alternativ: Umwandlung der OHG in KG und damit Haftung in Höhe des Kommanditanteils. Oder: Auszahlung der Erben.	
Gläubiger können sich entweder an den Übergeber oder den Nachfolger wenden. **Deshalb:** Im Kaufvertrag festlegen, wer für Altschulden haftet.	

Abbildung 5.8: Offene Handelsgesellschaft

Quelle: BMWi (2010) S. 77

5.2 Rechtliche Einflussfaktoren

Partnerschaftsgesellschaft (PartnG):	
Eigenverantwortlich und Partner	
Vorteile:	**Nachteile:**
<ul><li>für Unternehmen geeignet, die mit Partnern kooperieren, aber trotzdem eigenverantwortlich bleiben wollen, bei der Partnerschaft ist jeder Partner einzelvertretungsberechtigt</li><li>Gesellschaft haftet mit Gesellschaftsvermögen, Gesellschafter haften bei fehlerhaftem Handeln mit Privatvermögen</li></ul>	<ul><li>kommt für Freie Berufe in Frage, wenn das Berufsrecht dies zulässt</li></ul>
Haftung	
Übergeber: Haftet den Gläubigern der Gesellschaft für vor seinem Ausscheiden entstandene Verbindlichkeiten, wenn er für diese im Außenverhältnis persönlich haftet und wenn sie vor Ablauf von fünf Jahren nach dem Ausscheiden fällig und daraus Ansprüche gegen ihn festgestellt sind oder eine gerichtliche oder behördliche Vollstreckungshandlung vorgenommen oder beantragt wurde.	
Nachfolger: Haftet für Altschulden gegenüber Dritten mit seinem Anteil am Gesellschaftsvermögen, u.U. auch mit seinem Privatvermögen.	
Erben: Haften für Altschulden mit ihrem Nachlass und sonstigem privaten Vermögen. Alternativ: Ausstieg innerhalb von drei Monaten und Abfindung durch Gesellschafter möglich.	
Gläubiger können sich entweder an den Übergeber oder den Nachfolger wenden. **Deshalb:** Im Kaufvertrag festlegen, wer für Altschulden haftet.	

Abbildung 5.9: Partnerschaftsgesellschaft
Quelle: BMWi (2010) S. 77

5. Komplexitätsproblem der Nachfolge

Kommanditgesellschaft (KG):	
Startkapital leichter zu beschaffen, große Unabhängigkeit	
Vorteile:	**Nachteile:**
• für Unternehmer geeignet, die zusätzliches Startkapital suchen, aber eigenverantwortlich bleiben wollen • Zusammenschluss: Komplementär (ein oder mehrere Unternehmer) und Kommanditisten (Teilhaber) • Komplementär führt Geschäfte allein • Kommanditisten sind finanziell am Unternehmen beteiligt • kein Mindestkapital notwendig	• Unternehmer haftet mit gesamten Privatvermögen, Kommanditisten nur mit Einlage • wenige Möglichkeiten der Eigenfinanzierung • Abhängigkeit von Gesellschaftern
Haftung	
Übergeber-Kommanditist: Haftet für vor seinem Ausscheiden entstandene Verbindlichkeiten, wenn sie vor Ablauf von fünf Jahren nach dem Ausscheiden fällig sind, und zwar persönlich bis zur Höhe seiner Einlage und wenn sie vor dessen Ausscheiden zurückgezahlt wurde. Die persönliche Haftung ist ausgeschlossen, soweit die Einlage geleistet ist. Soweit die Einlage z.B. aus Liquiditätsgründen an den Kommanditisten zurückgezahlt wird, gilt sie als nicht geleistet. Die persönliche Haftung tritt wieder in Kraft. **Übergeber-Komplementär:** Haftet bis zu 5 Jahre nach der Übertragung für Verbindlichkeiten, die er selbst zu verantworten hat.	
Nachfolger-Kommanditist: Haftet für vor seinem Eintritt entstandene Verbindlichkeiten der Gesellschaft persönlich bis zur Höhe seiner Einlage. Wurde die Einlage geleistet, entfällt die persönliche Haftung. Er haftet ferner persönlich, soweit vor seinem Eintreten an den ausscheidenden Kommanditisten und danach an ihn Einlagen zurückgezahlt wurden.	
Komplementär-Erben: Haften für Altschulden mit ihrem Nachlass und sonstigem privaten Vermögen; Möglichkeit der Umwandlung in Kommanditanteil (§ 139 Abs. 1 HGB). **Kommanditist-Erben:** Haftungsbeschränkung besteht fort.	
Im Kaufvertrag aufnehmen: Freistellungserklärung des Nachfolgers für den Fall, dass Gläubiger auf Übergeber mit Forderungen zukommen.	

Abbildung 5.10: Kommanditgesellschaft
Quelle: BMWi (2010) S. 78

Gesellschaft mit beschränkter Haftung (GmbH):	
großer Handlungsspielraum- (in der Regel) keine private Haftung	
Vorteile:	Nachteile:
• beschränkte Haftung • steuerliche Vorteile • bei Standardgründungen einfachere Gründungsformalitäten durch Musterprotokoll möglich • Geschäftsführer: Gesellschafter oder „Fremd"-Geschäftsführer • die Gesellschaft haftet mit gesamten Gesellschaftsvermögen • die Haftung der Gesellschafter bei Haftungsansprüchen an die Gesellschaft beschränkt sich auf ihre Kapitaleinlage (insgesamt mindestens 25.000 Euro)	• aufwändigere Gründungsformalitäten verursachen zusätzliche Kosten • aufwändigere Buchführung • durch geringes Mindestkapital insolvenzgefährdet • Kreditaufnahme meist nur mit zusätzlichen privaten Sicherheiten möglich
Haftung	
Übergeber und Nachfolger: Beide haften für die zur Zeit der Anmeldung und Veräußerung des Geschäftsanteils nicht einbezahlten Einlagen. **Nach-Haftung des Übergebers:** Der Übergeber haftet bis zu fünf Jahre nach Anmeldung der Veräußerung des Geschäftsanteils für Einzahlungen auf die Stammeinlage.	
Erben: Gesellschaftsanteile müssen gemeinsam verwaltet werden; auf Gesellschafterversammlungen kann nur mit „einer Stimme" gesprochen werden.	
Im Kaufvertrag: Bestätigen, dass alle Einlagen bezahlt wurden. Freistellungserklärung des Nachfolgers für den Fall einholen, dass Gläubiger auf Übergeber mit Forderungen zukommen. Modalitäten für Übertragung und Todesfall im Gesellschaftsvertrag festlegen. **Generell gilt:** Gesellschafts- und Privatvermögen müssen klar voneinander getrennt sein. Zur Absicherung bestimmter Risiken gibt es Haftpflichtversicherungen, wie z.B. Produkthaftung- und Betriebshaftpflichtversicherungen.	

Abbildung 5.11: Gesellschaft mit beschränkter Haftung

Quelle: BMWi (2010) S. 78

Die UG ist im GmbH-Gesetz geregelt. Von der GmbH unterscheidet sie sich durch die einfache Gründung, die Musterprotokolle, die geringeren Gründungskosten und die erheblich geringeren Stammkapitalvorschriften. Eine UG kann mit einem € Stammkapital gegründet werden. Wird das Stammkapital von 25.000 € erreicht, kann die UG in die GmbH umbenannt werden.

Die folgende Matrix soll die Wahl der geeigneten Rechtsform unterstützen. Zunächst ist eine unternehmensspezifische Gewichtung der verschiedenen Kriterien vorzunehmen, indem 100% auf die zehn Faktoren verteilt werden und in Spalte 1 eingetragen werden. Die Beurteilung der einzelnen Faktoren ist nach einer Skala von 5 (sehr wichtig) bis 1 (nicht wichtig) für die jeweilige Rechtsform vorzunehmen und in den entsprechenden Kästchen in Spalte 2 festzuhalten. Der Gewichtungsfaktor (Spalte 1) wird mit den Punktwerten (Spalte 2) multipliziert und in Spalte 3 eingetragen.

Durch das Addieren der Punktwerte in Spalte 3 ergibt sich in der Zeile „Summe der Punktwerte" die Ergebnissumme. Die Rechtsform mit der höchsten Punktsumme verspricht die größtmögliche Deckung mit den unternehmensspezifischen Notwendigkeiten und individuellen Ansprüchen. Gleichwohl sollte ihre Eignung noch einmal konkret geprüft werden.[65]

---

[65] Vgl. Hillengaß (2009) S. 354.

5.2 Rechtliche Einflussfaktoren

Rechtsform Aspekte	spezifischer Gewichtungsfaktor (%)	e.K.		GbR		OHG		KG		GmbH		PartnG		UG	
Spalte Nummer	1	Spalte 2	Spalte 3	Spalte 2	Spalte 3	Spalte 2	Spalte 3	Spalte 2	Spalte 2	Spalte 2	Spalte 3	Spalte 2	Spalte 3	Spalte 2	Spalte 3
Haftung															
Laufende Steuern															
Steuer bei Anteilsübertragung															
Versorgung der Anteilseigner															
Verhältnis der Gesellschafter untereinander															
Gestaltungsfreiheit der Unternehmensführung (Innenverhältnis)															
Publizität/Mitbestimmun															
Aufbringung des Mindestkapitals															
Erweiterung der Eigenkapitalbasis															
Kapitalbeteiligung der Mitarbeiter															
Summe der Punktwerte	100 %														

Abbildung 5.12: Entscheidungsmatrix Rechtsformwahl

Quelle: Eigene Darstellung in Anlehnung an Hillengaß (2009) S. 355

5.2.4 Unternehmenskauf

Share Deal

Eine typische Form der Übertragung einer Kapitalgesellschaft in Gestalt einer AG, GmbH, UG aber auch einer GmbH & Co KG ist die Übertragung der Anteile. Bei einer GmbH, UG und GmbH& Co KG ist ein notarieller Vertrag zur Übertragung der Anteile notwendig. Übertragen werden die Anteile mit Ihrem Nennwert. Auf diesen Nennwert wird ein Zuschlag oder, bei Verlustvorträgen, möglicherweise ein Abschlag vorgenommen. Mit der Übernahme von Mehrheitsanteilen in der Gesellschafterversammlung wird die Ernennung und Abberufung der Geschäftsführer möglich. Die GmbH wird mit allen Rechten und Pflichten übernommen. Alle Verträge, die die GmbH eingegangen ist, bleiben rechtsgültig, ebenso Gewährleistungen und andere rechtliche Verpflichtungen. Die zu übernehmenden Risiken werden im Rahmen der Due Diligence herausgearbeitet und bewertet.

Mit dem Zeitpunkt der Übertragung geht das Gewinnbezugsrecht des laufenden Geschäftsjahres auf die neuen Anteilseigener über, es sein denn, der Kaufvertrag regelt etwas anderes oder im Vorfeld der Übertragung ist Gewinn ausgeschüttet worden. Üblicherweise werden die dem Käufer zugesicherten Eigenschaften des Unternehmens über Garantieerklärungen der Verkäufer abgesichert. Nicht selten werden Rückabwicklungsklauseln vereinbart, typischerweise für einen Zeitraum von drei bis sechs Monaten nach dem Übergang. Über Nachbesserungsklauseln lässt sich ein Abschlag auf den ausgehandelten Unternehmenskaufpreis regeln, wenn gemeinsam in Aussicht genommene Unternehmensziele ein oder zwei Jahre nach Betriebsübergang nicht erreicht werden.

Asset Deal

Beim Asset Deal wird die gesamte Unternehmenseinheit oder ein Teil des Unternehmens aus dem Altunternehmen auf ein Neuunternehmen übertragen. Rechte und Pflichten bleiben, mit Ausnahme der aus den Arbeitsverträgen, bei der Altgesellschaft. Der Unternehmenskauf als Asset Deal bietet sich nicht nur aus steuerlichen Gründen an (der Kaufpreis bei GmbH-Anteilen ist abschreibungsfähig), sondern auch um mögliche Risiken der Altgesellschaft nicht zu übernehmen:

- Pensionsverpflichtungen gegenüber Alt-Gesellschafter-Geschäftsführern,
- Gewährleistungsrisiken und Prozessrisiken,
- Forderungsausfallrisiken,
- Betriebsprüfungsrisiken (Steuern, Sozialversicherung),
- Altlasten.

5.2.5 Rechtsnachfolge

Einzelrechtsnachfolge

Von der Einzelrechtsnachfolge wird gesprochen, wenn bei der Übertragung von Unternehmen nur einzelne Wirtschaftsgüter übertragen werden.

Gesamtrechtsnachfolge

Von der Gesamtrechtsnachfolge wird gesprochen, wenn im Zusammenhang mit einer Übertragung eines Handelsbetriebes alle Aktiva und Passiva übertragen werden. Von Gesamtrechtsnachfolge ist auch die Rede, wenn ein Nicht-Kaufmann seinen Betrieb innerhalb der Familie überträgt und im Rahmen einer vorgezogenen Erbfolgeregelung eine Buchwertfortführung stattfindet.

Inhaberwechsel durch Erbfolge

Für ein von Erben weitergeführtes Handelsgeschäft gelten nach § 27 Abs. 1 HGB die Bestimmungen des § 25 HGB analog, d.h. jeder Erbe haftet persönlich und mit dem gesamten Vermögen. Das Handelsgesetz (§ 27 Abs. 2 HGB) gewährt den Erben aber eine über die Bestimmungen des BGB hinausgehende Überlegungsfrist von drei Monaten, die Fortführung des Geschäftes einzustellen. Die unbeschränkte Haftung nach § 25 Abs. 1 HGB tritt dann nicht ein. Die Frist beginnt mit dem Tag, an dem die Erben vom Anfall der Erbschaft Kenntnis erlangt haben.[66] Beim Betriebsübergang auf einen neuen Inhaber haftet dieser auch für Produkte und Leistungen, die vor der Übertragung geliefert bzw. ausgeführt wurden.

Praxisbeispiel

Die Bäckerei soll nun in Form eines Asset Deals auf die von Herrn Schmidt neugegründete Neu-GmbH übertragen werden. Die neue GmbH möchte den Namen der Alt-GmbH fortführen.
Lösung: Der Geschäftsbetrieb wird von der Neu-GmbH übernommen. Diese wird wesentliche Namensbestandteile übernehmen, die Alt-GmbH ihren Namen ändern. Der gesamte Vorgang wird im Handelsregister veröffentlicht. Forderungen und Verbindlichkeiten sollen von der Alt-GmbH auf die Neu-GmbH nicht übergehen. Das wird ebenfalls in der Handelsregisterveröffentlichung deutlich gemacht.

Praxisbeispiel 5.5: Rechtsform /Haftung

---

[66] Vgl. Klunzinger (2006) S. 152.

5.2.6 Arbeitsrecht und Übergang

Haftung für Löhne und Gehälter

Beim Betriebsübergang auf einen neuen Inhaber muss dieser alle bestehenden Arbeitsverhältnisse mit allen Rechten und Pflichten gemäß § 613a BGB übernehmen. Selbst an übertarifliche Bezahlung, Urlaubsvereinbarungen und Altersversorgungszusagen bleibt er gebunden. Er haftet für alle Forderungen aus Lohn- und Gehaltsansprüchen, insbesondere der vergangenen zwölf Monate. Er haftet nicht für nicht bezahlte Sozialversicherungsbeiträge.

In der Praxis werden die bestehenden Arbeitsverträge, die aktuellen Lohn- und Gehaltsansprüche, die Beschäftigungszeiten und die jeweiligen Aufgaben sowie die individuellen Nebenabreden und betriebsgewöhnliche Übungen zusammengestellt und dem Übergabevertrag als Anlage beigefügt. Darin sind auch die Mitarbeiter bzw. Mitarbeiterinnen, die krankheitsbedingt oder wegen Mutterschaft einen Weiterbeschäftigungsanspruch haben, aufzuführen.

Übergang von Guthaben

Mit einem Betriebsübergang gehen auch die Urlaubsansprüche und Guthaben auf den Arbeitszeitkonten auf den Übernehmer über (§ 613 a BGB). Es ist empfehlenswert, entsprechende Aufstellungen vorzunehmen. So können Urlaubsansprüche und Arbeitszeitguthaben bewertet werden und in die Verhandlungen über die Übernahmekonditionen einfließen.

Übergang der betrieblichen Altersversorgung

Mit dem Betriebsübergang gehen auch die von den Mitarbeitern erworbenen Ansprüche aus der betrieblichen Altersversorgung über. Die bestehenden Direktversicherungen sind weiter zu bedienen. Hinsichtlich der Übernahme der Pensionsrückstellungen für die Mitarbeiter sind verschiedene Modelle überlegenswert:

- Übertragung auf das aufnehmende neue Unternehmen,
- Ausgliederung in einen Pensionsfonds einer Versicherung,
- Ausgliederung/Abspaltung in eine eigene Pensionsgesellschaft.
- Eine Auflösung ist nur mit Zustimmung jedes einzelnen Mitarbeiters möglich.

Nach dem Bilanzrechtsmodernisierungsgesetz (BilMoG) sind nach dem 1.1.2010 beginnenden Wirtschaftsjahren Rückstellungen für Altersversorgungszusagen zu bilden. Dabei ist eine Verzinsung zum Marktzinssatz mit einer angenommen Restlaufzeit von 15 Jahren anzusetzen (§ 253 Abs. 2 HGB). Im alten § 253 HGB war dazu nur die vernünftige kaufmännische Beurteilung notwendig. Weiter sind die Rückstellungen wegen der in der Vergangenheit überhöhten Verzinsung zu gering angesetzt.[67]

Bei Übergabeverhandlungen werden bei KMU die Steuerbilanzen zugrunde gelegt. Die Jahresabschlüsse von KMU waren bis zum Jahre 2009 meist Einheitsbilanzen. Solange keine Prüfungspflicht wie bei mittleren und großen Kapitalgesellschaften bestand, wurde aus Kostengründen auf eine Handelsbilanz verzichtet. Es ist nicht zu erwarten, dass sich dies künftig grundlegend ändert. Die in Steuerbilanzen aufgeführten Werteansätze sind zu wenig aussagekräftig, um sie in Übergabeverhandlungen zur Grundlage zu machen. Es ist deshalb anzuraten, diesen Punkt in den Übergabeverhandlungen gesondert zu behandeln und in die Übernahmekonditionen einfließen zu lassen.

Behandlung der Mitarbeiter

Eine aufgrund eines Betriebsübergangs ausgesprochene Kündigung ist nichtig (§ 613a Abs. 4 BGB). Kündigungen aus anderen Gründen, etwa im Rahmen einer anstehenden Sanierung, bleiben hingegen wirksam. Der Arbeitnehmer muss sich allerdings nicht „verkaufen" lassen. Er hat das Recht (§ 613a Abs. 6 BGB), gegen den Übergang seines Arbeitsverhältnisses binnen eines Monats nach Unterrichtung über den Betriebsübergang schriftlich Widerspruch zu erklären, der den Übergang verhindert (§ 613a Abs. 4 BGB).[68]

Durch den Widerspruch setzt sich der Arbeitnehmer aber der Gefahr aus, wegen der Aufgabe des Geschäftsbetriebes aus betrieblichen Gründen mit der üblichen Kündigungsfrist vom Altarbeitgeber gekündigt zu werden. Eine fehlerhafte Widerspruchsbelehrung kann dazu führen, dass die Monatsfrist für den Widerspruch aufgehoben wird und die Mitarbeiter eine Wiederbeschäftigung beim Altunternehmer einfordern können. Es ist deshalb auf eine Widerspruchsbelehrung zu achten, die den Anforderungen der Rechtsprechung entspricht. In jedem Fall sollte ein Fachanwalt für Arbeitsrecht bei der Formulierung hinzugezogen werden.

---

[67] Vgl. Meier (2009) S. 998.
[68] Vgl. Marscholek (2008) S. 266-267.

Arbeitsrecht und Stilllegung

Bei der Aufgabe der Geschäftstätigkeit kann der Betriebsinhaber seinen Mitarbeitern betriebsbedingt mit den gesetzlichen Kündigungsfristen kündigen. Bei über 20-jähriger Betriebszugehörigkeit sind dies sieben Monate (§ 622 BGB). Die Entscheidung für eine Aufgabe des Betriebes ist eine freie Unternehmerentscheidung. Die Konsequenzen des Kündigungsschutzgesetzes mit möglichen Abfindungen greifen hier nicht. Bei Unternehmen von über 20 Mitarbeitern besteht aber nach § 111 ff. BetrVG die Pflicht, den Betriebsrat einzubinden und einen Sozialplan aufzustellen.

Checkliste: Arbeitsrecht

- ☐ Welche Mitarbeiter mit welchen Arbeitsvertraglichen Bedingungen gehen über? (§ 613 a BGB Kündigungsverbot wegen Betriebsübergang)
- ☐ Können/müssen bestehende Arbeitsverträge ganz oder teilweise gekündigt werden? Welche Konsequenzen hat dies (Arbeitsgerichtsprozesse, Abfindungen, Sozialplan)?
- ☐ Bestehen weitere Verpflichtungen gegenüber Mitarbeitern? (Betriebsrenten, Zusatzvereinbarungen, Betriebliche Übungen)
- ☐ Welche Ansprüche des Unternehmens bestehen gegenüber den Mitarbeitern (z.B. durch Lohnvorschuss, Darlehen)?
- ☐ Ist eine Unternehmensstilllegung und spätere Neueröffnung durch den Erwerber wirtschaftlich sinnvoll und rechtlich abgesichert?

Checkliste 5.8: Arbeitsrecht

5.2.7 Weitere Rechtsfragen

Versicherungen

Nach dem Versicherungsvertragsgesetz (VVG) §§ 95, 96, 97 und 102 gehen Sach- und Haftpflichtversicherungen auf den Betriebsübernehmer über, wenn sie nicht innerhalb eines Monats nach dem Betriebsübergang gekündigt werden.

Gewährleistungen

Die Haftung für Gewährleistungen durch den Betriebsübernehmer ist abhängig von der rechtlichen Ausgestaltung der Übergabe. Wird der Betrieb im Rahmen einer Gesamtrechtsnachfolge übertragen, gehen Gewährleistungsansprüche aus

Vertragsverhältnissen, die noch die Übergeberseite abgeschlossen hat, auf die Übernehmerseite über.

Beim Übergang im Rahmen eines Anteilskaufs (Share Deal) bleiben die rechtlichen Vertragsverhältnisse der Gesellschaft bestehen. Die Übernehmerseite sollte sich im Rahmen der Due Diligence die bestehenden Gewährleistungsrisiken aufzeigen lassen. Im Übernahmevertrag sollten Gewährleistungsrisiken über Garantieerklärungen und Nachbesserungsklauseln berücksichtigt werden.

Haftung für betriebliche Steuerschulden

Der Nachfolger haftet für die betrieblichen Steuerschulden des bisherigen Inhabers, die im Kalenderjahr vor der Übertragung entstanden sind. Dazu gehören Umsatzsteuer, Gewerbesteuer, Lohnsteuer, betriebliche Kfz-Steuer usw. Die Haftung für betriebliche Steuerschulden beschränkt sich maximal auf die Höhe des Unternehmenswertes und kann vertraglich nicht ausgeschlossen werden. Es ist deshalb ratsam, dass sich der potenzielle Erwerber eine steuerliche Unbedenklichkeitsbescheinigung des Finanzamtes und /oder des Gewerbeamtes vorlegen lässt.

Betriebsübergang und Datenschutz

Geht im Rahmen der Nachfolge ein Unternehmen über, so sind nach dem Bundesdatenschutzgesetz (BDSG) § 4 Abs. 4 Nr. 3 und § 33 Abs. 1 betroffene Kunden vom Übergang ihrer gespeicherten Daten zu unterrichten. Besonders schutzwürdig sind nach § 3 Abs. 9 BDSG unter anderen Gesundheitsdaten, Daten zur rassischen oder ethnischen Herkunft und Daten über Gewerkschaftsmitgliedschaft. Diese Daten dürfen nur mit besonderer Einwilligung der Betroffenen weiter genutzt werden § 4a Abs. 3 BDSG.

Checkliste: Rechtliche Bedingungen

- ☐ Ist die steuerliche Konstruktion so gewählt, dass für das Unternehmen oder die Gesellschafter überschaubare Betriebsprüfungsrisiken bestehen? Ist diese Konstruktion auch ausreichend auf mögliche Veränderungen vorbereitet?
- ☐ Ist vorgesorgt, dass im Falle Scheidung oder Versterben die Gesellschafterstruktur ausreichend stabil bleibt und die Finanzkraft des Unternehmens nicht übermäßig beeinträchtigt wird?
- ☐ Ist die gewählte gesellschaftsrechtliche Struktur flexibel genug, Alternativen in der Generationsnachfolge zuzulassen?

Checkliste 5.9: Rechtliche Bedingungen

5.3 Betriebswirtschaftliche Einflussfaktoren

Eine optimale Nachfolgevorbereitung schöpft alle Möglichkeiten, das Unternehmen für einen Nachfolger attraktiv zu machen, umfassend aus. In den Kapiteln 5.1 und 5.2 wurden die rechtlichen und steuerlichen Faktoren behandelt, die für eine Übernahme optimiert werden sollten. Bevor sich der Übergeber mit Details der Due Diligence und Vertragsverhandlungen befasst, sollte nun die Lage des Unternehmens aus betriebswirtschaftlicher Sicht sorgfältig geprüft werden. So kann Klarheit über Zukunftschancen und -risiken des Betriebes gewonnen und ein realistischer Unternehmenswert ermittelt werden.

Bei der gegenwarts- und zukunftsbezogenen Analyse kann ein Perspektivwechsel von Unternehmersicht in Nachfolgersicht hilfreich sein, um die Stärken und Schwächen des eigenen Unternehmens herauszuarbeiten.[69] Ziel der Analyse des eigenen Unternehmens muss es sein, ein gleichermaßen attraktives und realistisches Unternehmensprofil zu erstellen. Mit der Analyse erstellt der Unternehmer zugleich die notwendigen Unterlagen, die er dem Übernahmeinteressierten für eine erste Unternehmensprüfung zukommen lassen kann.

Weitere Unterlagen können nach Abschluss der Vertraulichkeitserklärung übergeben werden. Um bei Geschäftsgeheimnissen weitere Sicherheit zu schaffen, bietet es sich an, nach dem Data-Room-Konzept vorzugehen. Geforderte Unterlagen können eingesehen werden, aber Kopien der Unterlagen werden nur im Einzelfall und nach Prüfung ausgehändigt. Zur optimalen Vorbereitung der Verkaufsverhandlungen ist idealerweise ein Zeitraum von bis zu drei Jahren einzukalkulieren.

5.3.1 Wirtschaftliche Situation des Unternehmens

Die Aufbereitung und Offenlegung von grundlegenden Unternehmensinformationen ist sowohl für die betriebswirtschaftliche Beurteilung der Transaktion, als auch für die juristische Ausarbeitung des Vertragswerkes, einschließlich der Festlegung des Inhalts und des Umfangs der Gewährleistungen und Garantien, relevant.[70]

---

[69] Vgl. Piper (2005) S. 35 f.
[70] Vgl. Berens (2008) S. 56.

Bilanzanalyse

Die Bilanzanalyse ist das klassische Instrument, um die Vermögenssituation und Entwicklung eines Betriebs abschätzen zu können. Sie bildet den Ausgangspunkt für weitere Fragen.

Um substanzielle Gespräche führen zu können, müssen die im Rahmen der gesetzlichen Fristen erstellten Jahresabschlüsse vorliegen. Dazu gehören in jedem Fall die Jahresabschlüsse der vergangenen drei Jahre. Für das laufende Jahr sollten Halbjahresbilanzen oder Quartalsbilanzen präsentiert werden können. Im Fall von Einzelunternehmen sollte es möglich sein, den Jahresabschluss bis Mitte des Jahres erstellen zu lassen. Für eine mittlere GmbH bzw. GmbH & Co KG muss der Jahresabschluss bis zum 30. März eines Jahres erstellt werden. Bei kleineren GmbHs und GmbH & Co KGs läuft die Frist bis zum 30. Juni (§ 264 1 HGB).

Für eine erste Einschätzung eines Unternehmens können Nachfolger die veröffentlichten Bilanzen unter www.unternehmensregister.de einsehen. GmbHs und GmbH & Co. KGs haben ihre verkürzte Vorjahresbilanz spätestens bis zum 31. Dezember dort einzustellen.

Ziel der Bilanzanalyse ist es, eine Prognose für die zukünftige Entwicklung des Unternehmens aufzustellen.[71] Es bietet sich an, schrittweise vorzugehen und die Untersuchung in Teilziele (Liquidität, Vermögenslage, ...) zu untergliedern. Die aufbereiteten Zahlen geben in ihrer Summe Aufschluss über den betriebswirtschaftlichen Zustand des Unternehmens. Je nach Art des Betriebes können unterschiedliche Maßnahmen zur Entschlackung der Bilanz angezeigt sein: Abspaltung oder Verkauf nicht-betriebsnotwendiger Immobilien, Abspaltung von Betriebsteilen in separate Gesellschaften oder Schaffung verschiedener Betriebe für verschiedene Nachfolger. Allen Maßnahmen ist eigen, dass sie rechtzeitig bedacht und umgesetzt werden müssen.

Umsatz- und Ertragsentwicklung

Zur Jahresabschlussanalyse gehört die Analyse der Gewinn- und Verlustrechnungen (GuV). Um die Geschäftsentwicklung in den einzelnen Geschäftsfeldern nachvollziehen zu können, sollte eine spartenbezogene Umsatz- und Deckungsbeitragsrechnung erfolgen.

---

[71] Vgl. Schult (1999) S. 14.

5. Komplexitätsproblem der Nachfolge

In den meisten KMU liegt keine eigene Kosten- und Leistungsrechnung vor, sodass die Finanzbuchhaltung für die Detailbetrachtung herangezogen werden muss. Um die Entwicklung des laufenden Jahres verfolgen zu können, ist eine möglichst aktuelle betriebswirtschaftliche Auswertung (BWA) mit Summen- und Saldenlisten vorzunehmen.

Checkliste: Bilanz- und GuV-Daten

- ☐ Liegen die Bilanzen der vergangenen drei Jahre vor? Wie lautet der Prüfungsstatus?
- ☐ Liegen die aktuelle Bilanz zeitnah sowie eine vorläufige Zwischenbilanz/Zwischen GUV oder aktuelle BWA mit Summen- und Saldenliste sowie die Kreditoren- und Debitorenliste vor?
- ☐ Wie hat sich der Umsatz in den vergangenen drei Jahren entwickelt? Wie entwickeln sich die aktuellen Monatsumsätze?
- ☐ Wie haben sich die einzelnen Aufwandspositionen in den letzten 3 Jahren entwickelt? Wie entwickeln sie sich aktuell?
- ☐ Wie war die Gewinnentwicklung in den vergangenen drei Jahren?
- ☐ Wie ist die Tendenz der Umsatz- und Gewinnentwicklung?
- ☐ Welche außerordentlichen Aufwendungen und Erträge haben den Gewinn beeinflusst?
- ☐ Welche Vergütungen wurden an Familienangehörige bezahlt (z.B. Miete, Ehegattengehalt)?
- ☐ Liegt ein aktuelles Rating einer Bank vor?
- ☐ Ist die Geschäftstätigkeit genügend transparent und nachvollziehbar dokumentiert?
- ☐ Ist das vorhandene Rechnungswesen aussagefähig (Controlling, Planungsrechnungen, Liquiditätsplanung)?
- ☐ Sind Private und Geschäftliche Bereiche klar abgegrenzt?
- ☐ Werden diesbezügliche Einnahmen und Ausgaben korrekt verbucht?

Unterlagen, die vorliegen sollten:
- ☐ Bilanzen der vergangenen drei Jahre,
- ☐ GuV und Anhang der vergangenen drei Jahre,
- ☐ Lagebericht der Geschäftsführung,
- ☐ bei prüfungspflichtigen Gesellschaften: Prüfberichte des Abschlussprüfers für die vergangenen drei abgeschlossenen Geschäftsjahre,
- ☐ bei Einnahme-Überschussrechnern (Kleinunternehmer, Freiberufler): Einnahmeüberschussrechnung (EÜR) der vergangenen drei Jahre.
- ☐ Aktuelle BWA mit SUSA, Kreditoren- und Debitorenliste

Checkliste 5.10: Bilanz- und GuV-Daten

5.3.2 Markt- und Wettbewerbssituation

Es ist für den Nachfolger naturgemäß wichtig zu wissen, in welchen Märkten und mit welchen Produkten das Unternehmen tätig ist. Bei der Erstellung der für Übergabeverhandlungen notwendigen Unterlagen muss deshalb auch dargelegt werden, welche Strategie das zu übernehmende Unternehmen verfolgt und wie es in Zukunft erfolgreich am Markt agieren kann. Ergänzend ist zu erklären, wie flexibel das Unternehmen auf notwendige Strategiewechsel reagieren kann.[72] Dabei ist wichtig, dass die Informationen im Hinblick auf die aus Käufersicht relevanten Beurteilungskriterien abstellen.[73]

Von Interesse sind in diesem Zusammenhang auch die Struktur des Wettbewerbsumfeldes und die Wettbewerbsintensität, denn die wettbewerbliche Positionierung des Übernahmebetriebes am Markt gibt darüber Aufschluss, welche Möglichkeiten sich seinen Produkten in Zukunft bieten.[74] Im Folgenden sind die dafür relevanten Bereiche aufgeführt, dabei liegt der Schwerpunkt der Betrachtung auf der anstehenden Unternehmensbewertung.

5.3.2.1 Marktsituation

Im Vorfeld der eigentlichen Branchenanalyse sollte der Markt beschrieben werden, auf dem das Unternehmen tätig ist. Es können unabhängige Marktanalysen und /oder Kundenbefragungen eingesetzt werden, die Aussagen über das Entwicklungspotenzial des Unternehmens und seine Situation auf dem Markt erlauben.

Checkliste: Marktrelevante Daten

- ☐ Was ist die Marktregion?
- ☐ Wie groß das Marktpotenzial in der Region?
- ☐ Wie groß ist das aktuelle Marktvolumen in absoluten Zahlen?
- ☐ Wie groß ist der Marktanteil (Anteil am gesamten Branchen-/Marktumsatz)?
- ☐ Wie stark ist der Markt gesättigt? (Wie gut werden die Bedürfnisse der Kunden nach den Gütern/Dienstleistungen durch bestehende Anbieter abgedeckt?)
- ☐ Wächst der derzeitige Zielmarkt? Wenn ja, wie schnell?
- ☐ Gibt es weitere Marktregionen? (Bundesland, Ganzes Bundesgebiet, Angrenzendes Ausland, Europaweit, Weltregionen)

Checkliste 5.11: Marktrelevante Daten

---

[72] Vgl. Felden (2008) S. 83.
[73] Vgl. Meffert (2006) S. 185.
[74] Vgl. Witte (2007) S. 45.

5. Komplexitätsproblem der Nachfolge

Checkliste: Daten zur Wettbewerbssituation

- ☐ Wie sehen die Marktregion und die Branchensituation aus?
- ☐ Wie viele Konkurrenzunternehmen bestehen auf dem Markt?
- ☐ Welches Angebot Produkte/Dienstleistungen führt die Konkurrenz?
- ☐ Gibt es indirekte Mitbewerber?
- ☐ Wer sind die nächsten fünf Mitbewerber?
- ☐ Welche Stärken- und Schwächen besitzen diese Mitbewerber?
- ☐ Wie stark ist die Konkurrenz (Marktanteil/Umsatz/Stückzahlen)?
- ☐ Welche Strategien verfolgen die Konkurrenten?
- ☐ Welches sind die identifizierbaren Alleinstellungsmerkmale der Wettbewerber?
- ☐ Welche Themen, welche Produkte stellen die jeweiligen Wettbewerber in den Vordergrund?
- ☐ Wie sieht die Kommunikationsstrategie der Mitbewerber aus? (Werbung, Internetauftritt, Medienarbeit)
- ☐ Wie spiegelt sich die Qualität der Produkte des Unternehmens und der Wettbewerber in ausgewählten Medien wider?
- ☐ Welche Erkenntnisse lassen sich aus der Analyse der Wettbewerber für das Unternehmen ableiten? Wo gibt es für das Unternehmen Potenziale?

Unterlagen, die vorliegen sollten:

- ☐ Produkt- und Serviceangebote der Konkurrenz,
- ☐ Umsatzzahlen der Konkurrenz,
- ☐ eventuell Konzepte für neue Produktentwicklungen des Unternehmens
- ☐ Werbebeispiele
- ☐ Analyse Homepage

Zusätzlich sinnvoll:

- ☐ Berichte des Außendienstes über
  - Durchsetzbarkeit von Konditionen,
  - Stellenwert von Preisgarantien.
  - Preis- und Qualitätsimage

Checkliste 5.12: Daten zur Wettbewerbssituation

Branchensituation

Die Entwicklung der Branche kann aus Branchenberichten, z.B. der Banken oder der Unternehmerverbände abgeleitet werden. Durch einen Vergleich der Unternehmenszahlen mit den Zahlen anderer Betriebe (externer Betriebsvergleich) kann in der Abweichungsanalyse die Wettbewerbsstärke bewertet werden.

Regionale Wettbewerbssituation

Die Position des Unternehmens im regionalen Markt kann über die Konkurrenzanalyse ermittelt werden. Die örtlichen Kammern und Verbände informieren über die Mitbewerber, eine Internetrecherche und ein Blick auf die jeweiligen Homepages gibt Auskunft über deren Leistungsangebot.

Aktuelle wirtschaftliche Position des Unternehmens

Die aktuelle wirtschaftliche Position des Unternehmens, seine Zukunftschancen und Risiken bestimmen die Anforderungen an den Nachfolger maßgeblich. So wird eine akute Markt- oder Unternehmenskrise andere Ansprüche an die Fähigkeiten des Nachfolgers stellen, als eine Übergabe in Zeiten, die eine sukzessive Einarbeitung in die neue Position erlauben.[75]

Markt	Wachstum			?
	Stagnation			
	Schrumpfung		?	
		Krise	Stagnation	Wachstum
			Unternehmen	

Abbildung 5.13: Die wirtschaftliche Situation des Unternehmens
Quelle: Eigene Abb. in Anlehnung an Helbling (2009) Management Letter Sommer 2009 S. 9

5.3.2.2 Wettbewerbssituation

Kundenstruktur

Das Hauptinteresse des Übernehmers ist oft, Kunden zu übernehmen. Fundierte Kenntnisse über die Kunden sind somit von entscheidender Bedeutung bei der Beurteilung des zu übernehmenden Betriebs. Die Analyse der Kundenstruktur

---

[75] Vgl. Helbling (2009) Management Letter Sommer 2009 S. 9.

dient dazu, die Abhängigkeit von einzelnen Kunden und Kundengruppen zu erkennen und diese in den Verhandlungen zu berücksichtigen. Durch die Analyse ergeben sich zugleich wichtige Hinweise auf künftige Chancen.

Eine ABC-Analyse ist ein geeignetes Instrument, sich ein objektives Bild zu machen. Dazu wird die Debitorenliste des zurückliegenden vollen Geschäftsjahres mit den kumulierten Umsätzen der einzelnen Kunden untersucht. In einem ersten Schritt reichen die Umsätze der einzelnen Kunden aus. Dazu werden die Kunden üblicherweise in A-, B- und C-Kunden unterteilt. A-Kunden sind Kunden, mit denen ein hoher Umsatz erzielt wird und denen eine besondere strategische Bedeutung zukommt. B-und C-Kunden haben einen durchschnittlichen, bzw. unterdurchschnittlichen Anteil am Gesamtumsatz. Wird beispielsweise festgestellt, dass mit 20 Prozent der Kunden 80 Prozent des Umsatzes gemacht werden (A-Kunden) und mit 30 Prozent 15 Prozent des Umsatzes (B-Kunden), kann auf diese Weise das Risiko, Umsätze durch die Abwanderung von Kunden zu verlieren, besser abgeschätzt werden. Um die Vertraulichkeit in den Geschäftsbeziehungen zu wahren, können die Kundennamen dabei anonymisiert werden. Wird ein hoher Anteil der Umsätze mit nur wenigen oder einem Auftraggeber abgewickelt, ist dies insbesondere dann alarmierend, wenn hier die persönlichen Beziehungen des Altunternehmers von tragender Bedeutung sind.

Wird der Faktor Umsatz mit dem Faktor Potenzial (Kennzahl der Marktanalyse) kombiniert, lassen sich die Wachstums- und Entwicklungschancen des Unternehmens aufzeigen. Dem Nachfolger werden auf der Grundlage von Daten sowohl Risiken (Abhängigkeiten) als auch Wachstumsmöglichkeiten (Potenziale) deutlich. Die Marktanalyse kann hilfreich sein, spezielle Strategien für die Gruppe der A-Kunden und P+-Kunden zu entwickeln, denn sie sind für das Unternehmen von besonderem strategischen Wert und/oder bieten besonderes Potenzial für den Ausbau der Geschäftsbeziehung.[76] B-Kunden und C-Kunden bieten für das Unternehmen weniger Potenziale. B-Kunden generieren jedoch hohe Umsätze und sollten beibehalten werden. Bei der Analyse der Lieferantenstruktur kann ebenso vorgegangen werden. Die folgende Abbildung veranschaulicht die Einteilung:

---

[76] Vgl. Felden (2008) S. 77 f.

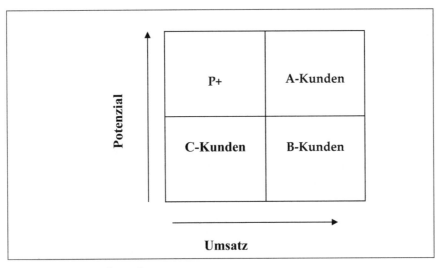

Abbildung 5.14: Kundenanalyse
Quelle: Eigene Darstellung in Anlehnung an Felden (2008)

Checkliste: Kundendaten

- ☐ Welche sind die umsatzstärksten Kunden?
- ☐ Besteht eine Abhängigkeit von einzelnen Kunden?
- ☐ Welche Zahlungsmodalitäten sind mit den Kunden vereinbart?
- ☐ Werden diese auch eingehalten?
- ☐ Wann fanden die letzten erfolgreichen Auftragsverhandlungen/Akquise-Tätigkeiten statt?
- ☐ Welche Gewohnheiten haben die Kunden?
- ☐ Wie hoch ist der Anteil der Einmalkunden, Laufkundschaft, der Neukunden Stammkunden?

Unterlagen, die vorliegen sollten:
- ☐ Kundenkartei,
- ☐ Auftragsstatistik der vergangenen drei Jahre,
- ☐ Angebotsstatistik der vergangenen drei Jahre,
- ☐ Debitorenliste,
- ☐ Dokumentation über besondere Zahlungsvereinbarungen,
- ☐ Umsatz der vergangenen drei Jahre nach Kunden (ABC-Analyse).

Zusätzlich sinnvoll:
- ☐ Besuchsberichte des Außendienstes,
- ☐ Reklamationsstatistiken
- ☐ QM-Berichte.

Checkliste 5.13: Kundendaten

Lieferanten

Checkliste: Lieferantendaten

- ☐ Wer sind die wichtigsten Lieferanten des Unternehmens?
- ☐ Gibt es Abhängigkeiten von einzelnen Lieferanten?
- ☐ Gibt es feste Lieferverträge? Wie sehen die Bedingungen und die Laufzeiten aus?
- ☐ Gibt es weitere besonderen Vereinbarungen (Liefer- und Zahlungsbedingungen)?
- ☐ Wie ist die Qualität der gelieferten Waren? Wie wird dies geprüft?
- ☐ Wird die Ware immer pünktlich geliefert?
- ☐ Wie häufig kam es in den vergangenen drei Jahren zu Reklamationen?
- ☐ Bestehen Verbindlichkeiten gegenüber Lieferanten?
- ☐ Wie hoch sind die gewährten Einkaufslimits?
- ☐ Gibt es Möglichkeiten zur Verbesserung der Einkaufskonditionen (Jahresverträge, Feste Abnahmemengen, Einstieg in Einkaufskooperationen)?

Unterlagen die vorliegen sollten:
- ☐ Kreditorenliste
- ☐ Lieferantenverträge,
- ☐ Schriftwechsel,
- ☐ Informationsmaterial über Lieferanten,
- ☐ Aufträge an Lieferanten der vergangenen drei Jahre,
- ☐ besondere Zahlungsvereinbarungen.

Zusätzlich sinnvoll:
- Protokolle von geführten Verhandlungen.

Checkliste 5.14: Lieferantendaten

Produkte

Checkliste: Produktdaten

- ☐ Wie stellt sich das aktuelle Angebot dar (Produkte, Dienstleistungen, Service)?
- ☐ Wie hoch sind die Umsatzanteile neuer Produkte?
- ☐ Welche neuen Produkte sollen demnächst angeboten werden?
- ☐ Sind Produkte durch bestimmte Verfahren oder Patente geschützt?
- ☐ Wer ist Inhaber der Schutzrechte?
- ☐ Sollen die Schutzrechte beim Kauf mit übergehen?
- ☐ Wie lange können sich die Produkte am Markt behaupten (Stand im Produktlebenszyklus)?
- ☐ Wie wird der Kundennutzen wahrgenommen?
- ☐ Wie vertreibt das Unternehmen die Produkte oder Dienstleistungen?

- ☐ Wie sind die Produkte gegenüber Konkurrenzprodukten positioniert?
- ☐ Gibt es Alleinstellungsmerkmale einzelner Produkte (Qualität, Preis, Fertigungsverfahren, Zusatzdienstleistungen)?

Unterlagen, die vorliegen sollten:
- ☐ Produkt-/Dienstleistungsbeschreibungen,
- ☐ Garantie- und Gewährleistungsvereinbarungen,
- ☐ Liste mit Reklamationen,
- ☐ QM-Berichte
- ☐ Beschreibung der Serviceleistungen

Checkliste 5.15: Produktdaten

Mitarbeiter

Mitarbeiter sind ein wertvolles Kapital jedes Unternehmens und von einem Führungswechsel unmittelbar betroffen. Eine wichtige Sammlung von Daten für die Beurteilung von Mitarbeiterleistungen sind gut geführte Personalakten. Regelmäßige Mitarbeitergespräche und andere personalwirtschaftliche Instrumente können wesentlich dazu beitragen, im Zuge des Nachfolgeprozesses auftretende Konflikte und Widerstände zu überwinden.[77] Mitarbeiter erhalten so Gelegenheit, ihre Bedürfnisse, Fragen und Ansprüche im Zusammenhang mit der Nachfolge zu äußern; Ungewissheiten können direkt beseitigt werden. Der Nachfolger kann diese Gelegenheit nutzen, um ein realistisches Bild von den Kapazitäten seiner künftigen Mitarbeiter zu erhalten.

Checkliste: Personaldaten

- ☐ Liegt eine aktuelle Mitarbeiterübersicht vor? (Position, Qualifikation, Alter, Betriebszugehörigkeit, Vergütung)
- ☐ Welche Alters- und Qualifikationsstruktur hat die Belegschaft?
- ☐ Wie ist das Betriebsklima?
- ☐ Sind die Mitarbeiter engagiert und motiviert?
- ☐ Wie ist die Bezahlung der Mitarbeiter geregelt (tariflich oder außertariflich)?
- ☐ Sind in den Arbeitsverträgen besondere Vereinbarungen getroffen?
- ☐ (Arbeitszeit, Altersversorgung, Firmen-Pkw usw.)? Gibt es betriebliche Übungen?
- ☐ Erwarten Sie im Rahmen der Betriebsübergabe Kündigungen von Beschäftigten?
- ☐ Gilt das Kündigungsschutzgesetz?
- ☐ Gelten besondere Schutzvorschriften?
- ☐ (Mutterschaft, Bundeswehr, Schwerbehinderung, Betriebsrat)?

---

[77] Vgl. Stöger (2007) S. 105.

> - ☐ Bestehen Beschäftigungsverhältnisse mit Familienangehörigen des Inhabers?
> - ☐ Wie sieht die Führungsebene aus (Kompetenzen, Verantwortungsbereiche, Zusammenarbeit)? Gibt es Zielvereinbarungen?
> - ☐ Inwieweit sind die Mitarbeiter fachlich, räumlich und zeitlich flexibel?
> - ☐ Wie hoch ist der (durchschnittliche) Krankenstand? Wie hoch ist die Fluktuation?
> - ☐ Wie viele Auszubildende sind im Unternehmen? Wie viele wurden in den letzten Jahren übernommen?
> - ☐ Gibt es Aktivitäten zur Mitarbeiterbindung (Arbeitszeiten, Arbeitsbedingungen, Familienfreundlichkeit)?
>
> **Unterlagen, die vorliegen sollten:**
> - ☐ Arbeitsverträge,
> - ☐ Personalakten,
> - ☐ Verträge zur betrieblichen Altersvorsorge,
> - ☐ Beraterverträge,
> - ☐ Bestätigung der Sozialversicherung, dass alle Beiträge abgeführt wurden,
> - ☐ Erklärung zu Pensionsverbindlichkeiten,
> - ☐ Alters- und Qualifikationsstruktur der Belegschaft,
> - ☐ Lohn- und Gehaltsstruktur des Unternehmens und Information zu Tarifbindung,
> - ☐ Darstellung besonderer betrieblicher Vereinbarungen
> - ☐ Prüfungsberichte (Sozialversicherung, Krankenkassen).
>
> **Zusätzlich sinnvoll:**
> - ☐ Ergänzende Beurteilung des Unternehmens durch Mitarbeiter (anonymisierte Befragungen),
> - ☐ Mitarbeitergespräche/Zielvereinbarungen,
> - ☐ Ggfs. Stellenbeschreibungen
> - ☐ Befragung aller dem Unternehmen verbundenen Personengruppen (360° Feed-Back-Befragungen).

Checkliste 5.16: Personaldaten

Mit der Übergabe und dem Führungswechsel stehen voraussichtlich personalwirtschaftliche Veränderungen im Unternehmen an. Mitarbeitergespräche können auch hier wertvolle Informationen liefern, um die Auswirkungen der Veränderungen frühzeitig abschätzen und eine entsprechende Personalplanung vornehmen zu können.[78]

Werden Neueinstellungen notwendig, da Abwanderung von Personal zu erwarten ist, kann folgende Übersicht hilfreich sein:

---

[78] Vgl. Felden (2007) S. 78.

Übersicht: Zusätzlicher Personalbedarf			
Folgende Stellen sind durch die Übergabe zu besetzen			
	zu besetzen ab	Verantwortlicher Personalsuche	Einarbeitung durch
1.			
2.			
3.			

Abbildung 5.15: Zusätzlicher Personalbedarf
Quelle: Eigene Darstellung

Umfeld und Standort

Die Lage im Umfeld eines Betriebes ist in der Regel nicht beeinflussbar und selten konstant. So können sich die Infrastrukturbedingungen eines Standorts (Verkehrsanbindung, Breitband-Internetzugang, ...) ebenso ändern, wie wichtige Zulieferstrukturen; die Wohnqualität eines Viertels kann zu- oder abnehmen. In jedem Fall sind Informationen über diese Gegebenheiten für einen Nachfolger von großer Relevanz.[79]

Checkliste: Umfeld - /Standortdaten

- ☐ Wie sieht die Verkehrsanbindung des Unternehmens aus (Nähe Autobahn)?
- ☐ Ist das Unternehmen für Kunden und Lieferanten gut mit dem Lkw zu erreichen (Park- und Ruhemöglichkeiten, Wendemöglichkeiten, Zugänge Anlieferung/Auslieferung)?
- ☐ Stehen ausreichend Parkplätze für Betriebsmitarbeiter und Kunden zur Verfügung?
- ☐ Bei Handelsunternehmen: Entwicklungspotential des Standorts?
- ☐ Wo befindet sich die Konkurrenz? Wie ist deren Standortsituation?
- ☐ Wie sieht die Gewerbesteuer am Ort im Vergleich zum Umland aus?
- ☐ Wie sieht die Bebauungsplanung in dem betreffenden Gebiet aus (Entwicklungspotential, Herannahende Beschränkungen)?
- ☐ Ist eine Expansion am Standort möglich? (Freiflächen, Grundstückspreise, Baurechtlicher Planungsstatus)
- ☐ In welchem regionalen Einzugsbereich ist das Unternehmen hauptsächlich tätig? Wie ist das Unternehmen darin positioniert (Zentral, Randlage)?
- ☐ Haben absehbare Infrastrukturänderungen (Umwelt, Baumaßnahmen, kommunale Planung) Auswirkungen auf den Standort?

Checkliste 5.17: Umfeld - /Standortdaten

---

[79] Vgl. Felden (2007) S. 106.

5. Komplexitätsproblem der Nachfolge

Räumlichkeiten und technische Ausstattung

Der Übernehmer muss sich ein Bild vom Zustand der Gebäude, Maschinen und Anlagen machen und überlegen, welche Reparaturen oder Wartungen unter Umständen rentable und wertsteigernde Auswirkungen haben. Schließlich gilt es zu entscheiden, welche Maßnahmen wann umzusetzen sind. Der Altunternehmer sollte sich auf eine Betriebsbesichtigung einstellen und Unternehmen und Mitarbeiter darauf vorbereiten.

Checkliste: Daten über Betriebsausstattung

- ☐ Was ist im Unternehmen an technischer Ausstattung vorhanden?
- ☐ (Umfang, Alter, Zustand, ursprüngliche Anschaffungskosten, Konkurrenzfähigkeit)?
- ☐ Wie ist die Kapazitätsauslastung?
- ☐ Wie ist der Organisationsstatus? (Hardware, Software (Auftragsbearbeitung, Warenwirtschaft, Rechnungswesen), Netzwerk, Internet)
- ☐ Welche Investitionen wurden zuletzt getätigt?
- ☐ Wann stehen notwendige Ersatzinvestitionen an?
- ☐ Über welche Patente/Nutzungsrechte verfügt das Unternehmen?
- ☐ Gehören die genutzten Räume dem Unternehmen oder sind sie gemietet? Wie hoch ist der geforderte Kaufpreis der Immobilie bzw. die monatliche Miete? Wie hoch sind die Nebenkosten?
- ☐ Wie ist die räumliche Situation (Zustand, Zuschnitt, Größe und Ausstattung der Räume/des oder der Gebäude)?
- ☐ Wie ist die Außenwirkung der betrieblichen Räumlichkeiten? (Standort, Lage, Wahrnehmung)
- ☐ Erfüllt der Betrieb die gesetzlichen Vorschriften? Liegen die notwendigen Genehmigungen vor? (Baurecht, Umwelt, Arbeitsstättenverordnung, Unfallschutz, Hygiene usw.)? Sind Auflagen zu erwarten?
- ☐ Sind Umbauten oder Renovierungen erforderlich? Wer trägt die Kosten?
- ☐ Können neue Werbeanlagen angebracht werden? Bestehen die notwendigen baurechtlichen Genehmigungen?

Unterlagen, die vorliegen sollten:
- ☐ Baupläne, Grundriss,
- ☐ Bebauungspläne,
- ☐ Behördliche Genehmigungen (Bau- und Betriebsgenehmigungen, Zulassungen, Prüfberichte)
- ☐ Übersicht der bisherigen betrieblichen Nutzung (wg. Altlastenverdacht),
- ☐ Grundbuchauszüge,
- ☐ Kaufverträge Grundstück, Gebäude,
- ☐ Mietverträge Grundstück, Gebäude,
- ☐ Kaufverträge/Rechnungen für Maschinen, Anlagen, Fuhrpark usw.

☐	Pacht- und Leasingverträge für Maschinen, Ausstattung, Fuhrpark usw.
☐	Rechnungen über Instandhaltungsarbeiten,
☐	Wartungsverträge,
☐	Heizkosten- und Stromabrechnungen der letzten 3 Jahre,
☐	Unbedenklichkeitsbescheinigung des Finanzamtes, dass alle öffentlichen Abgaben für Grundstücke bis zum Zeitpunkt der Übertragung abgeführt wurden.

Checkliste 5.18: Daten über Betriebsausstattung

5.3.3 Investition und Finanzierung

Fehlende finanzielle Mittel auf Übernehmerseite gehören zu den häufigsten Ursachen für das Scheitern von Nachfolgeregelungen. Es gehört zu den Aufgaben des Übergebers, im Vorfeld die notwendigen Voraussetzungen zu schaffen, damit sich der Übernehmer ein realistisches Bild des zu erwartenden Kaufpreises machen kann.

5.3.3.1 Investitionsplan und Finanzierungsbedarf

Schon bei der Diskussion des Übergabekonzeptes sollte deutlich werden, welche Investitionen notwendig sind und mit welchem Finanzierungsbedarf der Übernehmer rechnen muss. Im weiteren Verlauf sollte dann bestimmt werden, welche Investitionspolitik das Unternehmen künftig verfolgen wird und wie sein Investitionsplan aussieht.

Investitionsplan (Asset Deal)	
Übernahme (Inventar, Geschäftswert)	€
+ notwendige Zusatzinvestitionen	€
+ Waren- und Materialbestand	€
+ Vorfinanzierung, Betriebsmittelfinanzierung	€
+ Avalrahmen (Vertragserfüllungs- u. Gewährleistungsbürgschaften)	€
= Finanzierungsbedarf	€

Investitionsplan (Share Deal)	
Investitionen Anteilskauf	
Übernahme (Anteile)	€
Investitionen Gesellschaft	
+ notwendige Zusatzinvestitionen	€
+ Vor- und Betriebsmittelfinanzierung	€
+ Avale (Vertragserfüllungs- u. Gewährleistungsbürgschaften)	€
= Finanzierungsbedarf	€

Abbildung 5.16: Investitionspläne Asset und Share Deal
Quelle: Eigene Darstellung

5.3.3.2 Finanzierung

Die Finanzierungsfrage wird häufig vom verfügbaren Eigenkapital des Käufers mitbestimmt. Mit Eigenkapital ist es leichter, eine Finanzierung darzustellen. Kleinere Unternehmen können allerdings auch ohne entsprechendes Eigenkapital mit dem Start-Geld der KfW (bis 100.000 €) oder einem Kredit der Hausbank erworben werden.

Gleichwohl ist ein hoher Eigenkapitalanteil wichtig für den Unternehmensnachfolger, weil er größere Unabhängigkeit von Kreditgebern garantiert und die Gefahr kurzfristiger Liquiditätsengpässe reduziert.[80] Je höher die Eigenkapitalquote ist, desto weniger können negative Markteinflüsse und betriebliche Rückschläge für das Unternehmen gefährlich werden, folglich ist das Unternehmen krisenfester.[81] Darüber hinaus stellt sich die Frage, wie die Finanzierung abgesichert wird. Banken müssen zu ihrem Schutz die Kreditnehmer in Haftung nehmen. Sind Sicherheiten wie mögliche Grundschulden vorhanden oder müssen zusätzliche Sicherheiten, zum Beispiel über Bürgschaftsbanken bereitgestellt werden? In aller Regel muss der Unternehmer für seinen Kredit persönlich geradestehen. Dies gilt auch, wenn eine Bankbürgschaft vorliegt. Bei Bürgen aus dem privaten Umfeld

---

[80] Vgl. Gräfer (1985) S. 117 f.
[81] Vgl. Schott (1970) S. 177 f.

sind die Konsequenzen eines Kreditausfalls besonders sorgfältig zu prüfen. Für die Ermittlung des Finanzierungsbedarfs sollte das Anlagevermögen auch hinsichtlich des Alters und Abnutzungsgrades beurteilt werden.

Komponenten der Finanzierung
Eigenkapital
- Barmittel
- Sacheinlagen
Mezzanine-Kapital
- Eigenkapitalersatzdarlehen (Verwandte, Verkäufer)
- KfW-Kapital für Gründung
Beteiligungskapital
- Beteiligung Verkäufer
- Beteiligungsgesellschaft (Private Equity oder öffentlich)
- Kapitalgeber (Business Angel)
Fremdkapital
- Bankkredite
- Öffentliche Finanzierungsdarlehen
- Hypothekendarlehen
- Verkäuferdarlehen
- Verwandtendarlehen
- Verrentung
Avale
- Bankbürgschaften
- Aval-Versicherung
Besicherung
- öffentliche Finanzierungsdarlehen mit Haftungsfreistellung
- Grundschulden
- Bürgschaften (Bürgschaftsbanken, Bürgschaft Verwandte/Verkäufer)

Abbildung 5.17: Komponenten der Finanzierung
Quelle: Eigene Darstellung

5. Komplexitätsproblem der Nachfolge

Checkliste: Daten über Finanzierung und Investitionen

- ☐ Wie hoch ist die Eigenkapitalquote des Unternehmens?
- ☐ Sind die Erträge ausreichend, um notwendige Investitionen zu tätigen bzw. auch Erweiterungsinvestitionen vorzunehmen?
- ☐ Welche Investitionen sind kurzfristig erforderlich?
- ☐ Existiert eine Rentabilitätsvorschau (Planumsatz, Plankosten, Cash-flow…)?
- ☐ Kreditstatus: Bankverbindlichkeiten bei welchen Kreditinstituten(Höhe und Laufzeit)?[82]
- ☐ Wie hoch ist der aktuelle Kontostand der Geschäftskonten?
- ☐ Wie sind die Bankkredite besichert?
- ☐ Wie ist die Liquidität des Unternehmens? Ist eine Liquiditätsplanung vorhanden?
- ☐ Gab es oder gibt es Liquiditätsprobleme?
- ☐ Bestehen Verbindlichkeiten gegenüber Lieferanten, Gesellschaftern, Geschäftspartnern?
- ☐ Wer haftet für diese Verbindlichkeiten?
- ☐ Welche Forderungen hat das Unternehmen an wen und in welcher Höhe?
- ☐ Wurden alle Steuern und Sozialabgaben fristgerecht bezahlt?
- ☐ Bestehen aktuell Schulden beim Finanzamt oder bei Sozialversicherungsträgern?
- ☐ Gibt es noch nicht befriedigte Mitarbeiteransprüche (Löhne, Gehälter, Sonderzahlungen?
- ☐ Gibt es zur Überbrückung von Liquiditätsengpässen finanzielle Reserven?
- ☐ Sind weitere Informationen notwendig?

Unterlagen, die vorliegen sollten:
- ☐ Kreditverträge und deren Besicherung,
- ☐ Liste aller Bankkonten des Unternehmens unter Angabe des aktuellen Saldos,
- ☐ Bürgschaften, Garantieverpflichtungen oder Sicherheitsleistungen
- ☐ Steuerstatus des Unternehmens,
- ☐ Steuererklärungen und Steuerbescheide, soweit erlassen, für alle Jahre, die noch nicht der Betriebsprüfung unterlegen haben,
- ☐ Vorlage der letzten Betriebsprüfungsberichte Ertragssteuern, Umsatzsteuern, Lohnsteuern, Sozialversicherungsbeiträge,
- ☐ Übersicht über alle in den vergangenen fünf Jahren erhaltenen öffentlichen Fördermittel und Zuschüsse,
- ☐ Negativbescheinigung des Finanzamtes und des Sozialversicherungsträgers, dass bis zum Übertragungsstichtag keine betrieblichen Steuerschulden und ausstehende Sozialversicherungsbeiträge vorliegen.

Checkliste 5.19: Daten über Finanzierung und Investitionen

---

[82] Vgl. BMWi (2011) S. 68 f.

5.3.4 Vorbereitung des Unternehmens

Nach der Analyse seines Betriebes sollte der Unternehmer strategische und organisatorische Korrekturen vornehmen. Auf diesem Wege kann auch der Wechsel im Management vorbereitet werden.[83] Aktionspläne und Maßnahmen, mit denen sich eine große Wirkung erzielen lässt, sollten im Vordergrund stehen.

Eine wichtige Rolle spielt dabei auch das Erfassen und Auswerten unternehmensinterner Daten, denn die zeitige Vor- und Aufbereitung vorhandener Daten kann im späteren Verlauf viel Zeit und Geld sparen. Es signalisiert dem Übernehmer überdies die Bereitschaft des Übergebers, auf dem Weg zu einer objektiven Unternehmensbewertung zu kooperieren.

To-do-Liste Datenerfassung

- ☐ objektive Darstellung der wirtschaftlichen Unternehmenssituation,
- ☐ Analyse: Vorhandensein von systematischen Methoden und Instrumente zur Unternehmenssteuerung, ggfs. schrittweise Einführung
- ☐ Analyse: Instrumente Personalführung, ggfs. schrittweise Einführung und Ausbau ,
- ☐ strukturiertes Vorgehen bei der Vorbereitung.

To-do-Liste 5.2: Datenerfassung

5.3.4.1 Übergabefähige Organisationsstruktur schaffen

Das Unternehmen muss sowohl hinsichtlich der bestehenden Strukturen, der eingespielten Abläufe als auch der agierenden Personen zur Übergabe geeignet sein. Die oftmals auf den Eigentümer zugeschnittenen Abläufe und Strukturen gilt es zu systematisieren und die Organisation auf die künftige Managementkonstellation auszurichten. Gerade für Kleinunternehmer ist es schwer, Schritte hin zu einer vom Altunternehmer losgelösten, übergabefähigen Entscheidungs- und Organisationsstruktur einzuleiten. Das Unternehmen ist um den Unternehmer herum gewachsen, Strukturen und Aufgabenbereiche haben sich historisch gebildet. In Kleinunternehmen existieren häufig keine oder nur schwach ausgeprägte Steuerungsinstrumente, selten ein systematisches Vorschlagswesen oder Innovationsmanagement. Die Informationserfassung stellt regelmäßig ein Problem dar.[84]

---

[83] Vgl. Felden (2007) S. 41.
[84] Vgl. Koch (2002) S. 14.

5. Komplexitätsproblem der Nachfolge

Die Nachfolgegeneration hat häufig ein anderes Verständnis von der Art und Weise, wie ein Unternehmen geleitet werden soll. Grundlage dieses Verständnisses ist systematisch erworbenes Wissen, das sich an der Anwendung spezifischer Methoden und Instrumente orientiert.[85] Weil ihnen Zeit und IT-Kenntnisse fehlen, haben sich viele Senior-Unternehmer dagegen bislang nicht mit den neuesten Methoden des Controllings und mit Steuerungsinstrumenten auseinandergesetzt.

Die Vorbereitung der Übergabe muss zum Ziel haben, eine übergabefähige transparente Organisationsstruktur sowie Abläufe und Entscheidungsmechanismen zu schaffen, die vom Alteigentümer unabhängig funktionieren und dem Nachfolger den Einstieg erleichtern.

Dabei kommt der Anwendung standardisierter personalwirtschaftlicher Instrumente eine hohe Bedeutung zu. Zunächst sollte geklärt werden, welche Informations- und Analysemöglichkeiten bisher genutzt wurden, um das Unternehmen zu steuern. Folgende Tabelle dient zur Übersicht und Einstufung der Steuerungsinstrumente, die (a) zurzeit aktiv im Unternehmen genutzt werden, die (b) bislang nur rudimentär genutzt wurden und reaktiviert sowie aktualisiert werden können und (c) die neu entwickelt werden müssen.

---

[85] Vgl. TAC (2008) Workpaper, S. 12.

Checkliste: Übersicht Steuerungsinstrumente		
Unternehmensleitlinien und –ziele (Orientierung)	kann genutzt werden: kann reaktiviert werden: muss neu entwickelt werden:	
Führungsgrundsätze (Festlegung der Art der Zusammenarbeit)	kann genutzt werden: kann reaktiviert werden: muss neu entwickelt werden:	
Organisatorische Hilfsmittel (Organigramme, Funktionendiagramme, Stellenbeschreibungen) zur Regelung von Aufgaben, Befugnissen und Verantwortung	kann genutzt werden: kann reaktiviert werden: muss neu entwickelt werden:	
Monatliche BWA zur Rentabilitäts- und Liquiditätsanalyse	kann genutzt werden: kann reaktiviert werden: muss neu entwickelt werden:	
Steuerungsgespräche (Vereinbarung von Zielen und Abgleich des Zielerreichungsgrades, Leistungsbeurteilung, Mitarbeiterförderung)	kann genutzt werden: kann reaktiviert werden: muss neu entwickelt werden:	
Personalentwicklung (Planung und Realisierung der Entwicklung von Mitarbeitern unter Berücksichtigung der Interessen und Möglichkeiten des Unternehmens und der Mitarbeiter)	kann genutzt werden: kann reaktiviert werden: muss neu entwickelt werden:	
Materielle und immaterielle Gratifikationen (Anreize als Ansporn zur Leistung und als Anerkennung von Leistung)	kann genutzt werden: kann reaktiviert werden: muss neu entwickelt werden:	
Weitere Instrumente:		

Checkliste 5.20: Übersicht Steuerungsinstrumente

Quelle: Eigene Darstellung in Anlehnung an Hillengaß (2009) S. 106

Aufbau- und Ablauforganisation

Für den Unternehmensnachfolger ist es von großer Bedeutung, die Aufbau- und Ablauforganisation des Unternehmens zu kennen. Die Aufbauorganisation regelt die Arbeitsteilung und Zuständigkeiten im Unternehmen; die Ablauforganisation gliedert diese Aktivitäten räumlich wie zeitlich.[86] Die Kennzahlen „Leitungsspanne" und „Gliederungstiefe" verdeutlichen die Organisationsstruktur in Zahlen. Die Leitungsspanne gibt die Anzahl der einem Vorgesetzten direkt unterstellten Mitarbeiter an; die Gliederungstiefe wiederum informiert über die Zahl der Vorgesetztenebenen.[87] Mithilfe dieser Informationen kann der Nachfolger beurteilen, wie hoch der Koordinationsbedarf im Unternehmen ist und welche Steuerungsinstrumente genutzt werden können.

Checkliste: Betriebliche Organisation

- ☐ Welche Aufbauorganisation hat das Unternehmen?
- ☐ Sind Zuständigkeiten, Verantwortungs- und Entscheidungsbereiche klar festgelegt?
- ☐ Sind die Verantwortungsbereiche klar abgegrenzt?
- ☐ Wie ist der Betriebsablauf organisiert?
- ☐ Welche EDV-Hard- und Software (Auftragsbearbeitung, Warenwirtschaft, Rechnungswesen) wird verwendet?
- ☐ Verfügt das Unternehmen über ein Zeiterfassungssystem?
- ☐ Welche Formulare stehen zur Verfügung?
- ☐ Existiert ein Controlling-System, eine Kosten- und Leistungsrechnung?
- ☐ Bestehen Budgets?
- ☐ Sind strategischen und operativen Zielsetzungen vorhanden und definiert?
- ☐ Wird der Zielkatalog konsequent umgesetzt?
- ☐ Sind Verantwortungsbereiche, Aufgaben und Ziele klar bestimmt?
- ☐ Gibt es Stellenbeschreibungen mit Vertretungs- und Delegationsregelungen?
- ☐ Wer ist verantwortlicher Ansprechpartner für Kunden und Lieferanten?
- ☐ Kennen die Stellvertreter, die wichtigsten Kunden und Lieferanten und deren Besonderheiten?
- ☐ Sind Arbeitsvorgänge auch für betroffene Mitarbeiter transparent?
- ☐ Ist der Informationsfluss zu den Projekten für die beteiligten Mitarbeiter vollständig?
- ☐ Ist das Berichtswesen zu den Projekten ausreichend, zeitnah aufbereitet und Zentral zur Projektsteuerung zugänglich?

Unterlagen die vorliegen sollten:
- ☐ Organigramm,
- ☐ Projektablaufpläne,
- ☐ Stellenbeschreibungen,
- ☐ Programmabläufe der eingesetzten EDV-Programme.

Checkliste 5.21: Betriebliche Organisation

---

[86] Vgl. Felden (2008) S. 55.
[87] Vgl. Laux (2005) S. 187.

Organigramm

In einer ersten Übersicht sollte dem Nachfolger ein Organigramm sowie eine Beschreibung der Aufgaben und Kompetenzen (Stellenbeschreibungen) wichtiger Mitarbeiter vorgelegt werden. Während der zwischen Übergeber und Übernehmer gemeinsam zu konzipierenden Übergabephase sollte der Nachfolger dann im Idealfall alle Bereiche und möglichst viele Stellen des Betriebes genau kennenlernen. Dafür ist die Kenntnis der Aufbau- und Ablauforganisation unabdingbar.

Im Folgenden sind praxisbewährte Instrumente zur Strukturierung von Abläufen aufgeführt. Sie sind einfach anzuwenden und benötigen keinerlei technische Voraussetzungen.[88] Ihre schrittweise Anwendung führt zu einem Organigramm des Unternehmens, das dem Nachfolger eine gute Übersicht über dessen Aufbau- und Ablauforganisation liefert. Die Auseinandersetzung mit Aufgaben, Kompetenzen und Verantwortlichkeiten während der Erstellung des Organigramms kann Organisations- und Führungsprobleme aufdecken und auf Handlungsbedarf hinweisen.

Funktionendiagramm

Das Funktionendiagramm beschreibt Stellen und Schnittstellen von Verantwortungsbereichen; es ist die Grundlage des zu erstellenden Organigramms. Seine Auswertung kann Anhaltspunkte für mögliche Konfliktbereiche und besonderen Handlungsbedarf geben.[89] Dazu werden:

- die Aufgaben/Arbeitspakete der einzelnen Abteilungen/Stellen in Zeilen aufgelistet,
- Spalten eingerichtet und die Spaltenzeilen mit den Mitarbeitern betitelt, die im Unternehmen mitwirken. Grundsätzlich sollten nicht Teams, sondern Personen aufgeführt werden. Ausnahmen sind Gruppen, die gleichartige Aufgaben erledigen, z.B. Vertriebsmitarbeiter, Serviceberater,...),
- den Aufgaben und Personen die Tätigkeiten zugewiesen: ausführen, planen, entscheiden, kontrollieren und informieren,
- Zeile für Zeile wird geklärt, ob der Mitarbeiter für die jeweilige Aufgabe tätig wird,
- am Ende gehört mindestens ein „E" für Entscheiden und ein „A" für Ausführen (S. Kürzel in Abbildung 5.18).[90]

---

[88] Vgl. Stöger (2007) S. 126.
[89] Vgl. Stöger (2007) S. 100.
[90] Vgl. Stöger (2007) S. 98.

5. Komplexitätsproblem der Nachfolge

Ziel des Funktionendiagramms ist es, allen Beteiligten ihre spezifischen Aufgabenbereiche, Kompetenzen und Verantwortungen zu verdeutlichen. Dadurch fällt nicht nur ein ergebnisorientiertes Arbeiten leichter, es wird auch möglich zu prüfen, ob bestimmte Ziele erreicht wurden.

Horizontale Auswertung (Zeilenweise):
Bei der horizontalen Betrachtung des Funktionendiagramms kommen die Schnittstellen und die Aufgabenverteilung der Beteiligten in den Blick. Sie ist insbesondere wichtig, wenn mehrere Personen an der Planung, Entscheidung oder Ausführung von Aufgaben beteiligt sind. Es zeigen sich die Bereiche, die für die Übergabe besonders wichtig sind und in denen es auf das Kommunikationsmanagement mehr als anderswo ankommt.

Vertikale Auswertung (Spaltenweise):
Die vertikale Betrachtung nimmt die Aufgaben der einzelnen Mitarbeiter in den Blick. Die Spalten bieten also gleichsam eine umfassende Stellenbeschreibung der jeweiligen Person.

Instrument: Funktionendiagramm					
Person Arbeitspaket	A	B	C	D	E
1. Ist-Analyse					
2. Grobkonzept					

Kürzel für das Funktionendiagramm

A	Ausführen	K	kontrollieren
E	Entscheiden	M	Mitspracherecht
I	wird informiert	P	planen

Abbildung 5.18: Instrument Funktionendiagramm
Quelle: Eigene Darstellung in Anlehnung an Stöger

Stellenbeschreibung

Ebenso effektiv und unkompliziert lässt sich das Werkzeug der Stellenbeschreibung anwenden. Im Grunde ist die Stellenbeschreibung schon den Spalten der einzelnen Personen im Funktionsdiagramm zu entnehmen. Als erstes ist die Bezeichnung der Stelle sowie der vorgesetzten und stellvertretenden Stelle aufzuführen. Diese Angaben ordnen die Stelle in der Hierarchie des Unternehmens ein und verweisen auf den Berichtsweg. Die Spalte „der Stelleninhaber sorgt für..." oder „(regelmäßig) abzuliefernde Ergebnisse" soll dazu beitragen, dass eine resultatorientierte Beschreibung der Aufgaben vorgenommen wird.[91] Der Aufwand für die verschiedenen Aufgaben sollte in Prozent der Arbeitszeit des Mitarbeiters angegeben werden, Schätzwerte sind ausreichend. Es hat sich in der Praxis bewährt, etwa zehn bis zwanzig Prozent des Arbeitsaufwandes für Unvorhergesehenes, zum Beispiel Projekte, zu reservieren. Die Stellenbeschreibung sollte schriftlich fixiert und mit den Unterschriften des Stelleninhabers und des Vorgesetzten in Kraft gesetzt werden.

Instrument: Stellenbeschreibung			
1. Organisatorische Anbindung			
Bezeichnung der Stelle:	Stelleninhaber:		Kürzel:
Bezeichnung der Vorgesetzen Stelle:	Vorgesetzter:		Kürzel:
Bezeichnung der Stellvertretenden Stelle:	Stellvertreter:		Kürzel:
2. Aufgaben, Kompetenzen, Verantwortlichkeiten			
Nr.	Der Stelleninhaber sorgt für...		Aufwand in %
	(regelmäßig) abzuliefernde Ergebnisse:		
3. Geltung			
Die vorliegende Stellenbeschreibung ist ab dem Tag der beidseitigen Unterzeichnung gültig. Sie gibt den aktuellen Stand des Aufgabenbereiches wieder. Die Inkraftsetzung wird durch nachfolgende Unterschriften bestätigt.			
(Datum, Vorgesetzter)		(Datum, Stelleninhaber)	

Abbildung 5.19: Instrument: Stellenbeschreibung

Quelle: Eigene Darstellung in Anlehnung an Stöger

---

[91] Vgl. Stöger (2007) S. 130.

5.3.4.2 Strukturierte Vorgehensweise

Der Zeitrahmen, in dem die Due Diligence durchgeführt werden muss, ist meistens begrenzt und erfordert daher eine konsequente und strukturierte Vorgehensweise. Für die Vorbereitung und Einrichtung eines Data-Rooms beispielsweise benötigt man nicht nur die Räumlichkeiten, sondern auch einen Ansprechpartner, z.B. die Unterstützung von Steuerberatern. Es empfiehlt sich daher zur Vorbereitung eine Checkliste zu verwenden.

Bereiche/ Teilbereiche	Unterlagen erstellen Bis	Verantwortlich	Hinweise /Anmerkungen	Erledigt (Unterlagen vorhanden)

Abbildung 5.20: Vorlage Unternehmensvorbereitung
Quelle: Eigene Darstellung in Anlehnung an Fitz (2008) S. 16

5.3.4.3 Objektivität sicherstellen

Wenn die Betriebsanalyse im Vorfeld ausführlich und objektiv ist, kann sie Aufschluss darüber geben, inwieweit das Unternehmen auf die Übergabe vorbereitet ist. Objektiv bedeutet, dass die Analyse nicht nur aus Perspektive des Unternehmers vorgenommen wird. In der Phase des Kennenlernens, in der Vertrauen zwischen Übergeber und Übernehmer aufgebaut werden soll, sind abgewogene Informationen und nachvollziehbare Daten von großer Bedeutung. Ein reflektiertes Fremdbild vom Unternehmen kann einen Beitrag leisten. Es kann beispielsweise durch eine ergänzende Beurteilung der Mitarbeiter erreicht werden.

In der folgenden Übersicht werden einige Möglichkeiten aufgeführt, um die Beurteilung des Unternehmens zu objektivieren. Der Unternehmer kann diese ergänzen und dann mehr oder weniger systematisch abarbeiten. Wenn sie genutzt werden, sollte auch bewertet werden, ob und wie interessengeleitet die Beteiligten sind (Objektivität). Anschließend ist festzulegen, ob und wie die Beurteilungen im Nachfolgeprozess eingesetzt werden sollten.

Möglichkeiten zur Objektivierung	Bewertung der Objektivität	Einsatz
Beurteilung durch Mitarbeiter (externe Befragung)		
Objektives Fremdbild durch Berater		
Qualifizierte Untersuchungsergebnisse		
Systematische Auswertung von Informationen Außenstehender		
Nutzung von internen Informationen und Analyseergebnissen		
Aufgabenstellungen für Stabsstellen		
Berichte der internen und externen Revision		
Weitere Möglichkeiten:		

Checkliste 5.22: Möglichkeiten zur Objektivierung

5.4 Psychologische Einflussfaktoren

Die emotionalen Aspekte von Unternehmensnachfolgen werden sowohl vom Übergeber als auch vom Übernehmer häufig unterschätzt. Dabei sind es oft gerade die Emotionen und persönlichen Einstellungen dieser Schlüsselpersonen, die eine Unternehmensnachfolge zum Erfolg führen oder scheitern lassen. Wenn neben den rationalen auch die emotionalen Bedürfnisse des Übergebers und Übernehmers berücksichtigt werden sollen, gilt es zunächst sich über die jeweiligen Motive klar zu werden und dann Vorstellungen und Vorgehensweisen abzugleichen.[92] Die Praxis zeigt, dass ein detaillierter Übergabeplan mit festgelegten zeitlichen Abläufen, an die sich alle Beteiligten halten können, geeignet ist, emotionale Schwierigkeiten bei der Übertragung von Aufgaben und Verantwortungsbereichen zu überwinden.[93]

---

[92] Vgl. TAC (2008) Workpaper, S. 40.
[93] Vgl. IHK Würzburg-Schweinfurt (2011) Schriftenreihe Nr. 28, S. 11.

5.4.1 Übergeber

Der Übergeber steht im Mittelpunkt der Unternehmensnachfolge. Seine Überlegungen, Einstellungen und sein Verhalten haben das Unternehmen geprägt – sie prägen nun auch den Übergabeprozess und haben maßgeblichen Einfluss auf dessen Ergebnis. Er leitet die Nachfolge ein und sollte sie aktiv mitgestalten. Im optimalen Fall berücksichtigt er sämtliche Handlungsalternativen und die Interessen aller Beteiligten.

5.4.1.1 Emotionale Situation des Unternehmers

Der Rückzug aus dem Unternehmen und der damit verbundene Wechsel von der Arbeitswelt in den Ruhestand konfrontiert viele Unternehmer erstmalig mit der eigenen Endlichkeit. Dies ist ein kaum zu unterschätzender emotionaler Einschnitt.

Der Entscheidung, die Nachfolge zu regeln, geht häufig, vor allem in trendorientierten Branchen, die schmerzliche Erfahrung voraus, dass die Fähigkeit, schnell und sensibel auf Marktentwicklungen zu reagieren, nachlässt. Mit zunehmendem Alter nehmen bei vielen Menschen die Anpassungsfähigkeit, die Innovations- und Risikobereitschaft sowie die Fähigkeit zur realistischen Selbsteinschätzung ab. Unternehmer sind da keine Ausnahme.[94]

To-do-Liste Rückzug des Übergebers

- ☐ Motive zum Rückzug aus den unternehmerischen Tätigkeiten reflektieren,
- ☐ Zeitplan festlegen,
- ☐ Frühzeitig mit der Delegation von Aufgaben und Verantwortlichkeiten im Tagesgeschäfte beginnen,
- ☐ Die Grundsatzentscheidung zur Nachfolge treffen,
- ☐ Den/die Nachfolger mit notwendigen Kompetenzen ausstatten,
- ☐ dafür Sorge tragen, dass die Übergabe der Managementaufgaben zu mindestens zu Lebzeiten erfolgt.

To-do-Liste 5.3: Rückzug des Übergebers

Doch zu erkennen und einzugestehen, dass die körperlichen und psychischen Fähigkeiten nicht auf der Höhe der Zeit sind, fällt manchem Unternehmer schwer. Schließlich hat er in jungen Jahren Herausforderungen immer angenom-

---

[94] Vgl. Felden (2007) S. 5.

men, sein Wissen und seine Erfahrungen durch Versuch und Irrtum immer wieder erweitert. Er ist als Einzelkämpfer zum erfolgreichen Unternehmer geworden, warum sollte dieser Weg im Alter nicht weitergegangen werden können? Es ist von erheblicher Bedeutung, derartige Ambivalenzen zu überwinden und sich über die persönlichen Motive, eine Nachfolge anzustreben, klar zu werden. Nur wenn der Unternehmer zu seinem Entschluss, den Nachfolgeprozess anzustoßen, stehen kann und ihn innerlich bejaht, wird der Prozess erfolgreich sein können. Andernfalls drohen im weiteren Verlauf erhebliche Probleme. Es kann für den Unternehmer hilfreich sein, folgende Aspekte des Alterns zu bedenken:[95]

Veränderungen im Beziehungsgeflecht

Im Alter ändern sich die Beziehungsebenen und Interessenlagen. Generell gilt, dass sich die persönlichen Beziehungen und gemeinsamen Interessenslagen auf einen Personenkreis in einem Alterskorridor von +/- fünf Jahren konzentrieren. Innerhalb einer solchen Altersgruppe herrscht weitgehend ein gemeinsames Selbstverständnis.

Der Unternehmer verändert die Wahrnehmung

Im Laufe des Unternehmerdaseins verändert sich der Blick des Unternehmers auf sein Umfeld. Mit zunehmendem Alter werden naturgemäß immer mehr Menschen, die jünger als er selbst sind, zu relevanten Gesprächspartnern. Sah sich der Unternehmer in jungen Jahren gleichaltrigen und älteren Entscheidungsträgern gegenüber, so nimmt in späteren Jahren sein Kontakt zu jüngeren Entscheidungsträgern und Kunden immer weiter zu, der Anteil Gleichaltriger nimmt ab.

Veränderungen durch Moden, Trends und technischen Fortschritt

In jüngeren Jahren fällt es leichter, modischen Trends und technischen Entwicklungen zu folgen, denn sie werden im Wesentlichen von Gleichaltrigen bestimmt. Mit dem Älterwerden verfestigen sich Einstellungen und Konsumgewohnheiten. Nicht von ungefähr betrachtet die Werbewirtschaft die 18- bis 49-jährigen als wichtige Zielgruppe. Denn in diesem Alterssegment lassen sich Einstellungen und Konsumgewohnheiten nach herrschender Auffassung noch entscheidend beeinflussen.

Vor diesem Hintergrund sollte für die operative Entlastung des Alteigentümers der richtige Zeitpunkt gewählt werden. Wenn der Nachfolgeprozess zeitig einge-

---

[95] Vgl. Felden (2007) S. 11.

leitet wird und leitende Managementfunktionen planvoll und schrittweise delegiert werden, kann auch mit einem erfolgreichen Verlauf des gesamten Prozesses gerechnet werden. So unterschiedlich und vielfältig die persönlichen Beweggründe sein mögen, in jedem Fall kann es hilfreich sein, sich diese schriftlich zu vergegenwärtigen. Nur wenn Klarheit über die eigenen Motive, Einstellungen und Haltungen besteht, kann die Übergabe gelingen. Die folgende Checkliste gibt Anhaltspunkte.

Checkliste Übergeber Entscheidung für das Ausscheiden			
	Zutreffend		
Pro	Ja	teilweise	Nein
Körperliche und geistige Belastbarkeit und Ausdauer lassen spürbar nach.			
Der Übergeber setzt andere Prioritäten.			
Die Konsequenz zu notwendigen betrieblichen Veränderungen fehlt.			
Der Übergeber nimmt Signale zu notwendigen Veränderungen und neuen Herausforderungen nicht mehr wahr.			
Der Übergeber hat altersbedingt nicht mehr das Verständnis zum Umfeld.			
Für den Unternehmer ist sein Arbeitsalltag Belastung. Die innere Motivation schwindet.			
Der Unternehmer stellt die Entbehrlichkeit seiner Rolle im Unternehmen fest.			
Contra			
Das Unternehmen steht ständig vor wichtigen Entscheidungen, von denen der Übergeber glaubt, dass nur er sie treffen kann.			
Der Übergeber hält den Nachfolger noch nicht reif für die unternehmerischen Herausforderungen.			
Was sind die persönlichen Beweggründe für oder gegen ein baldiges Ausscheiden?			

Checkliste 5.23: Übergeber Entscheidung für das Ausscheiden

5.4.1.2 Bereitschaft des Unternehmers zur Aufgabe des Unternehmertums

Die Motivation des Unternehmers zur Unternehmensnachfolge bildet eine Grundvoraussetzung zur erfolgreichen Umsetzung einer Führungs- und Eigentumsübertragung. Liegt bedingt durch Ängste und Bedenken kein ausreichender Wille des bisherigen Unternehmenslenkers vor, so kann dieser bewusste oder unbewusste Mangel an Übergabebereitschaft zu erheblichen Konflikten führen.[96] Ein hoher Bereitschaftsgrad und eine offene Kommunikation der Vorstellungen dagegen, kann die Wahrscheinlichkeit für einen reibungslosen Nachfolgeprozess steigern.[97]

Einflussgrößen der Übergabebereitschaft

Die Übergabebereitschaft wird von verschiedenen Einflussgrößen bestimmt, von denen hier die wichtigsten aufgeführt werden:

- *Unersetzbarkeit:* Während des Nachfolgeprozesses bestimmt der Übergeber i.d.R. die strategischen Unternehmensentscheidungen. Er repräsentiert den Knotenpunkt aller relevanten Wertschöpfungsbeziehungen und wird von der Belegschaft als zentrales Weisungsorgan wahrgenommen. Dies alles trägt dazu bei, ihn in der Annahme zu bestärken, schwer ersetzbar zu sein.

- *Identifikation:* Eine weitere Einflussgröße ist die für KMU typische enge Verbundenheit von Unternehmen und Unternehmer. Oft ist das Unternehmen das Lebenswerk des Unternehmers. Es ist ein Teil von ihm; das Unternehmen wiederum ist im Wesentlichen der Unternehmer. Diese Identifikation kann es schwer machen, das Band zwischen Unternehmen und Unternehmer zu lösen. Unbewusst kann der Unternehmer Signale senden, die auf eine eingeschränkte Übergabebereitschaft schließen lassen. Umgekehrt kann eine bewusste Auseinandersetzung mit der bisherigen Gleichsetzung von Unternehmer und Unternehmen deutlich machen, dass die Übergabe gewollt ist.

- *Kommunikation*: Die Bereitschaft, relevante Informationen aus der Hand zu geben, ist ein Indikator für die Bereitschaft zur Unternehmensübergabe. Insbesondere bei KMU fungiert der Unternehmer oft als alleinige Wissens- und Datenbank. Nur er verfügt über die Rundumsicht, die es ermöglicht, das Unternehmen zu lenken. Je mehr er von seinen Erfahrungen und seinem Wissen an

---

[96] Vgl. SMWA (2012) www.unternehmensnachfolge.sachsen.de.
[97] Vgl. Weber (2009) S. 122.

seinen Nachfolger weitergibt, desto aussichtsreicher sind die Erfolgsaussichten des neuen Eigentümers bzw. Unternehmenslenkers.[98]

- *Mangelndes Vertrauen*: Die Suche nach einem Nachfolger ist geprägt von dem Wunsch, dass dieser das Unternehmen im eigenen Sinne erfolgreich weiterführt. Dazu können gleiche Wertvorstellungen und eine ähnlich gelagerte Persönlichkeit des Nachfolgers beitragen. Insbesondere bei der Nachfolge innerhalb der Familie kann es vorkommen, dass der Unternehmer versucht, auch seinen Führungsstil auf den Nachfolger zu übertragen. Tatsächlich wird dieser nur selten mit dem des Alteigentümers im Einklang sein. Auch ohne dass Fehler offenkundig sind, genügt dem Alteigentümer die Arbeitsweise des Nachfolgers mitunter nicht. Mangelndes Vertrauen in den Arbeitsstil des Nachfolgers lässt die Übergabebereitschaft sinken.

- *Altersruhestand:* Der Begriff der Unternehmensnachfolge wird häufig synonym mit dem des Altersruhestandes und folglich mit den Adjektiven „alt" und „schwach" verwandt. Viele der Inhaber setzen den zu planenden Nachfolgeprozess mit dem Ende ihres Schaffensprozesses gleich. Die Hinweise und Fragen der Familie, der Bank und der Geschäftspartner in Bezug auf die Zukunft des Unternehmens lassen dem Senior sein Alter bewusst werden. Dass er sich dagegen wehrt, ist natürlich und kann seine Übergabebereitschaft sinken lassen.

- *Interessenbildung:* Oft sind bei Familienbetrieben Privat- und Geschäftsleben sehr eng miteinander verknüpft. Das Engagement für das Unternehmen lässt selten Platz für Freizeit oder Hobbys. So ist es verständlich, dass „Vollblutunternehmer" häufig keine Pläne für die Lebenszeit nach dem Ausscheiden entwickelt haben. Die Planung einer sinnvollen Gestaltung der neuen Lebensphase kann helfen, die Angst vor einer Lebensleere zu reduzieren.

- *Materielle Absicherung:* Um den Lebensabschnitt nach dem Rückzug aus dem Unternehmen gestalten zu können, bedarf es einer angemessenen finanziellen Altersvorsorge. Ohne materielle Absicherung kann sich der Unternehmer nicht zurückziehen, er ist auf den Verdienst angewiesen. Dieser Aspekt wird häufig nicht offenbar, da er vom Unternehmer in vielen Fällen aus falschem Stolz nicht kommuniziert wird.

---

[98] Vgl. Weber (2009) S. 122 ff.

- *Sozialer Status:* Der Antritt des Ruhestands und der damit verbundene Rückzug als erste Führungskraft des Unternehmens bedeutet eine Veränderung des sozialen Status des Unternehmers. Die Aufgabe der betrieblichen Tätigkeit wird als sozialer Abstieg wahrgenommen. Um ihren sozialen Status nicht zu verlieren, verschieben viele der Inhaber die Firmenübergabe unbestimmt in die Zukunft.

Die Beantwortung der folgenden Fragen kann Aufschluss über die psychologische Ausgangssituation des Unternehmers geben und möglichen Handlungsbedarf aufdecken.

Checkliste Übergeber: emotionale Ausgangssituation

☐ Ist das Unternehmen der dominierende Lebensinhalt des Übergebers?
☐ Ist sich der Übergeber den Konsequenzen der Unternehmensübergabe in der Privaten Lebensführung, der Zeitbeanspruchung und den fehlenden Aufgabenstellungen bewusst?
☐ Ist er sich des Verlustes von Macht, Anerkennung, Kontakten und Statussymbolen bewusst?
☐ Nimmt der Übergeber die Herausforderung Identitätswechsel an?
☐ Ist sich der Unternehmer zu dem Eingeständnis bereit, dass andere ihn ersetzen können und auf ihn verzichtet werden kann?

Checkliste 5.24: Übergeber: emotionale Ausgangssituation

5.4.1.3 Zukunft Planen – der neue Lebensabschnitt

Für den ausscheidenden Unternehmer stellt sich die Frage, inwieweit er und seine Familie den bisherigen Lebensstandard nach der Unternehmensübergabe werden halten können.

To-do-Liste Vermögenssituation des Übergebers

☐ Übersicht über Vermögenssituation: Vermögensaufstellung zusammenstellen,
☐ Altersversorgung (Höhe und Zeitpunkt der Beantragung),
☐ Absicherung im Krankheitsfall (Kosten),
☐ Finanzbedarf zur privaten Lebensführung ermitteln.

To-do-Liste 5.4: Vermögenssituation des Übergebers

Die Art und Weise der Sicherung der Altersversorgung ist ein Kriterium für die Wahl der geeigneten Variante der Nachfolgelösung. Eine Liste aller notwendigen Ausgaben gibt Aufschluss über eventuelle Deckungslücken und die benötigten Mittel. Ist es einem Unternehmer gelungen, eine Altersvorsorge außerhalb des Unternehmens aufzubauen, die ihm und seiner Familie ausreicht und einen sorgenfreien Lebensabend ermöglicht, stellt sich ein entscheidendes Problem einer Nachfolgelösung nicht.

Je kleiner das Unternehmen ist, umso bedeutender ist es, die Altersvorsorge rechtzeitig anzugehen. Die zeitige finanzielle Absicherung des Unternehmers erhöht nicht nur seinen Handlungsspielraum, sie erleichtert auch das Ausscheiden und „Loslassen" vom Unternehmen. Komplizierter ist die Lage, wenn die Altersversorgung von der Entwicklung des Unternehmens abhängig ist. Denn dann wird das künftige Einkommen des Unternehmers von der Nachfolgeregelung bestimmt.[99]

Checkliste Übergeber: Finanzbedarf /Altersvorsorge

- ☐ Wie sieht das Privat- und Geschäftsvermögens aus?
- ☐ Wie hoch ist die aktuelle und mögliche zukünftige Ertragskraft der Vermögenswerte?
- ☐ Wie risikobehaftet ist die jeweilige Anlage?
- ☐ Wie hoch sind sonstige monatliche Einkünfte?
- ☐ Wie hoch sind die monatlichen Fixkosten (einschließlich Krankenversicherung)?
- ☐ Steht für unerwartete Belastungen ausreichend Vermögen/Reserve zur Verfügung?
- ☐ Ist ein Leben auf dem gewohnten Niveau auf Dauer gesichert?
- ☐ Entsprechen das Wohnumfeld und der Einrichtungsstandard in einer möglicherweise neuen Wohnumgebung dem gewünschten Standard?
- ☐ Welche Aufwendungen werden heute vom Unternehmen getragen (Firmen-Pkw, …)?
- ☐ Welcher zusätzliche Bedarf muss künftig eingeplant werden?
- ☐ Welcher Nettobetrag soll nach der Übergabe zur Finanzierung der laufenden Ausgaben zur Verfügung stehen?
- ☐ Bestehen noch Verpflichtungen (Private Darlehen, Ausbildungskosten, Versorgung von Angehörigen)

Finanzielle Alterssicherung
- ☐ Sind die Ziele und die Zeitplanung der Unternehmensübergabe mit der geplanten privaten Altersversorgung abgestimmt?
- ☐ Welche Altersvorsorgemaßnahmen wurden bisher getroffen? Besteht noch

---

[99] Vgl. Felden (2007) S. 23.

5.4 Psychologische Einflussfaktoren

    Ergänzungsbedarf?
☐ Zu welchem Zeitpunkt steht die Altersversorgung zur Verfügung?
☐ Welcher Betrag steht ab wann monatlich aus der Altersversorgung zur Verfügung?
☐ Sind die künftigen laufenden Ausgaben bekannt und durch die Altersvorsorge gedeckt?
☐ Welcher Betrag muss aus dem Vermögen monatlich zusätzlich aufgebracht werden?

Checkliste 5.25: Übergeber: Finanzbedarf /Altersvorsorge

Neue Work-Life-Balance

Neben der materiellen Seite des Abschieds von der Unternehmerrolle sind die psychologischen Folgen zu betrachten. Die Aufgabe von Macht und Kontrolle erleben gerade Gründungsunternehmer nicht selten als Verlust von Anerkennung durch Mitarbeiter und Geschäftspartner. Die Identität des Unternehmers ist häufig fast ausschließlich mit seiner Tätigkeit im Unternehmen verknüpft; der Unternehmer hat bislang Freizeit und Hobbies sowie soziale Kontakte außerhalb seiner Arbeit vernachlässigt. Wichtig ist, dass er konkrete Vorstellungen entwickelt, was er mit der künftig zur Verfügung stehenden Freizeit anfangen möchte. Das Wegfallen des strukturierten Lebensinhaltes, kann – ein Unternehmer ist da keine Ausnahme – in eine Lebenskrise führen. Eine neue Work-Life-Balance sollte deshalb frühzeitig gestaltet werden. Dies kann geschehen, indem die Arbeitszeit sukzessive reduziert wird und neue, selbstbestimmte Aktivitäten außerhalb der betrieblichen Arbeit erschlossen werden. Ein besonderes Augenmerk sollte dabei auf die Familie und weitere soziale Beziehungen gelegt werden, denn vor allem derartige Kontakte werden als sinnstiftend erlebt und können Ängste überwinden helfen.

War das Unternehmen bisher alleiniger Lebensinhalt des Unternehmers und hat dieser keine Interessen, die außerhalb des Unternehmens liegen, kann es sinnvoll sein, einen stufenweisen Rückzug des Übergebers zu vereinbaren. Dies ermöglicht ihm, sich auf den Ausstieg vorzubereiten und durch neue Aktivitäten in der Freizeit einen „sanften" Übergang zu schaffen.[100] Dabei ist jedoch zu beachten, dass die Zusammenarbeit von Übergeber und Nachfolger im Rahmen eines gleitenden Übergangs ein erhebliches Konfliktpotenzial birgt.

To-do-Liste Lebensgestaltung des Übergebers

☐ Frühzeitige Gestaltung einer neuen Work-Life-Balance,

---

[100] Vgl. Hillengaß (2009) S. 36.

- ☐ Rechtzeitiger Aufbau von Aufgaben außerhalb des Unternehmens,
- ☐ konkrete Planung der neuen Lebensphase,
- ☐ Erstellung eines Fahrplanes für eine eventuelle Übergabephase.

To-do-Liste 5.5: Lebensgestaltung des Übergebers

Für den verträglichen Rückzug des Alteigentümers aus dem Unternehmen ist ein für beide Seiten angemessener Zeitraum einzuplanen; Vorstellungen über die Gestaltung des nächsten Lebensabschnitts sollten deshalb rechtzeitig entwickelt werden.[101]

Checkliste Übergeber: Tätigkeiten im Ruhestand

- ☐ Freut sich der Unternehmer auf die Herausforderung nach der Übergabe?
- ☐ Welche Interessen bestehen neben dem Unternehmen?
- ☐ Welche Träume wollte der Unternehmer sich schon lange erfüllen?
- ☐ Welche Freizeitaktivitäten wurden wegen unternehmerischer Tätigkeiten vernachlässigt?
- ☐ Welche Aktivitäten wurden immer wieder auf die Zeit des Ruhestands vertagt?
- ☐ Wie stellt sich der Unternehmer das Leben nach der Übergabe vor?
- ☐ Wie hat er sich bisher auf die dritte Lebensphase vorbereitet?
- ☐ Gibt es Ehrenämter, die er gerne wahrnimmt/wahrnehmen würde?
- ☐ In welchen Organisationen könnte der Unternehmer weiterhin sein fachliches Know-how einbringen (z.B. Berufsverbände, politischen Parteien, Vereine)?
- ☐ Wie sieht die aktuelle Arbeitszeit pro Woche aus?
- ☐ Kann das Unternehmen nach der Übergabe auf den Sachverstand des Übergebers zurückgreifen? Möchte der Alteigentümer für einen gewissen Zeitraum weiterhin im Unternehmen tätig sein?
- ☐ In welchen Aufgabenbereich, in welcher Form und mit welchem ggfs. abnehmenden Zeitaufwand möchte der Unternehmer weiterhin tätig sein?

Checkliste 5.26: Übergeber: Tätigkeiten im Ruhestand

5.4.1.4 Erwartungen des Übergebers an die Nachfolgeregelung

Die Erwartungen des Übergebers an den Nachfolger sind, wie beschrieben, oft emotional geprägt. Eine meist über Jahre hinweg aufgebaute enge Zusammenarbeit mit der Belegschaft macht das Übertragen des Betriebes schwer. Durch die Verbundenheit mit der Belegschaft und das damit einhergehende Verantwortungsgefühl entstehen hohe Erwartungen an den Nachfolger.

---

[101] Vgl. Hillengaß (2009) S. 34.

Der abgebende Unternehmer hat auch in Bezug auf den Wert seines Unternehmens eine Erwartungshaltung. Diese muss nicht zwingend dem tatsächlichen Marktpreis entsprechen. Folglich stellt sich die Frage, inwieweit der Unternehmer bereit ist, Kompromisse einzugehen, Abstriche beim Verkaufserlös hinzunehmen und somit seine Erwartungen anzupassen.[102]

Erwartungen an den Nachfolger

Die Bereitschaft, das Lebenswerk in andere, fremde Hände zu geben, wird von den Betroffenen vielfach als enorme Herausforderung betrachtet. Verantwortung abzugeben setzt Vertrauen in die Leistungsfähigkeit und Leistungsbereitschaft des Nachfolgers voraus.

To-do-Liste Profil des Übernehmers

☐ Anforderungsprofil (Qualifikation, Erfahrungsschatz, Branchenhintergrund) erstellen,
☐ K.O.-Kriterien festlegen,
☐ Bewertungsmatrix erstellen.

To-do-Liste 5.6: Profil des Übernehmers

Häufig haben Unternehmer eine genaue Vorstellung vom idealen Nachfolger. Das Vertrauen in den tatsächlichen potenziellen Nachfolger ist aus diesen Gründen zu Beginn häufig eher gering und vorwiegend von Skepsis geprägt.

Um diese menschlich nachvollziehbaren, aber destruktiven Einflüsse zu minimieren, sollte sich der Unternehmer bei seiner Entscheidungsfindung möglichst auf das wesentliche Kriterium konzentrieren: auf die gesunde und wirtschaftlich erfolgreiche Weiterführung des Unternehmens.[103] Unabhängig davon, ob der potenzielle Nachfolger ein Familienmitglied, ein Mitarbeiter des Unternehmens oder ein Externer ist, sollte anhand objektiver Kriterien ein Anforderungsprofil für den Nachfolger erstellt werden.

Dabei ist darauf zu achten, dass sich die Kriterien nicht an den subjektiven Vorstellungen des Unternehmers oder an einem bereits in den Blick genommenen Übernehmer orientieren.[104] Das Anforderungsprofil für den Nachfolger lässt sich

---

[102] Vgl. Credit Suisse AG (2009) S. 16.
[103] Vgl. Liebermann (2003) S. 14.
[104] Vgl. Felden (2007) S. 8.

anhand der aktuellen Anforderungen, die an den Unternehmer gestellt sind und der künftig zu erwartenden Anforderungen und Erfolgsfaktoren erstellen.

Checkliste Übergeber: Allgemeines Anforderungsprofil des Nachfolgers

- ☐ Welche fachlichen und menschlichen Schlüsselqualifikationen sind aktuell zur erfolgreichen Leitung des Unternehmens erforderlich?
- ☐ Welche fachlichen und menschlichen Qualifikationen werden benötigt, um die zukünftigen Herausforderungen erfolgreich bestehen zu können?

Checkliste 5.27: Übergeber: Allgemeines Anforderungsprofil Nachfolger

In einem Anforderungsprofil werden fachliche, unternehmerische und persönliche Fähigkeiten unterschieden. Die folgende Übersicht dient als Grundlage für die Erstellung eines Soll-Profils. Die dadurch ermittelten Knock-out-Kriterien, Kriterien, die unter „sehr wichtig" aufgeführt werden, ergeben das Profil mit den Grundvoraussetzungen, die ein Nachfolgekandidat erfüllen muss.[105] Die erfolgreiche Leitung eines Unternehmens stellt eine herausfordernde Aufgabe dar, die es mit unternehmerischem Können zu meistern gilt. Dabei ist zu beachten, dass unternehmerische Fähigkeiten, wie ein Unternehmen verantwortlich und umsichtig zu führen ist, nicht erlernbar sind. Dagegen sind andere Qualifikationen, wie fachliche Eignung, Methodenkompetenz und andere Fähigkeiten durch Weiterbildung und Trainings prinzipiell erlernbar.[106]

Übersicht: Gewichtung der Auswahlkriterien

	Wünschenswert	Wichtig	Sehr wichtig
Fachliche Qualifikation			
Persönliche Qualifikation			
Unternehmerische Qualifikation			

Abbildung 5.21: Gewichtung der Auswahlkriterien

Quelle: Eigene Darstellung in Anlehnung an Felden

---

[105] Vgl. Felden (2007) S. 8.
[106] Vgl. Felden (2007) S. 34.

5.4 Psychologische Einflussfaktoren

Zur Bewertung potenzieller Nachfolgekandidaten kann auf der Grundlage dieses Anforderungsprofils eine Bewertungsmatrix erstellt werden. Die Fähigkeiten des Nachfolgers werden dann anhand einer Skala von eins (schwach ausgeprägt) bis fünf (stark ausgeprägt) bewertet. Anschließend kann verglichen werden, inwieweit die Zielsetzungen mit den Ergebnissen der jeweiligen Profilkriterien übereinstimmen. Um Unklarheiten vorzubeugen, sollte Einigkeit über die Bedeutung der verwendeten Begriffe vorliegen.[107]

Bewertungsmatrix							
Bewertung für:							Datum:
Bewertet durch:							
	Schwach ausgeprägt			Stark Ausgeprägt		Interne Gewichtung	Anmerkungen
	1	2	3	4	5		
Fachliche Qualifikationen							
(beispielsweise unterteilt nach betrieblichen Hauptfunktionen)							
Persönliche Qualifikationen							
Unternehmerische Qualifikationen							
(beispielsweise unterteilt nach unternehmerischen Entscheidungsbereichen)							

Abbildung 5.22: Bewertungsmatrix
Quelle: Eigene Darstellung in Anlehnung an Felden

---

[107] Vgl. Felden (2007) S. 37 f.

Werden beim Abgleich der Anforderungen und Eignung Abweichungen entdeckt, muss zunächst geprüft werden, ob es sich dabei um Soll-Kriterien handelt oder ob die Defizite mithilfe eines gemeinsamen Maßnahmenplans abgebaut werden können.[108] Kandidaten, die den Soll-Kriterien nicht entsprechen können, werden für eine Nachfolge ausgeschlossen. Eine objektive Auswahl des besten Nachfolgers orientiert sich allein an der Qualifikation und inwieweit die Kandidaten dem Anforderungsprofil entsprechen. Findet sich auf Grundlage des erstellten Profils kein geeigneter Nachfolger, sollte geprüft werden, ob die Idealvorstellung unter Umständen an zu hohe Anforderungen geknüpft ist.[109] Sowohl beim Zusammentragen der notwendigen Voraussetzungen, als auch bei deren Gewichtung und der späteren Beurteilung sollten mehrere objektive Sachverständige zu Rate gezogen werden. Nicht immer hat der Unternehmer den Überblick über wirtschaftliche oder technische Entwicklungen. Genau da liegen aber die Herausforderungen der Zukunft an das Unternehmen. Beispielsweise gilt der sichere Umgang mit Büroverwaltungs- und Datenbanksoftware mittlerweile als Grundvoraussetzung für leitende Positionen und sollte dementsprechend Berücksichtigung finden.

Verhältnis zum Nachfolger

Abgesehen von rein rationalen Faktoren wird der Alteigentümer sein Unternehmen nur jemandem anvertrauen, der ihm sympathisch ist und mit dem er harmoniert.

Gerade Unternehmer im Mittelstand verfügen über exklusives Wissen und Kontakte innerhalb und außerhalb des Unternehmens, die nur im Rahmen eines gleitenden Übergangs übertragbar sind. Die gegenseitige Akzeptanz und eine gute zwischenmenschliche Beziehung des Unternehmers zu seinem Nachfolger sind entscheidend für eine erfolgreiche Übergabe. Ein patriarchalischer Führungsstil und das systematische Nichtanerkennen des Nachfolgers können dessen Autorität untergraben und unter Umständen die Zukunft des Betriebes aufs Spiel setzen. Insgeheim hoffen manche Unternehmer auf ein Scheitern des Nachfolgers, um die eigene Person und die in der Vergangenheit erbrachte Leistung bestätigt zu sehen.

Dem Senior obliegt es, unabhängig davon, ob ein gleitender Übergang vollzogen oder das Unternehmen zu einem Stichtag übergeben wird, den Nachfolger im

---

[108] Vgl. Felden (2007) S. 36.
[109] Vgl. BMWi (2010) S. 36.

Unternehmen und bei Geschäftspartnern vorzustellen und ihm so den Einstieg zu erleichtern. Er demonstriert dadurch, dass er von den Fähigkeiten des Nachfolgers überzeugt ist und baut Zweifel der Mitarbeiter und Geschäftspartner ab.[110] Es liegt im Interesse einer Vielzahl von Beteiligten, dass sich der Übergang „Hand in Hand" vollzieht und so die Stabilität des Unternehmens gewährleistet wird.

Eine ähnliche Persönlichkeit und ähnliche Anschauungen erhöhen die Wahrscheinlichkeit, dass Vertrauen aufgebaut werden kann und die persönliche Beziehung zwischen Übergeber und Übernehmer harmoniert. Entwickelt einer der beiden eine Antipathie gegen den anderen, ist die Zusammenarbeit in einer gemeinsamen Übergangsphase meist unmöglich. Folgende Fragen sollen eine erste Orientierung ermöglichen, um die Nachfolgemotive des Übernehmers einschätzen und Interessen abgleichen zu können.

Checkliste Übergeber: Übernahmebereitschaft des Nachfolgers

- ☐ Warum hat sich der Gründer für eine Existenzgründung als Nachfolger entschieden?
- ☐ Warum interessiert sich der Nachfolger gerade für diesen Betrieb?
- ☐ Welche Vorstellungen und Ziele hat er?
- ☐ Wo liegen seine Prioritäten?
- ☐ Gibt es einen ausgeprägten Willen, das Unternehmen zu übernehmen?
- ☐ Unterscheiden sich sein Auftritt, seine Umgang mit Kunden und Mitarbeitern und seine Herangehensweise zum Übergeber?
- ☐ Sind die aktuellen Ziele des Unternehmens bekannt und schriftlich fixiert?
- ☐ Wie ist die Personalführungskompetenz des Nachfolgers?
- ☐ In welchen Bereichen ist Beratung durch den Alteigentümer sinnvoll?
- ☐ Wie kann eine Aufgabenteilung zwischen ihm und dem Übergeber gestaltet werden?
- ☐ bevorzugen?
- ☐ Unterstützt der Übergeber die Weiterentwicklung des Unternehmens oder verfolgt er andere Interessen?
- ☐ Hat der mögliche Nachfolger einen entsprechenden finanziellen Hintergrund, Branchenerfahrung und/oder Führungserfahrung?
- ☐ Welche Vorstellungen und Ziele verfolgt der Interessent mit dem Unternehmen?
- ☐ Welche Vorstellungen hat der Interessent zum Übernahmekonzept, zu den Übernahmekonditionen und zum Zeitplan für die Übernahme?

Checkliste 5.28: Übergeber: Übernahmebereitschaft des Nachfolgers

---

[110] Vgl. BMWi (2010) S. 36.

5. Komplexitätsproblem der Nachfolge

Praxisbeispiel

Herr Kern ist 69 Jahre alt und hat bislang nicht an den eigenen Ruhestand gedacht. Die Organisationsstruktur und die Arbeitsabläufe seines Betriebes sind völlig veraltet und seit der Gründung nicht optimiert worden. Ein Betriebsmanagementsystem oder Controlling-System existiert nicht. Lediglich die Buchhaltung verfügt über einen PC. Dem Thema Nachfolgeplanung weicht Herr Kern regelmäßig aus. Sämtliche Mitarbeiter, Kunden und Lieferanten sind Herrn Kern persönlich bekannt. Viele seiner Geschäftskontakte gehören mittlerweile zu seinem Bekanntenkreis, in dem er auch seine Freizeit verbringt. Herr Kern ist es gewohnt für sein Unternehmen zu leben, er ist der Dreh- und Angelpunkt aller zu treffenden unternehmerischen Entscheidungen im Betrieb. Herr Kern hat laufend in sein Unternehmen investiert, dabei seine eigene Altersvorsorge jedoch völlig vernachlässigt. In der Familie Kern werden betriebliche Entscheidungen beim sonntäglichen Frühstückstisch besprochen. Herr Kern selbst hält sich als Unternehmer für unentbehrlich. Als Begründung führt er seine Verantwortung für seine Angestellten an; auch wolle er langjährige Geschäftspartner nicht enttäuschen. Ihn plagen überdies Existenzängste, da durch seine vernachlässigte Altersvorsorge unklar ist, wovon er im Alter leben könnte.[111]

Das Verhalten und die Einstellung von Herrn Kern lassen darauf schließen, dass er die Konsequenzen seines Nichtstuns noch nicht realisiert hat. Herr Kern ist jedoch kein Einzelfall, gerade in Kleinunternehmen sind diese und ähnliche Situationen die Regel. Ein geeigneter Nachfolger wird für Herrn Kern schwerlich zu finden sein, da er ein Abbild seiner Selbst sucht und nicht bereit ist, die „Zügel abzugeben". Ein nach objektiven Kriterien erstelltes Anforderungsprofil kann die Suche erleichtern und helfen, strukturiert vorzugehen und alle Möglichkeiten zu prüfen. Da in diesem Fall insbesondere die künftig im Unternehmen zu bewältigen Anforderungen ausschlaggebend sein werden, sollte Herr Kern den Rat unabhängiger Externer einholen.

Herr Kern identifiziert sich so stark mit seiner Unternehmertätigkeit, dass für ihn eine Trennung zwischen seiner Person als Unternehmer und Privatmensch unmöglich erscheint. Um die Ängste, die seinem Verhalten zugrunde liegen, zu überwinden, sollte die Übergabe schrittweise erfolgen, sodass der Wechsel für

---

[111] Vgl. Felden (2007) S. 6.

> ihn nicht ins Leere führt. Er benötigt einen angemessenen Zeitraum, in dem er sich sinnvolle Lebensinhalte außerhalb des Betriebs erschließen kann. [112] Herr Kern muss zugleich eine Nachfolgevariante finden, die den ermittelten Bedarf zur Altersvorsorge deckt und gleichzeitig die Substanz des Unternehmens langfristig erhält.

Praxisbeispiel 5.6: Nachfolgesuche

5.4.2 Übernehmer

Unabhängig davon, ob eine Existenzgründung im Rahmen einer Neugründung oder Unternehmensnachfolge vollzogen wird, steht der Gründer vor einer Vielzahl neuer Aufgabenstellungen.

To-do-Liste Entscheidungen des Übernehmers

☐ prüfen, ob man eine Unternehmerpersönlichkeit ist und die Selbstständigkeit als persönliches Motiv anstrebt[113],

☐ entscheiden, ob eine Übernahme einer Neugründung vorgezogen wird.

To-do-Liste 5.7: Entscheidungen des Übernehmers

5.4.2.1 Existenzgründung, Verantwortung und Risiken übernehmen

Die große Herausforderung einer Existenzgründung kann nur bewältigt werden, wenn der Gründer großes Engagement, Mut, Ausdauer, fachspezifisches Wissen und unternehmerische Entschlussfreudigkeit mitbringt. Die Entscheidung für eine berufliche Selbstständigkeit wird den Alltag und das Familienleben gravierend verändern. Der Lebensunterhalt wird tagtäglich vom Unternehmer selbst erarbeitet werden müssen. Wird das Unternehmen gut gemanagt, kann eine vorteilhafte Position am Markt eingenommen und gehalten werden.[114] Um den Traum der Selbstständigkeit und die damit verbundenen Erwartungen erfüllen zu können, müssen Existenzgründer bereit sein, ein hohes Maß an Disziplin und Arbeitseinsatz aufzubringen. Der Wechsel aus einem geregelten Arbeitsverhältnis mit einem kalkulierbaren monatlichen Einkommen in die Selbstständigkeit mit vergleichsweise ungeregeltem und ungewissem Verdienst ist mit einem nicht zu unter-

---

[112] Vgl. Felden (2007) S. 12.
[113] siehe Auswahl von Unternehmerpersönlichkeitstests in Kapitel 4.1.
[114] Vgl. BMWi (2010)
www.existenzgruender.de/selbstaendigkeit/entscheidung/qualifikation/index.php.

schätzenden Risiko verbunden. Aber es kann auch ein unbefriedigendes Dasein als Angestellter und die damit einhergehende berufliche Frustration durch den Weg in die Selbstständigkeit vermieden oder beendet werden.

Viele Existenzgründer setzen daher hohe Erwartungen in die Unabhängigkeit.[115] Sie hoffen die eigene Unternehmensidee verwirklichen und ihrem unternehmerischen Tatendrang nachgehen zu können. Der Existenzgründer sollte sich die Frage stellen, ob er tatsächlich über Unternehmereigenschaften verfügt, alle Konsequenzen der unternehmerischen Selbstständigkeit bedacht hat und bereit ist, die mit ihr verbundenen Risiken einzugehen. Bei der Beantwortung der Fragen sollte der Nachfolger ehrlich gegenüber sich selbst sein. Hilfreich kann unter Umständen sein, auch einen vertrauten Dritten zu bitten, die Fragen für den potenziellen Existenzgründer zu beantworten und die Ergebnisse zu vergleichen.

Checkliste: Existenzgründer- und Unternehmereigenschaften

- ☐ Kann der Existenzgründer sich ein realistisches Bild über seinen zukünftigen Unternehmer-Alltag machen?
- ☐ Ist er bereit, die Konsequenzen auf seine anderen Lebensbereiche zu tragen?
- ☐ Ist er bereit, sich von der 40 Stundenwoche und geregelten Urlaubstagen zu verabschieden?
- ☐ Ist er sich bewusst, welche möglichen Herausforderungen auftreten können und wie er sich diesen stellt?
- ☐ Wie sieht es mit der Gesundheit und der Fitness aus?

Persönliche Eignung
- ☐ Ist der Existenzgründer entscheidungsfähig?
- ☐ Hat er Eigeninitiative?
- ☐ Ist er zielorientiert und planvoll?
- ☐ Kann er Mitarbeiter und Partner motivieren?
- ☐ Kann er Risiken eingehen?
- ☐ Ist er lernfähig und aufgeschlossen für neue Ideen?
- ☐ Verfügt er über körperliche und geistige Leistungsfähigkeit?
- ☐ Kann er Rückschläge verkraften?
- ☐ Ist er kritikfähig?

Verfügt der Gründer über die Fähigkeiten und Eigenschaften wie:
- ☐ Selbstmotivation, Einsatz- und Opferbereitschaft,
- ☐ Kontakt- und Kommunikationsfähigkeit,
- ☐ eine zielgerichtete Arbeitsweise und Entscheidungsfähigkeit,
- ☐ Kreativität und Ideenreichtum, Lernbereitschaft,
- ☐ Fähigkeit, Probleme zu erkennen und zu lösen,

---

[115] Vgl. BMWi (2010) Starthilfe S. 5.

| ☐ Flexibilität/Mobilität,
| ☐ Führungs- und Durchsetzungsfähigkeit?
| ☐ Konnte der Nachfolger schon Führungserfahrungen sammeln?
| ☐ Besitzt der Nachfolger einen Branchenhintergrund und hat er intensive Marktkenntnisse?
| ☐ Liegen fundierte kaufmännische und/oder technische Kenntnisse vor (Ausbildungen/Erfahrungen)?
| ☐ Besteht ein Weiterbildungsplan, um Qualifikationsdefizite zu beheben?

Checkliste 5.29: Existenzgründer- und Unternehmereigenschaften

Wichtig ist, dass Stärken und Schwächen erkannt werden. Die Bereitschaft zu ständigem Lernen und Weiterbildung können letztere ausgleichen helfen. Durch die engen Beziehungen zu Kunden und Lieferanten ist die Unternehmerpersönlichkeit gerade bei KMU ein wichtiger Faktor für künftige Erfolge.

Neugründung oder Übernahme

Die Unternehmensnachfolge ermöglicht dem Nachfolger, wie bei einer Neugründung, den Weg in die wirtschaftliche Selbstständigkeit. Bei der Übernahme bestehen die Herausforderung häufig darin, ein vergleichsweise großes Unternehmen aus dem Stegreif zu führen. Während der Übergeber über die Jahre das Management eines Betriebes Schritt für Schritt erlernen konnte, muss der Übernehmer innerhalb vergleichsweise kurzer Zeit einen Betrieb mit mehreren Mitarbeitern führen. Eine Neugründung bietet den größtmöglichen Gestaltungsraum, eigene Ideen umzusetzen. Gleichzeitig wird tendenziell weniger Kapital eingesetzt als bei Unternehmensübernahmen. Im Folgenden sind die Vor- und Nachteile von Unternehmensübernahme und Neugründung im Vergleich zusammengefasst:[116]

Vorteile	Nachteile
• eigene Geschäftsidee ist realisierbar, • Gestaltungsspielraum, um auf Wünsche der Kunden zu reagieren, ist größer, • Kapitalbedarf ist geringer, • Verantwortung ist allein für die selbstgewählte Belegschaft zu übernehmen.	• Markt muss erschlossen werden, • Positionierung des Unternehmens ist noch vorzunehmen, noch keine Kunden, • kein differenziertes Produktportfolio, • Anfängerfehler kosten Zeit und Geld, • Geschäftspartnersuche aufwändig, • Einschätzung der Perspektiven schwierig, • Businessplan muss Bank überzeugen, • geringe Ertragschancen bei gleichzeitig hohen Ausgaben in der Anfangsphase.

Abbildung 5.23: Vor- und Nachteile der Neugründung
Quelle: Felden (2007) S. 31

---

[116] Vgl. Felden (2007) S. 30 f.

Bei der Übernahme eines erfolgreichen Unternehmens wird vom ersten Tag an Umsatz generiert, die Mitarbeiter sind eingearbeitet und die innerbetrieblichen Strukturen oft bewährt; es bestehen verlässliche Kunden- und Lieferantenverbindungen. Dies bedeutet gleichzeitig, dass der Nachfolger von Anfang an sein Können auf allen Schauplätzen gleichzeitig unter Beweis stellen und sich auf historisch gewachsenen Strukturen und die eigentümergeprägte Organisation einlassen muss.[117] Es kann also keine pauschale Empfehlung geben, ob eine Neugründung oder eine Unternehmensübernahme die richtige Entscheidung ist.[118]

Unternehmensübernahme	
Vorteile:	Nachteile:
• Märkte müssen nicht erschlossen werden, • Unternehmen ist bereits am Markt positioniert, • Kundenstamm ist vorhanden, • Produktpalette ist vorhanden, • Netz von Lieferanten und Geschäftspartnern ist vorhanden, • Mitarbeiterstamm ist erfahren, • Know-how des Altinhabers kann oft weiter genutzt werden, • Abläufe/Strukturen sind eingespielt, • Chancen und Risiken sind aufgrund von Erfahrungswerten besser einschätzbar, • Zahlenbasis als Kalkulationsgrundlage ist bereits vorhanden, • Bonitätsprüfung für Kapitalgeber ist einfacher, • Ertragschance ist von Anfang an höher.	• Strukturen sind festgefahren, • Prägung durch Alteigentümer ist stark, • Altinhaber dominiert auch nach Übergabe, • Übernehmer wird im Unternehmen nicht sofort akzeptiert, • Produkt- und Leistungsangebot ist veraltet, • unterlassene Investitionen machen Modernisierungen erforderlich, • Kapitalbedarf ist höher, • Verantwortung für vorhandene Belegschaft muss übernommen werden, • Geschäftsbeziehungen sind häufig an die Unternehmerperson gebunden, • schnelle Anpassungen des Geschäftsmodells sind nicht möglich.

Abbildung 5.24: Vor- und Nachteile der Unternehmensübernahme
Quelle: BMWi (2012) Starthilfe S. 30

Die Vorteile, die eine Unternehmensübernahme gegenüber einer Neugründung hat, werden jedoch erst wirksam, wenn der Nachfolger über bestimmte Voraussetzungen und Eigenschaften verfügt. Ein Abgleich des eigenen Profils mit diesen Qualitäten kann einem Existenzgründer Aufschluss darüber geben, ob er für eine Unternehmensnachfolge geeignet ist.

---

[117] Vgl. Industrie- und Handelskammern Baden-Württemberg (2010) S. 38.
[118] Vgl. Kuch-Kuthe (2009) S. 132.

5.4 Psychologische Einflussfaktoren

Checkliste Übernehmer: Voraussetzungen zur Erlangung von Vorteilen			
..., die ein Nachfolger erfüllen muss, damit die nebenstehenden Vorteile zum Tragen kommen:			
Voraussetzung:		erfüllt: Ja /Nein	Vorteil:
• Management Know-how			Umsatz vom ersten Tag an
• Kontaktfreude und -fähigkeit • Verhandlungserfahrung			Kunden /Lieferantenstamm sind vorhanden
• Kenntnis über Erstellung des Produkt/Dienstleistungsangebots • Ideen zur Produkt/Dienstleistungsangebotsentwicklung			Produkte/Dienstleistung sind auf dem Markt eingeführt
• Führungserfahrung • Überzeugungskraft • Einfühlungsvermögen • Kommunikationsfähigkeit			eingearbeitetes Personal ist vorhanden

Checkliste 5.30: Übernehmer: Voraussetzungen zur Erlangung von Vorteilen

Nach einer IfM-Studie ändern über 50% der Übernahmeinteressierten ihre Pläne und machen sich als Neugründer selbstständig, weil sie ihre Übernahmegespräche nicht erfolgreich abschließen konnten. Dies ist vermutlich darauf zurückzuführen, dass vor allem die organisationalen Aspekte der Gründungspläne des zur Übernahme anstehenden Unternehmens nicht mit den Plänen des potenziellen Übernehmers übereinstimmen.[119]

Was unterscheidet einen Neugründer von einem Übernehmer?	
Branchenerfahrung:	Wer Branchenerfahrung hat, übernimmt eher.
Geschlecht:	Männer übernehmen eher als Frauen.
Gründungsidee:	Wer eine Gründungsidee hat, übernimmt seltener.
Vollerwerbsgründung:	Wer eine Vollerwerbsgründung anstrebt, übernimmt eher.
Ergebnis:	
• Gründer mit Gründungsidee sind zu fast 100% Neugründer. • Unter den Übernahmeinteressierten gründet jeder zweite ein neues Unternehmen.	

Abbildung 5.25: Was unterscheidet einen Neugründer von einem Übernehmer?
Quelle: Eigene Darstellung in Anlehnung an IfM Bonn (2007)

---

[119] Vgl. IfM Bonn (2008) Schriften zur Mittelstandsforschung Nr. 116 NF, S. 53-70.

Hinsichtlich ihrer persönlichen Voraussetzungen weisen Neugründer und Übernehmer kaum Unterschiede auf. Lediglich im Hinblick auf ihren derzeitiger Erwerbsstatus und die Motive der Gründung unterscheiden sich die beiden Gruppen.

5.4.2.2 Erwartungen des Nachfolgers an die Nachfolgeregelung

Mit der Übergabe eines Unternehmens verfolgen Unternehmer bestimmte Ziele. Diese beeinflussen naturgemäß nicht nur die Verkaufsverhandlungen, sondern auch Art und Weise, wie das Unternehmen schließlich übergeben bzw. übernommen wird.

To-do-Liste Vorbereitung des Übernehmers

☐ Vorstellungen zur Übernahme konkretisieren (Übernahmekonzept)
☐ Finanzierungsbedarf ermitteln (Investitionsplan erstellen),
☐ Höhe des einsetzbaren Eigenkapitals feststellen.

To-do-Liste 5.8: Vorbereitung des Übernehmers

Private Finanzplanung

Das zur Verfügung stehende Eigenkapital ist ein entscheidender Faktor auf dem Weg zum eigenen Unternehmen. Um seinen persönlichen Handlungsrahmen zu kennen, muss sich ein Nachfolger daher vor der Existenzgründung seine finanzielle Ausgangssituation vergegenwärtigen. Gleichzeitig muss er seinen monatlichen Finanzbedarf kennen, denn dieser bildet den Anteil, der durch die zukünftigen Erträge des Unternehmens gedeckt werden muss. Auch bei einer Übernahme sollte für die Anlaufphase ein – möglichst realistisch bezifferter – finanzieller Puffer einkalkuliert werden. Der Jung-Unternehmer darf sich nicht mit dem Vorsatz, künftig sparsamer hauszuhalten, über den tatsächlichen Finanzbedarf täuschen.[120]

---

[120] Vgl. mbi (2009) S. 10.

Checkliste Übernehmer: Finanzbedarf und Eigenkapital ermitteln
☐ **Bedarf für den Lebensunterhalt?** ☐ Wie hoch sind die monatlich laufenden Ausgaben (Lebensunterhalt, Soziale Absicherung wie Krankenversicherung und Altersvorsorge, Einkommens- und Kirchensteuer, private Versicherungen)? ☐ Gibt es Personen, die ebenfalls auf das Einkommen angewiesen sind (z.B. Kinder, Eltern)? ☐ Welche privaten Schulden (Anschaffungskredite/Immobilienfinanzierung) müssen getilgt werden? ☐ Wie hoch sind die monatlichen Raten? ☐ Wie ist die Laufzeit der Kredite? ☐ Gibt es Reserven/Ersparnisse für die Überbrückung der Anlaufphase? Wenn ja, in welcher Höhe? ☐ **Einsetzbares Eigenkapital?** ☐ Wie viel Eigenkapital verbleibt nach Abzug der Reserve? ☐ Gibt es andere Vermögenswerte (z.B. Immobilien), die liquidiert oder als Sicherheit für eine Bank eingebracht werden können? ☐ Gibt es sonstige Sicherheiten für einen Kredit? ☐ Sind Eltern, Verwandte oder Freunde bereit, finanziell zu unterstützen (Bankbürgschaft/Eintragung einer Grundschuld/Privatdarlehen)? ☐ Wie viel Eigenkapital, wie viele Sicherheiten stehen insgesamt zur Finanzierung einer Unternehmensübernahme bereit?

Checkliste 5.31: Übernehmer: Finanzbedarf und Eigenkapital ermitteln

Vorstellungen zur Übergabe

Unterschiedliche Methoden, Herangehensweisen und Rollenverständnisse sind häufig Ursache für Konflikte innerhalb des Übertragungsprozesses. Der Nachfolger sollte sich seiner persönlichen Ziele bewusst sein und diese klar darlegen können, damit sie in den Überlegungen des Übergebers berücksichtigt werden können.

5. Komplexitätsproblem der Nachfolge

Checkliste Übernehmer: Vorstellungen zur Übergabe

- ☐ Warum möchte der Nachfolger ein Unternehmen übernehmen und nicht neu gründen?
- ☐ Warum sollte gerade diese Person diesen Betrieb übernehmen?
- ☐ Ist ein schrittweiser Übergang geplant oder geht das Unternehmen in einem Zug über?
- ☐ Sind Veränderungen in der ersten Zeit geplant?
- ☐ In welchen Bereichen ist eine Unterstützung durch den Übergeber sinnvoll?
- ☐ Welche Rolle soll der Senior-Unternehmer dabei einnehmen (geschäftsführend oder beratend)?
- ☐ Wie soll die Zusammenarbeit organisiert sein? Wie sieht die Kompetenzverteilung aus?
- ☐ Welches Arbeitspensum des Übergebers ist zum Einstieg geplant?
- ☐ Wie kann das persönliche Verhältnis zum Übergeber eingeschätzt werden?
- ☐ Kann sich der Nachfolger in die persönliche Situation des Übergebers hineinversetzen?

Checkliste 5.32: Übernehmer: Vorstellung zur Übergabe

Übergabebereitschaft des Senior-Unternehmers

Für den Existenzgründer ist der tatsächliche Übergabewille des Alteigentümers von entscheidender Bedeutung. Folgende Fragen sollen eine erste Orientierung ermöglichen, die Übergabebereitschaft des Unternehmers einschätzen und Interessen abgleichen zu können.

Checkliste Übernehmer: Erste Fragen an den Übergeber

- ☐ Welche Bedeutung hat das Unternehmen für den Übergeber?
- ☐ Ist der Unternehmer konkret zur Übergabe bereit?
- ☐ Seit wann wird die Unternehmensnachfolge geplant?
- ☐ Welche Vorbereitungen wurden im Unternehmen getroffen?
- ☐ Welche Chancen sieht der Übergeber für das Unternehmen durch die Nachfolge?
- ☐ Wie sieht er seine Rolle aktuell und künftig im Unternehmen?
- ☐ Welche Stärken und Schwächen sieht der Übergeber in der Person des Nachfolgers?
- ☐ Was hält er von möglichen Änderungsvorschlägen des Nachfolgers?
- ☐ Wie würde der Alteigentümer im Unternehmen handeln, wenn er nicht ausscheiden würde?

Checkliste 5.33: Übernehmer: Erste Fragen an den Übergeber

Möglicherweise sind die individuellen Vorstellungen und Ziele von Übergeber und Übernehmer nicht deckungsgleich. Hier besteht die Gefahr von offenen und versteckten Konflikten. Um Missverständnissen und falschen Erwartungen entgegenzuwirken, sollten die Beteiligten daher ihre Ziele offenlegen. Hierdurch kann die Realisierbarkeit der Ziele im Dialog überprüft werden; schließlich können – eine gewisse Kompromissfähigkeit beider Seiten vorausgesetzt – konkrete Vereinbarungen getroffen werden.[121]

5.5 Interessenmanagement

5.5.1 Interessenlagen interner und externer Gruppen

Der Unternehmer als Übergeber und der Nachfolger als zukünftiger Unternehmer sind nicht die einzigen Parteien, die ein Interesse an einer erfolgreichen Nachfolgelösung haben. Ein Betrieb hat zahlreiche weitere Interessengruppen, die im Nachfolgeprozess versuchen werden, ihre Interessen durchzusetzen. Folgend werden die besonders bedeutenden Gruppen mit ihren spezifischen Interessen und Einflussmöglichkeiten betrachtet, zunächst die Interessengruppen innerhalb des Unternehmens, danach die Anspruchsgruppen der Unternehmensumwelt.

5.5.1.1 Interne Gruppen

Interessen der Unternehmerfamilie

Der Stabwechsel in der Führung des Unternehmens wirft unter anderem Fragen zum Thema Erben und Erbberechtigung auf. Diese bergen naturgemäß ein hohes Konfliktpotenzial. Erbstreitigkeiten können den Nachfolgeprozess deutlich erschweren oder sogar verhindern.[122] Das Interesse der Familie ist dabei meist, allen Ansprüchen gerecht zu werden, was bedeutet, dass alle Familienmitglieder gleich behandelt werden. In einem Unternehmen gilt es als gerecht, wenn der, der am höchsten qualifiziert ist und am meisten leistet, die beste Vergütung erhält. Aber was ist bei der Behandlung von Geschwistern gerecht und welcher Ausgleich kann für Geschwister, die das Unternehmen nicht übernehmen, geschaffen werden?

Nicht selten sieht sich ein familieninterner Wunschkandidat gezwungen, den Betrieb aus Verbundenheit zum Elternhaus zu übernehmen und beneidet die ande-

---

[121] Vgl. Felden (2007) S. 71 f.
[122] Vgl. Huber (2006) S. 68-70.

ren Geschwister um ihre beruflichen Handlungsspielräume. Übernahmen durch Familienmitglieder, die, um den Wunsch der Eltern zu erfüllen, eigene Interessen hintanstellen müssen, sollten in der Familie kritisch diskutiert werden. Gleichermaßen gilt es, die Interessen bereits im Unternehmen tätiger Familienmitglieder zu berücksichtigen. Mangelt es hier an der nötigen Kommunikation und Kompromissbereitschaft, können sich schnell Fronten bilden. Kompliziert wird die Unternehmensnachfolge auch, wenn mehrere Kinder als Nachfolger infrage kommen.

Über die strategische Ausrichtung, die Ausschüttungspolitik, die Besetzung von Führungsposten und vor allem über eine externe Nachfolgeregelung kann es in der Unternehmerfamilie Interessenkonflikte geben. Es bedarf einer Entscheidung, die entweder durch den Unternehmer gefällt oder durch die Verzichtserklärung eines der Erben herbeigeführt werden kann.[123]

Auch Ehepartner, meist die Ehefrau, können berechtigte Interessen im Zusammenhang mit der Nachfolgeregelung haben. Sie betreffen meist die Sicherung des Lebensunterhaltes und den Erhalt des bisherigen Lebensstandards, insbesondere weil nun die langersehnte gemeinsame Freizeit gestaltet werden kann.

Die Familie hat als komplexes soziales Gebilde enormen Einfluss auf den Nachfolgeprozess. Dies ist kaum verwunderlich, wirkt doch die Nachfolgeregelung auf die Struktur und die Beziehungen in der Familie zurück. Auseinandersetzungen in der Familie können zu einem retardierenden Moment des Nachfolgprozesses werden, etwa wenn die Familie den Nachfolger ablehnt. Familieninterne Rivalitäten, die im Zuge des Nachfolgeprozesses auf Führungsebene ausgetragen werden, können zu Instabilitäten führen und im ungünstigsten Fall existenzbedrohende Auswirkungen auf das Unternehmen haben.[124]

Es ist demnach von hoher Bedeutung, rechtzeitig aufkommende Konflikte aufzudecken und, wenn irgend möglich, in gegenseitigem Einvernehmen zu lösen. Folgende beispielhafte Fragestellungen ergeben sich für Mitglieder der Unternehmerfamilie im Rahmen der Nachfolge.

---

[123] Vgl. Hacker (2007) S. 85.
[124] Vgl. Weber (2009) S. 233 f.

> **Checkliste: Aufkommende Fragen der Unternehmerfamilie**
>
> ☐ Wer wird aus der Familie als Nachfolger gewählt werden?
> ☐ Warum nicht ein anderer?
> ☐ Passt der Nachfolger zu den Werten/der Tradition des Unternehmens?
> ☐ Wie wird die Erbregelung aussehen? Wird eine gerechte Verteilung angestrebt?
> ☐ Welche neuen Lebenssituationen entstehen, wenn der Übergeber nicht mehr im Unternehmen ist?
> ☐ Wird der Übergeber weiterhin Einfluss auf das Unternehmen ausüben?

Checkliste 5.34: Aufkommende Fragen der Unternehmerfamilie

Interessen der Mitarbeiter

Jeder Mitarbeiter hat sich im Laufe der Zeit im Unternehmen verschiedene Rollen angeeignet und übernommen. Als Folge des Führungswechsels befürchten Mitarbeiter in erster Linie die im Unternehmen erreichte Position und den damit verbundenen Einfluss zu verlieren.[125] Dies betrifft insbesondere engste Vertraute des Senior-Unternehmers. Dies sind meist ältere Mitarbeiter der ersten Stunde, die in ihre Position hineingewachsen sind. Exemplarisch ist hier die Chefsekretärin zu nennen, zu deren Aufgaben nicht selten Tätigkeiten über den betrieblichen Aufgabenbereich hinaus gehören. Mitarbeiter in solchen Positionen befürchten durch die anstehende Neustrukturierung den Verlust der Anerkennung für ihre bisherige Tätigkeit. Sie befürchten möglicherweise den Ansprüchen des Nachfolgers nicht gerecht werden zu können und zu versagen. Gerade die ältere Generation im Unternehmen empfindet häufig jegliche Art von Veränderung als Bedrohung, sie fürchtet die Geborgenheit der vertrauten zwischenmenschlichen Beziehungen und täglichen Arbeitsabläufe zu verlieren.[126]

Die Interessen der Mitarbeiter liegen hauptsächlich in der Bewahrung des bisher Erreichten. Dabei stehen der Arbeitsplatzerhalt, die Arbeitsbedingungen, das Einkommen sowie die sozialen Ansprüche, die im Laufe der Zeit vom Senior-Unternehmer zugestanden wurden, im Mittelpunkt.[127] Die Leistungsfähigkeit des Unternehmens ist in hohem Maße von engagierten und qualifizierten Mitarbeitern abhängig, deren Einfluss dementsprechend hoch ist. Der Grad der Leistungsbereitschaft hängt von ihrer Motivation ab. Jede Änderung oder nur die Aussicht auf eine Änderung kann die Motivation stören bzw. beeinträchtigen.

---

[125] Vgl. Müller (2008) S. 46 ff.
[126] Vgl. Müller (2008) S. 48.
[127] Vgl. Hillengaß (2009) S. 96.

Mitarbeiter empfinden jegliche Art von Veränderung zunächst als zusätzliche Leistungsanforderung. Überdies kann der Führungswechsel Ängste auslösen. Das gilt besonders, wenn die Nachfolge durch Unternehmensverkauf an Fremde, insbesondere an Finanzinvestoren, umgesetzt werden soll, über die in den Medien häufig im Zusammenhang mit problematischen Firmenübernahmen berichtet wird. Typische Reaktionen sind Abwehr und Verweigerung gegenüber Neuem. Dies kann dazu führen, dass notwendige Prozessschritte erschwert oder gar blockiert werden. Demotivierte und verängstigte Mitarbeiter werden den Nachfolgeprozess und die damit verbundenen Veränderungen zwar nicht behindern, aber auch kaum einen positiven Beitrag im Nachfolgeprozess leisten. Um die Risiken der Schwächung des Humankapitals zu minimieren, sollten die Mitarbeiter deshalb frühzeitig in den Prozess einbezogen werden.[128] Folgend sind einige Fragen aufgeführt, mit denen sich Mitarbeiter in der Regel auseinandersetzen:[129]

Checkliste: Aufkommende Fragen der Mitarbeiter

☐ Sind die Arbeitsplätze sicher?
☐ Passt der Nachfolger zum Unternehmen?
☐ Was bedeutet der Wechsel in der Unternehmensleitung für die Mitarbeiter, ihre Stellen und Verantwortungsbereiche?
☐ Gibt es Neuerungen? Werden Strukturen verändert?
☐ Bleiben die Arbeitsbedingungen gleich?

Checkliste 5.35: Aufkommende Fragen der Mitarbeiter

Interessen der Führungskräfte

Führungskräfte haben darauf hingearbeitet, ihre Position im Rollensystem zu erlangen und versuchen diese Rolle beizubehalten. Sie setzen sich von Mitarbeitern ab, weil sie oft eine hervorragende Fachkompetenz und zudem wichtige Informationen über das Unternehmen und den Markt besitzen. Führungskräfte haben eigene Erwartungen und Ansichten über die bevorstehenden Änderungen. Für diesen Personenkreis ist eine entscheidende Frage, wie ihre Position nach der Übergabe gesehen wird. Sie befürchten den Verlust von Status und Einfluss, da durch eine eventuelle Neustrukturierung des Unternehmens die zu besetzenden Stellen neu geordnet werden und für die sich dadurch ergebenden neuen Aufgaben unter Umständen neue Beziehungen relevant werden. Nicht selten sind bei zu späten Nachfolgeüberlegungen aktive und kompetente Spitzenleute schon

---

[128] Vgl. Grünewald (1978) S. 616 ff.
[129] Vgl. Hacker (2007) S. 88.

vorher ausgeschieden, weil sie, den Niedergang des Unternehmens antizipierend, sich zeitig nach beruflichen Alternativen umgesehen haben. Die verbleibenden Mitarbeiter der Leitungsebene sind sich der Perspektive des Unternehmens nicht mehr sicher und beginnen, über andere Perspektiven nachzudenken.[130] Die Interessen der Führungskräfte liegen neben der Existenz- und Statussicherung, im Erhalt und der Erweiterung ihres Einflusses und ihrer Handlungsfreiheit. Unter Umständen rechnen sich jüngere Mitarbeiter in Zusammenhang mit dem Führungswechsel Chancen auf Änderungen in ihrem Sinne aus, etwa eine leistungsorientierte Vergütung oder Beteiligungsmodelle.

Neben der Geschäftsführung hängt der Unternehmenserfolg wesentlich von Schlüsselpersonen der zweiten Führungsebene ab. Sie sind intime Kenner der internen Prozesse und haben die notwendigen Kontakte zu den Kunden, Lieferanten und weiteren Geschäftspartnern des Unternehmens. Als Vorgesetzte haben sie eine Orientierungs- und Vorbildfunktion für die Mitarbeiter; als Meinungsführer können sie die Einstellung und Akzeptanz der Mitarbeiter gegenüber dem Nachfolger beeinflussen. Die Übernehmerseite ist nach der Übertragung des Unternehmens auf die positive Begleitung und Unterstützung durch diese Kräfte angewiesen. Die Führungspersönlichkeiten der zweiten Ebene sollten daher bei der Unternehmensübergabe einbezogen werden. So steigen die Chancen für eine erfolgreiche Übergabe und eine ebensolche Unternehmensentwicklung.[131]

Führungskräfte stellen sich zunächst die gleichen Fragen wie die Mitarbeiter, zusätzlich sind unter anderem folgende Fragen relevant:

Checkliste: Aufkommende Fragen der Führungskräfte

- ☐ Was bedeutet dieser Wechsel für die Mitarbeiter, ihre Stellen und Aufgabenstellungen?
- ☐ Bleiben Kompetenzen, Verantwortungsbereiche und Position erhalten?
- ☐ Gibt es Aussichten auf Erweiterung des Handlungsspielraums/des Verantwortungsbereichs?
- ☐ Wie sehen die zukünftigen Perspektiven aus?

Checkliste 5.36: Aufkommende Fragen der Führungskräfte

---

[130] Vgl. Haas (2002) S. 104 ff.
[131] Vgl. Wimmer (1996) S. 63.

Interessen des Betriebsrats

Die Interessenvertretung durch Betriebsräte, die in Großunternehmen weit verbreitet ist, ist in Kleinunternehmen eher eine Ausnahme. Als gewähltes Organ vertritt der Betriebsrat die Interessen der Mitarbeiter gegenüber der Unternehmensleitung. Seine Interessen sind deshalb denen der einzelnen Mitarbeiter sehr ähnlich; zu ihnen zählen der Erhalt der Arbeitsplätze und die langfristige Sicherung der Unternehmensexistenz. Zu beachten ist, dass er auf die Mitarbeiter des Betriebes Einfluss nehmen kann. Dem Betriebsrat sollte deshalb signalisiert werden, dass der Nachfolger an einer guten Kooperation interessiert ist.[132]

Checkliste: Zentrale Fragen des Betriebsrates

☐ Wie ist die Einstellung des Übernehmers gegenüber dem Betriebsrat?
☐ Wird Rücksicht auf die Interessen und Ängste der Mitarbeiter genommen?
☐ Hat der Übernehmer Erfahrung in der Zusammenarbeit mit einem Betriebsrat?
☐ Sucht der Übernehmer das Gespräch mit dem Betriebsrat?

Checkliste 5.37: Zentrale Fragen des Betriebsrates

5.5.1.2 Externe Gruppen

Interessen der Kunden

Die Beziehungen zwischen Kunden und Unternehmen sind vielfältig. Sie finden ihren Ausdruck in Kundenzufriedenheit, persönlichen Beziehungen und Gewohnheiten des Kunden, an denen er festhalten möchte. Diese Beziehungen, in denen sich auch eine „Abnehmermacht" manifestiert, können durch die Unternehmensnachfolge empfindlich gestört werden – ein Faktor, der nicht vernachlässigt werden darf.[133] Die persönlichen Beziehungen zum bisherigen Geschäftspartner sollten deshalb systematisch und mit Bedacht auf den Nachfolger übertragen werden. Dafür können vertragliche, ökonomische und/oder technisch-funktionale Schritte unternommen werden. Die tatsächliche und nachhaltige Loyalität der Kunden gegenüber der neuen Geschäftsleitung kann jedoch nur auf persönlichem Wege erreicht werden. Nur wenn der Nachfolger den Kunden die

---

[132] Vgl. Schlömer-Laufen (2012) S. 7.
[133] Vgl. Meyer (1995) S. 1340 ff.

gleiche Wertschätzung bezeugt, wird er akzeptiert werden und kann auf lange Sicht mit der Treue der Kunden rechnen.[134]

Interessen der Lieferanten und Geschäftspartner

Geschäftspartner und Lieferanten verfolgen in aller Regel sehr aufmerksam, wie sich der Generationenwechsel in einem Unternehmen vollzieht. Sie sind am Fortbestand oder Ausbau einer stabilen Geschäftsbeziehung interessiert und messen die neue Geschäftsführung an ihrer Verlässlichkeit, Liefertreue und Zahlungsmoral vor dem Hintergrund ihrer bisherigen Erfahrungen mit dem Unternehmen. Wichtige Kooperationspartner und Lieferanten erwarten mit dem Führungswechsel unter Umständen innovative Impulse für die Geschäftsbeziehung. Die Interessen und Erwartungen der Lieferanten und Geschäftspartner genau zu beachten, ist für eine erfolgreiche Unternehmensübergabe deshalb zentral. Sind bei den Geschäftspartnern erst einmal Irritationen entstanden, kann der Nachfolger schnell abgelehnt werden. Dies kann den Erfolg der Übernahme gefährden. Denn meist ist es schwer, verlorenes Vertrauen zurückzugewinnen.[135]

Checkliste: Fragestellungen der Kunden, Geschäftspartner und Lieferanten

- ☐ Verändert sich etwas im Unternehmen?
- ☐ Gibt es Neuerungen?
- ☐ Kann die Geschäftsbeziehung in den gewohnten Bahnen verlaufen?
- ☐ Wer ist Ansprechpartner für Verhandlungen?
- ☐ Wie tritt er auf und welche Ziele verfolgt er in der laufenden Geschäftsbeziehung?

Checkliste 5.38: Fragestellungen der Kunden, Geschäftspartner und Lieferanten

---

Interessen der Banken und Finanzinstitute

Das Interesse der Banken im Nachfolgeprozess liegt darin, den Ausfall von Darlehensverpflichtungen zu vermeiden und künftige Erträge zu generieren. Als Geldgeber haben sie ein berechtigtes Interesse, möglichst früh über mögliche Nachfolgelösungen informiert zu sein, manchmal übernehmen sie auch die Rolle des Motivators und Initiators. Sie bieten Beratung und umfassende Leistungspakete an, die den Alteigentümer für die Nachfolgeproblematik sensibilisieren und eine langfristige erfolgreiche Unternehmensnachfolge ermöglichen sollen.[136]

---

[134] Vgl. BMWi (2010) nexxt - Initiative Unternehmensnachfolge: Themen und Texte - Komm.
[135] Vgl. Brüser (2007) S. 40 ff.
[136] Vgl. BMWi (2010) nexxt – Initiative Unternehmensnachfolge: Themen und Texte - Komm.

Aus der Sicht des Übernehmers sollten im Nachfolgeprozess zumindest die Kapazitäten und Kompetenzen der eigenen und der bisherigen Hausbank des Zielunternehmens genutzt werden. Die Unterstützung der Banken ist elementar. Nach einer aktuellen Studie sind Hausbanken mit Abstand die wichtigste Geldquelle bei der Finanzierung einer Übernahme. Es folgen die Vereinbarung von Ratenzahlungen (53%) und die Inanspruchnahme von Fördermitteln (37%).[137] Für Banken sind im Rahmen des Nachfolgeprozesses die nachstehenden Gesichtspunkte von großer Bedeutung:

Checkliste: Aufkommende Fragestellungen für Finanzinstitute

- ☐ Wie ist die unternehmerische Kompetenz des Nachfolgers einzuschätzen?
- ☐ Ist er persönlich bekannt und bringt er unternehmerische Erfahrungen mit?
- ☐ Wie tritt er auf und wie überzeugend stellt er sein Vorhaben dar?
- ☐ Wird der Nachfolger von Kunden und Geschäftspartnern angenommen werden?
- ☐ Wie ist die Bonität des Nachfolgers einzuschätzen?
- ☐ Wie sieht die Ratingnote des Unternehmens unter der neuen Unternehmensleitung aus?
- ☐ Sind angekündigte Veränderungen des Geschäftsmodells überzeugend dargestellt und damit kurz-, mittel- und langfristig profitabel?
- ☐ Wie sieht die künftige Finanzstruktur aus?
- ☐ Hat der Nachfolger die Absicht Kunde zu bleiben, oder wird er zur Konkurrenz wechseln?

Checkliste 5.39: Aufkommende Fragestellungen für Finanzinstitute

Öffentlichkeit und Staat

Für Unternehmen ist das Ansehen in der Öffentlichkeit eine wichtige Größe. Die Öffentlichkeit und staatliche Stellen werden registrieren, ob der Nachfolger beispielsweise weiterhin Rücksicht auf Migranten nimmt, die Integration von Behinderten ermöglicht und die Aus- und Weiterbildung der Angestellten fortführt. Darüber hinaus erwartet die Öffentlichkeit zunehmend von Unternehmen, Umweltbelastungen zu mindern und darauf zu achten, dass innerhalb der Wertschöpfungskette Ressourcen angemessen und umweltschonend eingesetzt werden.

---

[137] Vgl. Meier-Burkert (2011) Die Rolle der Banken.

> **Checkliste: Anliegen der Öffentlichkeit**
>
> ☐ Bleiben die Arbeitsplätze erhalten?
> ☐ Bleibt das Unternehmen am Standort?
> ☐ Bleibt das Angebotsprogramm erhalten oder sind Veränderungen geplant?
> ☐ Wie wird sich der Übernehmer am Standort engagieren?
> ☐ Sind negative Entwicklungen auf die Umwelt zu erwarten oder sind Verbesserungen vorgesehen?

Checkliste 5.40: Anliegen der Öffentlichkeit

Verbände und Kammern

Arbeitgeberverbände vertreten die gesellschafts- und sozialpolitischen Interessen der Unternehmen gegenüber dem Staat, der Öffentlichkeit sowie den Gewerkschaften. Ihr Hauptaufgabengebiet ist die *gemeinsame* Interessenvertretung gegenüber Gewerkschaften und Staat. Wirtschaftsverbände sind in erster Linie für die wirtschaftspolitische Interessenvertretung der Wirtschaft zuständig. Kammern, beispielsweise der Dachverband der Industrie- und Handelskammern oder der Deutsche Handwerkskammertag, vertreten die Interessen der gewerblichen Wirtschaft gegenüber Bund, EU und Öffentlichkeit. Kammern, Verbände und der Staat haben ein Interesse daran, dass Unternehmensnachfolgen ohne Verlust von betrieblichem Know-how und Arbeitsplätzen vonstattengehen. Die Institutionen können durch Beratungs- und Unterstützungsangebote eine Nachfolge mitunter erleichtern, tatsächlichen Einfluss auf die einzelne Nachfolgeregelung haben sie jedoch für gewöhnlich nicht.

5.5.2 Kommunikationsmanagement

Die wesentlichen Erfolgsfaktoren des Unternehmens und damit auch der Nachfolge sind die Mitarbeiter und ihre Zufriedenheit, die Führungskräfte und die Beziehungen zu den verschiedenen Geschäftspartnern. Die gewissenhafte und angemessene Information aller „Stakeholder" zum richtigen Zeitpunkt stellt sicher, dass Belegschaft, Lieferanten und Kunden im Zuge der Umsetzung der Nachfolge weiter hinter dem Übergeber und seiner Entscheidung stehen.[138] Strategie und Kommunikation des Nachfolgeprozesses müssen auf die Belange der einzelnen Interessengruppen Rücksicht nehmen und darauf abgestimmt sein. Es kann sinn-

---

[138] Vgl. Loepfe (2007) S.47-49.

voll sein, Maßnahmen und Verantwortlichkeiten zum Umgang mit den Interessengruppen schriftlich zu fixieren und geeignete Instrumente zu benennen.[139]

Spätestens mit Beginn der externen Vorbereitungsmaßnahmen erlangt die interne und externe Unternehmensumwelt Kenntnis über die Nachfolgepläne. Damit verliert der Unternehmer die ausschließliche Kontrolle über den Informationsfluss. Entscheidend ist es, den richtigen Zeitpunkt für die Kommunikation der Nachfolge zu wählen. Wird erst spät über die Absicht der Unternehmensübergabe informiert, können wichtige Stakeholder im Vorfeld bereits eigene Überlegungen angestellt und Schlüsse gezogen haben – mit unerwünschten Nebenwirkungen. Kunden können aufgrund der unsicheren Situation die Auftragserteilung hinauszögern (und damit zu einem Umsatzrückgang beitragen), verunsicherte Mitarbeiter können sich sicherheitshalber bei einem neuen Arbeitgeber bewerben und/oder in ihren Leistungen nachgeben. Der Krankenstand kann steigen und die Produktivität abnehmen.

Sobald unter Beteiligung der Familie eine verbindliche und terminierte Planung für eine Unternehmensnachfolge aufgestellt worden ist, sollte diese in der Regel im Unternehmen und seinem Umfeld kommuniziert werden. Eine pro-aktive Informationspolitik ist einer reaktiven vorzuziehen. Sie kann Unruhe und Spekulationen im Unternehmen zumindest begrenzen. Kunden, Lieferanten und Hausbanken soll signalisiert werden, dass das Unternehmen auch nach der Übergabe ein verlässlicher Geschäftspartner bleiben wird.

Checkliste: Konzeption der Nachfolgekommunikation

- ☐ Einzelne Zielgruppen, ihre Interessenlage, die Einflussstärke und die Beeinflussbarkeit ermitteln (Stakeholder-Analyse),
- ☐ umfassendes Kommunikationskonzept entwerfen.
- ☐ Antwortenkatalog auf mögliche Fragen von Mitarbeitern, Kunden, Lieferanten und Öffentlichkeit erarbeiten,
- ☐ Nachfolge-Story entwickeln/eine Aussagenkonzeption erstellen,
- ☐ Kommunikationsinstrumente auswählen/Pressemitteilungen erarbeiten,
- ☐ Einzelne Kommunikationsmaßnahmen für Zielgruppen festlegen.

Checkliste 5.41: Konzeption der Nachfolgekommunikation

---

[139] Vgl. Stöger (2007) S. 170.

5.5.2.1 Zielgruppen ermitteln

Der Nachfolgeprozess bringt nicht nur den Unternehmer und seine Familie in eine neue Lebenssituation, er führt auch dazu, dass sich die Familie und andere interne und externe Gruppen ihrer Interessen bewusst werden, diese formulieren und Ansprüche stellen. Der Unternehmer muss in dieser Situation versuchen, den legitimen Interessen der direkt betroffenen Personen und der weiteren Beteiligten gerecht zu werden.

Stakeholder-Analyse als Basis des Interessenausgleichs

Grundlage einer alle Interessen berücksichtigenden Kommunikation muss es sein, dass sich alle Beteiligten über ihre Motive und Erwartungen im Klaren sind. Insbesondere bei komplexen Beziehungskonstellationen kann eine Stakeholder-Analyse geeignet sein, die Harmonisierung der verschiedenen Interessenlagen vorzubereiten, indem zunächst die unterschiedlichen Bedürfnisse der Beteiligten benannt werden. Ziel der Analyse ist es auch, aus den unterschiedlichen Interessen diejenigen herauszufiltern, die im Kommunikationsprozess besonders beachtet werden müssen – sei es, weil sie entscheidenden Einfluss auf die Nachfolge haben oder weil sie von der Nachfolge besonders betroffen sind.

Checkliste: Vorgehensweise zur Analyse der Interessengruppen:

1. Herausarbeiten der relevanten Gruppen
   - ☐ Wer könnte Einfluss ausüben?
   - ☐ Wer hat legitime Informationsansprüche?
   - ☐ Wer ist von den Veränderungen betroffen?
   - ☐ Wer kann sich betroffen fühlen?

2. Gewichtung der Interessengruppen nach
   - ☐ Einfluss auf das Nachfolgeprojekt,
   - ☐ Einfluss auf die Unternehmensentwicklung,
   - ☐ Beeinflussbarkeit durch das Unternehmen,
   - ☐ Ausmaß der Betroffenheit durch die Veränderungen.

3. Bewertung der Ansprüche der Interessengruppen anhand eines Analyseschemas
   - ☐ Welchen Nutzen/Schaden haben sie zu erwarten?
   - ☐ Aktionen in Maßnahmenplan einarbeiten (informieren, involvieren, verhandeln,...)

Checkliste 5.42: Vorgehensweise zur Analyse der Interessengruppen

Im Folgenden wird eine idealtypische Stakeholder-Analyse vorgestellt.

Stakeholder	Interessen
Familie	• Familienkonsens / Harmonie, • Wohlstand, • Zusammenhalt, • Unternehmenskontinuität.
Management / Schlüsselpositionen	• Status- / Machterhalt, • Möglichkeiten zur Mitwirkung / Selbstverwirklichung, • Existenzsicherung, • Leistungsorientierte Vergütung, • Beteiligungsmodelle.
Mitarbeiter	• Existenssicherung, • gleiche Arbeitsbedingungen, • gleichbleibende Konditionen, • Sinn / Identität, • Sozialbeziehungen.
Kunden / Zulieferer / Geschäftspartner	• stabile Geschäftsbeziehungen, • gleiche Konditionen, • gleiche Qualität / Zuverlässigkeit, • Abnahme-Liefersicherheit.
Staat / Öffentlichkeit	• Sicherung der Arbeitsplätze, • Erhalt des Unternehmens am Markt, • Verantwortung gegenüber der Umwelt, • Einhalten von Vorschriften, • Umweltschutz, • Steuern / Gebühren.
Banken / Finanzinstitute	• Planungssicherheit / kalkulierbares Risiko, • Bonität, • Macht / Einfluss / Bindung.

Abbildung 5.26: Übersicht der Stakeholderinteressen
Quelle: Eigene Darstellung in Anlehnung an Hacker (2007) S. 84 ff.

Ermitteln der relevanten Gruppen

In einem ersten Schritt werden die im Rahmen der Unternehmensübergabe bedeutenden Gruppen mit ihren spezifischen Interessen betrachtet.[140]

Einordnung und Gewichtung der Interessengruppen

In einem zweiten Schritt werden, wenn möglich, die einzelnen Interessengruppen zu Gruppen zusammengefasst und ihr Einfluss, ihre jeweilige Betroffenheit sowie ihre Beeinflussbarkeit gewichtet. Die Gewichtung der Interessensgruppen anhand der drei Faktoren erfolgt je nach Unternehmen, Geschäftsumfeld und Tragweite der bevorstehenden Veränderungen individuell nach ihrer Bedeutung von null für „klein" oder „wenig" bis zu fünf für „groß" oder „stark". In der folgenden Übersicht wird eine beispielhafte Gewichtung vorgenommen.

Faktoren Interessens-Gruppen	Betroffenheit [0;5] - [klein;groß]	Einfluss [0;5] - [klein;groß]	Beeinflussbarkeit [1;5] – [klein;groß]
Management/Schlüsselpositionen	5	5	5
Mitarbeiter	5	2	4
Kunden/Geschäftspartner/Lieferanten	3	3	3
Staat/Öffentlichkeit	1	1	1
Bank – Geldgeber	2	5	2
Familie	4	4	4

Abbildung 5.27: Übersicht Bewertung der Stakeholder
Quelle: Eigene Darstellung

Bewertung der Ansprüche anhand eines Analyseschemas

Das folgende Analyseschema ermöglicht die Interessensgruppen in die vier Stakeholder-Gruppen „Joker", „Spielmacher", „Randfiguren" sowie „Gesetzte" einzuordnen sowie die Ansprüche dieser gegenüber dem Unternehmen und umgekehrt entsprechend zu bewerten.

---

[140] Vgl. Hacker (2007) S. 84 ff.

5. Komplexitätsproblem der Nachfolge

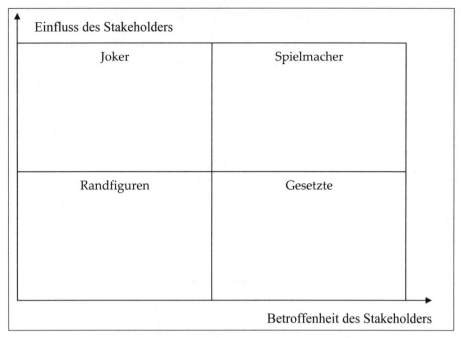

Abbildung 5.28: Analyseschema Stakeholder-Kommunikation

Quelle: Eigene Darstellung in Anlehnung an Müller-Stevens /Lechner (2005) S. 179

Die Gruppe der *Spielmacher* ist in der Lage, großen Einfluss auf das Unternehmen auszuüben. Gleichzeitig können diese Akteure stark vom Unternehmen beeinflusst werden. Eine wechselseitige Abhängigkeit besteht insbesondere zwischen Unternehmen und Führungskräften, vor allem wenn diese Schlüsselpositionen einnehmen. Die Interessen dieser Gruppe sollten mit hoher Priorität berücksichtigt werden.

Ein hohes Einflusspotenzial, das aber schwer zu beeinflussen ist, ist bei der Gruppe der sogenannten *Joker* gegeben. Das Unternehmen ist von den Jokern abhängig, zudem haben diese hohen Einfluss auf die Umsetzung des Projektes. Im angeführten Beispiel haben die Finanzinstitute diese Position inne. Auch wichtige Lieferanten oder unersetzbare Geschäftskontakte können zu der Gruppierung der Joker gehören. Diese Gruppe gilt es soweit wie möglich beeinflussbar zu machen und in die Kategorie der Spielmacher zu überführen.

Bei der Gruppe der *Gesetzten* liegt die Macht auf der Seite des Unternehmens, der Stakeholder ist in hohem Maße von ihm abhängig. Im Rahmen der Unternehmensnachfolge sind dies die betroffenen Mitarbeiter. Weiterhin kann beispielsweise ein kleinerer Lieferant dazu gehören, der ohne das Unternehmen vor existenzbedrohenden Problemen stehen würde. Die Interessen dieser Gruppen sollten professionell berücksichtigt und mit angemessenem Aufwand bearbeitet werden.

Stakeholder der Gruppe *Randfiguren* stellen keine besonderen Ansprüche an die Nachfolgekommunikation. Da sie von der Nachfolgeregelung kaum direkt betroffen sind, sind sie bei der Kommunikationsplanung lediglich auf dem Laufenden zu halten. Durch Zusammenschlüsse mit anderen Stakeholdern kann sich der Einfluss der Randfiguren jedoch verstärken. Wird diese Gruppe ignoriert, kann sie im Zuge ungünstiger Entwicklungen durchaus eine Gefahr für das Unternehmen werden. Die Beziehung zu den Randfiguren kann das Unternehmen jedoch aktiv positiv beeinflussen. Zum Beispiel kann das Unternehmen in öffentliche Infrastruktur investieren, sich für die Umwelt engagieren oder Fortbildungsprogramme finanzieren und darüber sein Image in der Öffentlichkeit verbessern.

Wie erwähnt, ergeben sich je nach Ausgangssituation, Unternehmensgröße, -struktur und -zielsetzung unterschiedliche Gewichtungen der Anspruchsgruppen. Folgende Übersicht zeigt, wie auch unterschiedliche Nachfolgelösungen die Gewichtung der internen und externen Anspruchsgruppen beeinflussen können. Werden die jeweils relevanten Gruppen auf diese Weise bewertet und in eine Stakeholder-Maßnahmen-Matrix übertragen, lassen sich die Handlungsfelder einer wirksamen Kommunikationsstrategie definieren und geeignete Maßnahmen für die jeweiligen Zielgruppen ableiten.

5. Komplexitätsproblem der Nachfolge

Interne Anspruchsgruppen	Nachfolgelösung			
	Familienintern	Management Buy Out (MBO)	Management Buy In (MBI)	Merger and Acquisition (M & A)
Mitarbeiter	2	2	3	5
Familien-Mitarbeiter	1	1	3	5
Führungskräfte	1	1	1	1
Eignerfamilie	4	4	5	5
Betriebsrat	3	3	4	4
Externe Anspruchsgruppen	**Nachfolgelösung**			
	Familienintern	MBO	MBI	M & A
Kunden	2	2	4	5
Kooperationspartner	2	2	4	5
Primär-Lieferanten	2	3	4	5
Sekundär-Lieferanten	1	2	3	3
Externe Kapitalgeber	3	3	4	4
Medienschaffende	2	3	4	5
Gewerkschaften	1	1	2	3
Verbände	2	2	2	2
Behörden/Politiker	1	2	3	3
Meinungsführer	2	2	3	3
Zukünftige Mitarbeiter	1	1	2	2
Gewichtung: 1 = beachten /2 = ernst nehmen /3 = wichtig /4 = sehr wichtig /5 = heikel, besonders wichtig				

Abbildung 5.29: Gewichtung der Gruppen unterschiedlicher Nachfolgelösungen
Quelle: Eigene Darstellung in Anlehnung an Frick & Partner (2011) S. 2

5.5.2.2 Kommunikationsinhalte festlegen

Im Gegensatz zu Marketingzielen, die allein auf ökonomischen Erfolg ausgerichtet sind, stellen Kommunikationsziele vor allem darauf ab, eine Verhaltensänderung bei einer zuvor definierten Zielgruppe zu bewirken. Im Fall der Unternehmensübertragung geht es dabei vorrangig um den Aufbau von Vertrauen.[141] Da die Informationsbeurteilung bei vielen der genannten Interessengruppen von Un-

---

[141] Vgl. Schneider (2003) S. 242 ff.

sicherheiten und Ängsten geprägt ist, müssen die zu übermittelnden Botschaften glaubwürdig, ausreichend, ausführlich und vor allem belastbar sein.[142]

Folgende allgemeine übergeordnete Ziele der Kommunikationspolitik können genannt werden:

- Sicherheit und Kontinuität vermitteln,
- Vertrauen in den Nachfolger aufbauen,
- Gerüchte aktiv bewältigen.

Aussagenkonzeption

Als Grundlage der Kommunikationsstrategie sollte eine Nachfolge-Story konzipiert werden. Idealerweise geschieht dies gemeinsam mit dem Nachfolger und im Einklang mit anderen Bereichen (Finanzen, Steuern, Organisation). Die Konzeption einer Werbebotschaft dient dazu, eine klare Kommunikationslinie festzulegen. Aus ihr ergibt sich eine plausible Story, die zusammenfassend über die Veränderungen informiert und die zentralen Fragen aller Betroffenen beantwortet. Sie sollte Visionen und Ziele für die Zukunft aufzeigen und damit den Betroffenen und Beteiligten glaubwürdige Perspektiven vermitteln. Der Senior-Unternehmer demonstriert damit nach außen, dass er von der erfolgreichen Zukunft des Unternehmens überzeugt und Vertrauen in seinen Nachfolger hat.

Entscheidend für den Image-Aufbau des Nachfolgers ist es, ihn glaubwürdig mit positiven Eigenschaften wie Führungsqualität, Entscheidungs- und Fach- und Sozialkompetenz in Verbindung zu bringen.[143] Ein Wechsel der Unternehmensführung geht häufig mit einem veränderten Unternehmensauftritt einher. Durch den Einsatz neuer Symbole, wie Logos und Kommunikationsmittel, wird der Wandel fühl- und erlebbar. Je symbolhafter und individuell erlebbarer die Botschaft aufbereitet ist, desto stärker ihre Wirkung. Die Gesichter der Übergabe sind der Senior-Unternehmer und dessen Nachfolger.

Die Sprache der Botschaft ist wichtig: Es sollten motivierende Formulierungen, Vergleiche und Bilder gewählt werden. Wenn möglich, sollte der Leitgedanke, ähnlich einem Führungsleitsatz, in einem Satz oder Motto zusammengefasst werden. Das Motto sollte für die Zielgruppen Perspektiven für die Zukunft aufzei-

---

[142] Vgl. Homburg (2006) S. 13 f.
[143] Vgl. Loepfe (2007) S.47-49.

gen, vor allem aber relevant sein.[144] Erst wenn die Botschaft für die Interessengruppen relevant ist, kann deren Aufmerksamkeit erreicht werden.[145] Der Leitgedanke wird zur Grundlage der anstehenden Werbekampagne für das Projekt „Vertrauen auf den Nachfolger übertragen" und somit zum Leitfaden für die Kommunikation. Um eine Kernbotschaft mit schlüssiger Aussagenkonzeption vorzubereiten und daraus zielgruppengerechte Argumentationslinien zu entwickeln, ist einiger Aufwand erforderlich und die kommunikative Kompetenz des Übergebers gefragt.

Zielgruppengerechte Botschaften

Die Nachfolgestory ist Grundlage zur Formulierung von Informationen, deren Form und inhaltliche Ausgestaltung auf die Bedürfnisse und Interessen der jeweiligen Zielgruppen abstellen müssen. Dabei kann die vorangegangene Stakeholder-Analyse Hilfestellung leisten. Unter Berücksichtigung der Erkenntnisse der Analyse lassen sich zielgruppenspezifische Argumentationslinien ableiten und geeignete Mittel auswählen. Allgemein gilt es die gruppenspezifische Antwort auf die Frage: „Was ändert sich konkret für die Mitarbeiter, Kunden, Lieferanten etc.?" zu geben.[146] Es versteht sich, dass die Informationen sinnvoll, verständlich, wahr und vollständig sein müssen. Wichtig ist zudem, dass die entsprechenden Personen oder Personengruppen rechtzeitig und möglichst gleichzeitig informiert werden. Widersprüchliche Aussagen, etwa von Übergeber und Nachfolger oder aus anderen Informationsquellen, zerstören die Vertrauensbasis bei den entsprechenden Adressaten.[147]

5.5.2.3 Zielgruppenorientierte Aktionsplanung

Für eine gute Nachfolgekommunikation sind die kommunikativen Fähigkeiten des Übergebers und seine Bereitschaft wichtig, sein Handeln transparent zu machen. In der Kommunikation sollte er

- motivieren und gemeinsame Ziele entwickeln, die von allen Betroffenen geteilt werden können,
- die Sach- und Beziehungsebene voneinander trennen,
- sich auf Interessen konzentrieren, nicht auf Positionen/Stellen,
- neutrale Beurteilungskriterien entwickeln.

---

[144] Vgl. Stradtmann (2010) S. 53.
[145] Vgl. Homburg (2006) S. 31.
[146] Vgl. Loepfe (2007) S.47-49.
[147] Vgl. Müller (2011) IfKiM Management Dossier 11/05.

5.5 Interessenmanagement

Naturgemäß bieten sich für die verschiedenen Zielgruppen unterschiedliche Vorgehensweisen an.

Interne Kommunikation in der Familie

Die Familie ist neben den Führungskräften die Personengruppe, die am nachhaltigsten betroffen ist, den größten Einfluss hat und am stärksten zu beeinflussen ist. Die Kommunikation innerhalb der Familie hat deshalb schon bei der Konzeption der Kommunikationsstrategie große Bedeutung. Denn die nach außen kommunizierten Entscheidungen des Unternehmers sollten von allen Familienmitgliedern getragen werden; schon deshalb ist es wichtig, alle in den Entscheidungsprozess einzubeziehen. Inwieweit dabei individuelle Interessen berücksichtigt werden, hat letztlich der Übergeber zu entscheiden. Da die Kommunikationsstrukturen innerhalb der Familie und des Unternehmens sich deutlich unterscheiden, sind sowohl die Sach- als auch die Beziehungsebene zu berücksichtigen. Die Unterschiede lassen sich folgendermaßen charakterisieren:[148]

Familie
- Kommunikationswege: wenig formalisiert, mündlich,
- flache Hierarchie,
- Gebot der Gleichheit,
- die einzelne Person ist nicht austauschbar.

Unternehmen
- Kommunikationswege: formalisiert, schriftlich,
- ausgeprägte Hierarchie,
- Gebot der Ungleichheit,
- Funktion, Kompetenz (Personen sind prinzipiell austauschbar).

Kommunikationsstrukturen in einer Familie werden durch erlernte Verhaltensweisen und unbewusste Erwartungen aller Mitglieder, aber auch durch die Normen der Gesellschaft geprägt. Für den Erfolg einer Nachfolge ist eine offene Kommunikation über persönliche Erwartungen und Planungen potenzieller familieninterner Nachfolger wichtig. Da mit der Nachfolgeplanung offene oder verdeckte Konflikte virulent werden können, kann es sinnvoll sein, gewohnte Kommunikationsstrukturen aufzubrechen und bewusst systematisch vorzugehen.

---

[148] Vgl. Schlippe (2009) S. 42.

Dies kann dadurch erreicht werden, dass ein neutraler Rahmen geschaffen wird, der unter klar strukturierter Führung allen Beteiligten ermöglicht, sich offen zu äußern. Es können Kommunikationsregeln vereinbart werden, die einen respektvollen Umgang sicherstellen, u.a. durch das Abhalten regelmäßiger Familiensitzungen nach bestimmten strukturierten Vorgehensweisen. Im Rahmen dieser sollte der Übergeber seine Pläne und Ziele frühzeitig kommunizieren. Es sollte vereinbart werden, dass eine einmal erarbeitete einvernehmliche Lösung künftig von allen Familienmitgliedern getragen und konsequent unterstützt wird.

Bei Familiengesellschaften, in denen Familienmitglieder, die nicht aktiv im Unternehmen tätig sind, Interessen und Ansprüche haben, kann es sinnvoll sein, einen Familienrat einzurichten, der eine sogenannte Familiencharta erarbeitet. In einem solchen Regelwerk werden die grundlegenden Fragen der Unternehmerfamilie zu Führung, Beteiligung und Mitarbeit im Unternehmen sowie Werten und Zielen beantwortet. Darüber hinaus enthält es Regeln für den Umgang miteinander sowie Lösungsmechanismen für den Konfliktfall. Im Idealfall entsteht die Familiencharta vor dem Gesellschaftsvertrag und wird vom Gesellschaftsvertrag konkretisiert. Die folgende Checkliste gibt eine Übersicht über Fragen, die im Vorfeld eines effizienten Familientreffens geklärt werden sollten.[149]

Checkliste: Organisation von Familientreffen

- ☐ Wer organisiert und wer leitet das Treffen?
- ☐ Was soll besprochen werden?
- ☐ Wann und von wem wird das Treffen einberufen?
- ☐ Wo soll das Treffen stattfinden?
- ☐ Wie lange soll ein Treffen dauern?
- ☐ Wie groß soll der Teilnehmerkreis sein, wer soll dabei sein?
- ☐ Welche Themen werden behandelt?
- ☐ Wie soll die Gesprächsvorbereitung der Teilnehmer gestaltet werden?
- ☐ Welche Dokumente müssen dazu vorliegen?
- ☐ Wie soll die Gesprächsleitung erfolgen?
- ☐ Wie kann das Gesprächsklima beeinflusst werden?
- ☐ Wie und durch wen soll das Ergebnis der Besprechung dokumentiert werden?
- ☐ Auf welche Weise sollen die beschlossenen Aktivitäten verfolgt werden?
- ☐ In welchem Rhythmus trifft man sich wieder?

---

[149] Vgl. Hillengaß (2009) S. 335.

> **Beabsichtigte Wirkung:**
> - Konfliktprävention durch Versachlichung,
> - Konfliktvermeidung durch regelmäßigen, strukturierten Dialog (ggf. unter Heranziehung eines externen Beraters).

Checkliste 5.43: Organisation von Familientreffen

Zeichnen sich innerhalb der Unternehmerfamilie Störungen bei der Kommunikation ab, sollte ein externer neutraler Berater hinzugezogen werden. Wie das folgende Praxisbeispiel veranschaulicht, ist ein Einvernehmen der Familienangehörigen Voraussetzung für eine reibungslose Übergabe des Unternehmens.[150]

> **Praxisbeispiel**
>
> *Ausgangsbasis*
> Ein 58-jähriger Unternehmer ist Eigentümer eines mittelständischen Produktionsbetriebes. In seinem Unternehmen arbeitet seine Tochter (32, Masterabschluss in Betriebswirtschaftslehre) als „Mädchen für alles" mit. Als die Ertragslage des Unternehmens zunehmend schwieriger wird, beschließt der Eigentümer externen Rat einzuholen.
>
> *Ablauf*
> Die Analyse des Unternehmens deckt Schwächen im Marketing und im Controlling auf, bedeutsamer sind jedoch die in den Gesprächen erkennbaren Spannungen zwischen den Generationen. Damit konfrontiert tut der Unternehmer diese Faktoren als unbedeutend ab.
>
> Daraufhin lädt der Berater zu einem Familiengespräch ein. In diesem eskalieren die Spannungen zwischen dem Firmeninhaber und der Tochter. Die Tochter erklärt schließlich, dass sie für sich im Unternehmen keine Zukunft mehr sehe. Für den Unternehmer ist diese Aussage ein schwerer Schlag, war er doch davon ausgegangen, dass seine Tochter die Nachfolge antreten würde.
>
> Es beginnt für den Unternehmer ein schwieriger Prozess des Umdenkens. Bei der Untersuchung der Rahmenbedingungen für die Nachfolge zeigen sich Versorgungslücken in der Altersversorgung und erhebliche stille Reserven, deren Aufdeckung eine immense Steuerlast erzeugen würde. Unter Einbeziehung

---

[150] Vgl. Kreuzer (2012) Success Story Unternehmensnachfolge.

> eines Steuerberaters werden nun alternative Nachfolgekonzepte entwickelt und innerhalb der Familie diskutiert. Es scheint sich ein Kompromiss abzuzeichnen, der die Tochter als Übernehmerin vorsieht.
>
> Bei der Diskussion der alternativen Übergabekonzepte favorisiert der Unternehmer eine Übergabe innerhalb von fünf Jahren. Die Tochter erklärt jedoch, dass sie nicht solange warten werde. Im Übrigen glaube sie, dass ihr Vater ohnehin nicht an sie übergeben wolle. Nach einem hitzigen und ergebnislosen Disput drängt der Berater zu mehreren Vier-Augen-Gesprächen zwischen Vater und Tochter. Seine Hoffnung, zu einer einvernehmlichen Lösung zu kommen, ist indes nicht mehr allzu groß.
>
> Nach einer Weile kommt es zu einem neuen Gespräch zwischen den Streitenden und dem Berater. Die Spannungen zwischen Vater und Tochter sind weiterhin offensichtlich, dennoch erklärt die Tochter, sie sei bereit, das Unternehmen mit allen Konsequenzen binnen zwei Jahren zu übernehmen. Ihre Vorstellungen untermauert sie mit einem überzeugenden Businessplan. Der Vater – vom Engagement seiner Tochter sichtlich beeindruckt – stimmt nach eingehender Diskussion dem Konzept in den wesentlichen Punkten zu.
>
> In einem detaillierten Plan wird festgehalten, wie die Nachfolge konkret umgesetzt werden soll und es wird eine einvernehmliche Nachfolge-Story für die Kommunikation entworfen. Zudem werden, wie in den Gesprächen vereinbart, ein neues Controlling-System und ein Informationssystem zur Vertriebssteuerung eingeführt. Nach und nach kann die Ertragssituation verbessert und die Altersversorgung für den Alteigentümer optimiert werden. Zum Übergabezeitpunkt sind alle wesentlichen Probleme gelöst. Die Übergabe findet am angekündigten Stichtag im Rahmen einer offiziellen Feier statt. Die Zeit nach der Übergabe verläuft weitgehend nach Plan; es gelingt eine nahezu steuerneutrale Übergabe des Unternehmens. Die Übergabe war zuvor durch einen Erbvertrag abgesichert worden, in dem die Geschwister der Junior-Unternehmerin fair abgefunden wurden.

Praxisbeispiel 5.7: Kommunikation in der Familie

Interne Kommunikation im Unternehmen

Bei der Kommunikation im Unternehmen gilt es die Ängste der Mitarbeiter und die Bedürfnisse der Führungskräfte zu berücksichtigen, Vertrauen zu gewinnen und so die Basis für ein künftiges erfolgsorientiertes Arbeiten zu legen. Eine offene Kommunikationspolitik ist dafür Voraussetzung. Gut informierte Mitarbeiter sind in der Regel positiv gestimmte Imageträger und können so einen Betrag zur Vertrauensbildung bei anderen Stakeholdern leisten.

Mitarbeiter

Mitarbeiter sind in hohem Maße von einer Unternehmensübergabe betroffen. Ihre Leistungsbereitschaft und Loyalität hängt davon ab, ob sie sich vor, während und nach der Übergabe gut informiert fühlen, integriert sind und ernst genommen werden.[151] Die Mitarbeiter sollten deshalb so früh wie möglich über die Regelung der Nachfolge informiert werden. Dabei sollte sich die Kommunikation an ihren Interessen und Bedürfnissen orientieren. Zu ihren Motivatoren gehören:

- eine qualifikationsentsprechende Aufgabenstellung mit gerechter Bezahlung und beruflicher Sicherheit,
- Selbstbestätigung, Selbstbestimmung, Mitbestimmung bei Leistungszielen sowie bei der eigenen Weiterentwicklung,
- sozialer Austausch und Kontakt zu Kollegen.

Im Mittelpunkt stehen für die Mitarbeiter naturgemäß der Arbeitsplatzerhalt, die Arbeitsbedingungen und das Einkommen. Den Mitarbeitern sollte deshalb überzeugend kommuniziert werden, dass auf berechtigte Belange Rücksicht genommen wird und sie umgehend informiert werden, wenn (und warum) sich für sie etwas ändert.[152]

Darüber hinaus sollte den Mitarbeitern ihre tragende Rolle im Prozess und damit die Wertschätzung ihrer Arbeit kommuniziert werden. Um auf individuelle Bedürfnisse, aber auch Ängste einzelner Mitarbeiter eingehen zu können, kann es sinnvoll sein, regelmäßige Mitarbeitergespräche zu führen und/oder (anonymisierte) Befragungen vorzunehmen.

Die Erkenntnisse aus diesen Gesprächen und/oder Befragungen gilt es für die Kommunikationsplanung zu nutzen. Ziel der zu entwickelnden Kommunikationsstrategie muss es sein, Ängste und Unsicherheiten zu überwinden, Fehlinterpretationen zu korrigieren, die potenziellen Befürworter des Wechsels zu aktivieren und Zweifler und potenzielle Blockierer zu überzeugen.

---

[151] Vgl. Müller (2011) IfKiM Management Dossier 11/05.
[152] Vgl. Grünewald (1978) S. 616 ff.

Die Erfahrung zeigt, dass die bewusste Einbeziehung der Belegschaft in den Wechsel bei der Unternehmensleitung nicht nur Irritationen und Abwanderungsrisiken minimiert, sondern auch als motivierende Chance verstanden werden kann. Die Haltung der Mitarbeiter zur Nachfolge ist auch deshalb bedeutsam, als die Mitarbeiter – gewollt oder ungewollt – Bestandteil der externen Kommunikation sind und das Bild von der Unternehmensnachfolge nach außen kommunizieren.

Führungskräfte

Führungskräfte sind die Spielmacher des Unternehmens und bei einer Übergabe in hohem Maße betroffen sowie durch die Maßnahmen des Unternehmens entscheidend beeinflussbar. Sie für den Wechsel zu gewinnen, muss deshalb hohe Priorität haben, da sie in allen drei angelegten Attributen „Betroffenheit", „Beeinflussbarkeit" und „Einfluss" die höchsten Werte aufweisen. Führungskräfte sind dazu bereit, Entscheidungen mitzutragen, wenn sie daran teilhaben. Sie sollten deshalb zumindest symbolisch in die Planung der Nachfolge involviert werden.

Führungskräfte sind darüber hinaus als Schnittstelle zwischen Unternehmensleitung und Mitarbeitern sowie der externen Unternehmensumwelt bedeutsam. Als Vorbilder und Meinungsführer sind sie wichtige Multiplikatoren mit hoher Glaubwürdigkeit, deren Einstellungen und Haltungen sich auf Mitarbeiter und Außenwelt übertragen. Wenn sie den Veränderungsprozess aktiv mittragen, fördert dies auch eine glaubwürdige und transparente Kommunikation mit den Mitarbeitern.[153] Tatsächlich haben die Führungskräfte im anstehenden Prozess wichtige Aufgaben zu übernehmen.[154]

Ziel ist es, bei den Beschäftigten Vertrauen und Akzeptanz für Führungsentscheidungen aufzubauen, eine gewisse Transparenz herzustellen sowie die Identifikation mit dem Unternehmen zu stärken.[155] Damit die Führungskräfte als aktive Unterstützer des Übernehmers mitwirken können, kann es sinnvoll sein, ihnen Anleitung und Unterstützung bei der Kommunikation mit den Mitarbeitern anzubieten.

---

[153] Vgl. Loepfe (2007) S. 47-49.
[154] Vgl. Hillengaß (2009) S. 360.
[155] Vgl. RKW (2010) RKW Magazin 4, S. 22 f.

Führungsaufgaben im Veränderungsprozess	
Phase	Aufgaben
Konzept	• voraussichtlichen Erfolge der Veränderung herausstellen • neues Denken einführen und am Leben erhalten • Nachsteuerungsbedarf erkennen und umsetzen
Gestaltung	• möglichst reibungslosen Übergang schaffen • möglichst viele betroffene Mitarbeiter beteiligen • Freiräume zum Ausprobieren schaffen • Konflikte in und zwischen den Gruppen offen und emotionsfrei lösen • Verunsicherung und Ängste durch Kommunikation, Hilfestellung und Unterstützung beseitigen
Einführung	• von der Notwendigkeit der Veränderung überzeugen • Widerstände gegen die Veränderung erkennen und beseitigen • Bereitschaft fördern, die Veränderung aktiv mitzugestalten • über das Vorhaben umfassend informieren und die Vorteile herausstellen

Abbildung 5.30: Führungsaufgaben im Veränderungsprozess
Quelle: Eigene Darstellung in Anlehnung an Hillengaß (2009) S. 360

Externe Kommunikation

Nicht selten erlangen bereits kurz nach Beginn der Vorbereitungen für eine Unternehmensnachfolge externe Dritte Informationen über den Vorgang und ziehen daraus Schlüsse. Fehlinterpretationen aufgrund unvollständiger oder falscher Informationen sind ein nicht zu unterschätzendes Risiko für das Unternehmen und die Nachfolge. Dieses nicht zu unterschätzende Risiko für das Unternehmen bei einer Nachfolgeregelung kann zwar nicht vollständig vermieden, aber doch verringert werden, wenn auch die externen Akteure aktiv über das Vorhaben informiert werden. In der Kommunikation mit ihnen geht es darum, für die bestehenden Beziehungen Kontinuität und Stabilität zu vermitteln.

Kommunikation mit Banken und Finanzinstituten

Häufig ist das Unternehmen von den Banken abhängig, gleichzeitig haben diese hohen Einfluss auf die Umsetzung des Projektes. Die Einbindung der Banken bei der Regelung der Nachfolge hat für das Kreditrating des Unternehmens eine erhebliche Bedeutung. Je leichter eine Bank das wirtschaftliche Risiko der Kreditvergabe, also die Bonität des Unternehmens und des Nachfolgers sowie die Sicherheiten beurteilen kann, desto einfacher ist für sie eine positive Kreditentscheidung. Es bietet sich deshalb an, Unsicherheiten der Risikobewertung auf Seiten der Banken und Finanzinstitute durch eine aktive Kommunikationspolitik zu reduzieren und so diese Gruppe von Stakeholdern in die Kategorie der Spielmacher zu überführen. Ein schlüssiges Konzept mit einem gut qualifizierten Nachfolger und einer angemessenen Übergangsphase wird in der Regel die Unterstützung der Banken finden.[156]

Kommunikation mit Kunden, Geschäftspartnern und Lieferanten

Geschäftspartner, Kunden und Lieferanten dürfen durch das Projekt Nachfolge nicht verunsichert werden, sie könnten sich in ihren Beziehungen sonst neu orientieren. Die Regelung der Nachfolge könnte damit erschwert, wenn nicht sogar verhindert werden.

Kunden

Übergeber und Übernehmer sollten ihre Kunden in ihr Vorhaben einbeziehen, ihnen versichern und demonstrieren, dass sie auch nach dem Generationenwechsel einen zuverlässigen Partner erwarten können, der Vertrauen verdient. Wenn Kunden frühzeitig und aktiv informiert werden, eröffnet sich sogar die Chance, Kundenbeziehungen auszubauen.[157] Die Kommunikation anlässlich der Nachfolge kann in bestimmten Branchen auch dazu genutzt werden, Kunden in die Entwicklung neuer Produkte einzubeziehen, um auf diese Weise frühzeitig Trends im Konsumentenverhalten zu identifizieren.

Lieferanten

Auch Lieferanten haben ein berechtigtes Interesse, zeitig über bevorstehende Veränderungen informiert zu werden, schließlich müssen auch sie die Existenz ihres Unternehmens sichern. Potenzielle Zweifel und Befürchtungen der Lieferanten müssen deshalb ernst genommen werden. Auch bei den Beziehungen zu den Lieferanten kann der Generationenwechsel die Chance eröffnen, die Partner enger an das Unternehmen zu binden, etwa indem ihnen die Zusammenarbeit bei der Entwicklung des Designs neuer Produkte angeboten wird. Eine gemeinsame Entwicklung optimiert die Komplementarität der Komponenten und festigt die Geschäftsbeziehungen.

Geschäftspartner

Allgemein gilt, wer seinen bisherigen Partnern eine aktive Rolle im Nachfolgeprozess beimisst, eröffnet sich die Chance, die bisherige Geschäftsbeziehung zu festigen und auszubauen. Je reibungsloser der Wechsel an der Unternehmens-

---

[156] Die Finanzierung der Unternehmensnachfolge wird in Kapitel 8 eingehend beschrieben.
[157] Vgl. Brüser (2007) S. 40 f.

spitze stattfindet, umso höher wird die Akzeptanz auch bei den bisherigen Geschäfts- und Kooperationspartnern sein.[158]

Zu den Aufgaben des Übergebers zählt daher nicht nur das Gespräch mit der Hausbank, sondern auch die persönliche Information der Hauptkunden und Geschäftspartner. Es ist das Ziel der externen Kommunikation, das Vertrauen aller beteiligten Parteien in die Zukunft des Unternehmens zu fördern sowie Sicherheit und Kontinuität zu vermitteln. Der Übergeber muss die Geschäftspartner davon überzeugen, dass er das Unternehmen in die richtigen Hände legt und einer weiteren vertrauensvollen Geschäftsbeziehung nichts im Wege steht.

Im Vorfeld der Übergabe sollte der Senior-Unternehmer das Gespräch mit den wichtigsten Kunden und Lieferanten suchen; dabei sollten die vertraglichen Beziehungen aktualisiert und bestätigt werden. Die Gespräche können wichtige Anhaltspunkte für die Übergabeverhandlung liefern.

Steht der Nachfolger fest, sollte der Unternehmer diesen den Geschäftspartnern vorstellen; dabei sollten die zuvor geführten Gespräche rekapituliert werden. Der Unternehmer zeigt damit den zumeist langjährigen Geschäftspartnern sein Vertrauen in den Nachfolger und erleichtert diesem die spätere Zusammenarbeit. Nur wenn der Nachfolger das gleiche Vertrauen der Geschäftspartner genießt, kann er auf lange Sicht mit der Treue seiner Geschäftspartner rechnen.[159]

Öffentlichkeit und Staat

Der Einfluss und die Betroffenheit der Öffentlichkeit sind im Allgemeinen niedrig. Durch eine aktive Kommunikation der Nachfolge-Story und ihrer Meilensteine kann vermieden werden, dass Gerüchte und Verunsicherungen entstehen. Dies ist wichtig, weil Gerüchte die Dynamik einer selbsterfüllenden Prophezeiung auslösen und – wenn sie für das Unternehmen unvorteilhaft sind – die Geschäftsbeziehungen empfindlich stören können.

5.5.2.4 Kommunikationsmittel festlegen

Für die Umsetzung der Kommunikationsstrategie können personelle und mediale Wege der Kommunikation genutzt werden.

---

[158] Vgl. Brüser (2007) S. 40 ff.
[159] Vgl. BMWi (2012) nexxt – Initiative Unternehmensnachfolge: Themen und Texte – Komm.

Interne persönliche Kommunikation

Der persönliche Kontakt, z.B. in Form von Gesprächsrunden, hat die stärkste Wirkung und ist für die interne Kommunikation gleichermaßen von Bedeutung wie für die externe Kommunikation. Gespräche sollten – möglichst regelmäßig – mit jedem einzelnen Mitarbeiter, mit den Führungskräften und mit beteiligten Familienangehörigen stattfinden. Das herkömmliche Gespräch oder die Fragerunde bieten sich als geeignete Mittel an, um Unsicherheiten und Ängste abzubauen. Ein Kick-off-Event sowie Workshops machen den Wandel für Mitarbeiter transparent.

Regelmäßig stattfindende informelle „Kamingespräche" mit Führungskräften verdeutlichen diesen, dass ihre Rolle im Prozess wertgeschätzt wird. Die persönliche Atmosphäre unterstützt einen offenen Dialog und ermöglicht es, neu auftauchende Fragen zeitnah zu klären. Ein Stufenplan zur Einführung des Nachfolgers und zur Einbindung der Mitarbeiter kann wie folgt aufgebaut sein:

- Informieren aller Führungskräfte und Mitarbeiter im Rahmen einer Betriebsversammlung,
- Einzelgespräche mit dem Personalleiter,
- Einzelgespräche mit den Führungskräften,
- Workshops mit den Führungskräften,
- Regelmäßige Gruppengespräche mit den Führungskräften (Kamingespräche),
- Einzelgespräche mit den Führungskräften der zweiten Ebene,
- Workshops mit den Führungskräften der zweiten Ebene und dem Betriebsrat,
- Einzelgespräche mit Mitarbeitern unterschiedlichster Ebenen,
- Kick-Off-Event zur offiziellen Übergabe der Unternehmensleitung an den Nachfolger.

Der Nachfolger sollte bei der Umsetzung des Stufenplans folgende Aspekte beachten:[160]

---

[160] Vgl. BMWi (2010) Unternehmensnachfolge, S. 41.

5.5 Interessenmanagement

Checkliste Übernehmer: Persönliche Kommunikation im Unternehmen

Im Rahmen einer Betriebsversammlung sollte der Nachfolger
- ☐ die eigene Person und Vita vorstellen,
- ☐ um Vertrauen und Verständnis werben,
- ☐ eigene Ziele (kurzfristige und mittelfristige) nennen,
- ☐ versprechen, auf Bewährtes zurückzugreifen
- ☐ bei notwendigen Veränderungen auf die Mitarbeiter zuzugehen (und sich später auch daran halten).

Im Rahmen von Einzel- und Gruppengesprächen sowie Workshops sollte der Nachfolger...
... mit dem Personalleiter klären:
- ☐ Was hat sich im Unternehmen bewährt?
- ☐ Welche personalwirtschaftlichen Instrumente werden eingesetzt (Mitarbeitergespräche,
- ☐ Beurteilung, Stellenbeschreibungen etc.)?
- ☐ Wer sind die Leistungsträger im Unternehmen?
- ☐ Warum sind das Leistungsträger?
- ☐ Welche Erwartungen werden an die Zusammenarbeit gestellt?

... mit den Führungskräften klären:
- ☐ Welche Erwartungen verbinden die Führungskräfte mit dem Inhaberwechsel?
- ☐ Was hat Sie bzw. Ihren Bereich bislang erfolgreich gemacht?
- ☐ Was sollte sich ändern?

... mit dem Betriebs- bzw. Personalrat klären:
- ☐ Welche Erwartungen verbindet der Betriebsrat mit dem Inhaberwechsel?
- ☐ Wie wird die zukünftige Zusammenarbeit geregelt?

... mit den Führungskräften der zweiten Ebene und dem Betriebsrat klären:
- ☐ Welche Erwartungen haben diese an die Unternehmensentwicklung?
- ☐ Was haben sie für gemeinsame Ziele?
- ☐ Wie sollen diese erreicht werden?
- ☐ Was erwarten diese Funktionsträger vom Nachfolger?

... sich einen persönlichen Eindruck von einzelnen Mitarbeitern der verschiedensten Ebenen verschaffen.

Checkliste 5.44: Übernehmer: Persönliche Kommunikation im Unternehmen

Externe persönliche Kommunikation

Die persönliche Kommunikation ist am wirkungsvollsten, wenn das Vertrauen der Geschäftspartner in den Senior-Unternehmer auf seinen Nachfolger übertragen werden soll. Gerade Stakeholder mit hohem Einfluss sollten persönlich informiert und der Nachfolger sollte ihnen vorgestellt werden. Gespräche sollten mit den Hausbanken, mit wichtigen Kunden und Lieferanten geführt werden. Durch den persönlichen Kontakt wird sichergestellt, dass jeder von der Veränderung Betroffene kompetente Antworten auf individuelle Fragen erhält[161] – dialog- und beziehungsorientierte Kommunikation schafft Vertrauen und Perspektive.

Im Idealfall einer schrittweisen Übernahme übernimmt der Altunternehmer in diesen Gesprächen für einen gewissen Zeitraum die Funktion eines Moderators. Der Nachfolger erhält so Gelegenheit, im Laufe der Zeit entstandene Abläufe im Kontakt mit den Geschäftspartnern und ihre individuelle Eigenheiten kennenzulernen. Verunsicherungen im Unternehmensumfeld, aber auch im Unternehmen können auf diese Weise minimiert werden.[162]

Die persönliche Sympathie zwischen Alteigentümer und Geschäftspartnern mag wichtig gewesen sein – doch Sympathiewerte lassen sich nur selten auf andere Personen übertragen. Dem Übernehmer sollte es deshalb durch den persönlichen Kontakt zu den Geschäftspartnern erleichtert werden, deren Sympathie zu erwerben.[163]

Um dafür gute Voraussetzungen zu schaffen, bietet es sich an, den Nachfolger vorab über die Besonderheiten der jeweiligen Geschäftspartner informieren:

- deren spezielle Wünsche,
- deren besondere Leistungen,
- individuelle Vereinbarungen, sowie
- Besonderheiten in der Ansprache und Umgangsformen.

Im Zuge der Übergabe sollten Senior-Unternehmer und Nachfolger häufiger gemeinsam in der Öffentlichkeit und bei Veranstaltungen auftreten. Auch hier geht es darum, für den Nachfolger Kontakte zu knüpfen, Beziehungen zu pflegen und längerfristig zu gestalten.[164] Eine kontinuierliche Pressearbeit begleitet den gesam-

---

[161] Vgl. Loepfe (2007) S. 47-49.
[162] Vgl. Müller (2011) IfKiM Management Dossier 11/05.
[163] Vgl. SMWA (2012) Ratgeber: Identifikation möglicher Konfliktfelder.
[164] Vgl. Stradtmann (2009) S. 53.

ten Übergabeprozesses. Zur Planung der öffentlichen Kommunikation gehört, dass alle turnusmäßig anstehenden Termine und Veranstaltungen erfasst werden und die Teilnahme mit dem Nachfolger abgestimmt wird.

Insbesondere bei Kleinunternehmen besteht eine enge Bindung zwischen Unternehmer und Kunden, Geschäftspartnern und Kapitalgebern. Diese Beziehungen sind stark durch die Familie und/oder die Persönlichkeit des Eigentümers geprägt. Der familiäre Umgang mit Mitarbeitern und Geschäftspartnern macht häufig einen Großteil der Unternehmensidentität aus und kann ein entscheidender Erfolgsfaktor sein. Ein Nachfolger, egal ob er aus der Familie oder von außen kommt, muss deshalb für sich entscheiden, ob er künftig sich und seine Familie in gleicher Weise und in gleichem Umfang einbringen möchte.

Vor allem ein familienfremder Nachfolger sollte sich der Schwierigkeit bewusst sein, das bisherige Unternehmensleitbild weiterzuführen. Kommt er zu der Auffassung, dass ein Wandel in der Unternehmenskultur anzustreben ist, sollte dies gegenüber allen Interessengruppen kommuniziert und vorgelebt werden.

Ein familieninterner Nachfolger wird seine neue Rolle im Unternehmen unter Umständen durch einen entsprechenden Auftritt in der persönlichen Kommunikation untermauern müssen. Handelt es sich beim Nachfolger um Unternehmer-Sohn oder -Tochter, besteht meist schon über Jahre eine Beziehung zu Mitarbeitern und Geschäftspartnern, sodass der Auftritt in der neuen Position zu Akzeptanzproblemen führen kann. Familieninterne Nachfolger müssen sich darüber hinaus nicht selten mit dem Vorwurf auseinandersetzen, die von ihnen erlangte Position nicht erarbeitet zu haben. Solchen Vorbehalten kann der Nachfolger naturgemäß mit Kompetenz und Leistung entgegenwirken, die mit einer offenen Kommunikationspolitik und einem starken Selbstauftritt ergänzt werden sollten.
Um die Akzeptanz geplanter Maßnahmen zu gewährleisten und den Veränderungsprozess zu steuern, ist es für den Übergeber sowie Übernehmer unerlässlich, regelmäßige Resonanz von allen betroffenen Interessengruppen zu bekommen. Es bietet sich die Einrichtung eines informellen Gremiums aus ausgewählten Personen an, die den verschiedensten Interessengruppen angehören. Das Gremium kommt regelmäßig zusammen und tauscht Erfahrungen und Wahrnehmungen in Bezug auf die Veränderungen aus. Die Informationen werden zur Grundlage für möglicherweise notwendig werdende Anpassungen.

Auf diese Weise kann auch sichergestellt werden, dass die betroffenen Interessengruppen von dem Zeitpunkt an in den Prozess involviert werden, zu dem sie von der Änderung erfahren.

Kommunikationsverhalten des Nachfolgers

Der Nachfolger sollte sich seiner persönlichen kommunikativen Fähigkeiten bewusst sein. Dazu gehört es, sich in Gesprächen selbst und die Reaktion des Gesprächspartners bewusst wahrzunehmen. Auf dieser Grundlage kann er sein eigenes Kommunikationsverhalten trainieren und verbessern.[165] Zur Selbstbeurteilung des kommunikativen Verhaltens kann folgende Checkliste dienen:

Checkliste: Übernehmer: Selbstbeurteilung des kommunikativen Verhaltens

- ☐ Stelle ich mich auf meine Partner ein?
- ☐ Stelle ich mich auf das unterschiedliche Niveau (Bildung, soziale Schicht, ...) einzelner Gesprächspartner ein?
- ☐ Überlege ich im Vorfeld, was ich ihnen übermitteln will?
- ☐ Lege ich fest, wie (Form) und wann (Zeitpunkt) ich etwas übermittle?
- ☐ Überlege ich, welches Medium am geeignetsten ist?
- ☐ Fällt es mir leicht, mich auf meine Partner zu konzentrieren?
- ☐ Kommt es vor, dass meine Partner etwas nicht verstehen?
- ☐ Fassen meine Partner mitunter etwas anders auf, als ich es gemeint habe?
- ☐ Nutze ich bewusst alle Möglichkeiten, so verständlich wie möglich zu sein?
- ☐ Ist für mich Zuhören anstrengender als Reden?
- ☐ Ergeben sich aufgrund meines Auftretens und Verhaltens Spannungen und Konflikte?
- ☐ Lasse ich meine Partner spüren, ob ich sie sympathisch oder unsympathisch finde?
- ☐ Sehe ich meine Partner als gleichgestellt an oder unterscheide ich?
- ☐ Habe ich den Eindruck, dass sich meine Partner mir gegenüber verschließen?
- ☐ Bin ich gegenüber meinen Partnern ungezwungen und kommuniziere offen mein Denken und Fühlen oder bin ich zurückhaltender?

Checkliste 5.45: Übernehmer: Selbstbeurteilung des kommunikativen Verhaltens

Neben einer aussagekräftigen Vita, die sich der Nachfolger für öffentliche Auftritte zurechtlegen sollte, gilt es bei der persönlichen Kommunikation:
- Wertschätzungen auszudrücken,
- Beziehung aufzubauen,
- Autonomie zu respektieren,
- Status anzuerkennen und
- Rollenbewusstsein zu zeigen.

---

[165] Vgl. Hillengaß (2009) S. 334.

Ein Übernehmer sollte in der Lage sein, sich in die Position seines Gegenübers zu versetzen, am Denkprozess des anderen teilzuhaben, eigene subjektive Wertungen und Spontanreaktionen zu vermeiden und durch die Körpersprache seine Teilnahme signalisieren. Er sollte die kommunikative Kompetenz besitzen, bei unangenehmen Mitteilungen seine Subjektivität zu betonen. Und er sollte bereit sein, Zielkonflikte anzusprechen und seine persönlichen Anliegen zu vertreten.[166]

Kommunikationsmedien

Der Einsatz weiterer Medien hängt von den bereits vorhandenen Kommunikationsstrukturen des Unternehmens ab. Die verschiedenen Medien – etwa Mitarbeiterzeitschrift, Newsletter oder Schwarzes Brett – haben im Hinblick auf Informationstiefe, Frequenz oder Interaktionsgrad spezifische Charakteristika. So kann in größeren Unternehmen die Mitarbeiterzeitschrift genutzt werden, um verschiedenen Zielgruppen ausführliche Informationen zu kommunizieren. Ein Newsletter hat den Vorteil, einen großen Personenkreis schnell zu erreichen, er wird aber unter Umständen wegen der Überflutung durch E-Mails nicht ausreichend wahrgenommen. Es gilt also für die jeweiligen Interessengruppen für die zu kommunizierenden Inhalte das richtige Medium zu finden.[167] Die folgende Abbildung führt die verschiedenen Interessengruppen, die zu vermittelnden Informationen und Kommunikationsmedien auf.

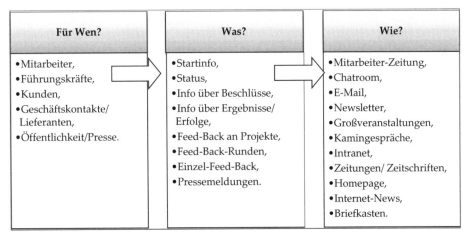

Abbildung 5.31: Informations- und Kommunikationsmaßnahmen
Quelle: Eigene Darstellung in Anlehnung an Kraus (2012)

---

[166] Vgl. Hillengaß (2009) S. 330.
[167] Vgl. Müller (2011) IfKiM Management Dossier 11/05.

Je nach Bedarf sind Inhalte und Medien auszuwählen und aufeinander abzustimmen.

Die folgende Checkliste enthält eine Reihe von Fragen, die bei der Erarbeitung der Aktions- und Kommunikationsmaßnahmen beantwortet werden sollten.[168]

Checkliste: Aktions- und Kommunikationsmaßnahmen
☐ Wer braucht oder wünscht welche Informationen, wer nicht?
☐ Welche Medien sind in welchem Takt für welche Zielgruppe zu nutzen?
☐ Welche Maßnahmen fördern den positiven Einfluss der Interessengruppen?
☐ In welchen Phasen muss auf die Kommunikation besonders geachtet werden?
☐ Wer steuert die einzelnen Kommunikationskanäle bzw. ist hierfür verantwortlich?
☐ Welche Steuerungsinstrumente kommen zum Einsatz?

Checkliste 5.46: Aktions- und Kommunikationsmaßnahmen

Eine rechtzeitige und systematische Planung der Kommunikation, beispielsweise mithilfe einer Kommunikationsmatrix, ermöglicht den Kommunikationsablauf zu steuern und stellt sicher, dass alle Interessengruppen berücksichtigt werden. Die folgende Kommunikationsmatrix für die Mitarbeiter verdeutlicht dies beispielhaft.

---

[168] Vgl. Stöger (2007) S. 166.

5.5 Interessenmanagement

Zielgruppen	Inhalte	Form/Maßnahme	Verantwortlich	Zeitabstände
informelles Gremium	gesamter Veränderungsprozess	regelm. Treffen		vierteljährl., bei Bedarf
Mitarbeiter	Startinfo über Veränderungsprozess	Betriebsversammlung		Start
	Einzel-Feed-Back	Gespräch		vierteljährl, bei Bedarf
	Feed-Back-Runde	Gesprächsrunde		halbjährl.
	Status im Veränderungsprozess	E-Mail		bei Bedarf
		Mitarbeiter-Zeitung		bei Bedarf
		Intranet		bei Bedarf
	Status im Veränderungsprozess	Mitarbeiter-Zeitung, neue Rubrik		vierteljährl.
		Infosäule		bei Bedarf
		Intranet		kontinuierl.
		Marktplatz		halbjährl.
	Feed-Back an den Veränderungsprozess	Chatroom		kontinuierl.
		Briefkasten		kontinuierl.
		Kamingespräche		jährlich
		Vertreter des Soundingboards		kontinuierl.
	Erfolgsmeldungen/ Ergebnisse der Projekte	Mitarbeiter-Zeitung, neue Rubrik		vierteljährl.
		Flyer		bei Bedarf
		Betriebsversammlung (BV)		bei jeder BV
	Info über Beschlüsse	E-Mail		kontinuierl
		Intranet		kontinuierl.

Abbildung 5.32: Kommunikationsmatrix
Quelle: Eigene Darstellung in Anlehnung an Stöger

5.5.3 Konfliktmanagement

Wie in jeder sozialen Situation treten auch bei einer Unternehmensnachfolge unterschiedliche Charaktere aufeinander. Wenn die Nachfolge ein hohes Konfliktpotenzial birgt, dann vor allem deshalb, weil sie für viele Betroffene die Situation grundlegend ändert: Macht, Einfluss, Aufgabenfelder, soziale Beziehungen, Verdienst und Perspektiven werden neu bestimmt – oder müssen zumindest behauptet werden. Es können die unterschiedlichsten Konflikte auftreten, Konflikte in der Familie, mit abgelehnten Nachfolgern, mit Gesellschaftern oder Partnern und mit dem Betriebsrat und Mitarbeitern; darüber hinaus können versteckte Konflikte (Intrigen und Mobbing) virulent werden.

Konflikte sind immer störend, sie behindern die Regelung der Nachfolge, unterbrechen den normalen Geschäftsablauf und können im ungünstigsten Fall das Unternehmen gefährden. Wenn irgend möglich, sollten mögliche Konfliktfelder deshalb frühzeitig identifiziert werden; dann erhöhen sich die Chancen, sie zu lösen oder sogar vollständig zu umgehen, bevor sie eskalieren.

5.5.3.1 Konfliktarten

Es können einige Konfliktarten benannt werden, die für den Generationswechsel in einem Unternehmen typisch sind.[169]

Zielkonflikte

Zielkonflikte, die während des Prozesses der Unternehmensübergabe auftreten, haben ihren Ursprung meist in den unterschiedlichen Motivationen, Ansichten und Vorgehensweisen der Beteiligten.[170] Insbesondere Lebensalter basierenden Typisierungen von Ansichten und Verhaltensweisen, wie beispielsweise der Konflikt zwischen Kontinuität und Fortschritt oder anders, zwischen Alt und Jung können dabei eine Rolle spielen. Zielkonflikte sind oft Ursache für sich herausbildende weitere Konflikte. Das übergeordnete Ziel, das alle Beteiligten verfolgen und auf das es sich zu konzentrieren gilt, ist die langfristige Sicherung und der Fortbestand des Unternehmens, dabei ist es wichtig die jeweiligen Anspruchsgruppen entsprechend zu berücksichtigen.

---

[169] Vgl. Hillengaß (2009) S. 173.
[170] Vgl. Hillengaß (2009) S. 237.

In der Praxis werden Kontinuität und Wandel nur selten konfliktfrei verbunden.[171] Gleichwohl müssen Lösungsansätze gesucht werden. Die folgende Checkliste gibt einen Überblick über mögliche Konfliktpotenziale.

Checkliste: Konfliktpotenziale aus dem Gegensatz von Kontinuität und Wandel	
Konflikte können auftreten, wenn...	**Lösungsansätze für Konfliktbewältigung**
☐ bestimmte Ansichten und Verhaltensweisen unbedacht den „Alten" oder den „Jungen" zugeordnet werden, ☐ auf dem Lebensalter basierende Typisierung von Ansichten und Verhaltensweisen sich unterscheiden, ☐ Handelnde nicht an ihren Ergebnissen und Erfolgen gemessen werden, ☐ die unterschiedlichen Einstellungen zu Kontinuität oder Wandel nicht ausreichend objektiviert werden, ☐ unterschiedliches Wissen und unterschiedliche Erfahrung nicht den funktionalen Anforderungen entsprechend gewürdigt werden, ☐ nicht sachlich und emotionslos geprüft wird, ob bewährte Arbeitsverfahren oder Vorgänge beibehalten werden sollten, ☐ keine solide Basis für ein Veränderungsmanagement besteht, ☐ beim Beschreiten „neuer Wege" die Erfahrungen aus der Nutzung bestehender Verfahren nicht beachtet werden, ☐ Mut zu Fortschritt und Erneuerung in bedenklich geringem Umfang zu finden ist, ☐ der Abbau der Leistungsbereitschaft und der Verzicht auf Leistungsorientierung zu wenig Beachtung finden, ☐ die Neugier auf Veränderungen nicht geweckt wird, ☐ der Leistungswille nicht gestärkt wird.	
Weitere Gründe?	Wie wären Konflikte zu lösen?

Checkliste 5.47: Konfliktpotenziale aus dem Gegensatz von Kontinuität und Wandel
Quelle: Eigene Darstellung

---

[171] Vgl. Hillengaß (2009) S. 176.

5. Komplexitätsproblem der Nachfolge

Methodenkonflikte

Es können nicht nur unterschiedliche Auffassungen darüber bestehen, was zu tun ist, sondern auch darüber, wie etwas bzw. mit welchen Methoden etwas angegangen werden sollte. Derartige Konflikte können zwischen Übergeber und Übernehmer entstehen, aber auch zwischen Unternehmensleitung und Angestellten sowie unter den Mitarbeitern.

Rollen- und Beziehungskonflikte

Im Zuge des Nachfolgeprozesses verändert sich das komplexe Beziehungsgefüge, das sich zwischen Unternehmer, Familie, Mitarbeitern, Kunden, Lieferanten und Vertretern der Hausbanken oftmals über Jahre entwickelt hat. Dies kann zu Konflikten führen, sei es etwa, dass in der Unternehmerfamilie Rivalitäten aufbrechen, sei es, dass sich Führungskräfte durch den Nachfolger in ihrer Position bedroht sehen. Derartige Konflikte werden von unterschiedlichen Gruppen nach unterschiedlichen Mustern ausgetragen. Es ist deshalb anzuraten, bereits bei der Entwicklung des Nachfolgekonzeptes zu bedenken, welche Auswirkungen welche Maßnahmen auf das bestehende Beziehungsgefüge haben können. Wenn Konflikte dadurch auch nicht vollständig vermieden werden können, so lassen sie sich – zeitig antizipiert – doch besser bearbeiten.

Beurteilungs- und Wahrnehmungskonflikte

Jeder Betroffene beurteilt die mit der Nachfolge verbundenen Veränderungen vor dem Hintergrund seiner persönlichen Erfahrungen und Interessen; seine Wahrnehmung ist subjektiv. Um zu sachgerechten Entscheidungen zu kommen, gilt es, sich dieser konflikträchtigen Subjektivität bewusst zu sein. Erst wenn sie ein Stück weit überwunden wird, die Toleranzbereiche der anderen Beteiligten ausgelotet und – soweit möglich – respektiert werden, können Entscheidungen gefällt werden, die das Projekt Nachfolge langfristig zum Erfolg führen.

Verteilungskonflikte

Verteilungskonflikte entstehen, wenn sich Beteiligte ungerecht behandelt sehen, etwa weil ihnen Ressourcen und/oder Befugnisse vorenthalten werden. Dies kommt nicht selten innerhalb der Unternehmerfamilie vor, wenn sich ein Nachkomme durch die Nachfolgeregelung nicht ausreichend berücksichtigt fühlt. Derartige Konflikte können nicht völlig ausgeschlossen werden, jedoch kann Streit eingedämmt und die Akzeptanz von Entscheidungen erhöht werden, wenn sachliche und nachvollziehbare Gründe für die Verteilung angegeben werden können.

Die Beantwortung der folgenden Fragen kann helfen, potenzielle Konflikte zwischen den Hauptakteuren der Nachfolge zu identifizieren.

Checkliste: Potenzielle Konflikte zwischen den Hauptakteuren der Nachfolge

- ☐ Welche Charaktere weisen die Personen auf, die vom Generationswechsel unmittelbar betroffen sind?
- ☐ Können diese Charaktere in einem Übergangszeitraum zusammenarbeiten?
- ☐ Sind bereits jetzt Konfliktfelder offensichtlich und mit welchen Konfliktlösungsmechanismen können diese gegebenenfalls entschärft werden?
- ☐ Ist der potenzielle Nachfolger aus voller Überzeugung bereit, die Nachfolge anzutreten oder entspringt seine Bereitschaft vor allem Pflichtgefühl und/oder der Scheu vor einer Auseinandersetzung mit der Vorgängergeneration?
- ☐ Hat die Vorgängergeneration das sichere Gefühl, dass das Unternehmen in den Händen des Nachfolgers gut aufgehoben ist?
- ☐ Wurde gemeinsam erörtert, welche Richtung zukünftig eingeschlagen werden soll?

Checkliste 5.48: Potenzielle Konflikte zwischen den Hauptakteuren der Nachfolge

Emotionalität der Konflikte

Starke emotionale Reaktionen in Konflikten können ihre Lösung erschweren. Ein möglicher Ansatz zum Abbau von Emotionalität kann darin bestehen, das konkrete Problem einer Konfliktart zuzuordnen und damit den Ursprung des Konflikts zu verdeutlichen. Durch die Versachlichung des Konfliktes fällt es i.d.R. leichter, Lösungsstrategien abzuleiten.

Checkliste: Abbau von Emotionen nach Konfliktart		
Konfliktart	Lösungsansatz	
	genereller Lösungsansatz	eigener Lösungsansatz
Zielkonflikt	☐ Interessenmanagement effizienter gestalten ☐ Zusammenführen unterschiedlicher Wege zur identischen Zielvorgabe	
Beurteilungs- und Wahrnehmungskonflikt	☐ Diskurs über Unternehmensziele und Unternehmenssituation führen, ☐ Mitarbeiter stärker in die Entwicklung der Unternehmensstrategie einbinden ☐ Leitbilder – Zielvorgaben – Aktionspläne – Ergebniskontrolle	
Verteilungskonflikt	☐ Personalarbeit individualisieren ☐ Vertrauen durch Zuwendung stärken	
Rollenkonflikt	☐ Führungskräfte dazu anhalten konfliktreduzierendes Verhalten zu leben ☐ Stärken der Harmonie ☐ Einsetzen von Schlichtern	
Beziehungskonflikt	☐ Organisationsentwicklung intensivieren ☐ Durchführungsverantwortung und Kontrollbefugnisse sachlich verteilen	
Weitere existierende Konfliktarten	Lösungsstrategie	

Checkliste 5.49: Abbau von Emotionen nach Konfliktart

5.5.3.2 Konflikte lösen

Trotz aller Bemühungen, mögliche Konfliktfelder frühzeitig zu identifizieren, klare Vereinbarungen zu treffen und die Kommunikation strukturiert zu gestalten, kommt es bei Unternehmensnachfolgen häufig dennoch zu Konflikten. Für ein erfolgreiches Konfliktmanagement ist eine strukturierte Vorgehensweise notwendig. Die beteiligten Parteien müssen den Konflikt rechtzeitig wahrnehmen, einordnen und die Konfliktstärke abschätzen, um sich an der gemeinsamen Konfliktlösung beteiligen zu können.[172]

---

[172] Vgl. SMWA (2012) Ratgeber: Emotionen – Identifikation möglicher Konfliktfelder.

a) Zuordnen des Konfliktes
Im ersten Schritt sollten die Beteiligten den Konflikt analysieren und damit die Energie auf die zu lösende Frage lenken. Die genaue Benennung des Konfliktes ist wichtig, weil die Lösung häufig auf der gleichen Ebene zu finden ist wie die Konfliktursache. Zudem ist die Einigung auf eine bestimmte Konfliktursache schon ein erstes gemeinsames Ergebnis der Streitenden.

b) Bestimmen der Konfliktstärke
Nun gilt es, die Interessen und Ziele der einzelnen Personen klarzustellen. Das Bestimmen der Konfliktstärke soll dazu beitragen, die Tragweite der Auseinandersetzung herauszufinden; dabei wird auch die individuelle Bereitschaft zur Konfliktlösung ausgesprochen.

c) Annährung an die Lösung
Zunächst wird ein Zeitrahmen für die Konfliktlösung abgesteckt. Dann wird geprüft, inwieweit auf Erfahrungen mit erfolgreichen Problemlösungen zurückgegriffen werden kann. Nun werden die individuellen Vorstellungen zur Konfliktlösung ermittelt und den Zielen aller Beteiligten gegenübergestellt. Vorstellungen und Ziele sind abzugleichen und die beste Lösung für alle Beteiligten zu finden. Dazu gehört, dass die Gründe für die Entscheidung verständlich benannt werden.

d) Entscheidung für Richtlinien, Maßnahmen und Konsequenzen für die Realisierung
Anschließend wird gemeinsam eine Strategie für die Umsetzung der Lösung erarbeitet. Die Schritte zur Umsetzung müssen allen Beteiligten klar sein und von ihnen gebilligt werden. Um die Umsetzung bewerten und etwaige Schwachstellen aufdecken zu können, ist zu bestimmen, wann was wie erledigt sein soll und wer dafür verantwortlich ist.

e) Einbeziehen des Umfeldes
Ist keine Einigung zu erzielen, empfiehlt es sich, einen externen Reflexionspartner mit entsprechendem Know-how hinzuzuziehen.

Bestimmen der Eskalationsphase des Konfliktes
Die Konfliktlösung kann erschwert sein, wenn starke Emotionen im Spiel sind. Bevor Versuche unternommen werden, diese zu versachlichen, kann es sinnvoll sein, zunächst das Maß der Eskalation zu bestimmen, die bereits stattgefunden hat. Je nach Eskalationsphase und Konfliktstärke bieten sich unterschiedliche Wege zur Konfliktlösung an.[173] Die folgende Abbildung gibt einen Überblick.

---

[173] Vgl. Hillengaß (2009) S. 241.

5. Komplexitätsproblem der Nachfolge

Eskalationsphase	Mögliche Wege zur Konfliktlösung
Phase 1: Misstrauen und stockende Kommunikation Nichtbeachtung oder Nichtberücksichtigung von Interessen führen – insbesondere, wenn man sich ohnehin nicht sonderlich sympathisch findet – zu Missstimmungen. Die Bereitschaft, einander zuzuhören ist zwar noch da, offene Gespräche finden jedoch nicht mehr statt.	• Gespräche zwischen den Kontrahenten herbeiführen, • Rollen abgleichen: Sind Aufgabenbereiche und Kompetenzen klar abgegrenzt? Ist jedem Beteiligten seine zugewiesene Rolle bewusst? Akzeptiert dieser seine Rolle? • gemeinsames Ziel hervorheben: Erhalt des Unternehmens und Sicherung der Arbeitsplätze. • Missverständnisse vermeiden und Offenheit gegenüber der Meinung des Gegenübers zeigen: Mit eigenen Worten den Standpunkt des Gesprächspartners wiedergeben und versichern, dass Aussagen richtig verstanden wurden.
Phase 2: Kommunikation wird systematisch vermieden Bei jeder Gelegenheit prallen die Konfliktparteien aufeinander, jede insistiert auf ihrem Standpunkt. Gespräche finden in zunehmend gereizter Atmosphäre statt und sind von gegenseitiger Ablehnung geprägt. Argumente des Anderen werden ignoriert. Probleme können nicht mehr sachlich besprochen werden. Emotionen bestimmen zunehmend den Inhalt der Kommunikation.	• positive Aspekte der bisherigen Zusammenarbeit hervorheben und auf dieser Grundlage versuchen, Verbesserungen herbeizuführen, • Kommunikation verbessern und intensivieren, • konfliktlösende Gespräche unter kompetenter Leitung suchen (etwa regelmäßige Gruppengespräche).
Phase 3: Erstarrte Kommunikation Die Kontrahenten sehen nur noch das Trennende, nicht das Verbindende. Der Konflikt wird zum beherrschenden Thema. Diese Fixierung löst Handlungen aus, die die Gegenpartei behindern sollen. Statt sprachlich miteinander zu kommunizieren setzen die Kontrahenten auf nonverbale Druckmittel und schaffen vollendete Tatsachen mit dem Ziel, den Anderen zu übervorteilen. Dabei wird der eigene Untergang mitunter billigend in Kauf genommen. An produktive Zusammenarbeit ist nicht mehr zu denken.	• alle Beteiligten sollten ihre Entscheidungen überdenken und Alternativen in Betracht ziehen. • allen Beteiligten sollte bewusst werden, welche Verantwortung, auch gegenüber Dritten, auf ihnen ruht (Erhalt von Arbeitsplätzen, eigene Zukunft,…). • besteht von allen Seiten das grundsätzliche Interesse, das Projekt umzusetzen, sollte ein von allen akzeptierter psychologisch geschulter Berater einbezogen werden (s. o.).

Abbildung 5.33: Bestimmen der Eskalationsphase
Quelle: Eigene Darstellung in Anlehnung an BMWi (2010) Unternehmensnachfolge, S. 39

Zur Vorbereitung einer Konfliktlösung kann die folgende Checkliste dienen. Aus den Antworten können Folgerungen für Maßnahmen abgeleitet werden, die helfen, den Konflikt zu lösen.[174]

Checkliste: Vorgehen bei Konfliktlösungen		
Frage	Antwort	Schlussfolgerung
Generelle Aspekte:		
Zuordnung des Konfliktes		
☐ Ist der Konflikt allen Konfliktparteien bewusst? ☐ Wird das Spannungsverhältnis von allen Beteiligten als gemeinsamer Konflikt anerkannt? ☐ Handelt es sich um einen vermeidbaren Konflikt (Panne) – zum Beispiel durch unzureichende Information einer Seite? ☐ Welche Personen, Gruppen, Organisationen sind beteiligt (unmittelbar oder am Rande)? ☐ Um was geht es den einzelnen Konfliktparteien? vordergründig – wirklich? ☐ Welche emotionalen Bedürfnisse und Interessen sind berührt? ☐ Definieren die Konfliktpartner den Konflikt unterschiedlich? ☐ Wie beschreiben sich die Konfliktpartner? ☐ Spielen soziale Fragen (Hierarchie, Verdienst) eine Rolle?		
Bestimmen der Konfliktstärke		
☐ Wie wichtig ist der Konfliktgegenstand für die Betroffenen? ☐ Welche Machtverhältnisse bestehen zwischen den Konfliktparteien (Gleichrangigkeit, Über-/Unterordnung)? ☐ Wie groß ist die Bereitschaft, gemeinsame Lösungen zu suchen? ☐ Welche Eskalationsphase ist erreicht?		
Annäherung an die Lösung		
☐ Wie viel Zeit steht für die Konfliktlösung zur Verfügung? ☐ Wie wurde der Konflikt bisher ausgetragen? ☐ Welche Verhaltensrituale haben sich bisher eingespielt? ☐ Haben die Parteien ähnliche Konflikte schon vorher gehabt? ☐ Was muss bei einem Rollentausch alles bedacht werden?		

---

[174] Vgl. Hillengaß (2009) S. 247.

☐ Wie stellen sich die Konfliktparteien eine Ideallösung vor?	
☐ Wie könnte eine für alle Seiten gute Lösung aussehen?	
Einbeziehung des Umfeldes	
☐ Mit wem wurde bisher über den Konflikt gesprochen?	
☐ Wer kann bei der Konfliktlösung unterstützen?	
☐ Welche externen Reflexionspartner können unterstützen?	
☐ Wer könnte eventuell vermitteln, weil er die Parteien versteht oder ihr Vertrauen besitzt?	
Sonstige konfliktspezifische Aspekte	
☐	
☐	

Checkliste 5.50: Vorgehen bei Konfliktlösungen

Konflikte als strategische Ressource

Werden Teams oder Arbeitsgruppen neu zusammengestellt, wie es im Zuge einer Nachfolgeregelung häufig vorkommt, so sind Konflikte notwendiger Bestandteil eines Teamfindungsprozesses. Häufig sind erst nach einem Konflikt die Positionen eindeutig definiert, Grenzen neu gezogen und gemeinsame Umgangsformen gefunden. Denn Konflikte machen Unterschiede bewusst, steuern das Gruppenverhalten, gestalten Identitäten, stabilisieren das Bestehende und sorgen für Veränderung und Weiterentwicklung. Konflikte können also sowohl stimulierende als auch innovative Wirkungen auf ein Projekt haben; diese Kreativität ginge in erheblichem Maße verloren, wenn ein Team von vornherein auf eine möglichst harmonische Zusammenarbeit ausgerichtet wäre.

Wo Konflikte auftreten, sind immer auch Emotionen im Spiel. Sie können, richtig gemanagt, als strategische Ressource genutzt werden und sich positiv auf die Konzentration und Kreativität auswirken. Positive Emotionen sorgen dafür, dass
- Verhandlungen kooperativer geführt werden,
- die Bereitschaft steigt, Zugeständnisse zu machen,
- kreative Problemlösungen gefunden werden.

Negative Emotionen können, wie Konflikte überhaupt, Hinweise auf Missstände geben. Sie können
- als sicheres Zeichen dafür gelten, dass demjenigen, der sie gezeigt hat, etwas sehr wichtig ist,
- Grenzen des Verhandelbaren aufzeigen,
- Interessen und Zwänge aufzeigen, auf denen ein gezeigtes Verhalten basiert.[175]

---

[175] Vgl. IHK Berlin (2011) Emotionale Aspekte der Unternehmensnachfolge.

Die Herausforderung liegt also nicht in den Emotionen selbst, sondern im Umgang mit ihnen. Es kann nicht darum gehen, alle Emotionen und Konflikte zu vermeiden – viele Probleme lassen sich gar nicht vermeiden, wenn das angestrebte Ziel nicht aufgegeben werden soll. Es muss vielmehr darum gehen, Emotionen und Konflikte strategisch für den Nachfolgeprozess zu nutzen.

6. Übergabe innerhalb der Familie

6.1 Identifikation des Nachfolgers

6.1.1 Auswahl des Nachfolgekandidaten und Nachfolgeprozess

Wird die Nachfolge innerhalb der Familie geregelt, spielen i.d.R. eine Reihe von Motiven eine Rolle. Der Senior möchte sich in der Person des Junior-Nachfolgers wiedersehen, die Familientradition soll weitergeführt und der Familienzusammenhalt gestärkt werden. Wenn es mehrere Kinder gibt, sollen ihnen meist gleiche Chancen gewährt werden.

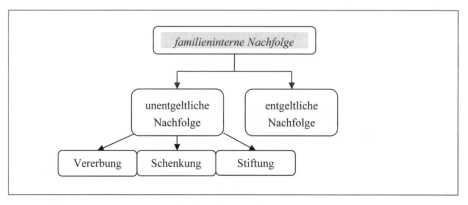

Abbildung 6.1: Familieninterne Unternehmensnachfolge
Quelle: Eigene Darstellung in Anlehnung an Brüser (2007) S. 65

Der Zeitpunkt der familieninternen Unternehmensnachfolge ist von mehreren Faktoren abhängig, darunter das Alter des Übergebers und des Übernehmers, der Reifegrad des letzteren, aber auch dessen Branchen- und Management-Knowhow. Überdies ist die Lebensplanung des potenziellen Nachfolgers zu berücksichtigen, denn bei einer aus seiner Sicht unangemessenen Verzögerung der Übergabe könnte er sich für andere Berufsalternativen entscheiden.[176] Schließlich ist zu beachten, wie die Übergabe auf die Unternehmerfamilie zurückwirkt.[177]

---

[176] Vgl. Weisz (2010) www.unternehmerweb.at/emagazin_pdf/sonderbeilage_06.pdf.
[177] Vgl. Weber (2009) S. 43.

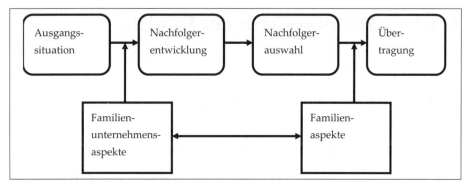

Abbildung 6.2: Familieninterner Nachfolgeprozess
Quelle: Eigene Darstellung in Anlehnung an Weber (2009) S. 42

Die Übertragung des Unternehmens an den familieninternen Nachfolger wird im Idealfall sukzessive vollzogen. Vor der Übertragung von Eigentumsanteilen sollte zunächst Führungsverantwortung übertragen werden. Auf diese Weise kann sich der Nachfolger schrittweise in das Unternehmen integrieren.[178] Allerdings können Notsituationen eintreten (z.B. durch das unerwartete Ausscheiden des Seniors), die die mit der Übernahme verbundenen Herausforderungen erheblich erhöhen. Eine rechtzeitige und detaillierte Übergabeplanung, die entsprechende Notmaßnahmen einschließt, ist deshalb anzuraten.

6.1.2 Ausbildung und Qualifizierung

Wie groß das Bedürfnis des Seniors auch sein mag, einen Nachfolger innerhalb der Familie zu finden, der familieninterne Nachfolger ist nur dann geeignet, wenn er den Anforderungen entspricht, die auch an einen externen Nachfolger zu stellen sind. Um die Führungsposition im Familienbetrieb ausfüllen zu können, benötigt der Nachfolger berufspraktische Erfahrungen und unternehmerische Qualifikationen, die er möglichst auch außerhalb des elterlichen Unternehmens erworben hat. Hat er sie nicht, kann auch ein im Wettbewerb gut positioniertes Unternehmen schnell in Schwierigkeiten geraten.[179]

Es ist durchaus nicht immer sicher, dass das für die Nachfolge vorgesehene Familienmitglied die Nachfolge antreten möchte. Familienmitglieder kennen in aller Regel die Stärken und Schwächen des Unternehmens, die Lebenssituation, Ar-

---

[178] Vgl. Weber (2009) S. 42.
[179] Vgl. Weber (2009) S. 40.

beitsbelastung und den Verdienst des Unternehmers. Diese Kenntnis kann ihre Motivation stärken, aber auch mindern.

Eine erfolgreiche familieninterne Nachfolge kann nicht erzwungen werden.[180] Im Gegenteil, die Chancen auf eine erfolgreiche familieninterne Nachfolgeregelung erhöhen sich, wenn der Nachwuchs Entscheidungsfreiheit hat. Nur wenn der potenzielle Führungsnachwuchs eine intrinsische Motivation entwickelt, das Unternehmen zu führen, wird die Übernahme langfristig erfolgreich sein.[181]

Günstige Voraussetzungen für eine solche Motivation werden geschaffen, wenn der Nachwuchs bereits im jungen Alter an das Unternehmen herangeführt wird. Praktika oder eine Ausbildung sind hier denkbare Wege. Wenn es mehr als einen potenziellen familieninternen Nachfolger gibt, besteht die Möglichkeit, die Geschäftsführung auf einzelne Geschäftsbereiche aufzuteilen.[182]

Ist der oder sind die potenziellen Nachfolger ausreichend motiviert, kann zusammen mit dem Senior ein Konzept ausgearbeitet werden, wie die Nachfolgeregelung gestaltet werden soll. Ein Szenario kann beispielsweise vorsehen, dass der Alt-Unternehmer dem Nachfolger nach der Übernahme beratend zur Seite steht.[183] In jedem Fall ist wichtig, dass die Zielvorstellungen und Werte des Juniors mit einfließen, um so seine Identifikation mit dem Unternehmen zu erhöhen.[184]

Zusammenfassend ist festzuhalten, dass der Unternehmer eine familieninterne Nachfolgeregelung nicht einfordern sollte. Die erfolgreiche Weiterführung des Unternehmens muss im Vordergrund stehen. Ist diese bei einer familieninternen Regelung zweifelhaft, weil potenzielle Nachfolger desinteressiert oder fachlich/unternehmerisch ungeeignet sind, sollte eine externe Nachfolgelösung favorisiert werden.[185]

---

[180] Vgl. Simon (2005) S. 207.
[181] Vgl. Habig (2010) S. 51 und Freund (2000) S. 21.
[182] Vgl. Dörfler (2004) S. 49 f.
[183] Vgl. Felden (2007) S. 72.
[184] Vgl. Koeberle-Schmid/Witt, Family Business Governance (2010) S. 73 f.
[185] Vgl. Felden (2007) S. 29.

6.2 Übergabekonzept: Annäherung und Ausarbeitung

6.2.1 Altersversorgung und Übergabe

Vor allem bei Inhabern von KMU herrscht vielfach die Vorstellung, mit der Übergabe in der Familie sei wesentlicher Teil der Altersversorgung gesichert. Die Vorstellung speist sich aus Erfahrungen der Vorgängergeneration.

Dabei wird der Wert der selbstgenutzten, gewerblichen Immobilienobjekte ins Spiel gebracht, die sich im Eigentum des Alt-Unternehmers befinden. Die Wertigkeit der Immobilienobjekte lässt sich annähernd mithilfe des Ertragswertverfahrens bestimmen.[186] Die Miete für das Immobilienobjekt kann dann als Teil der Altersversorgung angesehen werden, wenn nicht andere Gründe, zum Beispiel steuerrechtliche, dagegen sprechen.

In den wirtschaftlich erfolgreichen 1960er und 1970er Jahren, als private und gesetzliche Altersvorsorge kaum vorhanden waren, war es tatsächlich durchaus möglich, die Versorgung der Elterngeneration auf diese Weise aus den Unternehmenserträgen mitzugestalten – ihre materielle Absicherung war vielfach gar nicht anders möglich.

Inzwischen hat sich die Situation verändert. Die aktuelle Auswertung der Übergabewürdigkeit des IfM zeigt auf, dass nur 30% der Kleinunternehmen das Kriterium „Gewinn über 50.000 € im Geschäftsjahr" erfüllen. Unternehmen, die dieses Kriterium nicht erfüllen, haben im Prinzip keinen Unternehmenswert und sind nicht ertragsstark genug, um zwei Generationen langfristig zu versorgen.

Der Einstieg in die Nachfolgeüberlegungen muss deshalb eine kritische Bewertung der eigenen Vermögenssituation bei Betriebsaufgabe einschließen. Schon zehn Jahre vor der geplanten Übergabe, also mit 50 bis 55 Jahren, kann erkannt werden, ob ausreichend Vorsorge betrieben wird, um später, beispielsweise ab 65 Jahren, ein Leben mit angemessenem Standard ohne Einkünfte aus dem Betrieb führen zu können. Einmal erkannte Defizite sollten in den verbleibenden Jahren systematisch abgebaut werden.

Auch immobilienbezogene Investitionsentscheidungen, die im Laufe des Unternehmerlebens allein im Hinblick auf die Unternehmensentwicklung getroffen

---

[186] Überschlägig: Nettojahresmieteinnahme abzüglich 20-25% Bewirtschaftungsabschlag multipliziert mit dem 8-12-fachen je nach Lage, Zuschnitt und Zustand.

werden, können später entscheidenden Einfluss auf die Höhe der Altersversorgung haben. Was vor 20 Jahren beim Neubau optimal war, kann sich später wertmindernd auswirken. Als problematisch erweisen sich häufig Inhaberwohnungen auf dem Betriebsgelände. Nach den spezifischen Bedürfnissen der Inhaberfamilien erbaut und ausgestattet, führt der Verkauf an Externe häufig zu erheblichen Abschlägen. Auch in der Familie kommt es nicht selten Konflikten, weil die Generationen unterschiedliche Vorstellungen vom Wert der Objekte haben.

6.2.2 Übertragungsvorgänge in der Familie

System Familie

Die Familie hat als soziales System erheblichen Einfluss auf die Unternehmensnachfolge, umgekehrt hat die Unternehmensnachfolge einen großen Einfluss auf die Familie. Wie erwähnt, sollten sich die Familie und vor allem der Unternehmer bereits im Vorfeld der Nachfolge mit den möglichen Veränderungen im Familiengefüge auseinandersetzen. Den Beteiligten sollte bewusst sein, dass auch dann, wenn der Nachfolgeprozess optimal verläuft und das angestrebte Ziel erreicht wird, es nahezu unmöglich ist, jedem Familienmitglied hundertprozentig gerecht zu werden.

Dies gilt möglicherweise auch für das Thema Erben und Erbberechtigung, das naturgemäß ein hohes Konfliktpotenzial birgt und den Nachfolgeprozess deutlich erschweren oder sogar verhindern kann. Der Übergeber darf und soll seinen Standpunkt vertreten und auch einen eventuellen Wunschkandidaten benennen. Um Konflikte zu vermeiden, sollten Übernahmen von Wunschkandidaten, die selbst andere Interessen verfolgen, im Familienverbund kritisch diskutiert werden. Stehen mehrere Kinder als potenzielle Nachfolger zur Auswahl, bedarf es einer rechtzeitigen Entscheidung. Diese trifft entweder der Unternehmer selbst oder einer der Erben gibt eine Verzichtserklärung ab. Grundsätzlich stellt sich bei der Übertragung des Unternehmens in der Familie die Frage, ob das Unternehmen entgeltlich wie unter Fremden, unentgeltlich ohne Gegenleistung, oder im Rahmen einer teilentgeltlichen Übertragung mit Versorgungscharakter übergeben wird. Für eine entgeltliche Übertragung in der Familie spricht, dass
- der Verkaufserlös zur Altersversorgung dienen kann,
- steuerliche Freibeträge und die Betriebsaufgabebegünstigung genutzt werden können,
- Geschwister gleichbehandelt werden.

Gegen eine entgeltliche Übertragung spricht, dass

6. Übergabe innerhalb der Familie

- erhebliche Liquidität durch Zahlung von Ertragssteuern abfließt,
- Steuern gezahlt werden müssen und der Kaufpreis möglicherweise schwer zu finanzieren ist.

Um das Unternehmen und die Familie nicht mit finanziellen Abflüssen durch Ertragssteuern zu belasten, werden Unternehmen im Familienkreis teilweise unentgeltlich mit oder ohne Auflagen oder zumindest nur teilentgeltlich übertragen. Unentgeltliche Übertragungsvorgänge sind:
- Schenkung zu Lebzeiten im Rahmen einer vorgezogenen Erbregelung,
- Vererbung aufgrund des eingetretenen Erbfalls,
- Übertragung in eine Stiftung.

Einen Überblick über die verschiedenen Übertragungsvorgänge liefert die folgende Abbildung:

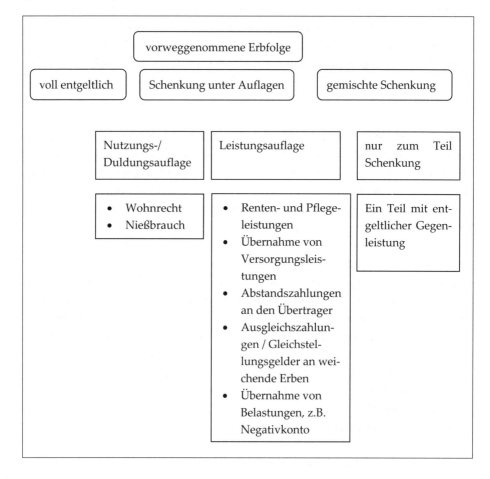

		voll unentgeltlich	Nutzungs-Duldungsauflage	Leistungsauflage / nur zum Teil Schenkung
ESt		Unentgeltlich	unentgeltlich	Entgeltlich
ErbSt		Steuerpflichtig	steuerpflichtig	teilw. Steuerpflichtig
GrESt		Befreit	steuerfrei/Steuerpflicht bei Auflösung	Steuerpflicht der Gegenleistung

Abbildung 6.3: Vermögensübergang durch vorweggenommene Erbfolge
Quelle: Eigene Darstellung in Anlehnung an Bohlender (2004) S.6

6.2.3 Übertragungsarten

Schenkung

Die Schenkung ist eine typische Form der familieninternen Unternehmensnachfolge. Zu Lebzeiten wird das betriebliche Eigentum des Unternehmenseigners, häufig auch in Verbindung mit privatem Eigentum, unentgeltlich und freiwillig an einen oder mehrere Nachfolger übergeben.[187] Die Schenkung wird in jedem fünften Familienunternehmen als Nachfolgelösung vollzogen[188] und wird häufig aus Gründen der Versorgung mit teilentgeltlichen Vorgängen verknüpft. Die Schenkung ist die planvolle Nachfolgegestaltung im Rahmen einer vorweggenommenen Erbfolgeregelung. Folgende Aspekte bedürfen in diesem Fall einer Regelung:

- Bewahrung der Unternehmenseinheit,
- Übertragung der Leitungsmacht,
- Übertragung von Betriebsvermögen und -schulden,
- Versorgung der älteren Generation,
- Ausgleich für unternehmensfremde Familienmitglieder,
- Steuerrechtliche Konsequenzen (Schenkungssteuer, Ertragssteuerliche Konsequenzen).

Die Regelung ist von der Zustimmung aller Beteiligten abhängig und muss mit einem notariellen Erbvertrag abgesichert werden. Nur in einem solchen Vertrag kann beispielsweise ein Verzicht auf einen Pflichtanteil gegen Ausgleichszahlungen ausgesprochen werden. Bei Nichtzustimmung einzelner Familienmitglieder

---

[187] Die Vorgehensweise wird u.a. in § 516 Abs. 1 BGB geregelt.
[188] Vgl. Albach (1989) S. 212 ff.

bleibt der gesetzliche Erbanspruch, der jedoch im notariellen Testament auf den gesetzlichen Pflichtteil reduziert werden kann. Solche Regelungen fördern nicht den Familienfrieden, dienen jedoch der Absicherung des Unternehmens. Zu beachten ist auch der Pflichtteilsergänzungsanspruch nach § 2325 BGB. Die Schenkung wird innerhalb des ersten Jahres vor dem Erbfall in vollem Umfang der Erbmasse hinzugerechnet. In jedem weiteren Jahr vor dem Erbfall wird diese um jeweils ein Zehntel der Erbmasse gemindert.

Checkliste Schenkung

Schenkungsvertrag

- ☐ Ausführliche Unternehmensbeschreibung durchgeführt? (Rechtsform, Inhaber, Teilhaber, Inventarverzeichnis usw.)
- ☐ Soll das Unternehmen ohne Gegenleistung abgegeben werden? (z.B. im Rahmen einer Familiennachfolge)
- ☐ Wurde das Angebot vom Nachfolger angenommen?
- ☐ Soll der Name des Unternehmens weitergeführt werden?
- ☐ Bei Vollkaufleuten: Wurden Vereinbarungen zur offenen Vorsteuer und zu den Vorsteuererstattungsansprüchen getroffen?
- ☐ Ist eine Liste mit allen beweglichen Gegenständen vorhanden?
- ☐ Sollen Forderungen und Verbindlichkeiten übernommen werden?
- ☐ Sollen Bankkonten und -guthaben übernommen werden?
- ☐ Wer haftet bis zum Stichtag der Übertragung für Umsätze und Erträge?
- ☐ Soll der Nachfolger in laufende Vertragsverhältnisse eintreten? (z.B. Arbeits-Versicherungsverhältnisse)
- ☐ Liegt die Zustimmung der jeweiligen Vertragspartner vor?
- ☐ Wer haftet für Gewährleistungsansprüche Dritter, die aus dem Zeitraum vor der Übertragung resultieren, aber erst nach der Übertragung geltend gemacht werden?
- ☐ Werden Bank-Sicherheiten vom Nachfolger übernommen?
- ☐ Was geschieht, wenn nach dem Stichtag eine Betriebsprüfung durchgeführt wird, die Fehler oder Nachlässigkeiten des Alt-Inhabers aufdeckt?
- ☐ Welche Nießbrauchsregelungen sind vereinbart?
- ☐ Wurde die Zahlung einer dauernden Last vereinbart? (z.B. Rentenzahlungen)
- ☐ Wurde die Abfindung aller Erben geregelt?
- ☐ Wurde eine salvatorische Klausel aufgenommen, wonach die im Vertrag aufgeführten Klauseln ihre Gültigkeit behalten, auch wenn eine der Klauseln unwirksam wird?

Unterlagen, die vorliegen sollten

- ☐ Unbedenklichkeitsbescheinigung des Finanzamtes, dass bis zum Übertragungsstichtag alle öffentlichen Abgaben für alle Betriebsgrundstücke abgeführt wurden.
- ☐ Negativbescheinigung des Finanzamtes, dass bis zum Übertragungsstichtag alle betrieblichen Steuerschulden getilgt wurden.
- ☐ Bestätigung der Sozialversicherung, dass sämtliche Beiträge abgeführt wurden.

Checkliste 6.1: Checkliste Schenkung

Quelle: Eigene Darstellung in Anlehnung an BMWi (2011) Unternehmensnachfolge: Die optimale Planung, S. 46

Erbfall

Das Eigentum an einem Betrieb wird aufgrund des Todes des bisherigen Eigentümers an einen oder mehrere Nachfolger unentgeltlich übertragen.[189] Der Ablauf der Übertragung auf den oder die Erben hängt von der letztwilligen Verfügung des Eigentümers ab.[190] Hat dieser zu Lebzeiten keinerlei Regelungen getroffen, vollzieht sich die Vererbung im Wege der gesetzlichen Erbfolge.[191] Der Erbfall geht im Grundsatz davon aus, dass das gesamte Betriebsvermögen komplett und einheitlich durch testamentarische Verfügung auf einzelne Erbberechtigte oder auf die Erbengemeinschaft im Fall der gesetzlichen Erbfolge übergeht. In jedem Fall sind neben den erbschaftssteuerlichen Konsequenzen die erheblichen ertragssteuerlichen Probleme zu beachten, die durch falsche oder unzureichende testamentarische Regelungen hervorgerufen werden können. Das Hinzuziehen eines Steuerberaters wird deshalb dringend empfohlen.

Checkliste Erbfall

Erbansprüche
- ☐ Existiert ein Erbvertrag, ein Testament oder ein Ehevertrag?
- ☐ Wurde ein Gesellschaftsvertrag geschlossen und welche Regelungen enthält dieser?
- ☐ Ergeben sich daraus Konsequenzen für die Betriebsfortführung?
- ☐ Wie hoch sind die Pflichtteilsansprüche aller Erben?
- ☐ Welche letztwillige Verfügung soll getroffen werden?

Mit-Erben
- ☐ Wie hoch sind der Unternehmenswert und der Wert des übrigen Vermögens?
- ☐ In welcher Höhe sind Pflichtteilsrechte anderer Erben zu beachten?
- ☐ Existiert ausreichend sonstiges Vermögen, um andere Erben auszuzahlen?
- ☐ Verfügt der Nachfolger über genügend Barmittel, um Pflichtteilsrechte zu erfüllen?
- ☐ Ist eine notarielle Beurkundung des Schenkungsvertrags erfolgt?
- ☐ Falls Minderjährige beteiligt sind, muss ein Ergänzungspfleger bestellt werden.
- ☐ Erfolgt eine Übertragung von Grundstücken oder GmbH-Anteilen?
- ☐ Wird im Schenkungsvertrag ein Pflichtteilsverzicht durch den Nachfolger vereinbart?
- ☐ Ist die testamentarische Regelung an die Vorabschenkung angepasst worden?

Checkliste 6.2: Checkliste Erbfall

Quelle: Eigene Darstellung in Anlehnung an BMWi (2011) Unternehmensnachfolge: Die optimale Planung, S. 43 ff.

---

[189] Vgl. Scherer (2000) S. 1 ff.
[190] Vgl. Hering (2003) S. 42.
[191] Vgl. § 1924 Abs. 3 BGB.

6.2 Übergabekonzept: Annäherung und Ausarbeitung

Praxisbeispiele

Firmenwert als Ausgangspunkt

Der jährliche Gewinn des zu übergebenden Einzelunternehmens lag abzüglich eines angemessenen Unternehmerlohns[192] bislang bei 300.000 Euro. Dieser Wert wird für die Errechnung des amtlichen Unternehmenswertes mit dem Kapitalisierungsfaktor multipliziert. Die Ausgangswerte für diesen Faktor werden jährlich von der Finanzverwaltung (BewG § 203) neu vorgegeben. Für 2013 errechnet sich der Kapitalisierungszinssatz aus der Vorgabe des Basiszinssatzes von 2,04% und dem Zuschlag von 4,5%. Daraus errechnet sich der Kapitalisierungszinssatz von 6,54%. Der Kapitalisierungsfaktor ist der Kehrwert des Kapitalisierungszinssatzes und damit 15,29%.

Gewinn	300.000
Abschlag für Steuer (30%)	90.000
Betriebsergebnis	210.000
multipliziert mit (Faktor laut Finanzverwaltung)	15,29
Unternehmenswert	3.210.900

(Angaben in Euro)

Beispiel: Nießbrauch

Der 60-jährige Eigentümer gibt sein Unternehmen unter dem Vorbehalt des Nießbrauchs an seine Tochter weiter. Zieht man von dem errechneten Unternehmenswert den Nießbrauch ab, verbleibt ein zu versteuernder Betrag von 836.650 Euro. Abzüglich des persönlichen Freibetrages von 400.000 Euro, unterliegen 436.650 Euro der Erbschaftssteuer. Die Familie wählt die 85-Prozent-Variante; sie besagt, dass nur 15 % der Steuer sofort fällig werden. Der Rest wird fünf Jahre gestundet und später erlassen, wenn das Unternehmen in dieser Zeit mit weitgehend unverändertem Personalbestand weitergeführt wurde.

---

[192] BewG §202 Abs.1 2d

Nießbrauchwert

Unternehmenswert	3.210.900
geteilt durch 18,6 (Faktor laut Bewertungsgesetz)[193]	172.629
mal Altersmultiplikator (laut Sterbetafel 2013)[194]	12,713
Nießbrauchwert	2.194.463

(Angaben in Euro)

Nießbrauch mit Stundung

Unternehmenswert	3.210.900
Nießbrauchwert	2.194.632
Bereicherung	1.016.268
Freibetrag	400.000
zu versteuern	616.268
Steuer (15%)	92.440
sofort fällig (15%)	13.866
gestundet (85%)	78.574

(Angaben in Euro)

Beispiel: Rentenmodell

Der Senior-Unternehmer überträgt den Betrieb an seinem 60. Geburtstag seiner Tochter. Beide vereinbaren, dass er für die Unternehmensübergabe 10.000 Euro monatlich als Rente bekommen soll. Von dem errechneten Firmenwert wird der Wert der Rente abgezogen. Der Rest ist steuerpflichtig. Davon sind 15% sofort fällig. Der Rest wird fünf Jahre gestundet und später erlassen, wenn das Unternehmen in dieser Zeit mit weitgehend unverändertem Personalbestand weitergeführt wurde.

Wert der Rente

Jahresrente	120.000
Altersmultiplikator (laut Sterbetafel 2013)	12,713
Rentenwert	1.525.560

(Angaben in Euro)

---

[193] BewG §16

[194] http://www.bundesfinanzministerium.de/

Rente mit Stundung

Unternehmenswert	3.210.900
Rentenwert	1.525.560
Bereicherung	1.685.340
Freibetrag	400.000
zu versteuern	1.285.340
Steuer (15%)	192.801
sofort fällig (15%)	28.920
gestundet (85%)	163.881

(Angaben in Euro)

Beispiel: Schenkungsmodell

Der Firmeninhaber hat in den vergangenen Jahren mehr Geld aus dem Unternehmen entnommen als das Unternehmen hat. Der überschießende Betrag diente allein der Altersversorgung. Als sich der Senior mit 63 Jahren aus dem Geschäft zurückzieht, überträgt er sämtliche Aktiva und Passiva auf seinen Sohn. Da das Unternehmen in einem schwierigen Marktumfeld agiert, wird vereinbart, dass für die Schenkungssteuer die 85-Prozent-Variante greifen soll. Der Sohn hat bereits als leitender Angestellter seines Vaters ein ansehnliches Gehalt bekommen und konnte so einen fünfstelligen Betrag zur Seite legen. Weil der Sohn das Unternehmen unbelastet bekommt, unterliegt der Unternehmenswert ohne Abschläge der Schenkungssteuer.

Kosten der Schenkung

Unternehmenswert	2.589.300
Freibetrag	400.000
zu versteuern	2.189.300
Steuer (19%)	415.967
sofort fällig (15%)	62.395
gestundet (85%)	353.572

(Angaben in Euro)

Praxisbeispiele
Quelle: Eigene Darstellung in Anlehnung an Impulse, April 2012, S. 20

6.2.4 Übergangsüberlegungen

Die Übergangsphase ist konfliktträchtig; es kann zu Spannungen zwischen ausscheidenden Eigentümer und Nachfolger kommen. Es ist deshalb vorteilhaft, wenn bereits im Vorfeld mögliche Spannungsfelder identifiziert und Verfahren zur Konfliktlösung vereinbart werden. In bestimmten Konstellationen kann es sinnvoll sein, auf die Begleitung der Übernahme durch den Alt-Eigentümer zu verzichten, um mögliche Konflikte zu vermeiden. Wenn der Senior die Übernahme begleiten soll, sollte zuvor der zeitliche und inhaltliche Rahmen festgelegt werden. Im Folgenden werden Ansätze zur Konfliktvermeidung während der Übergangsphase skizziert.

Aufgabenteilung

Glaubwürdigkeit und Vertrauen sind bei der Unternehmensnachfolge eine wichtige Ressource. Unterschiedlich interpretierbare Handlungen und Missverständnisse führen schnell zu gegenseitigem Misstrauen und Konflikten. Um Konflikte soweit wie möglich zu vermeiden, sollten Unternehmer und Nachfolger ihre persönlichen Ziele für die Unternehmensnachfolge schriftlich festhalten und ergebnisorientiert formulieren. Im Gegensatz zu einem *prozessorientierten Ziel*, das sich an einer Tätigkeit, etwa „Verkaufsunterlagen zusammenstellen", orientiert, bezieht sich ein *ergebnisorientiertes Ziel* auf Resultate, beispielsweise „Verkaufsunterlagen wurden dem Interessenten zugesandt".[195]

Die Abkürzung *SMART* kann als Hilfsmittel zur Formulierung eindeutiger Ziele dienen: **S**-spezifisch: Das Ziel muss eindeutig auf den Kontext bezogen und konkret formuliert sein. Es muss so bestimmt sein, dass der Erfolg überprüft werden kann. **M**-messbar: Das Ziel muss messbar sein. Konkrete Resultate sollten definiert werden. **A**-aktiv beeinflussbar: Das Ziel muss von Prozessbeteiligten beeinflussbar sein und es müssen sich konkrete und umsetzbare Maßnahmen zur Zielerreichung ableiten lassen. **R**-realistisch: Das Ziel muss realistisch erreichbar sein, gemessen an der Ausgangssituation, den Beteiligten und der zur Verfügung stehenden Zeit. Im Idealfall konzentriert sich die Zielformulierung auf wenige, präzise formulierte Ziele, von denen sich klare Maßnahmen ableiten lassen. **T**-terminiert: Der Zeitpunkt, an dem das Ziel erreicht werden soll, muss bestimmt werden. Darüber hinaus sind Zwischenstände (Meilensteine) zu terminieren.[196]

---

[195] Vgl. Stöger (2007) S. 46.
[196] Vgl. Stöger (2007) S. 46.

Die Ziele von Übergeber und Übernehmer stimmen nicht notwendigerweise überein. Die schriftliche Niederlegung und der Abgleich der Ziele erlauben es jedoch, Missverständnissen und Fehlerwartungen entgegenzuwirken und schließlich – Kompromissfähigkeit vorausgesetzt – zu einem gemeinsamen Plan des Projektablaufes zukommen.[197] Das Tool „Zielformulierung" zeigt, welche Aspekte zu berücksichtigen sind:

Übergeordnetes Ziel:	Herr Kern (Wer?)
	übergibt 100% seines Unternehmens (übergibt was?)
	zur finanziellen Absicherung und zum langfristigen Sicherstellen der Substanz des Unternehmens (Wie?)
	voraussichtlich im April 2013 (Wann?)
	an seine Tochter (an wen?)
Zieldimension	Detaillierung des Zieles/Teilziele
Sicherung des Einkommens im Alter	Überprüfung der Altersversorgung
	Ermittlung des finanziellen Bedarfs
	Wählen einer geeigneten Form der Eigentumsübertragung
Absicherung der Familie	Klärung der Güter- und erbrechtlichen Verhältnisse
	(Wer soll was wann und wie erhalten?)
	Testament
	Ehevertrag
	Berater wählen
	Unternehmenswert abschätzen
	Unterlagen zusammenstellen
Minimierung der Steuerbelastung	Informationen über alle steuerlichen und rechtlichen Aspekte sammeln
	Unternehmen vorbereiten (Rating)
Übergabe der Unternehmensleitung (Bedingung: Arbeitsplätze bleiben erhalten, Leitbild wird bewahrt)	Zeitplan/Übergabefahrplan erstellen (mit Vorlauf), einschließlich aller Termine

Abbildung 6.4: Zielformulierung

Quelle: Eigene Darstellung in Anlehnung an Stöger (2007) S. 50 f.

---

[197] Vgl. Felden (2007) S. 71 f.

Auf Basis der gewonnenen Informationen aus den Zielformulierungen beider Parteien wird ein Übergabefahrplan erstellt.

Im Übergabefahrplan werden in Form eines Balkenplans die logischen und zeitlichen Dimensionen eines Prozesses festgelegt.

Zeit **Arbeitspaket**	April	Mai	Juni	Juli	August
1. Ist-Analyse					
Schritt 1					
Schritt 2					
Schritt 3					
2. Grobkonzept					

Abbildung 6.5: Balkendiagramm

Quelle: Eigene Darstellung in Anlehnung an Stöger (2007) S. 95 f.

Terminplanung Nachfolge

Termine	Jahr	200a				200b				200c				200d			
	Quartal	I.	II.	III.	IV.	I.	II.	III.	IV	I.	II.	III.	IV.	I.	II.	III.	IV.
Lebensalter der Personen	Vater (Mehrheitsgesellschafter)	59				60				61				62			
	Bruder (Minderheitsgesellschafter)		63				64				65				66		
	Tochter des Mehrheitsgesellschafters			28				29				30				31	
	Sohn des Minderheisgesellschafters		24				25				26				27		
GF Vertrieb/ Marketing Vater/ Tochter	Entscheidung über Übergabezeitpunkt																
	Ende von Ausbildung/ Studium																
	Erfahrung sammeln in einem Fremdunternehmen																
	Eintritt der Tochter ins Familienunternehmen																
	Tauglichkeit als Vertriebsleitern																
	Wechsel des Vorgängers in den Beirat																
	Übernahme GF-Funktion durch Tochter																
Kfm. GF Bruder/ Sohn	Entscheidung über Übergabezeitpunkt																
	Einsatz eines interimistischen Managements																
	Ende von Ausbildung/ Studium																
	Erfahrung sammeln in einem Fremdunternehmen																
	Eintritt ins Familienunternehmen																
	Tätigkeit als Controller im Familienunternehmen																
	Ausscheiden des Vorgängers																
	Übernahme GF-Funktion durch Sohn																

Zeitkritisch — Familienunternehmen — Fremdunternehmen — Externes Management

Abbildung 6.6: Beispiel einer zeitlichen Nachfolgeplanung

Quelle: TAC (2008) S. 38

Die Aufgabenteilung zwischen Übergeber und Übernehmer können durch zahlreiche Werkzeuge unterstützt werden. Bei ihrer Auswahl sollten einfache und verständliche Tools bevorzugt werden, deren Darstellungen keinen Interpretationsspielraum lassen.

Wichtig ist, dass die Unternehmensnachfolge auf zwei Ebenen stattfindet, der der Geschäftsführung und der des Eigentums. Es kann der Fall eintreten, dass sich die Nachfolge ausschließlich auf die Geschäftsleitung bezieht und der Senior Eigentümer bleibt. Beide Ebenen sind deshalb separat zu betrachten.

6.2.5 Bestandteile eines Nachfolgekonzeptes

Führungsverantwortung kann auf unterschiedliche Weise abgegeben werden. Es kann eine spezielle Aufgabe oder ein ganzes Aufgabengebiet auf Einzelne – in diesem Fall den Nachfolger – oder auch auf Teams übertragen werden. Bei der Delegation sind einige Grundregeln zu beachten, die in der folgenden Checkliste aufgeführt sind. Abweichungen von den Regeln, die auch außerhalb des Nachfolgeprozesses gelten, sollten begründet werden.[198]

---

[198] Vgl. Hillengaß (2009) S. 221.

6. Übergabe innerhalb der Familie

Checkliste: Regeln bei der Übergabe von Verantwortung im Nachfolgeprozess		
Regel	Angewendet ja /nein	Begründung
Verantwortung für Aufgabengebiete wird entsprechend Entwicklungs- und Erfahrungsstandes des Übernehmers dauerhaft übergeben		
Es wird sichergestellt, dass zwischen Abgebendem und Übernehmendem die notwendigen Informationen ausgetauscht werden		
Sinn und Zweck der mit einer Aufgabe verbundenen Verantwortung werden vermittelt, Zusammenhänge aufgezeigt und sich vergewissert, dass alles verstanden und akzeptiert wurde		
Ziele werden gemeinsam festgelegt, der Übernehmer kann jedoch den Weg zum Ziel selbstverantwortlich bestimmen		
Bei längerfristigen Projekten wird die Verantwortung zunächst nur für Teilziele vereinbart und terminlich fixiert		
Die Kontrollverantwortung für Ziele wird so formuliert, dass eine Wertung der Ergebnisse emotionsfrei möglich ist		
Es wird nur im Ausnahmefall, bei Gefahr eines wesentlichen Schadens, eingegriffen, die Verantwortung jedoch nicht zurückgenommen		
Verantwortung für Aufgabenkomplexe wird geschlossen übertragen		
Die Selbstkontrolle des Nachfolgers wird gefördert, die Fremdkontrolle entsprechend reduziert		
Dem Nachfolger wird Feedback über Leistungsergebnisse in Form von Anerkennung oder konstruktiver Kritik gegeben		
Bei Zielabweichung werden auf Basis der Vorstellungen und Initiativen des Nachfolgers Maßnahmen zur Kurskorrektur gemeinsam festgelegt		
Unternehmensindividuelle Regeln	Begründung	

Checkliste 6.3: Regeln bei der Übergabe von Verantwortung im Nachfolgeprozess
Quelle: Eigene Darstellung in Anlehnung an Hillengaß

6.3 Übernahme und Übergabe: Vorgespräche, Verträge, Finanzierung

Bei einer Nachfolge müssen Übergeber und Übernehmer einen Prozess initiieren, der für alle Beteiligten (Inhaber/Gesellschafter, Nachfolger, Führungskräfte, Mitarbeiter, Lieferanten, Kunden etc.) einen Rahmen schafft und Orientierung bietet, z.B. im Hinblick auf künftige Unternehmensziele und -werte.

6.3.1 Ablauf und Strukturierung der Nachfolgeverhandlung

Bevor die Nachfolgeverhandlungen mit dem Übernahmevertrag erfolgreich abgeschlossen werden, müssen die Vertragspartner in einer Reihe von Punkten Übereinstimmung erzielen. Die „Nachfolgetreppe" veranschaulicht dies und macht deutlich, dass sich die Interessen der Verhandlungspartner auf den einzelnen Stufen unterscheiden. Um einen Ausgleich der unterschiedlichen Interessenlagen zu erzielen, ist es sinnvoll, kompetente Berater hinzuzuziehen. Die bereits aufgeführten erbschaftssteuerlichen Aspekte werden i.d.R. nur mit entsprechender juristischer Expertise geklärt werden können.[199]

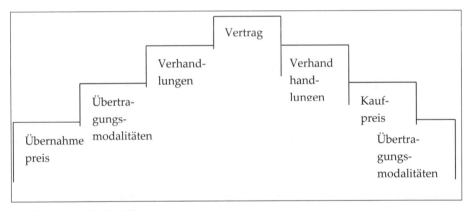

Abbildung 6.7: Die Nachfolgetreppe

Quelle: Eigene Darstellung in Anlehnung an IHK Würzburg-Schweinfurt (2011) Schriftenreihe Nr. 28, S. 17

6.3.2 Finanzierung

Auch bei einer familieninternen Nachfolge sind die finanziellen Aspekte ein wichtiger Faktor. Zum einen muss gewährleistet sein, dass der Senior nach dem Aus-

---

[199] Vgl. Groschoff (2008) S.56.

scheiden eine Altersversorgung erhält, zum anderen darf die finanzielle Ausstattung des Unternehmens nicht zu stark in Anspruch genommen werden.[200] In dieser Situation sind zwei Szenarien vorstellbar. Erste Möglichkeit: das Unternehmen nimmt einen Kredit auf - allerdings wird der Betrieb dadurch zusätzlich belastet. Zweite Möglichkeit: der Nachfolger nimmt einen persönlichen Kredit auf. In diesem Szenario stehen dem Nachfolger Fördermittel, beispielsweise Kredite der KfW-Bank, zur Verfügung.[201]

6.3.3 Ausgleichsoptionen für unternehmensfremde Familienmitglieder

Eine familieninterne Nachfolgelösung zu finden, die alle Anspruchsberechtigten zufriedenstellt, ist mitunter schwierig. Eine Möglichkeit, Familienmitglieder abzufinden, die keine Nachfolge im Unternehmen anstreben, besteht in der Aufspaltung des Unternehmens. Familienmitglieder mit Interesse an der Nachfolge können dann einen Unternehmensteil weiterführen, während die anderen den Verkaufserlös von Unternehmensteilen erhalten.[202] Denkbar ist auch, dass unterschiedliche Geschäftsfelder (etwa Metzgerei und Partyservice) von verschiedenen Nachfolgern separat weitergeführt werden.

6.4 Übernahme und Übergabe: Umsetzung

Der Zeitpunkt, wann eine Unternehmensnachfolge erfolgreich umgesetzt sein wird, ist im Voraus kaum präzise zu bestimmen. Nicht selten arbeiten Übergeber und Übernehmer eine Zeitlang gemeinsam, aber mit unterschiedlichem Engagement an der Umsetzung. Es ist wichtig, dass sie sich bereits im Vorfeld auf die Aufgabenverteilung und den zeitlichen Rahmen der Zusammenarbeit verständigen.

Wenn der Übergeber nach dem Verkauf keinen Kontakt mehr zum Unternehmen hat, kann es sinnvoll sein, dass sich der Übernehmer durch einen Berater begleiten lässt, um so den langfristigen Erfolg der Übernahme sicherzustellen.

---

[200] Vgl. Groschoff (2008) S.79.
[201] Vgl. Groschoff (2008) S.79.
[202] Vgl. Hering (2003) S.21.

6.4.1 Umsetzung Einarbeitungsplan

In der Regel ist es für den Nachfolger vorteilhaft, wenn der Senior in der Zeit seiner Einarbeitung im Unternehmen anwesend ist. Er profitiert von dessen langjährigen Erfahrungen und wird so mit den Abläufen innerhalb des Unternehmens schneller vertraut. Der Senior sollte vor allem beraten und den Nachfolger bei seinen Entscheidungen unterstützen.[203] Die Beratungstätigkeit sollte jedoch zeitlich und inhaltlich durch Meilensteine klar definiert sein und die Stellung des Nachfolgers schrittweise gestärkt werden.

6.4.2 Umsetzung Ausstiegsplan

In der Zeit der Einarbeitung sollte die Mitwirkung des Seniors schrittweise sinken. Ein Konflikt kann auftreten, wenn sich der Altunternehmer nicht mit seiner beratenden Rolle zufrieden geben mag.[204] Es ist deshalb wichtig, im Vorwege klare Vereinbarungen zu treffen. Am Ende der Einarbeitungsphase steht der Ausstieg des Seniors: die Projektübergabe wird mittels eines Projektübergabeplanes eingeleitet und in einem Projektabschlussbericht dokumentiert. Diese Dokumente dienen einerseits der Vorbereitung des Projekts, indem vor der Übergabe die Eckdaten festgelegt werden. Andererseits dokumentieren Sie Vorgaben und erreichte Erfüllung dieser Vorgaben.

Projektübergabeplan

Projekt	Unternehmensnachfolge
Übergabe zum	TT.MM.JJJJ
Projektbeteiligte	Unternehmer Ausgewählte Mitarbeiter Nachfolger (Sohn)
Projektziel	Übergabe von Aufgaben Kompetenzen Verantwortung Mitarbeit des Senior-Unternehmers sollte auf 15% = 7-10 Std pro Woche reduziert werden (im Vergleich zu 50 – 60

---

[203] Vgl. Brüser (2007) S. 36.
[204] Vgl. Brüser (2007) S. 36.

6. Übergabe innerhalb der Familie

	Std./Woche zu Projektbeginn)
Phasen und Meilensteine	Rückzug aus dem Einkauf am TT.MM.JJJJ
Aktuelle Situation im Projekt	Finanzierungsplan in erster Fassung erstellt
Umsetzungscontrolling	Verantwortung: Meier (ab bis TT.MM.JJJJ) Bericht: vierteljährlich, jeweils den ersten Montag im Monat 13.00 bis 15.00 Uhr Jungunternehmer Umsetzungsausschuss: Mitarbeitervertreter, Alteigentümer, Gesellschafter, Mediator, Berater

Projektabschlussbericht

Projekt	Unternehmensnachfolge
Berichtsdatum	31. April 2014
Projektbeteiligte	Unternehmer Ausgewählte Mitarbeiter Nachfolger (Sohn)
1. Gesamteindruck Projektziel	Insgesamt ist die Projektgruppe mit den Ergebnissen und der Umsetzung der Übergabe zufrieden. Optimierungspunkte sind unter 4. Lessons learned aufgeführt
2. Reflexion Zielerreichung	Alle gesteckten Ziele sind inhaltlich erreicht worden. Der Zeitplan wurde (ohne negative Auswirkungen) um zwei Monate überschritten Grundlogik der phasenweisen Aufteilung /des schrittweisen Rückzuges hat sich als geeignet erwiesen. Regelmäßig fanden Reflexionsrunden statt
3. Reflexion Organisation	Die Projektorganisation war zweckmäßig Die zu Beginn zu geringe Einbindung des Senior-Unternehmers wurde rasch verändert

4. Lessons learned	Die Beteiligten (insbesondere alle mit der Umsetzung Betrauten) sind frühzeitig einzubinden. So viele Fakten wie möglich schriftlich mit Datum des Auftretens dokumentieren.
5. Projektübergabe	Ist am 31. April 2014 erfolgt Die wichtigsten Ziele sind in die Zielvereinbarung für das nächste Jahr übernommen worden
6. Dokumentation/ Projekthandbuch	Die Dokumentation befindet sich bei Frau Reiter (Sekretariat) und in elektronischer Form auf Laufwerk „p"
Verteiler:	Jungunternehmer Umsetzungsausschuss: Mitarbeitervertreter, Alteigentümer, u.U. Gesellschafter, Mediator, Berater

Abbildung 6.8: Beispiele für Projektübergabeplan und Projektabschlussbericht
Quelle: Eigene Darstellung in Anlehnung an Stöger (2007) S. 144

Mit Hilfe von Projektübergabeplan sowie Projektabschlussbericht lässt sich ein reibungsloser Ablauf während der Umsetzung der Unternehmensnachfolge gewährleisten. Bei der Gestaltung des Plans ist es wichtig, dass sämtliche Themen aufgegriffen und die Aufgaben während der Umsetzungsphase eindeutig zugeteilt werden. Die Einigung auf die Verteilung verschiedener Kompetenzen während der Umsetzungsphase gestaltet sich bei einer familieninternen Nachfolge aufgrund des vorhandenen Vertrauensverhältnisses einfacher als bei einer familienexternen Nachfolge. Der Projektabschlussbericht dient zur Information aller Beteiligten im Übergabeprozess in Bezug auf Erreichung der angestrebten Ziele.

7. Übergabe an familienexterne Nachfolger

Familienexterne Nachfolgelösungen können die verschiedensten Formen annehmen, wie die nachfolgende Abbildung zeigt. Eine Nachfolge können natürliche, aber auch juristische Personen antreten. Durch ein MBO können ein oder mehrere interne Führungskräfte das Unternehmen erwerben. Das Gegenstück bildet das MBI: Ein oder mehrere externe Personen oder ein externes Unternehmen übernehmen die Mehrheit am Unternehmen. Ein wesentliches Kriterium zur Unterscheidung der verschiedenen Nachfolgearten ist die Regelung der Vermögensnachfolge.

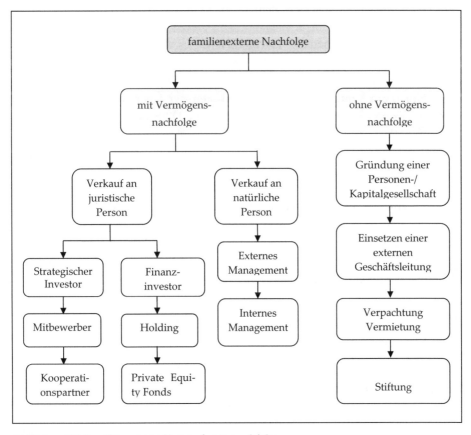

Abbildung 7.1: Familienexterne Unternehmensnachfolge
Quelle: Eigene Darstellung in Anlehnung an Brüser (2007) S. 65

7.1 Identifikation und Aufbau der Nachfolger

Kommt ein Nachfolger aus der Familie nicht infrage, gilt es für den Unternehmer einen geeigneten externen Nachfolger zu finden. Die an einen Nachfolger zu stellenden Anforderungen sind von Unternehmen zu Unternehmen naturgemäß sehr unterschiedlich. Welche Qualifikationen und Persönlichkeitsmerkmale im gegebenen Fall gefragt sind, sollte der Unternehmer in einem Anforderungsprofil beschreiben.

Bei der Suche können verschiedene Instrumente genutzt und unterschiedliche Wege beschritten werden. Sollte der Unternehmer schon im Vorfeld der Nachfolgeregelung potenzielle Nachfolgekandidaten im Unternehmen oder dessen Umfeld in den Blick genommen haben, zahlt es sich jetzt aus, wenn diese durch entsprechende Anreize an das Unternehmen gebunden worden sind.

Das Interesse des potenziellen Nachfolgers ist es, ein wettbewerbsfähiges, am Markt etabliertes inhabergeführtes Unternehmen zu erwerben. Für ihn ist es eminent wichtig, sich ein vollständiges Bild vom den Zustand des Betriebes zu machen. Nur dann kann er Chancen und Risiken der Übernahme gegeneinander abwägen. Es ist vor allem das Instrument der Due Diligence – das sorgfältige und gewissenhafte Prüfen der Unterlagen des Unternehmens –, das dem Nachfolger helfen kann, der Unternehmenssituation entsprechende Übernahmebedingungen und einen angemessenen Kaufpreis auszuhandeln.

Wenn Nachfolgeverhandlungen scheitern, dann häufig am Verkaufspreis. Der verlangte Kaufpreis stimmt oftmals nicht mit dem realistischen Marktwert des Unternehmens überein und stellt einen sogenannten Deal Breaker dar. Auch Banken können eine Nachfolge scheitern lassen, wenn sie, etwa weil der Übernehmer nicht über genügend Eigenkapital verfügt, als Finanzierungsquelle ausfallen.[205]

7.1.1 Identifikation von potenziellen Nachfolgern aus dem Mitarbeiterkreis

Bei einer frühzeitig geplanten Unternehmensnachfolge gilt es, talentierte Mitarbeiter für das eigene Unternehmen zu begeistern und diese kontinuierlich zu

---

[205] Vgl. BMWi (2010) Forschungsbericht Nr. 573.

Führungskräften auszubilden. Stellt sich im Laufe der Zeit eine Eignung zur Unternehmensnachfolge heraus, kann auf ein MBO gesetzt werden.[206]

Um möglichen Nachfolgern einen näheren Einblick in das Unternehmen zu ermöglichen, ist ein Unternehmensmemorandum zu erstellen, das grundlegende Daten enthält, beispielsweise zur wirtschaftlichen Lage, den Zukunftsaussichten, Strategien und der Stellung im Markt.[207] Wichtig ist, dass der potenzielle Nachfolger vorab eine Erklärung unterzeichnet, welche den vertraulichen Umgang mit herausgegebenen Daten regelt. Diese sollte bereits vor der Ausgabe des Verkaufsmemorandums erfolgen.[208]

Darüber hinaus ist der Preis des Unternehmens mitunter ein entscheidender Faktor, um einen Nachfolger gewinnen zu können.[209] Als Basis für die Verhandlungen über den Kaufpreis dient eine neutrale Unternehmensbewertung. Je nach Verhandlungsgeschick und strategischen Absichten der beiden Parteien kann der endgültige Verkaufspreis über oder unter dem ermittelten Unternehmenswert liegen.[210] Wenn über alle Aspekte der Nachfolge Übereinkunft erzielt worden ist, können Verträge geschlossen werden.

Wenn sich in der Familie des Unternehmers kein Nachfolger findet, kann der Betrieb unter Umständen an einen oder mehrere geeignete Mitarbeiter verkauft werden. Ein Vorteil des MBO ist es zum einen, dass die Mitarbeiter das tägliche Geschäft, die Lieferanten- und Kundenstruktur des Unternehmens, seine Ziele und Zukunftsaussichten und nicht zuletzt die übrigen Mitarbeiter kennen.[211] Während für externe Nachfolger der Betrieb zunächst nur irgendein Unternehmen ist, sind interne Nachfolger mit dem Unternehmen und seinen internen Prozessen bestens vertraut. Zum anderen kennt der Übergeber die Arbeitsweise, Qualifikationen und die persönlichen Eigenschaften der potenziellen Übernehmer.[212] Auch müssen bei dieser Art Nachfolge keine vertraulichen Geschäftsdaten an unbekannte Dritte herausgegeben werden.[213]

---

[206] Vgl. Fueglistaller (2008) S. 173 f.
[207] Vgl. Hohenlohe (2006) S. 26.
[208] Vgl. Fueglistaller (2008) S. 173 f.
[209] Vgl. Bösl (2004) S. 55.
[210] Vgl. Egger (2001) S. 97.
[211] Vgl. Schaub (2009) S. 122.
[212] Vgl. Koop (2004) S. 36.
[213] Vgl. Habig (2010) S. 108.

Sind potenzielle Nachfolger vom Unternehmer identifiziert und diese interessiert, kann die Verhandlungsphase beginnen. Durch ihr Insiderwissen haben die möglichen Nachfolger bereits ein vergleichsweise realistisches Bild vom Unternehmen; der Verkäufer hat kaum Möglichkeiten, *Window Dressing* zu betreiben und das Unternehmen in ein günstigeres Licht zu setzen.

7.1.2 Bindung von Nachfolgekandidaten

Teil einer langfristig planenden Unternehmensnachfolge muss es sein, einmal identifizierte Nachfolgekandidaten dauerhaft an das Unternehmen zu binden.[214] Dabei geht es nicht allein darum, die potenziellen Nachfolger zum Bleiben zu veranlassen, sondern auch ihre Zufriedenheit zu erreichen und darüber zu einer angemessenen Leistung anzuspornen.[215] Auch monetäre Aspekte spielen hier eine wichtige Rolle. Finanzielle Anreize, etwa Bonussysteme, stellen eine Möglichkeit dar.[216] Zudem können attraktive Arbeitszeitmodelle, wie eine Gleitzeitregelung, ein ansprechendes Arbeitsumfeld und ein kooperativer Führungsstil sowie gute Aufstiegsmöglichkeiten Mitarbeiter an ein Unternehmen binden. Welches Gewicht auf einzelne Anreize gelegt werden sollte, muss von Fall zu Fall entschieden werden, denn unterschiedliche Mitarbeiter haben unterschiedliche Vorstellungen von einem guten Arbeitgeber.[217] Langfristig sollte der durch Maßnahmen der Mitarbeiterbindung entstehende Nutzen höher sein, als die dafür anfallenden Kosten. Es kann deshalb sinnvoll sein, die Bindungsmaßnahmen zielgruppenspezifisch auszurichten. Vorab ist zu ermitteln, welche Mitarbeiter bzw. Mitarbeitergruppen aus strategischer Sicht am dringlichsten langfristig gehalten werden sollten. In aller Regel sind dies die Fach- und Führungskräfte.[218]

Zusammenfassend lassen sich sechs Komponenten langfristiger Mitarbeiterbindung benennen: Entwicklungsmöglichkeiten im Rahmen der Personalentwicklung, zufriedenstellende Entlohnung, befriedigende Arbeitsinhalte, angemessene Führung des Personals, attraktives Arbeitsumfeld und zeitliche Flexibilität innerhalb eines modernen Arbeitszeitmodells.[219]

---

[214] Vgl. Berthel (2010) S. 316.
[215] Vgl. Berthel (2010) S. 316.
[216] Vgl. Grichnik (2010) S. 376.
[217] Vgl. Hungenberg (2011) S. 425.
[218] Vgl. Meifert (2010) S. 305.
[219] Vgl. Wettig (2011) S. A-2247.

7.1.4 Besonderheiten von Kleinunternehmen beim Nachfolgeraufbau

Wenn es vor allem bei Kleinunternehmen immer wieder Schwierigkeiten gibt, adäquaten Führungsnachwuchs zu finden, liegt dies häufig an der finanziellen Attraktivität dieser Unternehmen. Die Höhe des Unternehmerlohns ist hier oftmals deutlich geringer ist als bei größeren Unternehmen.[220] Des Weiteren sind Kleinunternehmen in der Regel sehr stark auf den Gründer-Unternehmer fokussiert. Sein Erfolg ist besonders auf die persönlichen Beziehungen zu Kunden, Lieferanten und Mitarbeitern zurückzuführen. Ein Nachfolger kann bei Mitarbeitern und Geschäftspartnern auf Ablehnung stoßen.[221] Zudem ist in Kleinbetrieben eine zweite Führungsebene oftmals nicht sinnvoll. Auch weniger wichtige Entscheidungen werden vom Unternehmer getroffen. Für potenzielle Nachfolger ist es daher umso schwerer, Führungsverantwortung zu übernehmen. Die relativ kleine Zahl der Beschäftigten in Kleinunternehmen ist auch der Grund dafür, dass es oft schwierig ist, geeigneten Führungsnachwuchs für ein MBO zu finden.[222] Hier gilt es deshalb, die Nachfolgeplanung frühzeitig anzugehen und rechtzeitig Führungsnachwuchs aufzubauen. Dabei ist auch das Timing wichtig: Der oder die potenziellen Übernehmer dürfen zum Zeitpunkt der Übergabe weder zu jung sein, noch ein Alter erreicht haben, in dem der Kauf eines Unternehmens nicht mehr in Erwägung gezogen wird.

7.1.5 Informationsasymmetrien als Phänomen im Nachfolgeprozess

Beim Kontakt zwischen Unternehmer, der einen Nachfolger sucht, und potenziellem Übernehmer bestehen starke Informationsasymmetrien. Die in der bekannten Principal-Agent-Theorie analysierten Kooperationsprobleme resultieren zusammenfassend aus einer Interessendivergenz zwischen Agent und Principal in Verbindung mit einer Informationsasymmetrie. Als Principal wird ein Anbieter bezeichnet, als Agent der Vermittler. Eine der beiden Parteien kann einen Informationsvorteil vorweisen, der von der entsprechenden Partei zum eigenen Vorteil ausgenutzt wird. Der gleiche Sachverhalt stellt sich bei dem Verhältnis zwischen Verkäufer und Käufer dar, bei dem es durch fehlende Informationen zu vorvertraglichen Problemen kommen kann. Der Unternehmer verfügt naturgemäß über deutlich mehr Informationen über das zum Verkauf stehende Unternehmen als der potenzielle Übernehmer. In einer Situation mit Informationsasymmetrien ist im Normalfall die Partei begünstigt, die über mehr Informationen verfügt als die

---

[220] Vgl. Dostert (2005) S. 125.
[221] Vgl. Schellenberg (2001) S. 29.
[222] Vgl. Thommen (2006) S. 68.

andere, denn sie kann den Vorsprung zu ihrem Vorteil ausnutzen. Im vorliegenden Fall ist dies der Altunternehmer. Der potenzielle Übernehmer kann sich zwar zusätzliche Informationen beschaffen und so die Asymmetrie verringern, doch ein solches Vorgehen findet in den entstehenden Kosten seine Grenzen.

In der Literatur wird der Kern dieser Problematik auch als „Qualitätsunsicherheit" bezeichnet, die dann vorliegt, wenn ein Vertragspartner über die Qualität des anderen oder eines seiner Produkte oder Dienstleistungen im Unklaren ist. Heute ist Information in der Wirtschaftswissenschaft als „unternehmerische Ressource" anerkannt. Verschiedene Untersuchungen haben gezeigt, dass der Informationsstand einer Person Auswirkungen auf die Güte seiner Entscheidungen hat. Um vorhandene Ressourcen effizient nutzen zu können, ist eine effiziente Verwertung von Informationen notwendig. Somit sind Umfang und Qualität von Informationen für ökonomische Entscheidungen von Bedeutung und stellen für Verkäufer und Käufer gleichermaßen einen Nutzen dar.

Eine mögliche zum Einsatz kommende Maßnahme zum Abbau von vorvertraglichen Qualitätsunsicherheiten ist das so genannte Signaling. Grundgedanke und mögliche Ansätze zur Umsetzung werden im Folgenden kurz beschrieben. Beim Signaling geht die Initiative immer vom besser Informierten aus, in diesem Falle vom Eigentümer. Lassen sich aufgrund der Informationsasymmetrien der Käufer die unterschiedlichen Qualitäten der Angebote nicht voneinander unterscheiden, entsteht ein standardisierter Markt mit einheitlichen Preisstrukturen. Die Folge ist, dass für gute Qualität kein entsprechender Preis gezahlt wird. Beim Signaling wird ein Kosten verursachendes Signal eingesetzt, um Anbieter guter Ware von Anbietern schlechter Ware zu unterscheiden. Der Eigentümer des Unternehmens kann beispielsweise die finanzielle Situation des Unternehmens analysieren und das entsprechende Dossier den Kaufinteressenten zukommen lassen. Durch die Bereitstellung glaubwürdiger Informationen baut der Verkäufer Qualitätsunsicherheiten ab und rechtfertigt den angestrebten Kaufpreis.[223]

7.2 Instrumente der Nachfolgesuche

Die Suche nach einem Nachfolger außerhalb der Familie ist ungleich komplexer als die nach einem familieninternen Nachfolger. Unterschiedliche Instrumente und Wege stehen zur Verfügung. Mitunter ist es möglich, geeignete Kandidaten direkt anzusprechen, ohne Dritte einzuschalten. Auch indirekt kann der Altun-

---

[223] Vgl. Homburg (2006) S. 13 f.

ternehmer einen Nachfolger suchen, beispielsweise über Berater.[224] Die nachstehende Abbildung zeigt grundsätzliche Wege der Nachfolgesuche.

Eine Untersuchung hat gezeigt, dass etwa 40,5 % der Altunternehmer mithilfe eines Zeitungsinserats und etwa 20 % über Unternehmensbörsen einen Nachfolger suchen.[225] Ein kurzes Unternehmensprofil, das im Fall des Inserats meist anonym ist, dient dazu, bei potenziellen Käufern Interesse zu wecken und sie zur Kontaktaufnahme zu veranlassen.

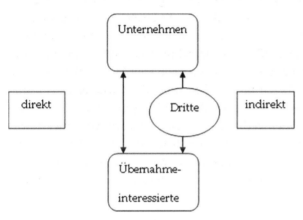

Abbildung 7.2: Wege der Nachfolgesuche
Quelle: Eigene Darstellung in Anlehnung an IfM (2008) IfM-Materialien Nr. 182, S.45

7.2.1 Eigensuche und Direktansprache

Einen potenziellen Übernehmer direkt anzusprechen, ist die erfolgversprechendste Methode der Nachfolgersuche. Nach der o.g. Untersuchung suchten in 35 % der Fälle Unternehmer auf diese Weise ihren Nachfolger.[226] Der Grund für diese hohe Quote liegt auf der Hand: Es findet im Vorfeld eine Selektion statt; es wird nur ein begrenzter Personenkreis angesprochen, der aus der Sicht des Unternehmers für eine Nachfolge in Frage kommt.[227] Aber auch das Einschalten von Dritten ist ein häufig genutzter Weg, einen geeigneten Nachfolger zu finden. In genannten Untersuchung beschritten ihn 27 % der Unternehmer.

---

[224] Vgl. IfM Bonn (2008) IfM-Materialien Nr. 182, S. 38.
[225] Vgl. IfM Bonn (2008) IfM-Materialien Nr. 182, S. 40.
[226] Vgl. IfM Bonn (2008) IfM-Materialien Nr. 182, S. 45.
[227] Vgl. IfM (2008) IfM-Materialien Nr. 182, S.44 f.

Aus dem Ranking wird weiterhin ersichtlich, dass auch das Einschalten von Dritten eine verbreitete Form der Nachfolge darstellt. Die Ansprechpartner bei der Suche nach einem geeigneten Unternehmensnachfolger werden im folgenden Abschnitt beschrieben.

7.2.2 Unternehmensvermittler und M & A-Spezialisten

Hilfestellungen bei dem komplexen Thema der Unternehmensnachfolge bieten unter anderem Steuerberater, Kammern, Verbände, Unternehmensberatungen.[228] Von letzteren sind einige auf M & A spezialisiert und bieten entsprechende Beratung an; es handelt sich also um Spezialisten in den Bereichen Unternehmensankäufe, Unternehmenszusammenschlüsse, Unternehmensverkäufe, MBO und MBI sowie Unternehmensbewertung. Darüber hinaus kann eine M & A–Beratung Unterstützung in Finanzierungsfragen bieten, ebenso bei der Suche eines Nachfolgers oder bei Planung von Übergangsregeln. Da der Rückgriff auf das Fachwissen einer M & A-Beratung mit Kosten verbunden ist, ist ihr Einsatz von einer gewissen Unternehmensgröße abhängig. Bei kleineren Betrieben, etwa Handwerksbetrieben, kann die M & A-Beratung durch Betriebsberater vorgenommen werden. In jedem Fall sollte bei der Auswahl eines entsprechenden Beraters auf dessen langjährige Erfahrung geachtet werden.[229]

Eine weitere Möglichkeit der Nachfolgesuche stellt das Headhunting dar. Über Dritte, meist Personalberatungen, werden in erster Linie hoch qualifizierte Fach- und Führungskräfte direkt angesprochen.[230] Es wird also sehr gezielt nach potenziellen Nachfolgern gesucht. Auch eine Anzeige in einer Fachzeitschrift kann sinnvoll sein. Das Inserat sollte die Anforderungen an den Nachfolger möglichst präzise beschreiben.[231]

Wird die Unternehmensnachfolge auf lange Sicht geplant – was zu empfehlen ist – und sollen junge Talente gewonnen werden, die bei entsprechender Entwicklung als Führungsnachwuchs infrage kommen, kann, je nach Betriebsart und -größe, auch die Rekrutierung von Hochschulabgängern in Betracht gezogen werden. Um ihr Interesse am Unternehmen zu wecken, können Studierenden Praktika oder Betriebsbesichtigungen angeboten werden.[232]

---

[228] Vgl. Teubel (2005) S. 106.
[229] Vgl. Hohenlohe (2006) S. 253 f.
[230] Vgl. Thommen (2006) S. 692.
[231] Vgl. Berthel (2010) S. 308.
[232] Vgl. Schwitalla (2010) S. 59 f.

7.3 Übergabeformen für Familienunternehmen

Beim Verkauf des Unternehmens an familienexterne Nachfolger ist die Bestimmung eines realistischen Unternehmenswertes unabdinglich. Er ist Grundlage für die Kaufpreisfindung.

7.3.1 Management-Buy-Out und Management-Buy-In

Beim MBO wird der Betrieb durch das Management des Unternehmens übernommen. Diese Form der Unternehmensnachfolge kann sowohl familienintern als auch familienextern vollzogen werden; es kann das gesamte Unternehmen oder Teile davon umfassen. Der Vorteil eines MBO liegt darin, dass die Übergabe meist schnell und reibungslos verläuft, weil der Nachfolger das Unternehmen kennt und selbst ein Teil von ihm ist. Berücksichtigt werden muss bei dieser Nachfolgeart die „Betriebsblindheit" der Mitarbeiter, die das Unternehmen übernehmen möchten. Sie kann dazu führen, dass notwendige Neuerungen nicht umgesetzt werden. Die Tatsache, dass Verkäufer und Käufer die Stärken und Schwächen des Unternehmens sehr gut kennen, kann sich preiserhöhend oder preismindernd auswirken. Ein MBO kann sich u.U. anbieten, wenn unerwünschte Übernahmen durch Dritte abgewehrt werden sollen.[233]

Checkliste MBO

- ☐ Erfolgt ein familieninternes oder -externes MBO?
- ☐ Wurde bereits ein potenzieller Nachfolgekandidat ausgewählt?
- ☐ Betrifft das MBO das gesamte Unternehmen oder nur Teile davon?
- ☐ Sofern es nur Teile des Unternehmens betrifft, welche?
- ☐ Wie hoch ist der Unternehmenswert?

Checkliste 7.1: Checkliste MBO

Beim MBI handelt es sich um die Übernahme eines Unternehmens oder Teile davon durch einen vom Unternehmen unabhängigen, externen Nachfolger. Dieser kann ein oder mehrere natürliche oder juristische Personen sein. Der Nutzen einer solchen Nachfolge besteht aufgrund der relativ neutralen Sicht des externen Nachfolgers darin, dass neue Führungsstile und Ideen in das Unternehmen Einzug halten und darüber neue Potenziale erschlossen werden können. Nachteilig

---

[233] Vgl. Koch (2002) S. 23.

am MBI ist die vergleichsweise lange Einarbeitungszeit des Nachfolgers und, damit verbunden, die längere Dauer der Übergabe.

Checkliste MBI

- ☐ Wurde bereits ein potenzieller externer Nachfolgekandidat ausgewählt?
- ☐ Über welchen Hintergrund/Qualifikation verfügt der Nachfolger?
- ☐ Betrifft das MBI das gesamte Unternehmen oder nur Teile davon?
- ☐ Sofern es nur Teile des Unternehmens betrifft, welche?
- ☐ Wie hoch ist der Unternehmenswert?
- ☐ Wurde bereits ein Einarbeitungsplan für den Nachfolger erstellt?

Checkliste 7.2: Checkliste MBI

7.3.2 Private Equity Fonds

Das Unternehmen kann auch von einem anderen Unternehmen erworben werden oder mit einem anderen Unternehmen fusionieren, falls kein geeigneter Nachfolger ausfindig gemacht werden kann. Diese Art der Nachfolge, die zum Bereich M & A zählt, kann in unterschiedlichen Formen auftreten. Die Übernahme durch eine Private Equity Gesellschaft geht grundsätzlich mit dem Verlust der Eigenständigkeit des Unternehmens einher. Sie ist bei ertragsstarken Unternehmen eine Möglichkeit, den Fortbestand des Unternehmens zu sichern. Die Private Equity Gesellschaft kann beispielsweise finanzielle Mittel zur Durchführung eines MBO bereitstellen.[234]

Checkliste Private Equity Fonds

- ☐ Konnte bereits eine Private Equity Gesellschaft ausfindig gemacht werden?
- ☐ Wird zusätzliche externe Beratung benötigt?
- ☐ Welche vertraglichen Ausgestaltungen wurden vereinbart?
- ☐ Wurden finanzielle Mittel zur Durchführung eines MBO durch die Private Equity Gesellschaft bereitgestellt?

Checkliste 7.3: Checkliste Private Equity Fonds

---

[234] Vgl. Saggau (2007) S. 45.

7.3.3 Börsengang

Der Börsengang ist vor allem für größere und mittlere Unternehmen ab einem Jahresumsatz von 25 Mio. € eine interessante Form der Unternehmensnachfolge. Ein Initial Public Offering (IPO), das vor allem dazu dient, den Kapitalmarkt als Finanzquelle zu erschließen, ist allerdings so komplex, dass Experten hinzugezogen werden müssen.[235] Beim sogenannten „Going Public" wird der Unternehmenswert durch die Mechanismen des Kapitalmarkts ermittelt. Der Nachteil eines Börsengangs besteht in den zahlreichen Voraussetzungen, die erfüllt werden müssen und einem sehr langen Vorbereitungszeitraum.[236] Der Vorteil eines Börsenganges ist, dass es Alteigentümern bzw. deren Nachkommen möglich wird, sich sukzessive von ihrem Unternehmen bzw. Beteiligungen zu trennen. Das Unternehmen wird somit unabhängig von der Person des Gründers und erfährt eine Trennung von Kapitalgebern und Management.[237]

Checkliste Börsengang

- ☐ Wurde für den Börsengang ein Experte hinzugezogen?
- ☐ Wurde der Unternehmenswert durch die Mechanismen des Kapitalmarkts ermittelt?
- ☐ Sind alle Voraussetzungen für den Börsengang erfüllt?
- ☐ Wurde ein Ausstiegsplan für den Alteigentümer erstellt?

Checkliste 7.4: Checkliste Börsengang

7.3.4 Stiftung

Bei einer Stiftung wird das Eigentum an einem Unternehmen auf eine familienexterne, rechtsfähige Organisation privaten Rechts übertragen. Die Übertragung kann zu Lebzeiten oder nach dem Tod des Unternehmers vollzogen werden. Die rechtsfähige Organisation privaten Rechts ist eine juristische Person, die mit Hilfe eines ihr gewidmeten Vermögens einen bestimmten, in ihrer Satzung festgelegten Zweck verfolgt.[238] Diese juristische Person hat keinerlei Anteile und Beteiligungen, sodass sie ihrer Zweckerfüllung unabhängig von den Stiftern nachgehen kann. Geführt wird eine Stiftung nach dem Willen des Stifters durch einen Vorstand und eventuell weitere Organe mit Verwaltungs- und Kontrollfunktionen.

---

[235] Vgl. Schmidt & Partner (2010) S. 39.
[236] Vgl. Kirst (1996) S. 72.
[237] Vgl. Huchzermeier (2006) S. 16.
[238] Vgl. § 80 ff. BGB

Es gibt grundsätzlich zwei Möglichkeiten der Initiierung einer Stiftung. Zum einen kann eine neue Stiftung ins Leben gerufen werden. Zum anderen kann der Eigentümer sein Unternehmen an eine bereits bestehende Stiftung übertragen.[239] Die Übertragung des Unternehmens an eine Stiftung muss gut durchdacht sein, denn die einmal festgelegte Satzung der Stiftung kann kaum verändert werden.

Die Stiftung sichert den Bestand des Unternehmens. Die Erben erhalten in der Regel jährliche Ausschüttungen, verlieren jedoch ihren Einfluss auf das Unternehmensvermögen, wodurch dessen Zersplitterung verhindert wird.

Checkliste Stiftung

☐ Soll eine neue Stiftung gegründet werden?
☐ Soll das Unternehmen durch den Alteigentümer an eine bereits bestehende Stiftung übertragen werden?
☐ Welchen Zweck verfolgt die Stiftung?
☐ Wie hoch fallen die jährlichen Ausschüttungen für die Erben aus?

Checkliste 7.5: Checkliste Stiftung

7.3.5 Betriebsverpachtung und Vermietung

Entgeltliche Übertragungsformen sind die Verpachtung und Vermietung. Vermietungen sind objektbezogen, sie beziehen sich z.B. auf Immobilien oder Maschinen; Verpachtungen können auch Rechte und Lizenzen[240] beinhalten. Bei beiden Formen bleibt das Eigentum an einem Betrieb beim Unternehmer. Verpachtungen führen später häufig zu einer Übertragung. Die Verpachtung oder Vermietung des Unternehmens als externe Nachfolgemöglichkeit kommt vor allem dann in Betracht, wenn sich innerhalb der Familie kein geeigneter Nachfolger finden lässt. Auch bei diesem Nachfolgemodell muss ein realistischer Unternehmenswert bestimmt werden. Er wird im Rahmen der Unternehmensbewertung ermittelt und ist u.a. Grundlage für den Mietpreis.

---

[239] Vgl. Hering (2003) S. 55 ff.
[240] Vgl. § 90 BGB i.V.m. § 535 BGB und § 581 Abs. 1 BGB.

Vor- und Nachteile der Betriebspacht

Vorteile	Nachteile
• geringer Kapitalbedarf für den Übernehmer • Pachtzahlungen sind Betriebsausgaben • Pachtzins ist u.U. günstiger als Zins für Fremdkapital	• Pächter ist nicht Eigentümer des Unternehmens • Unternehmen kann nicht als Kreditsicherheit eingesetzt werden. • Fehlende Bereitschaft des Verpächters Investitionen vorzunehmen • bei Beendigung der Betriebspacht können Streitigkeiten über Reparaturkosten auftreten

Checkliste für den Verpächter

- ☐ Wie lange soll verpachtet werden?
- ☐ Welche Wirtschaftsgüter können verpachtet werden?
- ☐ Wurde bedacht, dass in der Regel die „wesentlichen Betriebsgrundlagen" verpachtet werden müssen?
- ☐ Wie hoch kann oder muss die Pacht sein?
- ☐ Ist für die Ermittlung der Pachtzahlung das Hinzuziehen eines Sachverständigen sinnvoll?
- ☐ Soll die Höhe der Pachtzahlungen konstant sein?
- ☐ Soll ein erfolgsabhängiger Pachtzins vereinbart werden?
- ☐ Wie lange sind die gepachteten Anlagegüter noch wirtschaftlich nutzbar?
- ☐ Wer nimmt die Ersatzbeschaffung vor?
- ☐ Wer trägt die Reparaturkosten?
- ☐ Soll eine Erhaltungsverpflichtung vereinbart werden?
- ☐ Sind die Mitarbeiter auf die bevorstehende Betriebsverpachtung gut vorbereitet?

Checkliste 7.6: Checkliste für den Verpächter
Quelle: Eigene Darstellung in Anlehnung an BMWi

> **Checkliste für den Pächter**
>
> ☐ Ist die Höhe des Pachtzinses objektiv von einem Sachverständigen ermittelt worden?
> ☐ Ist die Höhe der vereinbarten Pachtzinsen aus dem Unternehmen zu erwirtschaften?
> ☐ Soll es sich um konstante Pachtzahlungen handeln?
> ☐ Oder ist ein erfolgsabhängiger Pachtzins sinnvoller?
> ☐ Wie lange soll der Pachtvertrag laufen?
> ☐ Sind in nächster Zeit Investitionen im Unternehmen notwendig?
> ☐ Wenn ja, regelt der Pachtvertrag die Zuständigkeiten für solche Investitionen?
> ☐ Besteht die Möglichkeit, später das Eigentum an dem Unternehmen zu übernehmen?

Checkliste 7.7: Checkliste für den Pächter
Quelle: Eigene Darstellung in Anlehnung an BMWi

7.4 Umsetzung der Nachfolge

7.4.1 Ermitteln geeigneter Käufergruppen

Um Angebot (das Unternehmen) und Nachfrage (den Käufer) zusammenzubringen, muss die Zielgruppe bestimmt werden. Deshalb wird eine Liste mit Muss- und Soll-Kriterien erstellt. Dabei sind die Bedürfnisse des Verkäufers und die Ausgangslage der Unternehmung ausschlaggebend. Im nächsten Schritt wird eine Übersicht mit potenziellen Käufern erstellt, die sogenannte „Longlist".

Mögliche Kaufinteressenten auf der Longlist sind: [241]
- Wettbewerber,
- Lieferanten,
- Kunden,
- Einzelpersonen – MBI,
- Strategische Investoren,
- ...

Die Kandidaten der „Longlist", die die Soll-Kriterien erfüllen, werden als geeignete Käufer in die sogenannte „Shortlist" übernommen. Dieses Auswahlverfahren lässt sich sowohl auf einzelne Käufergruppen als auch auf Unternehmen anwenden.

---

[241] Vgl. Benneck (2005) S. 162.

Erscheinen auf der Shortlist auch potenzielle Käufer aus dem Ausland, so stellt dies besondere Anforderungen an die Kommunikation. Es sind dann alle Unterlagen zweisprachig zu erstellen. Der Verkauf an einen internationalen Interessenten kann es darüber hinaus notwendig machen, die Betriebssprache zumindest in Teilen auf Englisch umzustellen.[242] Anhand der folgenden Checkliste können erste Anhaltspunkte gewonnen werden, welche Interessentengruppen als Käufer infrage kommen.[243]

Checkliste: Ermitteln geeigneter Käufergruppen	
Käufergruppen	**Unternehmensmerkmale**
Familie	☐ Die Familie arbeitet bereits im Unternehmen mit und/oder hat die nötigen Erfahrungen und Kompetenzen. ☐ Ein Familienmitglied ist gewillt, das Unternehmen weiterzuführen.
Management	☐ Der Geschäftserfolg hängt maßgeblich davon ab, dass das Know-how des Managements im Unternehmen bleibt. ☐ Das Management ist erfahren und langjährig im Unternehmen tätig. Der Verkauf muss innerhalb kurzer Zeit geschehen. ☐ Der Unternehmenswert liegt unterhalb der Investitionsschwelle von Finanzinvestoren und strategischen Käufern. ☐ Kaufpreis und optimale Transaktionsstruktur stehen nicht im Vordergrund.
Strategischer Käufer oder Finanzinvestor mit Cluster- oder Buy-and-build-Strategie	☐ Das Unternehmen hat langfristig gute Erfolgsaussichten. ☐ Einem oder mehreren Wettbewerbern liegt daran, dass das Unternehmen nicht durch einen anderen Konkurrenten gekauft wird. ☐ Der Unternehmenswert liegt unterhalb der Investitionsschwelle von Finanzinvestoren. ☐ Der Verkäufer zielt auf einen raschen Ausstieg oder ist bereit, Entscheidungskompetenz abzugeben. ☐ Es sind Synergie- und Optimierungspotenziale vorhanden. Die Produktpalette eignet sich für Cross-Selling. ☐ Das Unternehmen hält Know-how oder originäre Technologien, die für Konkurrenten interessant sind.

[242] Vgl. Picot (2000) S. 267 f.
[243] Vgl. Tco (2010) KMU-Magazin Nr. 5, S. 31.

7. Übergabe an familienexterne Nachfolger

Finanzinvestor	☐ Kurz- bis mittelfristig sind die Erfolgsaussichten gut.
	☐ Das Management will mittel- bis langfristig im Unternehmen bleiben.
	☐ Das Verhindern von Gerüchten innerhalb der Branche hat oberste Priorität. Kurz- bis mittelfristige Chancen auf organisches Wachstum.

Checkliste 7.8: Ermitteln geeigneter Käufergruppen

Der Prozess der Käufersuche lässt sich in folgende Bestandteile gliedern:[244]

a) **Recherche**
 - Zielgruppen definieren und gegebenenfalls priorisieren
 - Potenzielle Käufer recherchieren

b) **Auswahl**
 - Auswahlkriterien und Gewichtung festlegen
 - Kandidaten evaluieren
 - die vielversprechendsten potenziellen Käufer auswählen („Shortlist")

c) **Akquisitionslogik**
 - Entwicklung von Akquisitionslogik der potenziellen Interessenten z.B.:
   - Produkt-/Dienstleistungsangebot
   - Strategie

d) **Kontaktieren**
 - Kontakt individuell aufnehmen
 - Blindprofil versenden
 - Vertraulichkeitserklärung abgeben lassen

---

[244] Vgl. Tco (2010) KMU-Magazin Nr. 5, S. 33.

7.4.2 Mediaplanung

Aufgabe der Mediaplanung ist es, die am besten geeigneten Kommunikationswege zu bestimmen, um die Zielgruppe der potenziellen Käufer zu erreichen.[245] Dabei sollen Streuverluste möglichst gering gehalten werden.
Aufbau der Mediaplanung:

a) Auswahl der Kommunikationswege
Für die optimale Umsetzung der geplanten Strategie können personale und mediale Wege der Kommunikation eingesetzt werden. So arbeiten Headhunter auf der personalen Kommunikationsebene; mit Inseraten, etwa in Fachzeitschriften, wird dagegen die mediale Ebene betreten.

b) Intermediavergleich
Da die Mediennutzung zunehmend fragmentiert ist, müssen die Medien nach ihrer Tauglichkeit für die Nachfolgesuche bewertet werden. Die Anzeige in einer IHK-Zeitschrift wird effektiver sein als Radiowerbung. Die Nachfolgesuche muss sich nicht auf ein einzelnes Medium beschränken. Bei dem sogenannten Cross-Media-Einsatz werden verschiedene Medien aufeinander abgestimmt. Durch dabei entstehende Synergien wird die Gesamtwirkung der Kommunikation verstärkt.[246]

c) Intramediavergleich
In der ausgewählten Mediengattung ist die Werbeleistung der verschiedenen Werbeträger zu bestimmen. Dabei wird zwischen quantitativer und qualitativer Werbeleistung unterschieden.

Zur quantitativen Werbeleistung zählen:
- Kosten der Medien,
- Verbreitungsgrad (über Auflage),
- Tausenderkontaktpreis; Reichweite und Struktur der Leserschaft /Zielgruppenaffinität.

Die qualitative Werbeleistung umfasst:
- Kontaktqualität und Image des Werbeträgers,
- Eindrucksqualität – Stärke der Gestaltungsoptionen (Bild, Text),

---

[245] Vgl. Schneider (2003) S. 513 ff.
[246] Vgl. Homburg (2006) S. 421.

- Möglichkeiten, die eigene Werbe- und Kommunikationsstrategie umzusetzen.[247]

Grundsätzlich wird zwischen personalen und medialen Wegen der Kommunikation unterschieden. Zur ersten Kontaktaufnahme wird die kürzeste Form der Unternehmensdarstellung verwendet. Ziel des meist anonymen Inserates ist es, eine möglichst große Anzahl potenzieller Käufer anzusprechen, weiteres Interesse zu wecken und zur Reaktion (Interessenbekundung) anzuregen. Hauptsächlich geht es darum, Aufmerksamkeit zu erzielen, Erwartungen zu wecken und eine Reaktion der Interessenten auszulösen. Um eingehende Anfragen zügig bearbeiten zu können, sollten Unterlagen mit zielgruppenspezifischer Argumentationslinie und unterschiedlicher Informationstiefe in ausreichender Stückzahl bereitgehalten werden.

7.4.3 Vertraulichkeitsvereinbarungen

In den Übernahmeverhandlungen erhält der externe Nachfolgekandidat Einsicht in sensible Daten über das Unternehmen. Um einen vertraulichen Umgang mit diesen Informationen sicherzustellen, wird dem Nachfolgekandidaten mitunter im Vorfeld eine Vertraulichkeitsvereinbarung zur Unterschrift vorgelegt, in der er versichert, die Daten nicht an Dritte weiterzugeben. Verstößt er gegen die Vereinbarung, können ggf. Ansprüche gegen ihn geltend gemacht werden.[248]

7.4.5 Absichtserklärung

Werden die Verhandlungen konkreter, kann es sinnvoll sein, eine gemeinsame Absichtserklärung, einen „Letter of Intent" (LoI) aufzusetzen. Der LoI hat zunächst keine rechtliche Bindungswirkung, er drückt lediglich das Interesse eines Verhandlungspartners an den Verhandlungen und am Abschluss eines Vertrages aus. Darauf wird im LoI in der Regel auch ausdrücklich hingewiesen.

Dies bedeutet jedoch nicht, dass von der Unterzeichnung einer solchen Absichtserklärung keine rechtlichen Konsequenzen für die Parteien ausgehen können. Ein LoI kann einen Schadenersatzanspruch nach § 311 Abs. 2 BGB auslösen, sollte z.B. eine der Parteien von Beginn an keinen Vertragsabschluss wollen oder gegen Aufklärungspflichten verstoßen.[249]

---

[247] Vgl. Schneider (2003) S. 251 ff.
[248] Vgl. Bröker (2007) S.171.
[249] Vgl. Brück (2010) S. 31.

Bei einem Unternehmenskauf gehört ein LoI zur gängigen Praxis. Er enthält in der Regel bereits weitreichend ausformulierte Bestandteile eines Vertrages:

- Bezeichnung der Vertragspartner und des Zielunternehmens,
- Interessenbekundung an der Durchführung der bezeichneten Unternehmenstransaktion,
- Dokumentation von bisherigen Verhandlungsergebnissen,
- Konkretisierung des Transaktionsvorhabens (Beschreibung des Kaufgegenstandes, Höhe des Kaufpreises und seine Zusammensetzung, Zahlungsmodalitäten),
- Sonstige Leistungen und Gegenleistungen der Parteien,
- Informationsrechte,
- Zeitplan zu den Verhandlungsrunden und der Due-Diligence-Prüfung,
- Vollmachterteilung zugunsten einer das Kaufobjekt prüfenden Partei, z.B. im Rahmen einer Due Diligence,
- Befristungen, Bedingungen und Vorbehalte,
- Geheimhaltungsverpflichtung bzgl. der erhaltenen Informationen, Definition von Ausnahmen, gegebenenfalls Sanktionen bei Zuwiderhandlung (z.B. Konventionalstrafe),
- Herausgabe- bzw. Vernichtungsanspruch von erhaltenen Dokumenten,
- Hinweis auf die fehlende Bindungswirkung des LoI,
- Beendigungsgründe für die laufenden Verhandlungen,
- Auslagenersatzregelungen,
- Exklusivitätsklausel.

Der LoI stellt die inhaltlichen Weichen für die Struktur des späteren Vertrages und dokumentiert erste Verhandlungsergebnisse. In der Folge werden die Parteien die dort getroffenen Vereinbarungen kaum noch in Frage stellen. Er gewinnt zusätzlich an Bedeutung, wenn die Verhandlungspartner für einen bestimmten Zeitraum Exklusivität vereinbaren. Was bei der Formulierung eines LoI bedacht werden sollte, wird in der folgenden Checkliste deutlich.

7. Übergabe an familienexterne Nachfolger

Checkliste: Absichtserklärung

Allgemein
- ☐ Welche Ziele werden mit der Absichtserklärung verfolgt?
- ☐ Welche Informationen benötigen die Vertragspartner?
- ☐ Welche Risiken entstehen bei der Informationsweitergabe?
- ☐ Ist den Beteiligten die Schwierigkeit des Nachweises von Vertragsverletzungen bewusst?

Inhalte
- ☐ Wie soll Inhalt und Verlauf der Verhandlungen gestaltet werden?
- ☐ Welche Leistungen und Gegenleistungen werden definiert?
- ☐ Sollen parallele Vertragsverhandlungen eines Vertragspartners ausgeschlossen werden?
- ☐ Wer übernimmt welche Kosten?
- ☐ Welche weiteren Personen oder Einrichtungen sollen in den Vertrag aufgenommen werden?
- ☐ Sollen Verletzungen des Vertrages mit Vertragsstrafen geahndet werden?
- ☐ Welches Strafmaß ist bezogen auf den Schaden, der entstehen könnte, angemessen?
- ☐ Sollen bzw. können Beweislastregeln vereinbart werden?

Eckdaten
- ☐ Daten des Übergebers
- ☐ Daten des Übernehmers
- ☐ Projekttitel
- ☐ Projektlaufzeit
- ☐ Kurzbeschreibung des Projektablaufs (Ausgangslage, Ziele, geplante Maßnahmen etc.)
- ☐ Interessensbekundung am Projekt inkl. kurzer Begründung
- ☐ Datum und Unterschrift des/der Zeichnungsberechtigten

Checkliste 7.9: Absichtserklärung

7.5 Übergabeplan

Auch bei der externen Nachfolge gliedert sich die Übergabe des Unternehmens in mehrere Phasen. Wie erwähnt kann es sinnvoll sein, dass der Alteigentümer noch eine Zeit lang im Unternehmen bleibt und dem Nachfolger beratend zur Seite steht. Wie bei der familieninternen Nachfolge sollte die Übernahme mithilfe eines Übergabeplans umgesetzt werden, der die Etappen inhaltlich und zeitlich beschreibt. Die folgende Checkliste veranschaulicht die relevanten Aspekte.

Projekt	
Übergabe zum	
Projektbeteiligte	
Projektziel	
Phasen und Meilensteine	
Aktuelle Situation im Projekt	
Umsetzungscontrolling	

Checkliste 7.10: Übergabeplan

8. Unternehmensbewertung

Der Wert eines Unternehmens leitet sich aus dem Nutzen ab, den ein Käufer oder Verkäufer ihm beimisst. Unter rein finanziellen Aspekten ist der Nutzen einer Unternehmung in den zukünftig zu erwartenden finanziellen Überschüssen zu sehen.[250] Der Unternehmenswert ist demzufolge abhängig von den Zielen, Erwartungen und Einschätzungen des jeweiligen Käufers oder Verkäufers und somit stets subjektiv.[251]

Der Preis eines Unternehmens ist ein in Geldeinheiten gemessener Betrag, der im Rahmen einer erfolgreichen Transaktion gezahlt wird.[252] Er bildet sich auf Märkten oder durch Verhandlungen der beteiligten Parteien. Infolgedessen ist er abhängig von Angebot und Nachfrage sowie vom Verhandlungsgeschick der Beteiligten. Dennoch besteht ein Zusammenhang zwischen dem Wert und dem Preis eines Unternehmens. Der Wert fließt als Faktor in die Preisbildung mit ein und liefert einen Entscheidungsrahmen. Im Laufe der Zeit haben sich die Ansichten über den betriebswirtschaftlichen Wert eines Unternehmens stark verändert. Die objektive, subjektive und funktionale Werttheorie haben einander in der deutschen Unternehmensbewertungslehre abgelöst.[253]

Zeitspanne	Bis 1960	1960 – 1970	1970 – heute
Werttheorie	Objektive	Subjektive	Funktionale
Wertkategorie	Substanzwert	Substanz- und Ertragswert	Ertrags- und Discounted Cash Flow-Verfahren

Abbildung 8.1: Entwicklung der Werttheorien
Quelle: Eigene Darstellung in Anlehnung an Behringer (2009)

Die drei Wertansätze werden nachfolgend kurz dargestellt. So wird deutlich, dass der Wert, der einem Unternehmen beigemessen wird, je nach Blickwinkel sehr unterschiedlich sein kann. Der objektiven Werttheorie liegt die Annahme zugrunde, dass der Wert eine Eigenschaft ist, die Gegenständen anhaftet wie Größe oder Gewicht. Ein Unternehmenswert kann demzufolge losgelöst von den unter-

---

[250] Vgl. Behringer (2009) S. 54.
[251] Vgl. Schackmann (2003) S. 193.
[252] Vgl. Moxter (1983) S. 5.
[253] Vgl. Behringer (2009) S. 56.

schiedlichen Interessenslagen des Käufers oder Verkäufers bestimmt werden. Der objektive Unternehmenswert entspricht den Erfolgspotenzialen, die von „jedermann" realisiert werden können. Nach der objektiven Werttheorie ist daher die Betrachtung der zukünftigen Entwicklung des Unternehmens für die Bewertung von geringer Bedeutung. Das Verfahren orientiert sich im Wesentlichen an den gegenwärtigen und vergangenheitsbezogenen Verhältnissen des Unternehmens, wodurch dessen Substanzwert einen hohen Stellenwert erlangt. Der Wert, der den Anforderungen eines objektiven Wertes entspricht, ist der Marktpreis.[254]

Die subjektive Werttheorie geht, gestützt auf psychologische Erkenntnisse, von der Annahme aus, dass sich der Wert eines Objektes aus individuellen Wertvorstellungen ergibt. Demnach ist der subjektive Unternehmenswert unter Einbeziehung der persönlichen Vorstellungen und Möglichkeiten eines Käufers oder Verkäufers zu ermitteln. Entscheidend ist die zukünftige Entwicklung des Unternehmens, sodass dem Ertragswert eine besondere Bedeutung zukommt.[255]

Die funktionale Werttheorie versucht die Gegensätze der objektiven und subjektiven Werttheorien durch Integration beider Ansätze zu überwinden. Sie ist der aktuell anerkannte theoretische Bezugsrahmen der Unternehmensbewertung.[256] Die funktionale Werttheorie geht auf die sogenannte „Kölner Schule" zurück und wird auch als „Kölner Funktionslehre" bezeichnet. Deren Kerngedanke ist es, dass der Unternehmensbewertung verschiedene Zielsetzungen (Zwecke) zugrunde liegen, die Einfluss auf das Bewertungsergebnis nehmen. Daher gibt es weder einen absoluten Unternehmenswert, noch ein allgemeingültiges Verfahren zu seiner Bestimmung.[257] Vielmehr muss jede Bewertung an der ihr zugrunde liegenden Aufgabenstellung ausgerichtet sein, um für diese den richtigen Unternehmenswert zu ermitteln.[258]

Die Frage nach dem zu entrichtenden oder zu erlösenden Preis steht bei Bewertungsanlässen, in deren Zusammenhang sich die Eigentumsverhältnisse ändern, im Vordergrund.[259] Diese können weiter in dominierende und nicht dominierende Anlässe unterteilt werden.[260] Nicht dominierende Anlässe zeichnen sich durch die

---

[254] Vgl. Peemöller (2005a) S. 5.
[255] Vgl. Peemöller (2006a) S. 6.
[256] Vgl. Busch (2008) S. 43.
[257] Vgl. Schackmann (2003) S. 193.
[258] Vgl. Moxter (1983) S. 6.
[259] Vgl. Wöhe (2008) S. 566.
[260] Vgl. Behringer (2009) S. 60.

Entscheidungsfreiheit beider Parteien aus. Abhängig vom Ausgang der Bewertung kann frei über die Durchführung der Transaktion entschieden werden. Bei dominierenden Anlässen kann eine Partei, auch gegen den Willen der anderen, eine Änderung der Eigentumsverhältnisse herbeiführen.

8.1 Einordnung der Unternehmensbewertung im Nachfolgeprozess

Einer der häufigsten Anlässe für die Bewertung von Unternehmen ist der Kauf bzw. Verkauf einer Unternehmung im Rahmen einer Nachfolge. Dieser Prozess, der sich in vier Phasen gliedern lässt, wird im Folgenden exemplarisch dargestellt. Dem in der Grafik dargestellten Entscheidungswert kommt besondere Bedeutung zu, da er als Grundlage für eventuell benötigte Schieds- oder Argumentationswerte dient.

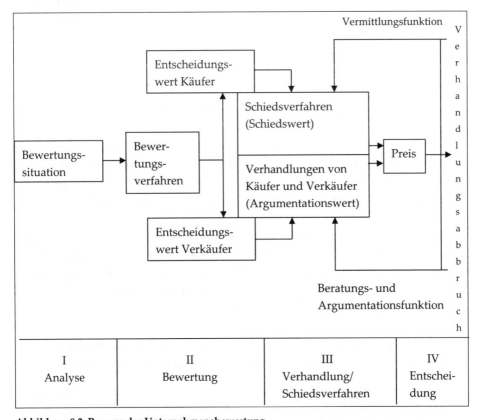

Abbildung 8.2: Prozess der Unternehmensbewertung
Quelle: Eigene Darstellung in Anlehnung an Behringer (2009) S. 77

8. Unternehmensbewertung

In der Analysephase werden der Anlass und das Ziel der Bewertung betrachtet. Sie bestimmen das geeignete Verfahren zur Ermittlung des Entscheidungswertes. Die Parteien entscheiden nun über den weiteren Verlauf der Bewertung. Sie können entweder in Verhandlungen über den Preis eintreten oder ein Schiedsverfahren eröffnen. Entscheiden sich die Beteiligten für den Verhandlungsweg, wird auf der Basis des Entscheidungswertes und mit Hilfe der Schätzung des Entscheidungswertes der Gegenseite ein Argumentationswert ermittelt. Scheitern die Verhandlungen, wird ein Schiedspreis durch einen unparteiischen Gutachter ermittelt. Auf der Grundlage des verhandelten oder ermittelten Preises entscheiden die Parteien in der letzten Phase über die Durchführung der Transaktion. Auf Schiedsverhandlungen zur Preisfindung wird hier nicht weiter eingegangen, da sie bei einer Unternehmensnachfolge von nachrangiger Bedeutung sind.

Mit der Kölner Funktionslehre ist eine Reihe von Grundsätzen ordnungsmäßiger Unternehmensbewertung (GoU) verbunden. Die 24 Prinzipien stellen ein System von Bewertungsnormen dar, das durch die Reduzierung der Komplexität die gebotene Sorgfalt im Rahmen einer Bewertung gewährleisten soll.[261] Nachfolgend werden die GoU vorgestellt, die im Rahmen der Bewertung von KMU von besonderer Bedeutung sind.[262]

Das Zweckadäquanzprinzip bringt zum Ausdruck, dass eine Unternehmensbewertung an dem ihr zugrunde liegenden Zweck ausgerichtet werden muss. Mit dem Anlass der Bewertung variiert ihr Zweck und dies hat Einfluss auf die Ermittlung des Entscheidungs-, oder Argumentationswertes. Nur wenn das Ziel der Bewertung bekannt ist, kann eine zweckmäßige Auswahl des Bewertungsverfahrens vorgenommen und eine zweckadäquate Bewertung sichergestellt werden.[263]

Nach dem Unternehmenseinheitsprinzip ist ein Bewertungsobjekt als wirtschaftliche Einheit zu betrachten. Alle Bereiche und Funktionen des Unternehmens, die der Erzielung zukünftiger finanzieller Überschüsse dienen, sind dieser zuzuordnen. In der Folge ist eine Abgrenzung von betriebsnotwendigem und nicht betriebsnotwendigem Vermögen zu vollziehen.[264]

Das Stichtagsprinzip besagt, dass der Informationsstand für die Bewertung maßgeblich ist, der am vereinbarten Stichtag vorliegt. Nach dem Zukunftsprinzip sind

---

[261] Vgl. Moxter (1983) S. 1.
[262] Vgl. Knackstedt (2009) S. 58.
[263] Vgl. Moxter (1983) S. 8.
[264] Vgl. Peemöller (2006a) S. 31.

für die Unternehmensbewertung nur die zu erwartenden zukünftigen finanziellen Entwicklungen, also Erträge und Cashflows der Unternehmung, von Bedeutung. Sie bestimmen den Unternehmenswert. Die Vergangenheit kann nur als Vergleichsbasis dienen.[265]

Das Chancenäquivalenzprinzip verlangt die Gleichstellung der zu erwartenden Chancen und Risiken, nicht wie bei Bilanzierung durch die Anwendung des Vorsichtsprinzips zum Gläubigerschutz, bei der eine Ungleichbehandlung der Chancen und Risiken erfolgt.[266]

Nach dem Nachvollziehbarkeitsprinzip müssen die Annahmen, die im Wesentlichen zur Ermittlung des Unternehmenswertes geführt haben, im Bewertungsgutachten genannt werden. Ebenfalls muss nachvollziehbar sein, von wem – Gutachter, Investoren, Sachverständige oder sonstige Dritte– die Annahmen getroffen wurden.[267]

Die moderne Unternehmenswertermittlung erfolgt im Regelfall durch die Bewertung der zukünftigen Erfolge. Da diese zum Bewertungszeitpunkt nicht feststehen, basieren sie auf Prognosen und können nur näherungsweise bestimmt werden. Um eine möglichst hohe Aussagekraft des Ergebnisses zu gewährleisten, sind im Vorfeld der Bewertung die den Prognosen zugrunde liegenden Annahmen zu konkretisieren. Hierbei leistet die Unternehmensanalyse wichtige Dienste.

Im Rahmen einer operativen Unternehmensanalyse werden die wesentlichen Faktoren, die in der Vergangenheit zum Erfolg des Unternehmens beigetragen haben, aufbereitet. Es werden Kennzahlen der Finanzwirtschaft (Investition, Finanzierung und Risikomanagement) betrachtet, aber auch rechtliche und realwirtschaftliche Aspekte berücksichtigt. Ziel ist es, Anhaltspunkte für die Erstellung oder Beurteilung von Plandaten zu liefern.[268] Dabei können sich Überschneidungen mit einer Due Diligence, einer „Untersuchung mit gebührender Sorgfalt", ergeben. Diese betrachtet das Unternehmen jedoch aus einem anderen Blickwinkel. Ihr Ziel ist es, ein Gesamtbild des Unternehmens zu liefern und dessen Stärken und Schwächen sowie Chancen und Risiken aufzuzeigen.[269]

---

[265] Vgl. Helbling (2009) S. 196.
[266] Vgl. Knackstedt (2009) S. 60.
[267] Vgl. Peemöller (2006a) S. 42.
[268] Vgl. Popp (2005) S. 104.
[269] Vgl. Helbling (2009) S. 161.

Eine strategische Unternehmensanalyse hingegen ist eine Ergänzung der auf Vergangenheitswerten beruhenden operativen Unternehmensanalyse und betrachtet die strategische Positionierung des Unternehmens im Wettbewerbsumfeld.[270]

8.2 Methoden der Unternehmensbewertung

Für die Ermittlung des Unternehmenswertes sind verschiedene Verfahren etabliert. Eine Übersicht gibt die folgende Darstellung:

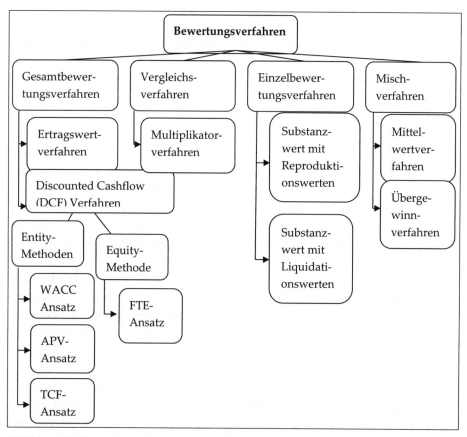

Abbildung 8.3: Unternehmensbewertungsverfahren

Quelle: Eigene Darstellung in Anlehnung an Dörschell (2009) S. 210

Die Verfahren unterscheiden sich durch ihre Ziele und die Annahmen, die der Bewertung zu Grunde liegen. Damit eignen sich nicht alle Verfahren für die Wertermittlung im Rahmen einer Unternehmensnachfolge. Je nach Branche und Art

---

[270] Vgl. Seppelfricke (2007) S. 241.

des Unternehmens können unterschiedliche Bewertungsmethoden sinnvoll sein. Im Folgenden werden die wichtigsten Verfahren bei Nachfolgeregelungen beschrieben.

8.2.1 Gesamtbewertungsverfahren

Die Gesamtbewertungsverfahren, zu denen das Ertragswert- und das DCF-Verfahren gehören, betrachten das Unternehmen als Bewertungseinheit. Der Unternehmenswert wird durch den künftig zu erwartenden Gesamtertrag bestimmt. Dafür wird beim Ertragswertverfahren der Unternehmenswert durch Diskontierung der den Unternehmenseignern zukünftig zufließenden finanziellen Überschüsse ermittelt. Diese werden üblicherweise aus den für die Zukunft geplanten Jahresergebnissen abgeleitet.

Das Ertragswertverfahren hat einen investitionstheoretischen Hintergrund. Es basiert auf der Kapitalwertmethode. Bei diesem Verfahren errechnet sich der Unternehmenswert durch Abzinsung der zukünftig zu erwartenden Ertragsüberschüsse mit einem Diskontierungssatz, welcher sich aus einer Alternativinvestition des Eigentümers oder Investors ableitet. Zusätzlich werden die Liquidationserlöse aus der Veräußerung des nicht betriebsnotwendigen Vermögens berücksichtigt.[271] Bei Annahme einer unendlichen Lebensdauer des Unternehmens errechnet sich der Wert des Unternehmens nach folgender Gleichung:[272]

$$UW = \sum_{t=1}^{\infty} \frac{E_t}{(1+i)_t} + N_0$$

Mit UW: Unternehmenswert
E_t: Ertragswert in der Periode t
i: Diskontierungssatz
N: Liquidationserlös des nicht betriebsnotwendigen Vermögens

Abhängig vom gewünschten Grad der Vereinfachung sowie dem Anlass der Bewertung können dem Ertragswertverfahren verschiedene Ertragsbegriffe zugrunde liegen. Theorie und Praxis sind sich jedoch einig, dass für die Bestimmung des Unternehmenswertes die zukünftigen Überschüsse (Cashflows) auf Basis der

---

[271] Vgl. Mandl (2005) S. 52.
[272] Vgl. Seppelfricke (2007) S. 29.

Zahlungsströme maßgeblich sind.[273] Folgende Ertragsbegriffe können unterschieden werden:
- Netto-Cashflow beim (potenziellen) Eigentümer,
- Netto-Ausschüttungen aus dem Unternehmen,
- Einzahlungsüberschüsse des Unternehmens,
- Periodenerfolg des Unternehmens,
- Residualgewinne des Unternehmens.

Der Netto-Cashflow beim Eigentümer ergibt sich aus der Differenz zwischen den künftig zu erwartenden finanziellen Zu- und Abflüssen, die einem Eigentümer durch Kauf oder Weiterführung des Unternehmens entstehen würden. Dabei werden nicht nur unternehmenseigene Zahlungsströme zwischen Unternehmen und Eigentümer berücksichtigt. Zahlungen zwischen dem Unternehmen und Dritten, die primär mit dem Bewertungsobjekt in Verbindung stehen, werden ebenfalls in die Berechnung mit aufgenommen. Hierzu zählen beispielsweise persönliche Steuern des Eigentümers oder Synergien, die sich aus der Zusammenarbeit mit anderen Unternehmen des Eigentümers ergeben.[274] In der Theorie handelt es sich beim Netto-Cashflow um den einzig richtigen Ertragsbegriff, da andere Begriffe mehr oder weniger stark ausgeprägte Vereinfachungen enthalten. Dies reduziert zwar die Komplexität der Berechnung, vermindert jedoch zugleich die Aussagekraft der Ergebnisse.[275]

Der Netto Cashflow lässt sich nach folgendem Schema berechnen:

	Jahresüberschuss
+/-	Abschreibungen/Zuschreibungen auf Sachanlagen
+/-	Zunahme/Abnahme langfristiger Rückstellungen
=	Brutto-Cashflow
-	Steuern
-	Zinsen
+/-	Rücklagenzuführung/-auflösung
=	Netto-Cashflow

Die Netto-Ausschüttungen aus dem Unternehmen werden insofern isoliert betrachtet, als ausschließlich die unternehmenseigenen Zahlungsströme berücksich-

---

[273] Vgl. Seppelfricke (2007) S. 30.
[274] Vgl. Seppelfricke (2007) S. 31.
[275] Vgl. Mandl (2005) S. 53 f.

tigt werden, allenfalls erweitert um die persönlichen Steuern des Eigentümers. Mögliche Synergien bleiben unberücksichtigt.[276]

Im Gegensatz zu den vorgenannten Ertragsbegriffen steht bei den Einzahlungsüberschüssen des Unternehmens das Unternehmen selbst im Fokus. Es wird vereinfacht die Vollausschüttung angenommen, die unterstellt, dass jeder Einzahlungsüberschuss, den das Unternehmen in einer Periode erwirtschaftet, dem Eigentümer zufließt.[277] Die Einzahlungsüberschüsse können nach folgendem Schema ermittelt werden:[278]

	Jahresüberschuss (lt. Erfolgsprognose)
+/-	Aufwendungen/Erträge aus Anlagenabgängen
+/-	Abschreibungen/Zuschreibungen
+/-	Veränderungen langfristiger Rückstellungen
+/-	Bestimmte Veränderungen des Bestands liquider Mittel
+/-	Veränderungen des Netto-Umlaufvermögens
=	Cashflow aus Betriebstätigkeit
	Cashflow aus Betriebstätigkeit
+/-	Cashflow aus Investitionstätigkeit
+/-	Veränderung von (kurz- und langfristigen) Finanzierungsschulden
=	Einzahlungsüberschüsse des Unternehmens

Durch die Einbeziehung des Periodenerfolgs des Unternehmens in die Berechnung erfolgt eine Abkehr von Zahlungsüberschüssen oder Cashflows. Die Grundlage der Ertragswertberechnung ist somit der Periodenerfolg oder Einzahlungsüberschuss. Dieser leitet sich aus den zukünftigen Ertrags- und Aufwandsrechnungen ab.

	Erträge des Unternehmens
-	Aufwendungen des Unternehmens
=	Periodenerfolg (Ertragsüberschuss) des Unternehmens

Wird auf den Residualgewinn des Unternehmens abgestellt, so wird der Periodenerfolg des Unternehmens abzüglich der Verzinsung des gebundenen Kapitals als Berechnungsgrundlage herangezogen.[279] Eine genaue Prognose der Erträge ist

---

[276] Vgl. Seppelfricke (2007) S. 31.
[277] Vgl. Mandl (2005) S. 54 f.
[278] Vgl. Mandl (2005) S. 55.
[279] Vgl. Mandl (2005) S. 57.

aufgrund der vielfältigen Faktoren, die auf sie Einfluss nehmen (z.B. Geschäftspolitik oder Umweltbedingungen), nicht möglich. Das Phasenmodell berücksichtigt diesen Umstand. Es unterscheidet zwei Phasen. Der ersten Phase, deren Planungshorizont zwischen drei und fünf Jahre beträgt, liegen detaillierte Planungsrechnungen zugrunde. In der zweiten Phase erfolgt eine mehr oder weniger pauschale Fortschreibung der Detailplanungen der ersten Phase.[280]

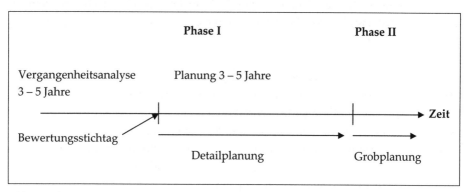

Abbildung 8.4: Phasen der Planung

Quelle: Eigene Darstellung in Anlehnung an Peemöller (2005b) S. 237

Der Diskontierungszinssatz ist abhängig von der Zielsetzung der Bewertung. In diesem Zusammenhang kann ein objektivierter oder subjektiver Unternehmenswert ermittelt werden. Grundsätzlich erfolgt die Bestimmung des Diskontierungszinssatzes durch die Festlegung eines Basiszinssatzes, welcher unter Berücksichtigung von Risiko- und Wachstumsgesichtspunkten modifiziert wird.

Diskontierungszinssatz Phase I	Diskontierungszinssatz Phase II
Basiszinssatz	Basiszinssatz
+ Risikozuschlag	+ Risikozuschlag
- Ertragssteuersatz	- Ertragssteuersatz
= Diskontierungssatz	= Diskontierungssatz vor Wachstumsannahmen
	-/+ Wachstumsausgleich
	= Diskontierungssatz

Die obige Formel zeigt die Berechnung des Diskontierungszinssatzes bei der Ermittlung eines objektivierten Unternehmenswertes. Der Basiszinssatz orientiert

---

[280] Vgl. Mandl (2005) S. 59.

sich dabei an einer „risikofreien" Kapitalanlage, i.d.R. an langfristigen Staatsanleihen. Bei der Ermittlung von Entscheidungswerten orientiert sich der Zinssatz hingegen an der Risikoneigung des Investors. Der Zinssatz kann in diesem Fall als Mindestrenditeforderung des Investors an das im Unternehmen gebundene Kapital angesehen werden.[281] DCF-Verfahren bestimmen den Unternehmenswert durch die Diskontierung von Cashflows, die erwartete Zahlungen an die Kapitalgeber darstellen.[282]

	Ertragswertverfahren	DCF-Verfahren (WACC-Ansatz)
Methodik	Nettoverfahren	Bruttoverfahren
Zählergröße	Ausschüttbare Ertragsüberschüsse: Netto-Zahlungsüberschüsse an die Unternehmenseigentümer durch geplante Ausschüttungen (aus Finanzbedarfsrechnung) berücksichtigt	Ausschüttbare Free Cash Cashflows (vor Steuern): Brutto-Cashflows an die Unternehmenseigentümer und Fremdkapitalgeber
Diskontierungssatz	Eigenkapitalrendite	Gewichtete, durchschnittliche Kapitalkosten aus Eigenkapitalrendite und Fremdkapitalzinsen
Investitionen	Mittelbar über Abschreibungen und Zinsergebnis (aus Finanzbedarfsrechnung) berücksichtigt	Unmittelbar berücksichtigt
Ausschüttungsannahmen	Relevant	Irrelevant

Abbildung 8.5: Unterschiede zwischen Ertragswert- und DCF-Verfahren
Quelle: Eigene Darstellung in Anlehnung an Schacht (2009) S. 241

Das Ertragswertverfahren und das DCF-Verfahren diskontieren zukünftige finanzielle Zahlungsüberschüsse mit einem Kapitalisierungszinssatz zum Bewertungsstichtag. Das Ertragswertverfahren stellt ebenso wie das DCF-Verfahren auf Zahlungsströme ab. Die Bewertungsmethoden unterscheiden sich lediglich durch die jeweils maßgebliche Erfolgsgröße im Zähler und dem jeweils maßgeblichen Dis-

---

[281] Vgl. Seppelfricke (2007) S. 35.
[282] Vgl. Dörschell (2009) S. 5 f.

kontierungszinssatz im Nenner.[283] Die DCF-Verfahren stellen als praxisorientierte Weiterentwicklung des Ertragswertverfahrens auf die Ermittlung objektiver Marktpreise ab. Es präzisiert den Zukunftserfolgswert in drei Punkten:

Die zu diskontierende Erfolgsgröße wird aus den Aufwands- und Ertragsgrößen abgeleitet. Der risikoabhängige Kapitalisierungszinssatz wird aus dem Preismodell für Kapitalgüter abgeleitet. Das Ergebnis der Berechnung stellt den Marktwert des Gesamtkapitals und des Eigenkapitals des Unternehmens, dem Shareholder Value-Konzept folgend, dar.[284]

In der Praxis haben sich das Ertragswertverfahren und das DCF-Verfahren als gängige Ansätze herausgebildet. Beide Verfahren basieren auf dem Kapitalwertkalkül und ermitteln den Unternehmenswert durch die Diskontierung der zukünftigen finanziellen Überschüsse, unabhängig von den jeweiligen Vermögenswerten und Schulden des zu bewertenden Unternehmens.

Der Hauptausschuss des Institutes der Wirtschaftsprüfer e.V. (IDW) hat als Leitlinie für die praktische Durchführung von Unternehmensbewertungen die Grundsätze zur Durchführung von Unternehmensbewertungen verabschiedet. Der Unternehmensbewertungsstandard IDW S1 geht von einer erfolgsabhängigen Bewertung aus, wie sie bei der Darstellung des Zukunftserfolgswertes konzipiert wurde. Das Substanzwertverfahren wird, ebenso wie die Kombinationsverfahren, als theoretisch nicht haltbar abgelehnt. Stattdessen werden zur Unternehmensbewertung das von bilanziellen Größen ausgehende Ertragswertverfahren und das originär an Zahlungen orientierte DCF-Verfahren mit den verschiedenen Unterarten zur Auswahl gestellt.

Unabhängig von den Empfehlungen des IDW können unter bestimmten Voraussetzungen auch andere Bewertungsverfahren sinnvoll sein. Bewerten insbesondere KMU die kalkulatorischen Kosten angemessen, werden die zu diskontierenden Erträge nicht der tatsächlichen Situation des Unternehmens gerecht. Es kann in diesen Fällen sinnvoll sein, das Unternehmen nach seiner Substanz zu bewerten, um dem wirklichen Wert der inhabergeführten Unternehmung Rechnung zu tragen. Dabei kann es sich allerdings nur um Einzelfallentscheidungen handeln. Das Substanzwertverfahren wird im folgenden Kapitel näher erläutert.

---

[283] Vgl. Schacht (2009) S. 239 f.
[284] Vgl. Wöhe (2008) S. 640.

8.2 Methoden der Unternehmensbewertung

In der Praxis wird üblicherweise das Verfahren der gewogenen durchschnittlichen Kapitalkosten angewandt, welches nachfolgend näher beschrieben wird. Beim WACC-Ansatz als Verfahren der Bruttokapitalisierung wird im ersten Schritt der Marktwert des Gesamtkapitals, der Unternehmenswert berechnet, indem die periodenspezifischen Free Cashflows mit den gewogenen durchschnittlichen Kapitalkosten diskontiert werden. Die Free Cashflows stellen diejenigen Cashflows des zu bewertenden Unternehmens dar, die sich bei einer reinen Eigenfinanzierung ergeben würden. Das sich aus einer anteiligen Fremdfinanzierung ergebende Tax-Shield wird deshalb bei der Cashflow-Ermittlung nicht berücksichtigt, später aber dennoch ins Bewertungskalkül mit einbezogen, indem die Renditeforderung der Fremdkapitalgeber bei der Berechnung der gewogenen durchschnittlichen Kapitalkosten, um die aus der anteiligen Fremdfinanzierung resultierenden Steuervorteile gewichtet, mit der Fremdkapitalquote zu Marktwerten gemindert wird. Formal ergibt sich der Wert des Gesamtkapitals wie folgt:

$$GK_{MW} = \sum_{t=1}^{\infty} \frac{CF_t^{FCF}}{(1+k_{WACC})^t}$$

Mit GK_{MW}: Marktwert des Gesamtkapitals
        CF_t^{FCF}: periodenspezifischer Cashflow unter Annahme vollständiger Eigenfinanzierung
        k_{WACC}: gewogene durchschnittliche Kapitalkosten

Dieser beinhaltet die mit ihren Marktwerten gewichteten risikoäquivalenten Renditeforderungen der Eigen- und Fremdkapitalgeber. Die gewogenen durchschnittlichen Kapitalkosten ergeben sich beim WACC-Ansatz dementsprechend nach folgender Formel:

$$k_{WACC} = i * (1-s) * \frac{FK_{MW}}{GK_{MW}} + r_{EK} * \frac{EK_{MW}}{GK_{MW}}$$

Mit   i: risikoäquivalente Renditeforderung der Fremdkapitalgeber
        s: Unternehmenssteuersatz
        r_{EK}: risikoäquivalente Renditeforderung der Eigenkapitalgeber
        FK_{MW}: Marktwert des Fremdkapitals
        EK_{MW}: Marktwert des Eigenkapitals

Im zweiten Schritt der Bewertung wird der Wert des Eigenkapitals ermittelt. Zunächst wird dazu der Marktwert des Fremdkapitals berechnet. Als Kalkulationszinsfuß wird der Fremdkapitalkostensatz verwendet, der den risikoäquivalenten Renditeforderungen der Fremdkapitalgeber entspricht:

$$FK_{MW} = \sum_{t=1}^{\infty} \frac{CF_t^{FK}}{(1+i)^t}$$

Mit $CF^{FK}{}_t$:   Cashflow an die Fremdkapitalgeber in der Periode t

Indem der Marktwert des Fremdkapitals von dem des Gesamtkapitals subtrahiert wird, ergibt sich der Marktwert des Eigenkapitals:

$$EK_{MW} = GK_{MW} - FK_{MW}$$

Bei der praktischen Anwendung des WACC-Ansatzes stellt sich das Problem, dass die Berechnung der gewogenen durchschnittlichen Kapitalkosten die Kenntnis des Marktwertes des Eigenkapitals voraussetzt. Es besteht insofern ein Zirkularitätsproblem, für welches es mit dem Capital Asset Pricing Model (CAPM) einen Lösungsansatz gibt, der später ausführlich erläutert wird.

Praxisbeispiel

Ertragswertverfahren

Im Folgenden wird die Unternehmensbewertung nach dem modifizierten Ertragswertverfahren der AWH (Arbeitsgemeinschaft der Wertermittelnden Betriebsberater im Handwerk) anhand des Praxisfalles der Bäckereikette durchgeführt. Nach Abschluss der Prüfung stehen folgende Basisdaten zur Verfügung:

1. **GuVen (2006, 2007, 2008, 2009)**

GuV	2006	2007	2008	2009
Betriebsleistung	3.786.409	3.797.495	4.223.511	4.479.314
- Material-/Wareneinsatz	1.183.611	1.532.022	1.293.217	1.245.782
= Rohgewinn	2.602.798	2.265.473	2.930.294	3.233.532
- Personalkosten	1.049.801	1.088.912	1.151.444	1.150.498
- GF-Gehälter	133.810	138.194	141.773	95.284

= Rohgewinn II	1.419.187	1.038.367	1.637.077	1.987.750
- sonstige Kosten	1.015.397	596.298	1.168.753	1.263.532
= Erweiterter Cashflow				
- Zinsen	403.790	442.069	468.324	724.218
	3.872	1.945	2.814	1.833
= Cashflow	399.918	440.124	465.510	722.385
- Abschreibungen	38.170	35.393	39.885	43.032
= Betriebsergebnis	361.748	404.731	425.625	679.353
- außerordentliche Aufwendungen	0	679	250	0
+ außerordentliche Erträge	35.896	70.757	51.015	50.143
- GewSt	61.326	68.923	73.858	90.578
- KSt (GmbH)	82.061	88.268	95.717	104.992
= Gewinn nach Steuern	254.257	317.618	306.815	533.926

2. Erfolgsprognose

Jahr	Gewichtungsfaktoren
2006	1
2007	2
2008	3
2009	4

		Euro
Betriebsleistung		4.196.918
- Material-/Wareneinsatz		1.311.043
= Rohgewinn		2.885.875
- Personalkosten		1.128.395
- Geschäftsführergehalt		121.665
= Rohgewinn II		1.635.815
- sonstige Kosten		1.076.838
= erweiterter Cash Flow		558.977
- Zinsen		2.354
= Cashflow		556.623
- Abschreibungen		40.073
= Betriebsergebnis ohne a.o. Aufwand u. Ertrag + gezahlte Zinsen		516.550

8. Unternehmensbewertung

+ Abschreibungen		2.354
+/- Summe Korrekturwerte		40.073
		0
= gewichtetes und korrigiertes Betriebsergebnis		
		558.977
+/- erkennbare und feststellbare Veränderungen		
		0
- kalkulatorische Zinsen		10.200
- kalkulatorische Miete		0
- kalkulatorische Abschreibung		23.600
= prognostizierter Gewinn vor Betriebssteuern		525.177
- Gewerbesteuer		73.525
= prognostizierter Gewinn nach Gewerbesteuer		
- Körperschaftssteuer und Solidaritätszuschlag		451.652
	15,825%	83.109
= prognostizierter Gewinn nach Betriebssteuern		368.543
- ESt unter Berücksichtigung v. Vollausschüttung d.h. Abgeltungssteuer 25% + SolZ		
	26,375%	97.203
= prognostizierter Gewinn nach Steuern		271.340

Der prognostizierte Gewinn nach Steuern beinhaltet bei seiner Ermittlung die gewichteten und korrigierten Betriebsergebnisse aus den GuVen der Jahre 2006, 2007, 2008 und 2009.

3. Berechnung des Diskontierungssatzes

	von	bis	Zinssatz
1. Basis-Zinssatz			
1.1 Basis-Zinssatz			3%
Immobilitätszuschlag	0%	3%	2%
2. Risikozuschläge			
2.1 Kundenabhängigkeit			2%
klein	1%		
mittel	2%		
groß	3%		
2.2 Produkt- und Leistungsangebot			1%
führend	0%		
branchenüblich	1%		

verbesserungsbedürftig	2%		
2.3 Branchenentwicklung und Konjunktur			2%
künftig besser	0%		
unverändert	1%		
künftig schlechter	2%		
2.4 Standort und Wettbewerb			1%
künftig besser	0%		
unverändert	1%		
künftig schlechter	2%		
2.5 Betriebsausstattung			1%
technisch optimal	0%		
branchenüblich	1%		
modernisierungsbedürftig	2%		
2.6 Beschäftigungsstruktur			1%
überdurchschnittlich	0%		
branchenüblich	1%		
änderungsbedürftig	2%		
2.7 Personenabhängigkeit			1%
gering	0%		
mittel	1%		
groß	2%		
2.8 Sonder- oder betriebsspezifische Risiken			3%
3. Inhaberabhängigkeit			5%
gering	0%	10%	
mittel	11%	20%	
hoch	21%	30%	
= Diskontierungssatz brutto			22%
- Anrechnung der pauschalen Einkommenssteuer zzgl. SolZ i.H.v. 26,375%			9,76%
=Diskontierungssatz netto			12,26%

Erläuterung:
Der Übergeber Herr Mustermann gibt sein Rezeptbuch der Bäckereiwaren an den Übernehmer weiter, sodass nach der Unternehmensübergabe eine sehr geringe Inhaberabhängigkeit vorhanden und der Prozentsatz demzufolge gering anzusetzen ist.

4. Ermittlung des Ertragswerts

Der Ertragswert ergibt sich aus der Diskontierung des künftig erzielbaren betriebswirtschaftlichen Gewinns:

$$\text{Ertragswert} = \frac{\text{prognostizierter Gewinn}}{\text{Diskontierungssatz}} * 100$$

$$\text{Ertragswert} = \frac{271.340}{12,24} * 100$$

$$\text{Ertragswert} \approx 2.216.830 \text{ €}$$

Dem ermittelten Ertragswert muss das nicht betriebsnotwendige Vermögen zugerechnet werden.

Der Unternehmenswert für die zu bewertende Bäckereikette Wäller Backstube GmbH beträgt nach dem Ertragswertverfahren **2.216.830 €**.

Praxisbeispiel 8.1 Unternehmensbewertung Ertragswertverfahren

8.2.2 Substanzwertverfahren

Im Gegensatz zu den Gesamtbewertungsverfahren, leitet sich der Unternehmenswert bei den Einzelbewertungsverfahren aus der isolierten Betrachtung einzelner Unternehmensteile, nämlich der Vermögensgegenstände und Schulden ab. Das Ergebnis der Bewertung stellt den Substanzwert des Unternehmens dar.[285] „Das Substanzwertverfahren arbeitet mit der Fiktion, dass ein dem zu bewertenden Unternehmen identisches Unternehmen nachgebaut wird. Seiner Idee nach ist also der Substanzwert ein Reproduktionswert. Das nicht für die Leistungserstellung benötigte Vermögen wird nicht zur Rekonstruktion benötigt und kann veräußert werden. Es ist mit dem Liquidationswert anzusetzen."[286]

---

[285] Vgl. Ernst (2010) S. 2.
[286] Vgl. Wöhe (2008) S. 646.

8.2 Methoden der Unternehmensbewertung

Für die Bestimmung des Substanzwertes gilt also folgendes Schema:

	Wert der einzelnen Vermögensgegenstände
-	Wert der Schulden
=	Substanzwert

Die Höhe des ermittelten Substanzwertes ist abhängig von der Anzahl der in die Bewertung einfließenden Unternehmensbestandteile sowie den zugrunde liegenden Wertmaßstäben.[287] Bei der Berechnung des Substanzwertes kann zwischen zwei Annahmen unterschieden werden, der Fortführung des Unternehmens (Going-Concern-Prinzip) und dessen Liquidation. Abhängig von der jeweiligen Annahme wird der Substanzwert auf der Basis von Reproduktionswerten oder Liquidationswerten ermittelt. Wird von einer Fortführung des Unternehmens ausgegangen, so erfolgt die Ermittlung des Substanzwertes auf der Basis von Reproduktionswerten. Dieses Verfahren unterstellt eine Unternehmensreproduktion, dass es folglich möglich ist, ein identisches Unternehmen „auf der grünen Wiese" nachzubauen.[288] Zur Ermittlung des Substanzwertes werden die betriebsnotwendigen Vermögensgegenstände zu Reproduktionswerten angesetzt und die nicht betriebsnotwendigen Teile zu Liquidationswerten veräußert.[289] Der Substanzwert wird somit nach folgendem Schema bestimmt:

	Reproduktionswert des betriebsnotwendigen Vermögens
+	Liquidationswert des nicht betriebsnotwendigen Vermögens
-	Wert der Schulden
=	Substanzwert auf Basis von Reproduktionswerten

Die Reproduktionswerte entsprechen den Wiederbeschaffungs- oder Zeitwerten, da bei einer Unternehmensreproduktion der Zustand und das Alter der Vermögensgegenstände zu berücksichtigen sind. Der so ermittelte Substanzwert entspricht dem Betrag, der notwendig wäre, ein identisches Unternehmen nachzubauen.[290]

Die Annahme, ein identisches Unternehmen nachbauen zu können, führt dazu, dass neben den materiellen Vermögensgegenständen auch die immateriellen, nicht in der Bilanz erfassten Vermögensgegenstände berücksichtigt werden müs-

---

[287] Vgl. Seppelfricke (2007) S. 173.
[288] Vgl. Ernst (2010) S. 3.
[289] Vgl. Seppelfricke (2007) S. 174.
[290] Vgl. Mandl (2005) S. 80.

sen. Hierzu zählen u.a. Miet- und Pachtrechte sowie selbstgeschaffene Patent- und Markenrechte. Streng genommen müssen auch der Firmenwert, also technisches Know-how, geschultes, motiviertes Personal, ein gutes Produktimage und ein hoher Bekanntheitsgrad am Markt, ein fester Kundenstamm etc. in die Substanzwertermittlung Eingang finden.[291] Ist dies der Fall, wird ein Vollreproduktionswert ermittelt.[292] Aufgrund verschiedener Probleme, wie z.B. der vollständigen Erfassung und Bewertung der immateriellen Vermögensgegenstände, wird im Regelfall jedoch ein Teilreproduktionswert ermittelt.[293]

Wird hingegen von der Zerschlagung oder der Liquidation des Unternehmens ausgegangen, erfolgt die Bestimmung des Substanzwertes auf Basis von Liquidationswerten. Die Vermögensgegenstände werden mit den zu erwartenden Liquidationserlösen angesetzt. Bei den Schulden sind die durch die Liquidation zusätzlich entstehenden Kosten zu berücksichtigen. Dies können Kosten für Sozialpläne, Abbruch und Sanierungskosten oder die Abwicklungskosten selbst sein.[294] Der Substanzwert ermittelt sich somit nach folgendem Schema:

	Liquidationserlös des gesamten betrieblichen Vermögens
-	Schulden (nach Unternehmensauflösung)
=	Substanzwert auf Basis von Liquidationswerten

Die Höhe des Liquidationserlöses ist abhängig vom Einzelveräußerungsgrad und der Auflösungsgeschwindigkeit. Es wird zwischen einer Auflösung unter Zeitdruck (Zerschlagung) und einer Auflösung unter Normalbedingungen (Liquidation) unterschieden.[295] Der Vergleich eines bereits existierenden Unternehmens (Bewertungsobjekt) mit der Neuerrichtung des Unternehmens bildet den Ausgangspunkt für die Feststellung des Substanzwertes im Sinne von ersparten Ausgaben. Der Grundgedanke besteht darin, dass durch die bereits vorhandene Substanz eines existierenden Unternehmens Ausgaben, die bei einer Neuerrichtung getätigt werden müssten, eingespart, vermindert oder in die Zukunft verschoben werden können.[296] Zur Ermittlung des Substanzwertes werden die Zahlungsströme (Ein- und Auszahlungsreihen) beider Unternehmen gegenübergestellt. Die Differenz des Barwertes der Ein- und Auszahlungen des Bewertungsobjektes ab-

---

[291] Vgl. Wöhe (2008) S. 577.
[292] Vgl. Sieben (2005) S. 380.
[293] Vgl. Ernst (2010) S. 4.
[294] Vgl. Seppelfricke (2007) S. 177.
[295] Vgl. Mandl (2005) S. 83.
[296] Vgl. Sieben (2005) S. 385.

züglich der Differenz der Ein- und Auszahlungen der Neuerrichtung stellt den Substanzwert im Sinne von ersparten Ausgaben dar.[297]

Die Erlösströme beider Unternehmen, des Bewertungsobjektes und der Neuerrichtung, sollten identisch sein. In diesem Fall ist der Wert des Ausdrucks in der ersten Klammer Null. Die Differenz zwischen dem Barwert der Auszahlung des Bewertungsobjektes und der Neuerrichtung entspricht somit dem Substanzwert im Sinne von ersparten Ausgaben. Ergibt sich nach dem Vergleich der Auszahlungen ein positiver Substanzwert, ist der Erwerb des bereits existierenden Unternehmens für einen potenziellen Käufer von Vorteil. Entsprechend ist bei einem negativen Substanzwert eine Neuerrichtung vorteilhafter.

Praxisbeispiel

Substanzwertverfahren

Im Vergleich wird das Substanzwertverfahren auf Grundlage des Vollreproduktionswertes anhand des Praxisfalls der Wäller Backstube GmbH verdeutlicht. Nach Abschluss der Prüfung stehen folgende Basisdaten zur Verfügung:

1. Bewertung des Vermögens nach Verkehrswerten

Bilanz Aktiva 31.12.2009	Verkehrswert €	Restnutzungsdauer Jahre
Anlagevermögen		
Immaterielle Vermögensgegenstände		
Firmenwert	0	
Lizenzen	1	0
Beteiligungen	679.468	0
Sachanlagen		
Grundstücke	11.502	
Gebäude (nur gewerblicher Anteil)	0	
Technische Anlagen und Maschinen	0	0
Fahrzeuge	0	0
Betriebs- und Geschäftsausstattung	188.460	8
geringwertiges Wirtschaftsgut (GWG)	0	0
Sonstige	0	0

---

[297] Vgl. Seppelfricke (2007) S. 176.

8. Unternehmensbewertung

Finanzanlagen	0	
Sonstiges	0	
= Anlagevermögen	879.431	
Umlaufvermögen		
Vorräte		
Material und Waren	18.046	
Halbfertige Erzeugnisse	0	
Fertigerzeugnisse	0	
Ansprüche aus Rückdeckungsversich.	0	
Forderung aus Lieferungen und Leistungen (LuL)	368.458	
Sonstige Vermögensgegenstände	0	
Wertpapiere	0	
Sonstige Wertpapiere	0	
Kassenbestand, Guthaben Kreditinstitute		
Kasse	0	
Bank	611.084	
Sonstigen	141.501	
= Umlaufvermögen	1.139.089	
Rechnungsabgrenzungsposten (RAP)	94	
Unterkapitel	0	
= **BILANZSUMME**	**2.018.614**	

2. Bewertung des Kapitals und der Verbindlichkeiten

Bilanz Passiva 31.12.2009	Verkehrswert €
Eigenkapital	
Gezeichnetes Kapital	35.690
Gewinnrücklage	0
Gewinn- /Verlustvortrag	1.208.002
Jahresüberschuss /-fehlbetrag	533.926
= Eigenkapital	1.777.618
B. Sonderposten mit Rücklagen	0
C. Rückstellungen	
Pensionsrückstellungen	75.613
Steuerrückstellungen	26.508
Sonstige Rückstellungen	59.050
= Rückstellungen	161.171
Verbindlichkeiten	
Langfristige Bankdarlehen	0
Gesellschafterdarlehen	0
Kurzfristige Bankdarlehen	7.098

8.2 Methoden der Unternehmensbewertung

Lieferantenverbindlichkeiten	53.771
Erhaltene Anzahlungen	0
Sonstige Verbindlichkeiten	18.956
RAP	0
= Verbindlichkeiten	79.825
= **BILANZSUMME**	**2.018.614**

Erläuterung:
Die Verkehrswerte der Anlagen, Geräte sowie der Betriebseinrichtung wurden durch einen Gutachter ermittelt.

$\sum$ Vermögensgegenstände = 2.018.614 €

$\sum$ Schulden (Rückstellungen + Verbindlichkeiten) = 240.996 €

3. Ermittlung des Substanzwertes

Wert der einzelnen Vermögensgegenstände	2.018.614 €
Wert der Schulden	240.996 €
= **Substanzwert**	**1.777.618 €**

Folglich ist das Unternehmen der Wäller Backstube GmbH mit einem Substanzwert von **1.777.618 €** zu bewerten.

Gegenüberstellung der Ergebnisse des Ertragswertverfahrens und des Substanzwertverfahrens

Werden die Ergebnisse des Ertragswertes und des Substanzwertes gegenübergestellt, so entscheidet sich der Verkäufer Herr Mustermann für eine Unternehmensbewertung nach dem Ertragswertverfahren. Diese Methode ermittelt mit 2.216.830 € einen höheren Unternehmenswert.
Das Substanzwertverfahren kommt nicht zur Geltung, da die Bäckereikette nicht überwiegend aus Immobilien und Anlagen besteht. Der Substanzwert fällt für den Übergeber mit einem Betrag von 1.777.618 € deutlich geringer aus.[298]

Praxisbeispiel 8.2 Unternehmensbewertung Substanzwertverfahren

---

[298] Vgl. Endlein (2010) S. 16 ff.

8.2.3 Vergleichsverfahren

Das Vergleichsverfahren setzt zur Ermittlung des Unternehmenswertes bei Transaktionspreisen oder Börsenkursen an, also bei Marktpreisen von Vergleichsunternehmen.[299] Bei den Multiplikatorenverfahren erfolgt die Berechnung des potenziellen Marktpreises über eine ausgewählte Performancekennziffer des zu bewertenden Unternehmens. Diese wird mit einem branchenspezifischen Multiplikator multipliziert, der sich z.B. aus Umsatz, Gewinngröße oder Buchwert des Eigenkapitals eines Vergleichsunternehmens ergibt.[300] Durch Umsatzmultiplikatoren wird meist nur der potenzielle Marktwert abgeschätzt. Zur Ermittlung des potenziellen Marktwertes kann der bewertungsrelevante Umsatz mit dem bewertungsrelevanten Umsatzfaktor multipliziert und dann der Substanzwert des sonstigen Vermögens, wie Warenlager oder Forderungen, addiert werden. Formal kann das nach Abzug der zum Bewertungsstichtag vorhandenen Schulden gemacht werden, wie nachfolgend zum Ausdruck gebracht:

$$MP_B = U * m_U + SW$$

Mit MP_B: Marktpreis des Betriebes
U: bewertungsrelevanter Umsatz
m_U: bewertungsrelevanter Multiplikator
SW: Substanzwert des sonstigen Vermögens

Mit Hilfe von Multiplikatoren lassen sich potenzielle Marktwerte schätzen, die der Orientierung dienen und die Verhandlungsposition stärken. Weiterhin können sie zur Plausibilitätskontrolle der Ergebnisse anderer Bewertungsverfahren herangezogen werden. Konservative Multiplikatoren stellen neben den Umsatzmultiplikatoren auch insbesondere Multiplikatoren auf der Basis von EBIT oder EBITDA dar.[301]

8.2.4 Multiplikatormethoden

Bei marktorientierten Bewertungsverfahren handelt es sich um Gesamtbewertungsverfahren, die auf Börsenkurse, Emissionspreise und Kaufpreise ähnlicher Unternehmen zurückgreifen. Statt Vermögenswerte und Schulden zu vergleichen,

---

[299] Vgl. Peemöller (2005a) S. 74.
[300] Vgl. Krolle (2005) S. 5.
[301] Vgl. Peemöller (2005a) S. 76.

stellen sie vor allem auf die Leistungsfähigkeit des Unternehmens ab. Zu den angewandten Verfahren gehören das Ertragswertverfahren, das DCF-Verfahren und die Multiplikatormethode, welche zu der am häufigsten eingesetzten Methode zählt.[302]

Die Multiplikatormethode leitet den potenziellen Marktpreis eines Unternehmens aus den bekannten Marktdaten von Vergleichsunternehmen ab, indem aus den für die Vergleichsunternehmen realisierten oder realisierbaren Marktpreisen branchenkennzeichnende Erfahrungssätze entwickelt werden.[303] Die sogenannten „market multiples", Erfahrungssätze oder Daumenregeln, stellen im Allgemeinen die Marktpreise für die in der Vergangenheit verkauften Unternehmen dar. Sie dienen zusätzlich als Orientierungshilfe, um den Marktpreis von Unternehmen zu schätzen.[304]

Die Multiplikatormethode hat vielfältige Einsatzgebiete, nachfolgend werden zwei relevante Gebiete kurz erläutert. Bei börsennotierten Unternehmen steht die Identifikation von Unter- und Überbewertungen im Vordergrund, welche anschließend als Entscheidungsgrundlage für Investoren genutzt wird. Bei nicht börsennotierten Unternehmen können unter Beachtung der bestehenden Informationslücken Daten aus vergleichbaren börsennotierten Unternehmen zu Vergleichszwecken herangezogen werden.[305] Ein realistisches Ergebnis setzt eine Geschlossenheit der Multiplikatoren und verwendeter Bezugsgrößen voraus. Wird ein Multiplikator anhand eines bestimmten Verfahrens ermittelt, so muss dieses Verfahren, samt Reihenfolge, auch für die Berechnung des Bezugsobjektes übernommen werden.[306] Zur Erläuterung dient folgendes Beispiel:

Ein Unternehmen X produziert in der betrachteten Periode 100.000 Stück von Produkt A und hat einen Wert von 10.000.000 Euro. Ein anderes Unternehmen Y produziert in der betrachteten Periode 200.000 Stück von Produkt A. Es wird anhand der vorliegenden Daten davon ausgegangen, dass der Gesamtwert von Unternehmen Y 20.000.000 Euro beträgt. Diese Verhältnismäßigkeit der vorliegenden Bezugsgrößen macht sich die Multiplikatormethode zu nutze. Der Wert des Vergleichsobjektes wird auf das Bezugsobjekt übertragen.

---

[302] Vgl. Kuhner (2006) Kapitel 7.1 ff.
[303] Vgl. Hommel (2006) S. 65.
[304] Vgl. Volkmann (2006) S. 453 f.
[305] Vgl. Peemöller (2005b) S. 197 f.
[306] Vgl. Schultze (2003) S. 158.

Schritt 1	Schritt 2	Schritt 3	Schritt 4
Eigene Unternehmensanalyse	Auswahl von Vergleichsunternehmen	Bezugsgrößenidentifikation Multiplikatorenbildung	Unternehmenswertbestimmung
• Analyse der Auswahlkriterien • Prognose für ausstehende Ergebnisse	• Abgleich der zu erfüllenden Bedingungen • Bildung von Peer Group • Gewährleistung von möglichst vollständiger Identität zum Bewertungsobjekt • Erneute Analyse anhand vorliegender Kriterien • Übertragung ermittelter Daten auf das Bewertungsobjekt	• Auswahl spezifizierter Bezugsgrößen (z.B. Gewinn) • Bereinigung der Finanzdaten betroffener Unternehmen • Ausschluss externer Fehlerquellen (z.B. unterschiedliche Handhabung von Steuerrechten, Bilanzierung) • Prüfung auftretender Differenzen zwischen Bewertungsobjekt und Vergleichsunternehmen	• Einheitlichkeit zwischen Bezugs- und Wertgrößen prüfen • Multiplikator mit Bezugsgrößen multiplizieren • Unterscheidung Eigenkapital und Gesamtkapital • Wenn gesamtkapitalbezogen ist der Multiplikator für den gesamten Unternehmenswert zu ermitteln

Abbildung 8.6: Vier Schritte der Wertbestimmung bei der Multiplikatormethode
Quelle: Hayn (2000) S. 84 f.; Peemöller (2002), S. 203 ff.; Schultze (2003) S. 159

Fehlerquellen können dadurch entstehen, dass Vergleichsunternehmen nicht identisch sind und dass eine sogenannte Peer Group Bestimmung nicht gelingt. Auch können relevante Kriterien falsch eingeschätzt oder unzureichend bewertet werden.

Equity und Entity Konzepte

Praxisrelevante Multiplikatoren lassen sich in Entity Value, auch Enterprise Value genannt, und Equity Value unterscheiden. Im Vergleich zum Equity Konzept, welches sich ausschließlich mit der Ermittlung des Marktwertes des Eigenkapitals beschäftigt, ermittelt das Entity Konzept zusätzlich den Marktwert des Fremdkapitals. In beiden Konzepten werden die vier folgenden Multiplikatoren angewandt.

Equity gewinnbasierender Multiplikator: Kurs-Gewinn-Verhältnis (KGV)

Um das KGV anwenden zu können, benötigt das Unternehmen eine Gewinngenerierung innerhalb der nächsten zwei Jahresabschlüsse. Neu gegründete und sich im Umbruch befindende Unternehmen sind somit von diesem Verfahren ausgeschlossen. Die zentralen Größen bilden der Aktienkurs und der Gewinn je Aktie. Beide Größen werden in Beziehung gesetzt und bilden den Multiplikator. Der Gewinn einer Aktie kann sowohl betriebswirtschaftlich als auch handelsrechtlich definiert werden. Eine Abgrenzung beider Begriffsdefinitionen ist somit zwingend erforderlich.[307] Das KGV berechnet sich wie folgt:[308]

$$KGV = \frac{\text{Kurs einer Aktie}}{\text{Gewinn einer Aktie}}$$

Zahlungsstrombasierender Multiplikator: Kurs-Cashflow-Verhältnis (KCV)

Anders als beim KGV werden beim KCV Kurswert zum Cashflow je Aktie ins Verhältnis gesetzt. Der Cashflow ist ein Indikator unternehmerischer Innenfinanzierungskraft und eignet sich als internationaler Vergleichsmaßstab, weil er um die nicht zahlungswirksamen Ertrags- und Aufwandspositionen bereinigt ist. Ähnlich wie bei der Definition des Gewinnes beim KGV, gilt es auch hier den Begriff „Cashflow" genau festzulegen, da er durchaus unterschiedlich ausgelegt werden kann. Der KCV berechnet sich wie folgt:[309]

---

[307] Vgl. Tcherveniachki (2007) S. 127.
[308] Vgl. Tcherveniachki (2007) S. 127.
[309] Vgl. Priermeier (2006) S. 57.

$$KCV = \frac{\text{Kurs einer Aktie}}{\text{Cashflow einer Aktie}}$$

Entity umsatzbasierender Multiplikator: (EV/Umsatz)

Beim umsatzbasierenden Verfahren wird der Umsatz als Bezugsgröße verwendet, welcher sich beispielsweise aus der GuV ergibt. Der Vorteil dieses Multiplikators besteht in seiner generellen Anwendbarkeit. Selbst bei einem Verlustvortrag oder ungewissen Gewinnen kann auf ihn zurückgegriffen werden.[310]

GuV-basierende Multiplikatoren: (EBIT und EBITDA)

Durch den Einsatz des Earnings Before Interest and Taxes-Verfahrens (EBIT) wird der Unternehmenswert ins Verhältnis zum operativen Gewinn gesetzt. Somit ist ausschließlich das Betriebsergebnis relevant, d. h. Zinsen und Steuern bleiben unberücksichtigt. Außerordentliche Effekte und das Finanzergebnis werden ausgeschlossen, wodurch sich die Ertragsstärke unverfälscht darstellt. Die Vergleichbarkeit ist jedoch insofern eingeschränkt als zwischen Vergleichs- und Bezugsobjekt Unterschiede zwischen Kapitalintensität und Bilanzpolitik bestehen können. Daher sollten beide Kennzahlen ausreichend analysiert werden, um die Bewertung zu optimieren.[311] Eine Erweiterung des EBIT Verfahrens stellt das Earnings Before Interest, Taxes, Depreciation and Amortisation-Verfahren (EBITDA) dar. Hier werden zusätzlich die Abschreibungen berücksichtigt. Daraus ergibt sich für beide Verfahren die gleiche Formel:

$$\text{EBIT bzw. EBITDA} = \frac{\text{Unternehmenswert}}{\text{Operative Ergebnisgröße}}$$

Beide Verfahren zeichnet aus, dass ein internationaler Vergleich möglich wird, weil unterschiedliche Steuerquoten ausscheiden. Wie beim EBIT muss auch beim EBITDA eine vergleichbare Kapitalintensität gegeben sein.[312]

---

[310] Vgl. Deutsche Börsen AG (2006) S. 284 f.
[311] Vgl. Deutsche Börsen AG (2006) S. 285.
[312] Vgl. Deutsche Börsen AG (2006) S. 285.

8.2 Methoden der Unternehmensbewertung

			Vorteile		Nachteile
Equity – Multiplikatoren	KGV	(+) (+)	Berücksichtigung unternehmensindividueller Unterschiede bzgl. Ertragskraft Weite Verbreitung	(-) (-)	Eingeschränkte Aussagekraft durch den besonders starken Einfluss unterschiedlicher Rechnungslegungsvorschriften und bilanzpolitischer Maßnahmen Beeinflussung durch Verschuldungsgrad
	PEG	(+) (+)	Vgl. KGV Explizite Berücksichtigung des Unternehmenswachstums	(-)	Vgl. KGV
	KCFV	(+) (+)	Bessere internationale Vergleichbarkeit Geringe Verzerrung durch unterschiedliche Rechnungslegungsvorschriften und bilanzpolitische Maßnahmen	(-)	Beeinflussung durch Verschuldungsgrad
Entity – Multiplikatoren	EV/ Umsatz	(+) (+) (+)	Bessere Vergleichbarkeit unterschiedlich finanzierter Unternehmen Wertermittlung auch für ertragslose Unternehmen möglich Weitgehende Unabhängigkeit von Bilanzpolitik und unterschiedlichen Rechnungslegungsvorschriften	(-)	Eingeschränkte Aussagekraft, da die unternehmensindividuelle Ertragskraft bzw. Kostenstruktur einfließen
	EV/ EBIT BIT-DA	(+) (+) (+)	Bessere Vergleichbarkeit unterschiedlich finanzierter Unternehmen Berücksichtigung der unternehmensindividuellen Ertragskraft Eliminierung von buchhalterischen Unterschieden hinsichtlich der unternehmensindividuellen Abschreibungen	(-) (-)	Unterstellung von identischen Kapitalintensitäten bzw. Abschreibungsquoten Unterstellung vergleichbarer Zinsdeckungs- und Steuerquoten
	EV/EBIT	(+)	Bessere Vergleichbarkeit finanzierter Unternehmen	(-)	Bewertungsverzerrungen durch bilanzpolitische Beein-

| | | (+) | Berücksichtigung der unternehmensindividuellen Ertragskraft | | flussung der Abschreibungen möglich |
| | | (+) | Berücksichtigung des unterschiedlichen Investitionsbedarfs und der damit einhergehenden Kapitalintensitäten | (-) | Unterstellung vergleichbarer Zinsdeckungs- und Steuerquoten |

Abbildung 8.7: Vor- und Nachteile von ausgewählten Multiplikatoren

Quelle: Nester, Anke; Kraus, Peter (2003) http://www.iww.de/

Praxisbeispiel

Als Beispiel des parallelen Einsatzes mehrerer Bezugsgrößen dient folgender Sachverhalt: Sie werden als erfahrener Unternehmensbewerter mit fundierten Markt- und Branchenkenntnissen beauftragt, die Bäckerei Müller GmbH für einen potenziellen Käufer zu bewerten und auch die Kaufverhandlungen zu führen.[313]

Eine Analyse hat folgende Werte der Vorperiode ergeben: Der Gewinn vor Steuern beträgt 600.000 Euro, der Cashflow 900.000 Euro und der Umsatz 10.500.000 Euro. Von einem Unternehmen, der More Value GmbH, welches Sie selbst vor kurzem bewertet haben, kennen Sie den ausgehandelten Kaufpreis von 16.000.000 Euro. Aus der Unternehmensbewertung dieser GmbH sind Ihnen der Gewinn vor Steuern von 1.000.000 Euro, der Cashflow von 1.600.000 Euro und der Umsatz von 20.000.000 Euro bekannt.

Sie ermitteln die unterschiedlichen Multiplikatoren der More Value GmbH und nutzen diese für die Bewertung der Müller GmbH.[314] Durch die parallele Verwendung unterschiedlicher Multiplikatoren ergibt sich – wie der nachfolgenden Tabelle zu entnehmen ist – anstelle einer eindeutigen Zahl ein Streuungsbereich. Als Bezugsgröße dient der Verkehrswert in Euro.

Praxisbeispiel Wertberechnung

---

[313] Vgl. Henselmann (2001) S. 382 f.
[314] Vgl. Henselmann (2001) S. 382 f.

8.2 Methoden der Unternehmensbewertung

	More Value GmbH (Preis: 16.000.000 Euro)		Müller GmbH	
Art der Bezugsgröße	Bezugsgröße	Multiplikator	Bezugsgröße	Verkehrswert
Gewinn vor Steuern	1.000.000	16	600.000	9.600.000
Cashflow	1.600.000	10	900.000	9.000.000
Umsatz	20.000.000	0,8	10.500.000	8.400.000

Abbildung 8.8: Die Multiplikatormethode
Quelle: Eigene Darstellung in Anlehnung an Henselmann (2001)

Obwohl die Multiplikatormethode sich durch ihre einfache Handhabung in vielen Bereichen durchgesetzt hat, gilt es zu berücksichtigen, dass den von ihr verwendeten Größen ein großes Stück Subjektivität innewohnt. Eine exakte Ermittlung des Unternehmenswerts ist mit ihrer Hilfe somit kaum möglich.

Nicht zuletzt weil sie zu stark vereinfacht ist, ist die Multiplikatormethode für eine endgültige Entscheidungsfindung letztlich ungeeignet. Ergebnisse der Vergangenheit werden meist ungeprüft auf die Zukunft übertragen; einzelne Aspekte, die das vorangegangene Ergebnis erklären, werden häufig außer Acht gelassen. Auch bieten bilanzpolitische Gestaltungsspielräume durchaus Möglichkeiten, die Bewertung zu verfälschen. So ergeben sich beispielsweise aus höheren Gewinnen der Vorperiode stärkere Gewichtungen, welche dem Entscheidungssubjekt eine Fehleinschätzung zukommen lassen. Der Wert eines Unternehmens mit schwacher Zukunftsprognose könnte unbegründet gesteigert werden.

Oft vermischt die Multiplikatormethode die Begriffe Wert und Preis. So darf bei bestimmten Entscheidungen nicht die subjektive Einschätzung, sondern muss der potenzielle Marktpreis im Vordergrund stehen. Besonders bei Börsengängen spielt die Marktpreisbestimmung eine entscheidende Rolle. „Ein Grenzpreis ist der Preis, den ein Käufer oder Verkäufer bei einem gegeben Entscheidungsfeld und mit Berücksichtigung seiner Ziele höchstens zahlen kann oder mindestens einfordern muss, um nicht schlechter gestellt zu werden als wenn er auf den Kauf oder Verkauf des Unternehmens verzichtet."[315]

Eine der offensichtlichsten und doch ignorierten Schwachstellen der Multiplikatormethode ist es, dass sich in der Realität niemals identische Vergleichsunternehmen finden und abbilden lassen. Daher werden meist Vergleiche mit branchenähnlichen Unternehmen herangezogen, deren Spezifika und bestehende Differenzen bei der Entscheidungsfindung berücksichtigt werden.

Bei der Wachstumsprognose ist zu berücksichtigen, dass zwischen allgemeinem Branchenwachstum und dem Branchenwachstum zwischen Bezugs- und Vergleichsobjekt differenziert wird. Die allgemeine Branchenentwicklung hat Einfluss auf das Geschehen im Bezugsunternehmen und darf demnach nicht vernachlässigt werden.

Auch aus wissenschaftlicher Sicht werden eine Reihe Argumente vorgebracht, die gegen den Einsatz der Multiplikatormethode sprechen. Unstrittig ist, dass es keine Marktpreise für Unternehmen gibt. Insbesondere der mitunter stark schwankende Aktienpreis, der als Orientierung herangezogen wird, wird von spekulativen Faktoren beeinflusst. Auch der Vergleich von börsennotierten und nicht börsennotierten Unternehmen ist nicht unproblematisch.

Es ist streng darauf zu achten, welche Multiplikatoren zu aussagekräftigen Ergebnissen führen – und welche nicht. So kann die Bilanzpolitik des Vergleichsunternehmens das ermittelte Ergebnis dahingehend beeinflussen, dass der Jahresgewinn nach Abzug der Steuern geltend gemacht wird, während es im Bezugsobjekt vor Abzug der Steuern gehandelt wird.

Neben ihren zahlreichen Nachteilen hat die Multiplikatormethode auch einige Vorteile aufzuweisen: Sie ermöglicht es Wettbewerbern relativ einfach, sich in ihren Stärken und Schwächen zu vergleichen. Prozessschwierigkeiten lassen sich so schnell und effizient beheben. Dennoch gilt als allgemeine Regel: die Multiplikatormethode sollte ausschließlich für grobe Schätzungen oder zur Plausibilitätskontrolle genutzt werden.

---

[315] Vgl. Casey (2000) S. 11.

8.2.5 Mischverfahren

Die Mischverfahren kombinieren Werte aus den Einzel- und Gesamtbewertungsverfahren (Substanz- und Ertragswerte) zur Ermittlung des Unternehmenswertes.[316] Beim Mittelwertverfahren wird der Unternehmenswert als Durchschnitt aus Ertrags- und Substanzwert gebildet. Das Verfahren der Übergewinnkapitalisierung geht davon aus, dass ein Unternehmen auf einem zur Vollkommenheit tendierenden Kapitalmarkt langfristig nur einen Normalgewinn als Verzinsung des Substanzwertes erwirtschaften kann. Wird vom nachhaltig erwarteten Zukunftserfolg der Normalgewinn abgezogen, ist das Ergebnis der Übergewinn.[317]

8.2.6 AWH-Standard als Ertragswertermittlung im Handwerk

Die Bewertung gemäß dem AWH-Standard[318] erfolgt grundsätzlich nach dem Ertragswertverfahren. Üblicherweise werden die Jahresabschlüsse der vergangenen vier Jahre zugrunde gelegt, weil in Handwerksbetrieben häufig keine Leitlinien oder Strategien der Unternehmensfortführung zu finden sind. Wichtig sind dabei die steuerlichen Ergebnisse um betriebsfremde und außerordentliche Erträge, um Zinsen und Skonti sowie um den kalkulatorischen Unternehmerlohn oder die kostenlose Mitarbeit von Familienmitgliedern zu bereinigen.

Die Einordnung des Unternehmerlohnes gestaltet sich oft schwierig. Häufig ist er abhängig vom zeitlichen Umfang, der Qualität und der Effizienz des unternehmerischen Engagements. Der AWH-Standard verfolgt hierbei einen pragmatischen Ansatz; die angesetzten Werte sind für den Einzelfall zu prüfen und variierbar. In die Bewertung fließen ein vergleichbares tarifliches Meistergehalt, ein Arbeitgeberanteil für die Sozialversicherung und ein 20-50 prozentiger Zuschlag für die Unternehmertätigkeit ein. Dieser Zuschlag soll Mehrarbeit und Haftung repräsentieren. Für die Wertermittlung eines Unternehmens ist es wesentlich, nicht nur einzelne Bilanzposten als Grundlage zu nehmen, sondern diese als eine Unternehmenseinheit zu betrachten. Kein Unternehmensbereich soll ausgelassen und auch das nicht betriebsnotwendige Vermögen soll erfasst werden. Ein großes Gewicht erhält das betriebsnotwendige Anlagevermögen sowie der betriebsnotwendige Waren- und Materialbestand. Betriebsgrundstücks- und Gebäudewerte werden nicht berücksichtigt; sie sind aber in den kalkulatorischen Kosten wiederzufinden.

---

[316] Vgl. Ernst/ Schneider/ Thielen: Praxisleitfaden der Unternehmensbewertung, S. 5.
[317] Vgl. Wöhe (2008) S. 648.
[318] Vgl. AWH-Handbuch 5.0 2013; siehe auch www.awh.zdh.de.

Die Bewertungen der einzelnen Posten bzw. die Ermittlung der Ertragskraft der Erfolgsfaktoren erfolgen an einem Stichtag. Ändern sich wertbeeinflussende Tatsachen, ist die Bewertung nach oben oder nach unten zu korrigieren. Auch die Rechtsform des Unternehmens ist zu beachten. Bei einer Übernahme einer Einzelgesellschaft oder einer Personengesellschaft ist es üblich, nur die Vermögenswerte weiterzugeben, während die Schulden beim alten Inhaber verbleiben. Werden dennoch Verbindlichkeiten übernommen, so wird zwischen langfristigen und kurzfristigen Verbindlichkeiten unterschieden. Erstere sind vom ermittelten Ertragswert abzuziehen.

Bei einer GmbH kann ein Verkauf nach einem „Share Deal" oder nach einem „Asset Deal" verlaufen. Bei ersterem handelt es sich um den Verkauf der Geschäftsanteile. Sämtliche Aktiva und Passiva werden übergeben. Ein „Asset Deal" beinhaltet nur den Verkauf von Anlagen und nicht von Geschäftsanteilen. Der ermittelte Ertragswert wird hier nicht beeinflusst. In beiden Fällen kann ein vorhandenes Geschäftsführergehalt gezahlt werden, das jedoch im Rahmen einer objektiven Bewertung auf seine Angemessenheit überprüft werden muss. Da das Handelsbilanzrecht das Ziel verfolgt, die finanziellen Interessen der Eigentümer und Unternehmensgläubiger zu schützen, wird der Gewinn unter Gläubigerschutz ermittelt wird. Er wird vorsichtig, also nicht zu hoch angesetzt. Der AWH-Standard sieht die Anwendung des Vorsichtsprinzips nicht vor.

Das IDW berücksichtigt Einkommensteuern mit einem generellen Ertragssteuersatz von 35% inklusive Solidaritätszuschlag. Die Bemessungsgrundlage der Einkommensteuer ist der „prognostizierte Gewinn *nach* Steuern". Es wird allgemein davon ausgegangen, dass dieser hohe Steuersatz im Handwerk nicht stimmt. Dennoch kommt der Steuersatz auch im AWH-Standard zum Einsatz. Es liegen zur Bedeutung der Steuer bei der Unternehmensbewertung bis dato keine hinreichend fundierten Daten vor. Ein zweiter Grund ist darin zu suchen, dass mit einem pauschalen Steuersatz Unternehmen besser verglichen werden können.

Bei einer GmbH wird angenommen, dass der bereinigte Gewinn nach Steuern in vollem Umfang an ihre Gesellschafter verteilt wird und somit der Körperschaftsteuer von 15% und einem Solidaritätszuschlag von 5,5% unterliegt. Der verbleibende Restgewinn wird vor der Ausschüttung um die Abgeltungssteuer von 25% und den Solidaritätszuschlag von 5,5% gekürzt. Um eine Steuerdoppelbelastung zu vermeiden, müssen die Steuerzahlungen erst in der GuV zum Unternehmenserfolg addiert werden.

Nach herrschender Meinung wird der Unternehmenswert nicht von den Finanzierungskosten und den Verbindlichkeiten mitbestimmt. Aber es kann, etwa in Handwerksbetrieben, vorkommen, dass das Privatvermögen als Sicherheit herangezogen wird. Eine Übernahme von Verbindlichkeiten ist dann nicht mehr auszuschließen und der errechnete Unternehmenswert ist um die Verbindlichkeiten zu korrigieren. Generell werden die zukünftigen Finanzierungskosten über die kalkulatorische Verzinsung des betriebsnotwendigen Vermögens abgedeckt.

Eigens für die Bewertung nach dem AWH-Standard wurde ein online-Tool[319]erarbeitet, mit dem eine umfangreiche Unternehmensanalyse vorgenommen werden kann. Der Unternehmenswert wird damit in *elf Schritten*[320] errechnet:

Schritt 1: Bewertungsauftrag
Hier wird Umfang und Zweck der Bewertung festgelegt.

Schritt 2: Unternehmensdaten
Für die Analyse muss der Unternehmer umfassende Informationen seines Betriebes zur Verfügung stellen.

Schritt 3: Bewertungsverfahren und -methodik
Der AWH-Standard sieht die Anwendung der Ertragswertmethode vor. Der Ertragswert errechnet sich, indem zukünftige positive und negative Zahlungen mit dem ermittelten Kapitalisierungszinssatz abgezinst werden. Er entspricht somit dem Barwert zum Zeitpunkt t = 0. Dabei fließt die Betriebssubstanz ebenso mit in den Wert ein wie das nicht betriebsnotwendige Vermögen. Es wird also aus Daten der Vergangenheit ein Trend für das Unternehmen abgeleitet. Die größte Unsicherheit liegt in der Einschätzung der zukünftigen Gewinne und der Bestimmung des Zinssatzes.

Die Risikofaktoren werden entweder durch die Sicherheitsäquivalenzmethode oder durch die Risikozuschlagsmethode erfasst, auf die hier nicht näher eingegangen wird.

Im Folgenden wird die Ertragswertmethode, die allein dem AWH-Standard entspricht, mit der DCF-Methode verglichen. Die DCF-Methode gewinnt in der Praxis zunehmend an Bedeutung, weil sie an den Schwächen der Ertragswertmethode – ihrem Vergangenheitsbezug – ansetzt. Sie basiert auf der in den USA von

---

[319] Vgl. http://awh.zdh.de
[320] Vgl. AWH-Handbuch 5.0

Rappaport entwickelten Shareholder Value- oder Wertsteigerungsanalyse, mit der unter EDV-Einsatz der maximale Preis, die wichtigsten Risiken, der zukünftige Gewinn und Cashflow und die bestmögliche Finanzierung von Transaktionen ermittelt werden sollen. Die Besonderheit der DCF-Methode besteht darin, dass sie dynamisch angelegt ist und Wertsteigerungsaspekte analysiert, wobei zu erwartende Geldmittelrückflüsse, der Endwert des Unternehmens sowie nicht betriebsnotwendige Vermögensbestandteile berücksichtigt werden.[321] Des Weiteren werden für die nächsten acht bis zehn Jahre die liquiden Mittel, der sogenannte Free Cashflow, errechnet und als Barwert angegeben, d. h. abgezinst.

Ertragswertmethode vs. DCF-Methode

Der AWH-Standard favorisiert die Ertragswertmethode, denn „entscheidend ist für die Unternehmensbewertung nicht die Risikoeinschätzung des Marktes, sondern die individuelle Risikoeinschätzung des Investors, wie sie im Risikozuschlag des Ertragswertverfahrens zum Ausdruck kommt."[322]

Schritt 4: Erfassung der Buchwerte, der Verkehrswerte und der Restnutzungsdauer der Vermögensgegenstände
Die Bewertung des Vermögens ist für die kalkulatorischen Abschreibungen und die Ermittlung des Liquidationswertes des Unternehmens relevant.

Schritt 5: Erfassung der Buchwerte und eventuelle Korrektur der Verbindlichkeiten
Erfasst werden der Mehrwert oder Minderwert des Eigenkapitals und die Verkehrswerte der Passivseite. Kommt es zu Abweichungen, werden Korrekturwerte gebildet. Nach § 194 BauGB wird der Verkehrswert „durch den Preis bestimmt, der in dem Zeitpunkt, auf den sich die Ermittlung bezieht, im gewöhnlichen Geschäftsverkehr nach den rechtlichen Gegebenheiten und tatsächlichen Eigenschaften, der sonstigen Beschaffenheit und Lage des Grundstücks oder des sonstigen Gegenstandes der Wertermittlung ohne Rücksicht auf ungewöhnliche oder persönliche Verhältnisse zu erzielen wäre."

Schritt 6: Erfassung der Gewinn- und Verlustrechnung
In das Excel-Tool werden die Daten der jüngsten vier Jahresabschlüsse eingegeben. In der Position Betriebsleitung werden die Bestandsveränderungen der halbfertigen Arbeiten, Eigenleistung, Eigenverbrauch und sonstige Erträge hinzuge-

---

[321] Vgl. Macharzina (2005) S. 726.
[322] Vgl. Behringer (2009) S. 94.

rechnet. Die sonstigen Kosten werden nicht aus der Gewinn- und Verlustrechnung übernommen, sondern als Differenz von Gewinn, Zinsen und Abschreibung ermittelt.

Schritt 7: Berechnung der kalkulatorischen Kosten
Die Bemessung des Unternehmerlohns ist vor allem bei Einzelunternehmen und Personengesellschaften schwierig. In vielen Fällen ist das Entgelt für den Unternehmer ein ausschlaggebender Faktor für den Gewinn. Anders bei Kapitalgesellschaften: der Gewinn wird hier erst nach Abzug der Gehälter für die Vorstandsmitglieder, etc. ermittelt. Die zukünftigen Einzahlungsüberschüsse müssen daher um den kalkulatorischen Unternehmerlohn, einschließlich der Sozialleistungen, beispielsweise Ausgaben für die Altersvorsorge, geschmälert werden. Nicht zu vergessen sind mögliche unentgeltlich mithelfende Familienangehörige oder Freunde. Für den potenziellen Käufer bedeutet dies, dass sein zukünftiger Personalaufwand höher sein wird.

Der kalkulatorische Unternehmerlohn kann je nach Sichtweise unterschiedlich hoch ausfallen. Der Käufer wird einen Betrag wählen, den er für eine angestellte Tätigkeit, inklusive der Sozialabgaben, als Lohn erhält. Der Verkäufer muss seinen bisherigen Unternehmerlohn in Beziehung zu einem Lohn setzen, der in abhängiger Beschäftigung zu realisieren wäre.

Um allen Beteiligten gerecht zu werden sieht der AWH-Standard für die Ermittlung des kalkulatorischen Lohns für den Unternehmer und mithelfende Angehörige vor, dass der Wert dem Personalaufwand für familienfremde Arbeitskräfte bei gleicher Art und Umfang der Tätigkeit entsprechen soll. Ein Zuschlag zwischen 20% und 50% ist möglich, um Mehrarbeit-, Urlaubs- und Weihnachtsgeld in die Bewertung einfließen zu lassen. Die Berechnung sollte folgende Aspekte berücksichtigen:
- Meistergehälter,
- branchenübliche Vergütungsrichtlinien, Nebenleistungen,
- Tarifvereinbarungen,
- Arbeitgeberanteil für Sozialabgaben, also rund 20% Zuschlag.

Wenn Grund und Boden, auf dem der Betrieb seine betriebswirtschaftliche Leistung erzielt, aktiviert ist und den Gewinn beeinflusst, ist eine kalkulatorische Miete anzusetzen. Zum Vergleich wird der ortsübliche Mietwert für Werkstatt-, Lager- und Büroräume verwendet. Dieser kalkulatorische Wert ist abhängig von Einnahmen und Aufwendungen, die mit Grund und Boden zusammenhängen. Mögliche Einnahmen sind:

- Mieten bei Überlassung (ortsüblicher Wert),
- Einnahmen aus Vermietung und Verpachtung (Umlagen für Nebenkosten wie Wassergeld, Zentralheizung und Müllabfuhr),
- Einnahmen aus der Vermietung von Garagen und Werbeflächen.

Folgende Aufwendungen werden unter Schritt 6 als „außerordentliche Aufwendungen" herausgerechnet:

- Schuldzinsen,
- AfA,
- Erhaltungsaufwand,
- Gebühren für Abfall etc. und
- Heizungskosten.

Die bilanzielle Abschreibung soll durch die kalkulatorische Abschreibung, die die tatsächliche Wertminderung von Sach- und immateriellen Anlagen zum Ausdruck bringt, ersetzt werden. Vorteile der kalkulatorischen AfA sind:

- die Abschreibung erfolgt ausschließlich linear (und nicht degressiv),
- die Wiederbeschaffungswerte werden angesetzt,
- schnelle Anpassung an eine veränderte wirtschaftliche Situation ist möglich,
- Preissteigerungen sind bereits enthalten.

Schritt 8: Korrekturwerte

Als sonstige Korrekturwerte tauchen außergewöhnliche Ereignisse auf, die im jeweiligen Jahr den Gewinn bestimmt haben. Um eine exakte Prognose zu erstellen, müssen die Daten der Jahresabschlüsse der vergangenen vier Jahre – Grundlage einer Bewertung nach AWH-Standard – vergleichbar gemacht werden. Es wird unterstellt, dass jüngere Zahlen eine höhere Aussagekraft für die Zukunft haben als ältere. Deshalb werden entsprechende Gewichtungen vorgenommen. Da die Schulden beim Altunternehmer bleiben, muss das Ergebnis in Höhe des Zinsaufwandes erhöht werden. Die steuerliche AfA wird durch die kalkulatorische AfA ersetzt.

Schritt 9: Ermittlung des Kapitalisierungszinssatzes

Die erzielbaren Gewinne werden von der Vermögenssubstanz abgeleitet und mit einem Kalkulationszins abgezinst. Dieser besteht aus dem „landesüblichen Zins", Risikoaufschlägen und einem Faktor für Inhaberabhängigkeit. Ersterer ist der Basiszinssatz, der die Verzinsung von risikofreien Staatsanleihen widerspiegelt. Er wird zweimal im Jahr vor dem Hintergrund der aktuellen Wirtschaftslage angepasst und auf der Internetseite der Deutschen Bundesbank bekanntgegeben. Einen Abschlag einer Geldentwertungsrate sieht der AWH-Standard nicht vor, weil dieser schon im Basiszins zu finden ist - anders als beim Immobilitätszuschlag, der die Fungibilität des Betriebsvermögens gegenüber einer reinen Kapitalanlage zeigt. Dieser Wert sollte zwischen 1% und 3% liegen.

Unternehmerische Tätigkeiten sind stets mit Unsicherheiten verbunden. Die Risikobewertung der künftigen finanziellen Überschüsse kann auf zwei Wegen erfolgen:

- als Abschlag vom Ertragswert der finanziellen Überschüsse, oder
- als Zuschlag zum Kapitalisierungszinssatz

Der AWH-Standard wendet einen Zuschlag an, aufgrund

- komplexer, individueller Risikostrukturen,
- nicht vorhandener fundierter Unternehmensplanung,
- geringer Datenverfügbarkeit.

Ein Risikozuschlag ist gerechtfertigt, weil der Fall eintreten kann, dass bei einer Unternehmensübernahme die prognostizierten Einnahmeüberschüsse nicht erreicht werden und der Unternehmer einen Kredit zu einem höheren Zinssatz aufzunehmen muss. Bei schlechter Wirtschaftslage kann es vorkommen, dass Preise sinken und mit ihnen die Gewinnspanne. In den Risikozuschlag zum Kapitalisierungszinssatz müssen nicht zuletzt Inflationsrate, Branchenrisiko und Preisschwankungen einfließen. Ein Vergleich mit dem Fremdkapitalzins ist nicht sinnvoll, weil das Risiko des Unternehmers vielschichtiger und komplexer ist. Ebenso ist die Nutzung von typisierten Risikoprämien für kleinere Betriebe des Handwerks nicht geeignet, denn sie weisen oft keine verallgemeinerbaren Risikofaktoren auf.

Für den AWH-Standard gibt es eine Liste mit den gängigen Risiko- und Erfolgsfaktoren. Den Risikofaktoren sind Ober- und Untergrenzen zwischen 0% und 3% aufgelegt. Diese entsprechen in etwa den Risikozuschlägen der Rechtsprechung (zwischen 0,5% und 2%). In Ausnahmefällen, wie bei einer Schuldübernahme, sind die Grenzen zu korrigieren.

In der Theorie wird der genaue Zuschlag nach der Methode der Sicherheitsäquivalente ermittelt. Dabei werden die zukünftigen Einzahlungsüberschüsse der Investition mit dem Basiszinssatz abgezinst und mit einem individuellen und sicheren Betrag verglichen, der den gleichen Nutzen stiftet. Somit fließt in die Berechnung auch das individuelle Unternehmerwagnis ein.

Die Inhaberabhängigkeit ist besonders bei Mittel- und Kleinbetrieben unbestreitbar. Selbst nach dem Unternehmensverkauf können die Entscheidungen des Altunternehmers den Erfolg beeinflussen. Deshalb sieht der AWH-Standard vor, den Kapitalisierungszins mit einem Zuschlag für Inhaberabhängigkeit zu gewichten. Wesentliche Aspekte der Inhaberabhängigkeit sind:

- Hauptlieferanten,
- Kundenstruktur,
- Know-how (technisch sowie kaufmännisch),
- Produkt- und Sortimentsgestaltung,
- Mitarbeiter.

Der Einfluss der Aspekte wird in „Schulnoten" von 1-6 bewertet. Die Anzahl der Treffer wird summiert, mit der „Note" multipliziert und das Ergebnis in einen Risikozuschlag umgerechnet. Mehr als 30 Prozent gelten als starke Abhängigkeit. Sie lässt sich verringern, wenn eine längere Übergangsphase zwischen Alt- und Neuunternehmer vereinbart wird.

Schritt 10: Berechnung des Ertragswertes
Sowohl bei Einzelunternehmen als auch bei Personengesellschaften sind vom Ertragswert die übernommenen Schulden abzuziehen. Hinzugerechnet werden das sonstige Anlagevermögen und das gesamte Umlaufvermögen. Bei einem Verkauf von GmbH-Anteilen muss zusätzlich ein Share Deal-Wert bestimmt werden. Hinzugerechnet wird das gesamte Umlaufvermögen. Ausgeschlossen ist ein aktivierter Firmenwert. Gekürzt wird um die Verbindlichkeiten und Rückstellungen.

Schritt 11: Ergebnis
Der Ertragswert wird mit dem Substanzwert verglichen. Für den Übergeber eines Unternehmens ist ein größerer Ertragswert wünschenswert, denn als Verkäufer hat er dann bei Verhandlungen eine gute Basis, seine Preisvorstellungen durchzusetzen. Ein größerer Substanzwert kann entstehen, wenn ein Unternehmen rückläufige Gewinne erzielt, sein Unternehmensvermögen aber größtenteils aus teuren Immobilien und Anlagen besteht.

Mithilfe des AWH-Standards und des „11 Schritte Plans" gelingt es, die besonderen Gegebenheiten von KMU, ihre vielschichtigen Abhängigkeiten und durch mangelnde Datenerhebung entstehende Unsicherheiten und Risiken zu berücksichtigen. Der AWH-Standard nutzt die Daten der vergangenen vier Jahre und deckt die Erfolgsursachen auf. Die Daten werden bereinigt, es erfolgt ein periodengerechter Ausweis, Korrekturwerte werden gebildet und externe sowie interne Einflussgrößen berücksichtigt.

8.3 Besonderheiten bei der Bewertung von Kleinst- und Kleinunternehmen

Wie jede Investition ist auch die Investition in ein Unternehmen mit Risiken verbunden. Kleine und kleinste Unternehmen lassen sich nicht einzig aufgrund quantitativer Maßstäbe abgrenzen. Ihre Eigenarten müssen ebenfalls berücksichtigt werden. Dazu sollten auch qualitative Größen mit in die Unternehmensbewertung einfließen.

Kleine und kleinste Unternehmen weisen im Gegensatz zu Großunternehmen häufig eine hohe Personenbezogenheit auf. Der Unternehmer ist zumeist Hauptkapitalgeber und prägt durch die Übernahme der zentralen Führungsfunktionen[323] maßgeblich die Unternehmenskultur und Unternehmensstrategie.[324] Der Erfolg der Unternehmung ist somit stark von den persönlichen und strategischen Fähigkeiten des Unternehmers abhängig.

Unter der Führung des Unternehmers bilden sich informelle Netzwerke zwischen ihm, seinen Mitarbeitern, Kunden, Lieferanten, Behörden etc., die Einfluss auf das operative Geschäft nehmen können. Die Intensität dieses Einflusses ist auch abhängig von der Anzahl der Mitarbeiter. Bei einem kleinen Handwerksbetrieb mit fünf Mitarbeitern, in dem der Inhaber selbst mitarbeitet, ist dessen Einfluss und somit die Personenbezogenheit größer als bei einem mittelständischen Industriebetrieb mit mehr als 100 Mitarbeitern. Dennoch kann auch bei einem mittelständischen Betrieb eine hohe Personenbezogenheit bestehen. Als Beispiel sei eine Großbäckerei genannt, bei der die genauen Rezepturen der Backwaren nur dem Inhaber bekannt sind. Scheidet dieser im Rahmen einer Unternehmensnachfolge aus, ohne die Rezepturen an den Käufer weiter zu geben, wird dies Einfluss auf die künftige Unternehmensentwicklung nehmen. Für die Unternehmensbewertung bedeutet dies, dass eine Betrachtung des Unternehmens nur in Verbindung

---

[323] Vgl. Wöhe (2008) S. 60.
[324] Vgl. Behringer (2009) S. 38.

mit dem Unternehmer möglich ist[325] und dessen Einfluss positiv wie negativ in der Bewertung berücksichtigt werden muss.[326]

Familienunternehmen stellen eine besondere Form der KMU dar. Das Kapital der Unternehmung verteilt sich u.U. auf mehrere Personen aus der Unternehmerfamilie, von denen einige zusätzlich die Unternehmerfunktion wahrnehmen. Auch hier können der Einfluss der Unternehmer und die Personenbezogenheit sehr groß sein. Streitigkeiten innerhalb der Unternehmerfamilie haben entsprechend große Auswirkungen auf die Führung und den Verkauf des Unternehmens.[327] Die Familie kann somit sowohl Segen als auch Fluch für ein Unternehmen sein.

Ein wesentlicher Erfolgsfaktor von KMU sind die flexiblen Organisationsstrukturen.[328] Kommunikations- und Entscheidungswege sind kurz und der Formalisierungsgrad gering. Sie können daher schneller als Großunternehmen auf Veränderungen der Unternehmensumwelt reagieren, z.B. auf neue Entwicklungen am Markt oder eine neue Gesetzgebung. Dieser Vorteil ist jedoch stark personenbezogen und hat in der Folge Auswirkungen auf die Stabilität des Unternehmenswertes, der sich nach einem Inhaberwechsel schnell verflüchtigen kann.[329]

Durch die flexible Organisationsstruktur und insbesondere den geringen Formalisierungsgrad sind die Informationsquellen für die Unternehmensbewertung zudem stark eingeschränkt. So haben die Daten des Rechnungswesens häufig nur eine geringe Dokumentationstiefe; Jahresabschlüsse sind im Regelfall nicht von Wirtschaftsprüfern testiert und stark an steuerlichen Aspekten ausgerichtet.[330] Für die Unternehmensbewertung haben sie nur eine geringe Aussagekraft, zumal der Unternehmer das Ergebnis durch den (selbst bestimmten) Unternehmerlohn beeinflusst.[331] Eine Kostenrechnung sowie eine strategische Planung sind bei KMU häufig nicht vorhanden oder wenig dokumentiert. Dies erschwert eine Prognose der zukünftigen Geschäftsentwicklung zusätzlich.

---

[325] Vgl. Behringer (2009) S. 39.
[326] Vgl. Helbling: Besonderheiten KMU Bewertung, S 193.
[327] Vgl. Behringer (2009) S. 40.
[328] Vgl. Knackstedt: KMU richtig bewerten, S. 30.
[329] Vgl. Helbling: Besonderheiten KMU Bewertung, S 192.
[330] Vgl. Knackstedt: KMU richtig bewerten, S 31.
[331] Vgl. Helbling: Besonderheiten KMU Bewertung, S. 192.

8.3 Besonderheiten bei der Bewertung von Kleinst- und Kleinunternehmen

Eine weitere Besonderheit bei KMU ist die Konzentration auf Kernkompetenzen[332] und die damit verbundene Fokussierung auf ein Produkt oder eine Dienstleistung. Sie erhöht das unternehmensspezifische Risiko. Zudem sind KMU zumeist auf lokalen Märkten tätig, was ihre Entwicklungsmöglichkeiten begrenzt. KMU weisen daher eine höhere Konjunkturabhängigkeit als Großunternehmen auf. Alle diese Eigenheiten sind bei der Beurteilung der zukünftigen Ertragslage zu berücksichtigen. Vergangenheitsdaten können noch weniger als bei größeren Unternehmen für Prognosen herangezogen werden.[333]

Das Vermögen des Inhabers und seines privaten Umfeldes (Familie, Freunde) stellt zumeist die wesentliche, aber stark limitierte Kapitalbasis der KMU dar.[334] Der fehlende Zugang zum Kapitalmarkt (Börse) erschwert die Aufnahme zusätzlichen Eigen- oder Fremdkapitals. KMU sind daher stärker als Großunternehmen auf Kreditfinanzierungen angewiesen, um Schwankungen beim Kapitalbedarf zu decken. Sie haben zudem gegenüber Banken eine geringere Machtposition als Großunternehmen mit ähnlicher Risikostruktur, was die Fremdkapitalbeschaffung erschwert und durch einen höheren Zinssatz verteuert. Dies führt häufig dazu, dass KMU aufgrund des „Geldmangels" Forschungs- und Entwicklungsarbeiten vernachlässigen und so Innovationen ausbleiben.[335]

KMU weisen unterschiedlichste Kapitalstrukturen auf: Sie reichen von der vollständigen Eigenkapitalfinanzierung bis zur ausschließlichen Fremdkapitalfinanzierung. Die Kapitalstruktur kleiner Unternehmen ist variabel und somit durch einen potenziellen Käufer leicht zu ändern. Durch eine Herabsetzung des Eigenkapitals und gleichzeitige Erhöhung des Fremdkapitals kann der Unternehmenswert gesenkt werden. Diese als Leveraged Buyout bezeichnete Möglichkeit ist im Rahmen einer Unternehmensbewertung zu prüfen. Eine differenzierte Betrachtung des Bewertungsobjektes wird durch die finanzielle Beteiligung des Inhabers und die Übernahme der Unternehmensführung erforderlich. Die Unternehmung ist die wesentliche Grundlage des Inhabers zur Sicherung seines Lebensunterhaltes.[336] Für die Bewertung ist die Trennung von privater und betrieblicher Sphäre daher von besonderer Bedeutung.[337]

---

[332] Vgl. Knackstedt: KMU richtig bewerten, S. 32.
[333] Vgl. Helbling: Besonderheiten KMU Bewertung, S. 192.
[334] Vgl. Behringer (2009) S. 46.
[335] Vgl. Helbling: Besonderheiten KMU-Bewertung, S. 193.
[336] Vgl. Behringer (2009) S. 45.
[337] Vgl. Knackstedt: KMU richtig bewerten, S. 29.

Aussagekraft bei der Bewertung von Kleinst- und Kleinunternehmen

Insbesondere bei kleinen und kleinsten Unternehmen ist die Aussagekraft eines ermittelten Unternehmenswertes begrenzt durch:[338]
- Unsicherheiten bei der Beurteilung der künftigen Entwicklung,
- die Lebensrhythmen des Unternehmens,
- die Kompetenz der Geschäftsleitung,
- die Abhängigkeit des Unternehmens von der Person des Unternehmers,
- Unsicherheiten bei der Beurteilung von Synergien,
- ein wenig ausgeprägtes Rechnungswesen.

Ein generelles Problem der Unternehmensbewertung besteht in der Beurteilung der künftigen Entwicklung eines Unternehmens. Sie basiert meist auf einer Analyse der Vergangenheitsdaten sowie einer Prognose der künftigen Marktentwicklung. Aus diesem Grund können Aussagen über die künftige Entwicklung nur näherungsweise getroffen werden und beinhalten ein hohes Potenzial für Fehleinschätzungen. Zudem unterliegen Unternehmen sowie Branchen Lebensrhythmen, die sich ebenfalls nur schwer vorhersagen lassen. Diese Lebensrhythmen werden durch konjunkturelle Schwankungen sowie den Strukturwandel beeinflusst und führen zu Phasen des Aufschwungs und Niedergangs ganzer Branchen und Unternehmen. Auch die Beurteilung der Kompetenz der Geschäftsleitung ist äußerst schwierig, obwohl sie für den Erfolg des Unternehmens maßgeblich ist.

Die häufig bei kleinen Unternehmen zu beobachtende Abhängigkeit des Unternehmens von der Persönlichkeit des Unternehmers kann bei einem Eigentümer- und Managementwechsel zum Problem werden. Die Folgen des Wechsels in der Unternehmensführung sind schwer abzuschätzen, müssen aber in die Bewertung einfließen. Schwer zu beurteilen sind auch vorhandene oder erhoffte Synergien. Schließlich erschwert das bei kleinen Unternehmen häufig ungenügende Rechnungswesen die Analyse der Vergangenheitsdaten und verringert die Aussagekraft des ermittelten Wertes.

8.4 Bewertungspraxis bei KMU

Das „theoretisch richtige Bewertungsverfahren" ist zwar seit Jahrzehnten bekannt und entspricht dem der Investitionsrechnung, jedoch ist dieses in der Praxis nicht anwendbar.[339] Diverse Befragungen in den vergangenen Jahren haben gezeigt,

---

[338] Vgl. Helbling: Unternehmensbewertung, S. 197.
[339] Vgl. Helbling: Besonderheiten KMU Bewertung, S. 198.

dass die sogenannten Praktikerverfahren, wie Mittelwertverfahren, Hochrechnungen und Schätzungen, nach wie vor einen hohen Stellenwert in der Bewertungspraxis einnehmen.[340] Sie sind als Kompromisslösungen anzusehen, liefern dafür aber transparente und nachvollziehbare Ergebnisse.[341] Ertragswertverfahren und mit ihnen die DCF-Verfahren bewerten entsprechend der tatsächlichen Ertragslage und sind aus ökonomischer Sicht den ungenauen Vergleichs- und Mischverfahren vorzuziehen. Vergleichs- und Mittelwertverfahren dienen entweder der Orientierung oder der Absicherung von Ergebnissen der aussagekräftigeren und marktbezogenen Ertragswertverfahren.

Die Ertragskraft ist der Indikator für den wirtschaftlichen Erfolg jedes Unternehmens. Die Bewertung der Ertragskraft sollte mit kapitalmarktorientierten Maßstäben auf der Grundlage von positiven und negativen Cashflows erfolgen. Vergleichbar wird das Ergebnis, indem es mit einem der Kapitalstruktur und der wirtschaftlichen Lage angemessenen Zinssatz auf- oder abgezinst wird.

Checkliste: Bewertungsverfahren	
1	Welcher Bewertungsansatz ist im vorliegenden Fall sinnvoll?
2	Kommt die Ertragswertmethode/DCF-Methode zum Einsatz, weil die zukünftigen Erfolge den aktuellen Wert des Unternehmens bestimmen?
3	Kommt die Substanzwertmethode zum Einsatz, weil die Summe der Verkaufspreise der einzelnen Vermögensgegenstände des Unternehmens eine Preisuntergrenze für den Verkäufer oder die Summe der Wiederbeschaffungswerte einen Richtwert für den Käufer darstellen?
4	Ist eine Mittelwertbetrachtung aus Ertrags- und Substanzwert angebracht, um die Berücksichtigung beider Ansätze bei der Unternehmensnachfolge zu gewährleisten?
5	Soll eine der Ertragssituation des Unternehmens am nächsten stehende Größe, wie z.B. der Umsatz mit einem dem spezifischen Unternehmensrisiko angemessenen, aber willkürlich gewählten Multiplikator, einen Richtwert zur Taxierung des Unternehmens geben?
6	Vorausgesetzt, es wird die vom IDW empfohlene Ertragswertmethode verwendet: Wurde das Ergebnis um außergewöhnliche, betriebs- oder periodenfremde und einmalige Ereignisse bereinigt?
7	Wurde der Kapitalisierungszinssatz (zur Diskontierung zukünftig

---

[340] Vgl. Helbling: Besonderheiten KMU Bewertung, S. 198 f.
[341] Vgl. Helbling: Besonderheiten KMU Bewertung, S. 198.

	geschätzter Ertragswerte) bei dieser Methode realistisch nach dem risikofreien Basiszinssatz zzgl. eines unternehmensspezifischen Risikozuschlags gewählt?
8	Kann mit der vorliegenden Berechnung (objektiver Unternehmenswert) und den persönlichen Vorstellungen der Verhandlungspartner (subjektiver Unternehmenswert) ein Einigungswert (Schiedswert) erzielt werden?

Checkliste 8.1: Bewertungsverfahren

Die Unternehmensbewertung verfügt über eine Vielzahl von Bewertungsmethoden. Einzelne Verfahren werden überwiegend oder ausschließlich für bestimmte Zwecke angewandt. Dies gilt z.B. für das „vereinfachte Ertragswertverfahren", das bei der Ermittlung bestimmter, steuerlicher Bemessungsgrundlagen vorgeschrieben ist. Ein Beispiel hierfür liefert der AWH-Standard, welcher im folgenden Abschnitt erläutert wird.

8.5 Kapitalisierungszinssatz als Größe der Risikoeinschätzung

Rational handelnde Kapitalgeber lassen sich die Übernahme von Risiko vergüten. Je höher das Risiko einer Investition ist, desto höher wird der Risikozuschlag auf den risikofreien Basiszinssatz sein. Bevor erklärt werden kann, wie sich auf vollkommenen Kapitalmärkten Preise für risikobehaftete Anlagen bilden, muss aufgezeigt werden, wie sich rational handelnde Anleger am Kapitalmarkt verhalten. Das hier skizzierte Kapitalmarktmodell wurde vorrangig zur Bewertung von Wertpapieren entwickelt. Die aus ihm gewonnenen Erkenntnisse lassen sich aber auch auf risikobehaftete Investitionen übertragen. Es bietet die Möglichkeit, den risikoabhängigen Kalkulationszinssatz für Investitionen bei Unsicherheit abzuleiten. Das Kapitalmarktmodell erklärt das Anlegerverhalten mit Hilfe der Portfoliotheorie.[342] Investitionsentscheidungen sind dann relativ leicht zu treffen, wenn der Investor sein gesamtes Vermögen entweder in einem riskanten Projekt oder risikofrei anlegen kann. Er hat zwei Möglichkeiten:

1. Gemäß seiner subjektiven Risikopräferenz ermittelt der Investor ein Sicherheitsäquivalent, der aus dem riskanten Projekt resultierenden Einzahlung. Er berechnet den Kapitalwert des Projekts, indem er das Sicherheitsäquivalent mit dem Kalkulationszinsfuß bei risikofreier Anlage diskontiert.

---

[342] Vgl. Wöhe (2008) S. 751 f.

2. Der Investor berechnet den Kapitalwert des riskanten Projekts, indem er dessen erwartete Einzahlungsüberschüsse mit einem um eine Risikoprämie erhöhten Kalkulationszinsfuß diskontiert.

Bei beiden Vorgehensweisen wird das riskante Projekt gewählt, wenn der Kapitalwert positiv ist. Geht es bei der Investition darum, ein Portfolio aus mehreren Investitionen zusammenzustellen, wird die Entscheidungsfindung komplizierter, weil sich das Risiko eines Portfolios nicht additiv aus den Einzelrisiken der Projekte zusammensetzt, vielmehr besteht es aus den Varianzen der einzelnen Projekte und sämtlichen Kovarianzen.[343] Als Varianz bezeichnet man in der Statistik die Streuung von Verteilungen.[344] Ein Investor, der seine Entscheidung so bemisst, kann daher eine bessere Lösung durch die Mischung von Projekten erzielen. Seine Entscheidung wird grundsätzlich davon geprägt, welches der effizienten Portfolios der Investor gemäß seiner Risikopräferenz auswählt.[345]

Die Effizienz eines Portfolios muss durch den Investor bewertet werden. Die Rendite des Portfolios entspricht dabei dem gewogenen arithmetischen Mittel der einzelnen Investitionsrenditen. Das Investitionsrisiko hingegen ist davon abhängig, welcher zufallsbedingte Umweltzustand eintritt. Dabei ist es denkbar, dass sich die Ergebnisse verschiedener Investitionen bei einem Wechsel gleichförmig oder gegenläufig entwickeln, sie können positiv oder negativ korrelieren. Allgemein lässt sich sagen: je stärker der Korrelationskoeffizient zweier Portfolio-Anteile von +1 abweicht, desto besser lässt sich das Portfolio-Risiko durch Diversifikation vermindern.

Welche Rendite und welches Risiko der Investor mit seiner Investition realisieren kann, hängt also von zwei Faktoren ab. Zum einen ist entscheidend, wie der Investor sein Geld anlegt, ob er nur in ein Investitionsprojekt oder in ein Portfolio von Investitionsprojekten investiert. Zum anderen ist entscheidend, in welchem Maße die Renditen der verschiedenen Investitionen miteinander korrelieren.[346] Als zentrales Ergebnis der Portfoliotheorie kann die Erkenntnis angesehen werden, dass durch Diversifikation nicht gleichmäßig korrelierender Wertpapiere eine Risikoreduktion im Vergleich zur Einzelanlage in ein Wertpapier erreicht

---

[343] Vgl. Franke/Hax 1994 S. 323.
[344] Vgl. Schlittgen (2003) S.144.
[345] Vgl. Franke (2004) S. 329.
[346] Vgl. Wöhe (2008) S. 753 ff.

werden kann. Dabei sind nur bestimmte Kombinationen von Wertpapieren als vorteilhaft für den Anleger anzusehen.[347]

Die klassischen Verfahren zur Ermittlung der Eigenkapitalkosten eignen sich durch ihre einfache Anwendbarkeit insbesondere dazu, eine erste Orientierung des Kapitalkostensatzes zu ermitteln. Im Dividendenwachstumsmodell berechnen sich die Eigenkapitalkosten aus dem Verhältnis der zu erwartenden Dividende zum aktuellen Aktienkurs zuzüglich des zu erwarteten Dividendenwachstums. Da das erwartete Dividendenwachstum bei diesem Ansatz der Hauptindikator für die Eigenkapitalkosten ist, ist es allenfalls auf Unternehmen anzuwenden, die ein relativ konstantes Dividendenwachstum aufweisen. Weitere in der Praxis eingesetzte Modelle verwenden Größen, wie die durchschnittliche Dividendenrendite oder den Bilanzkurs von Aktien. Diese Verfahren haben jedoch eine untergeordnete praktische Bedeutung.

„Das zentrale Element der Kapitalmarkttheorie ist das auf die Arbeiten von Lintner, Mossin und Sharpe zurückgehende CAPM. Auf der Grundlage der Erkenntnisse, die aus der Portfoliotheorie gewonnen werden, kann mit Hilfe des CAPM erklärt werden, welchen Preis Investoren im Kapitalmarktgleichgewicht für die Übernahme von Risiko fordern."[348] Während die Portfoliotheorie zeigen will, wie ein risikoaverser Anleger bei gegebener Rendite sein Risiko minimieren kann, bemüht sich das CAPM, die Preismechanismen, d.h. den Zusammenhang von Renditeforderungen und Risiko, auf Kapitalmärkten zu erklären. Das CAPM ist anlageorientiert. Da aber die Renditeforderungen der Investoren auf der Unternehmerseite den Kosten der Kapitalbeschaffung entsprechen, können die aus dem CAPM gewonnenen Erkenntnisse ohne Weiteres zur Ermittlung der Kapitalkosten bei Unsicherheit genutzt werden.[349] Das Modell basiert auf den folgenden Annahmen:

1. Alle Anleger verhalten sich im Sinne der Portfoliotheorie, sie sind risikoavers und investieren ihr Vermögen ausschließlich in effiziente Portfolios.
2. Alle Marktteilnehmer besitzen homogene Erwartungen, sie treffen ihre Investitionsentscheidungen entsprechend ihrer Risikoerwartung und der Varianz für die Rendite der Investition.
3. Es liegt ein atomischer Kapitalmarkt vor, sodass alle Anleger Mengenanpasser sind und keinen Einfluss auf die Preise nehmen können.

---

[347] Vgl. Metz (2007) S. 185.
[348] Wöhe (2008) S. 758.
[349] Vgl. Wöhe (2008) S. 752.

4. Es gibt eine vorgegebene Anzahl von Wertpapieren, die auf dem Kapitalmarkt gehandelt werden und beliebig teilbar sind.
5. Der Kapitalmarkt bietet die Möglichkeit, zu einem festgelegten Zinssatz unbeschränkt risikofrei Geld anzulegen oder aufzunehmen. Der Zinssatz liegt unter dem des risikoärmsten Wertpapierportfolios und entspricht dem Basiszinssatz.
6. Der Kapitalmarkt ist vollkommen und informationseffizient.[350]

Abgeleitet von diesen Annahmen folgt aus der Diversifikation risikobehafteter Wertpapiere eine Risikoreduktion gegenüber Investitionen in einzelne risikobehaftete Wertpapiere. In der nachfolgenden Abbildung sind risikobehaftete Wertpapiere anhand ihrer erwarteten Renditen und ihres Risikos gemessen als Standardabweichung der Rendite klassifiziert.[351]

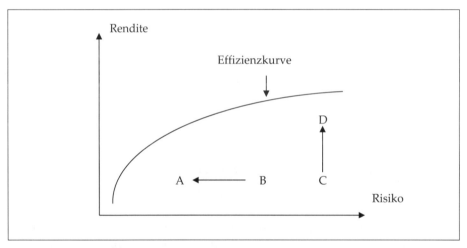

Abbildung 8.9: Effiziente Portfolios, Effizienzkurve
Quelle: Eigene Darstellung in Anlehnung an Dörschell (2009) S. 17

Unter den getroffenen Annahmen wird ein Investor bei der Wahl zwischen zwei Wertpapieren gleicher Rendite (A und B) dasjenige präferieren, welches dem geringeren Risiko unterliegt (A). Dementsprechend wählt er bei einem übereinstimmenden Grad an Risiko (C und D) dasjenige, das die höhere Rendite verspricht (D). Übertragen auf Kombinationen einzelner Investitionen bedeutet dies, dass ein Investor ausschließlich effiziente Portfolios auswählt. Diese sind entwe-

---

[350] Vgl. Metz (2007) S. 184 f.
[351] Vgl. Wöhe (2008) S. 758.

der durch eine maximale Renditeerwartung bei gegebenem Risiko oder durch ein minimales Risiko bei gegebener Rendite gekennzeichnet. Die Menge an effizienten Risiken kann in einer Effizienzkurve dargestellt werden, die sämtliche „Risiko – Rendite" Kombinationen darstellt. Wird das Modell um die Möglichkeit des Erwerbs von risikofreien Anlagen (z.B. risikofreien Staatsanleihen) erweitert, kann der Investor sein Portfolio aus risikofreien Staatsanleihen und risikobehafteten Wertpapieren mischen. Grafisch kann diese Mischung durch eine Gerade – die Kapitalmarktlinie – dargestellt werden.[352]

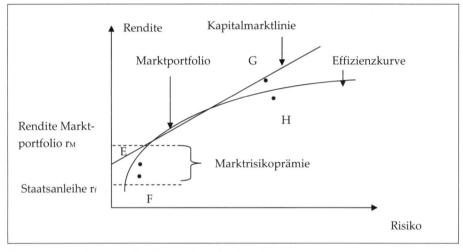

Abbildung 8.10: Effiziente Portfolios, Kapitalmarktlinie
Quelle: Eigene Darstellung in Anlehnung an Dörschell (2009) S. 18

Der Kapitalmarktlinie liegt die Annahme zugrunde, dass die den risikolosen Zinssatz (r_f) übersteigende geforderte Rendite, in Abhängigkeit vom Risiko, in einer linearen Funktion verläuft. Sie tangiert die Kurve der effizienten Portfolios. Auf der Kapitalmarktlinie befindliche Punkte sind gegenüber allen anderen für den individuellen Anleger nutzenmaximierend. Risikoaverse Investoren werden statt einer ausschließlichen Investition in risikoarme Wertpapiere (F) eine Mischung aus Marktportfolio und Staatsanleihen (E) bevorzugen. Demgegenüber werden risikoaffinere Investoren nicht ausschließlich in riskante Wertpapiere (H) investieren, sondern eine Verschuldung zum risikolosen Zinssatz und eine Investition in das Marktportfolio (G) vorziehen. Das effiziente Portfolio risikobehafteter Wertpapiere (Marktportfolio) ist durch den Tangentialpunkt von Kapitalmarktlinie und Effizienzkurve definiert. Unter dieser Annahme existiert mit der Marktri-

---

[352] Vgl. Dörschell (2009) S. 16 f.

8.5 Kapitalisierungszinssatz als Größe der Risikoeinschätzung

sikoprämie ein für jeden Marktteilnehmer identischer Marktpreis für die Übernahme von Risiken. Die Marktrisikoprämie entspricht der Differenz aus der Rendite des Marktportfolios (r_M) und dem risikolosen Zins der Staatsanleihe (r_f).

Diese Zusammenhänge nutzt das CAPM für die Bestimmung der Eigenkapitalkosten. Das unsystematische (unternehmensspezifische) Risiko kann in einem effizienten Portfolio wegdiversifiziert werden und ist nach dem CAPM den Investoren somit auch nicht zu entgelten. Eine Risikoprämie ist nur für das systematische Risiko (Marktrisiko, z.B. durch Konjunkturzyklen) zu entrichten, welches durch Diversifikation nicht eliminiert werden kann. Nach dem CAPM entsprechen die Eigenkapitalkosten eines Unternehmens der Summe aus risikolosem Zins (r_f) und einem unternehmensindividuellen Risikozuschlag. Der Risikozuschlag ergibt sich aus dem Produkt der Marktrisikoprämie und dem Grad des unternehmensspezifischen systematischen Risikos. Letzteres wird Betafaktor (β) genannt.[353] Dieser Zusammenhang lässt sich formal auf die Eigenkapitalkosten des Unternehmens übertragen:

$$K_{EK} = r_f + \beta * (r_M - r_f)$$

mit K_{EK}: Eigenkapitalkosten
        r_f: risikoloser Zinssatz
        r_M: Rendite des Marktportfolios
        β: Betafaktor

Der Fremdkapitalkostensatz ergibt sich aus dem risikolosen Basiszins (pure rate), der um einen unternehmensspezifischen Risikozuschlag für die Fremdkapitalaufnahme zu erhöhen ist.[354] Die Fremdfinanzierung des zu bewertenden Unternehmens wird je nach Bewertungsverfahren im Bewertungskalkül und damit im Kapitalisierungszinssatz berücksichtigt. Alleine bei den Verfahren der Bruttokapitalisierung (Entity-Verfahren) werden die Kosten unmittelbar selbst Bestandteil des gewichteten Kapitalisierungszinssatzes. Der gewichtete Kapitalkostenzinssatz dient im WACC-Verfahren zusätzlich der Erfassung der durch die Fremdfinanzierung realisierten Steuerersparnis (Tax-Shield im Nenner).[355]

Der Betafaktor wird u.a. auch von den Risiken der Fremdfinanzierung bestimmt und hat somit Einfluss auf den Kapitalisierungszinssatz. Im Betafaktor kann also

---

[353] Vgl. Perridon (2007) S. 253; Dörschell (2009) S. 18.
[354] Vgl. Wöhe (2008) S. 643.
[355] Vgl. Dörschell (2009) S. 38.

die relevante Fremdfinanzierungsstruktur des Bewertungsobjektes zum Ausdruck gebracht werden. Wird das zu bewertende Unternehmen anteilig fremdfinanziert, tragen die Eigenkapitalgeber neben dem operativen auch ein finanzwirtschaftliches Risiko (Kapitalstrukturrisiko). So haben die Eigenkapitalgeber auf den Teil des Unternehmenswertes Anspruch, der nach Abzug der vertraglich fixierten Zahlungen an die Fremdkapitalgeber verbleibt (Residualanspruch). Das Risiko, dass die tatsächlichen von den erwarteten Zahlungen abweichen, wird ausschließlich von den Eigenkapitalgebern getragen. Dieses Risiko schlägt sich mit zunehmender Verschuldung und damit steigenden fixen Fremdkapitalzahlungen negativ in der Rendite nieder und umgekehrt.

Können bei steigender Verschuldung mögliche Verluste nicht mehr durch die Eigenkapitalgeber ausgeglichen werden, steigt auch das Risiko der Fremdkapitalgeber. In diesem Fall tragen auch sie einen Teil des Kapitalstrukturrisikos. Dies hat zur Folge, dass das Eigenkapitalgeberrisiko keine linear mit dem Verschuldungsgrad ansteigende Funktion mehr ist.[356] Auf das mit einer zunehmenden Verschuldung steigende Kapitalstrukturrisiko können die Kapitalgeber mit einer proportionalen Anpassung der Renditeforderung reagieren. Bei diesem sogenannten Bruttogewinn-Ansatz erwarten die Eigenkapitalgeber demnach eine höhere Rendite für das jeweils gestiegene Risiko aus der Kapitalstruktur.

Reagieren die Eigenkapitalgeber indes nicht und verhalten sich bezüglich des Kapitalstrukturrisikos indifferent, handelt es sich um den Nettogewinn-Ansatz. Dieser Ansatz käme nur für äußerst risikoaffine Investoren in Betracht. Die Fachliteratur unterstellt den Bruttogewinn-Ansatz als grundsätzliches Reaktionsmuster der Kapitalgeber auf einen steigenden Verschuldungsgrad.[357]

8.5.1 Bedeutung der Bestandteile des Kapitalisierungszinssatzes

Der Kapitalisierungszinssatz ist bei der Unternehmensbewertung von großer Bedeutung. So kann bereits ein halbes Prozent mehr oder weniger nicht unwesentliche Auswirkungen auf den berechneten Unternehmenswert haben.[358] Um einen hohen Grad der Vergleichbarkeit zu erlangen, müssen Unternehmensbewertungen bestimmten Äquivalenzgrundsätzen entsprechen. Diese lassen sich auf die drei Dimensionen Unsicherheit, Breite und zeitliche Struktur des alternativen

---

[356] Vgl. Perridon (2007) S. 476 ff.; Peemöller (2005b) S. 296.
[357] Vgl. Peemöller (2005b) S. 298.
[358] Vgl. Drukarczyk (2010) S. 74.

8.5 Kapitalisierungszinssatz als Größe der Risikoeinschätzung

Zahlungsstroms beziehen.[359] „Der Begriff der Unsicherheit verkörpert dabei das bewertungsrelevante Risiko, der Begriff der Breite bezieht sich auf das Wachstum und die Besteuerung, und der Begriff der zeitlichen Struktur auf die Lebensdauer des Unternehmens und den zeitlichen Anfall der finanziellen Überschüsse."[360] Die Äquivalenz bezieht sich demnach konkret auf die Währung, die Laufzeit, den Kapitaleinsatz, den Geldwert, das Risiko und die Verfügbarkeit.[361] Weiter werden die Äquivalenzgrundsätze um das Prinzip der Äquivalenz der Kursgewinnrealisierung (Zuflussäquivalenz) ergänzt.[362] Die DCF-Verfahren greifen zur Ermittlung der Renditeforderungen der Eigenkapitalgeber regelmäßig auf das CAPM zurück. Die Renditeforderung der Eigenkapitalgeber für ein bestimmtes Unternehmen ergibt sich unter Verwendung des CAPM aus der Summe der Rendite risikoloser Kapitalanlagen und einem Risikozuschlag, der sich aus der Multiplikation der Marktrisikoprämie mit dem unternehmensspezifischen Betafaktor ergibt.[363] Daraus folgt formal:

$$K_{EK} = r_f + z \text{ mit } z = \mu * \beta$$

mit K_{EK}: Renditeforderung der Eigenkapitalgeber
 r_f: risikolose Kapitalanlage
 z: Risikozuschlag
 μ: Marktrisikoprämie
 β: unternehmensspezifischer Betafaktor

Der Basiszinssatz (pure rate) ist der Preis, den die Kapitalanleger in einer Welt ohne Risiko als Ausgleich für ihren Konsumverzicht fordern.[364] Die kapitalbasierenden DCF-Methoden der Unternehmensbewertung unterstellen, dass der Kapitalisierungszinsfuß die beste Alternativinvestition zum betrachteten Unternehmen widerspiegelt, welche den erwähnten Äquivalenzgrundsätzen entsprechen.[365] Bei der Ermittlung des Basiszinssatzes wird auf den landesüblichen Zinssatz zurückgegriffen, der sich in den Renditen von langfristigen, quasi sicheren Anlagen am Kapitalmarkt eines bestimmten Landes konkretisiert.[366] Der Staat

---

[359] Vgl. Dörschell (2009) S. 9.
[360] Dörschell (2009) S. 9.
[361] Vgl. Ballwieser (2007) S. 82.
[362] Vgl. Ballwieser (2007) S. 82.
[363] Vgl. Peemöller (2005a) S. 65 f.
[364] Vgl. Wöhe (2008) S. 735.
[365] Vgl. Metz (2007) S. 20.
[366] Vgl. Mandl (2005) S. 236.

als Schuldner lässt in Bezug auf Währung, Zeitpunkt und Höhe von Zins- und Tilgungszahlungen eine vergleichbar geringe Unsicherheit erwarten.[367]

Umstritten ist in diesem Zusammenhang die Frage, welcher Zinssatz geeignet ist, die Äquivalenz mit einem zu bewertenden Unternehmen herzustellen. Diskutiert werden ein Stichtagszins zum Bewertungszeitpunkt und ein zukunftsorientierter Zinssatz in Form eines Erwartungswertes. Der Stichtagszins erscheint im Rahmen der Laufzeitäquivalenz nur dann geeignet, wenn die Laufzeit der Anlage identisch der Restlaufzeit der Bewertungsanlage ist. Nach dem Grundsatz der Unternehmensfortführung müsste demzufolge eine Anlage mit unendlicher Laufzeit gewählt werden. Anleihen mit unendlicher Laufzeit werden hingegen am Markt nicht gehandelt.

Somit wird es notwendig, zukunftsorientierte Zinssätze auf Basis des aktuellen Stichtagszinses abzuleiten. Eine Möglichkeit bietet die Ableitung aus der Zinsstruktur von Spot Rates, die der Rendite einer Nullkuponanleihe für eine bestimmte Laufzeit entsprechen. Dazu werden verschiedene vereinfachende Bedingungen angenommen:

1. Es wird die Spot Rate mit der längsten Laufzeit verwendet.
2. Umlaufrendite risikoloser festverzinslicher Wertpapiere, die den gewogenen Durchschnitt von Renditen unterschiedlicher Arten von Anleihen erster Bonitäten verkörpern.
3. Angewendet wird der Durchschnittszinssatz, der aus vorausgegangenen Jahren abgeleitet wird.

Im allgemeinen Sprachgebrauch wird das Risiko in der Nichterfüllung einer (Gewinn-) Erwartung oder als Grad der Wahrscheinlichkeit des Eintretens eines Nachteils oder Ausbleiben eines Vorteils verstanden. In der betriebswirtschaftlichen Literatur hingegen wird der Begriff uneinheitlich verwendet. Die Entscheidungstheorie bezeichnet Situationen als unsicher, wenn Abweichungen von einem erwarteten Zustand möglich sind. Liegen in diesem Zustand objektive oder zumindest subjektive Eintrittswahrscheinlichkeiten als Erwartungszustand vor, wird das als Risikosituation bezeichnet. Die entscheidungstheoretischen Ansätze beziehen im Gegensatz zu dem allgemein intuitiven Risikoverständnis neben den negativen Abweichungen auch die positiven Abweichungen in den Risikobegriff ein.[368]

---

[367] Vgl. Ballwieser (2007) S. 83.
[368] Vgl. Metz (2007) S. 78.

8.5 Kapitalisierungszinssatz als Größe der Risikoeinschätzung

Die Marktrisikoprämie errechnet sich aus der Differenz zwischen Marktrendite und dem risikolosen Zinsfuß. Die Marktrendite ist im eigentlichen Sinne die Rendite für den gesamten Wertpapiermarkt, das Marktportfolio.[369]

„Das Marktportfolio setzt sich aus allen riskanten Wertpapieren einer Volkswirtschaft (streng genommen der ganzen Welt) zusammen und kann durch einen Index angenähert werden."[370] Der Risikozuschlag stellt das Produkt aus der Marktrisikoprämie und dem Grad des unternehmensindividuellen systematischen Risikos (Betafaktor) dar.[371]

„Der Betafaktor ist ein Maß für das Risiko des zu bewertenden Unternehmens"[372] und misst die unternehmensspezifische Konjunkturanfälligkeit des betrachteten Unternehmens. Konjunktursensitive Unternehmen (z.B. die der Automobilbranche) haben einen Betafaktor > 1, konjunkturunabhängige Unternehmen (z.B. die Branche für Grundnahrungsmittel) haben einen Betafaktor < 1.[373] Mit dem Betafaktor wird also die Marktrisikoprämie unternehmensspezifisch gewichtet. Das FK eines Unternehmens setzt sich aus unterschiedlichen Positionen mit ebenso unterschiedlichen Kosten zusammen. Der WACC-Ansatz vollzieht mit Free Cashflows eine Trennung in den Finanzierungs- und in den Leistungsbereich. Geprüft wird, welche Fremdkapitalpositionen dem Finanzierungsbereich zuzuordnen sind. Diese sind das verzinsliche und zinstragende Fremdkapital, wie Darlehen, Anleihen, kurz- und langfristige Bankschulden sowie Leasingfinanzierungen. Weiter sind die Positionen darauf zu untersuchen, ob ihre Konditionen als marktüblich anzusehen sind, da das verzinsliche FK nur zu marktüblichen Konditionen zu berücksichtigen ist.

Zum nicht verzinslichen Fremdkapital, welches dem Leistungsbereich zugeordnet wird, zählen u.a. Lieferverbindlichkeiten, Kundenanzahlungen, Rückstellungen und passive RAP. Es zeigt sich, dass auch solche Positionen Fremdkapitalkosten verursachen können. Hierfür ist ein Marktzins für fristenadäquate Kredite heranzuziehen. Wegen der Schwierigkeit, die Kapitalkosten dieser Positionen zu bestimmen, bleiben sie üblicherweise vereinfachend dem Leistungsbereich zugeordnet und gehen damit nicht in die WACC-Ermittlung ein.[374]

---

[369] Vgl. Peemöller (2005a) S. 66.
[370] Ballwieser (2007) S. 94.
[371] Vgl. Dörschell u.a.: Der Kapitalisierungszinssatz in der Unternehmensbewertung, S. 19.
[372] Peemöller (2005a) S. 66.
[373] Vgl. Wöhe (2008) S. 644.
[374] Vgl. Peemöller (2005a) S. 66 f.

Bei der Bewertung von Unternehmen wird die Planung zukünftiger Erträge regelmäßig in zwei Phasen unterteilt: Eine nähere Phase von zumindest drei bis fünf Jahren und eine anknüpfende fernere Phase. Für die Phase I („Detailplanungsphase") liegen in der Regel hinreichend detaillierte Planungen vor. Für die Phase II („Phase der ewigen Rente") werden die Cashflows meist aufgrund der langfristigen Fortschreibung von Trendentwicklungen ermittelt. In der Detailplanungsphase werden dynamische Entwicklungen, wie Preis- oder Mengenänderungen, im Regelfall unmittelbar bei der Prognose der finanziellen Überschüsse berücksichtigt. Es handelt sich in dieser Phase um eine Nominalrechnung. Dies kommt insbesondere dadurch zum Ausdruck, dass der Basiszinssatz, der als Grundlage bei der objektiven Ermittlung des Unternehmenswertes dient, einen Inflationszuschlag enthält. Er stellt somit eine Nominalgröße dar. In der Phase II befindet sich das Unternehmen im Regelfall im Gleichgewichts- oder Beherrschungszustand. In diesem Fall können die finanziellen Überschüsse in konstanter Höhe angesetzt werden. Nachhaltige Wachstumseffekte in Form stetig wachsender finanzieller Überschüsse werden durch Kürzung des Kapitalisierungszinssatzes mit einem grundsätzlich nicht um Steuereinflüsse verringerten Wachstumszuschlag berücksichtigt. Zur Abschätzung des Wachstums der Cashflows in der Phase der ewigen Rente werden neben der Preissteigerungsrate insbesondere das reale Wachstum der Volkswirtschaft, die Kapitalausstattung der betrachteten Unternehmung, der technische Fortschritt, die Knappheitssituation am Markt, Umsatzausweitungen sowie das Arbeitskräftepotenzial herangezogen.[375]

Die Cashflows werden bei den DCF-Verfahren in der Detailplanungsphase (Phase I) üblicherweise nominell geplant. Für die Zeit nach dem Planungshorizont werden pauschale Annahmen getroffen oder es wird die Veräußerung des Unternehmens unterstellt. Der Unternehmenswert zum Planungshorizont wird Restwert oder Residualwert genannt. Wird angenommen, dass die Cashflows ab dem Planungshorizont mit einer konstanten Wachstumsrate steigen, dann ergibt sich der Restwert als Fortführungswert oder Continuing Value. Der Veräußerungswert des Unternehmens entspricht im Falle der Veräußerung dem Residualwert.[376]

---

[375] Vgl. Dörschell u.a: Der Kapitalisierungszinssatz in der Unternehmensbewertung, S. 240.
[376] Vgl. Peemöller (2005a) S. 67.

8.5.2 Kapitalisierungszinssatz im DCF-Verfahren

Es ist keineswegs sicher, ob die prognostizierten Investitionserfolge in der Höhe und zum erwarteten Zeitpunkt tatsächlich eintreten. Zur Berücksichtigung des Investitionsrisikos können Korrekturverfahren eingesetzt werden, die der Risikomentalität der Investoren Rechnung tragen. Risikoaverse Investoren tun dies entweder mit Abschlägen vom erwarteten Ergebnis oder durch Zuschläge zum Kalkulationszinsfuß. Die Schätzung der notwendigen Korrekturgrößen ist weitgehend subjektiv. An dieser Stelle bemüht sich die DCF-Methode um Objektivierung.[377] Ausgangspunkt der Kalküle der DCF-Methoden ist immer die Frage: Wie würde ein Unternehmen bewertet, wenn es auf einem Kapitalmarkt mit idealtypischen Eigenschaften gehandelt würde.[378]

Das IDW empfiehlt den Kapitalisierungszinssatz als Grundlage objektiver Unternehmenswerte kapitalmarktbezogen zu ermitteln – unabhängig vom Bewertungsanlass. Tatsächlich geht seine Bedeutung weit über die für den Kapitalmarkt hinaus. Kapitalmarktbezogen heißt: unter Verwendung beobachtbarer Kapitalmarktdaten, in welche die Erwartungen und Einschätzungen der Marktteilnehmer einfließen. Durch den Verzicht auf die individuelle Ermittlung des Kapitalmarktzinses wird eine höhere Transparenz und intersubjektive Nachvollziehbarkeit erreicht.

Die Kapitalkosten werden meist mithilfe des CAPM über die drei Größen risikoloser Zins, Marktrisikoprämie und Betafaktor ermittelt und sind dadurch nachvollziehbar.[379] Kritisch angemerkt werden muss, dass es sich um Modelle handelt, die vollkommene Märkte unterstellen. Die Annahme eines vollkommenen und vollständigen Kapitalmarktes ist aber in der Praxis nicht erfüllt. Der Kapitalisierungszins stammt, abgesehen von Spot Rates, nahezu ausschließlich aus Investitionsalternativen, deren Erträge eine andere zeitliche Struktur aufweisen als das zu bewertende Unternehmen.[380]

Der Kapitalisierungszinssatz stellt im Rahmen der Unternehmensbewertung die Rendite einer zur Investition in das zu bewertende Unternehmen vergleichbaren

---

[377] Vgl. Wöhe (2008) S. 642 f.
[378] Vgl. Kuhner/ Maltry: Unternehmensbewertung, S. 262 f.
[379] Vgl. Dörschell u.a: Der Kapitalisierungszinssatz in der Unternehmensbewertung, S. 323.
[380] Vgl. Ballwieser (2007) S. 209.

8. Unternehmensbewertung

Alternativinvestition dar. Mit ihr werden die zu bewertenden finanziellen Überschüsse aus dem Unternehmen verglichen.[381]

Die Ermittlung des Kapitalisierungszinssatzes erfolgt im Regelfall in mehreren Schritten. Zunächst gilt es, einen Basiszinssatz festzulegen, der die Rendite einer risikolosen Geldanlage abbildet. Der Basiszins wird in der Regel durch einen Risikozuschlag erhöht und gegebenenfalls durch einen Wachstumsabschlag reduziert.[382]

Der Risikozuschlag berücksichtigt die Unsicherheit über die zukünftige Entwicklung der finanziellen Überschüsse des zu bewertenden Unternehmens.[383] In der Praxis erfolgt bei der Ermittlung des Risikozuschlages regelmäßig durch die Zuhilfenahme von kapitalmarktgestützten Modellen, wie das CAPM oder das Tax-CAPM. Das Anwenden dieser Verfahren wird als sinnvoll erachtet, um den Einfluss von Ermessensspielräumen bei der Ermittlung der Risikokomponenten möglichst gering zu halten.[384] Weiterhin ist die typisierte Ertragssteuerbelastung zu berücksichtigen.

Beim Adjusted Present Value-Verfahren (APV) werden die Eigenkapitalkosten des unverschuldeten Unternehmens als Kapitalisierungszinssatz herangezogen.[385] So ergibt sich der Eigenkapitalkostensatz des unverschuldeten Unternehmens oder der Kapitalisierungszinssatz beim APV-Verfahren wie folgt:

$$r_{EK}^u = r_f + z^u$$

mit:

r_{EK}^u = Eigenkapitalkostensatz des unverschuldeten Unternehmens

r_f = risikoloser Zinssatz

z^U = Risikozuschlag für das unverschuldete Unternehmen

---

[381] Vgl. Schacht (2009) S. 187.
[382] Vgl. Peemöller (2009) S. 306 f.
[383] Vgl. Peemöller (2009) S. 312.
[384] Vgl. Schacht (2009) S. 190.
[385] Vgl. Dörschell (2009) S. 7.

8.5 Kapitalisierungszinssatz als Größe der Risikoeinschätzung

Die Eigenkapitalkosten des unverschuldeten Unternehmens können durch Anwendung der Modigliani-Miller-Formel aus den Eigenkapitalkosten des verschuldeten Unternehmens ermittelt werden.[386]

$$r_{EK}^{u} = r_{EK}^{v} * \frac{1}{1+(1-s)*\frac{FK}{EK}}$$

mit:

r_{EK}^{U} = Eigenkapitalkostensatz des unverschuldeten Unternehmens

r_{EK}^{v} = Eigenkapitalkostensatz des verschuldeten Unternehmens

r_{FK} = Fremdkapitalkostensatz

s = Steuersatz

FK = Fremdkapital

EK = Eigenkapital

Beim Free Cashflow-Ansatz werden im Rahmen des WACC Verfahrens die gewogenen durchschnittlichen Kapitalkosten als Kapitalisierungszinssatz herangezogen. Dabei gilt es zu beachten, dass das aus einer anteiligen Fremdfinanzierung resultierende Tax Shield mit einbezogen und abgebildet wird. Dies gelingt durch Minderung der „Renditeforderungen der Fremdkapitalgeber bei der Berechnung der gewogenen durchschnittlichen Kapitalkosten, um die aus der anteiligen Fremdfinanzierung resultierenden Steuervorteile in Höhe von i, gewichtet mit der Fremdkapitalquote zu Marktwerten."[387] Entsprechend ergeben sich die gewogenen durchschnittlichen Kapitalkosten und damit der Kapitalisierungszinssatz beim Free Cash Flow - Ansatz wie folgt:

$$k_{WACC} = i \cdot (1-s) * \frac{FK^{MW}}{GK^{MW}} + r_{EK} * \frac{EK^{MW}}{GK^{MW}}$$

mit:

i = Risikoäquivalente Renditeforderung der Fremdkapitalgeber

s= Unternehmenssteuersatz

r_{EK} = Risikoäquivalente Renditeforderung der Eigentümer

---

[386] Vgl. Dörschell (2009) S. 8.
[387] Baetge (2009) S. 348.

FK^{MW} = Marktwert des Fremdkapitals
EK^{MW} = Marktwert des Eigenkapitals

Beim Total Cashflow-Ansatz werden ebenfalls mit Hilfe des WACC-Verfahrens die gewogenen durchschnittlichen Kapitalkosten als Kapitalisierungszinssatz herangezogen. Da das Tax Shield bereits bei der Cashflow-Ermittlung berücksichtigt wurde, darf es bei der Ermittlung der gewogenen durchschnittlichen Kapitalkosten nicht mehr berücksichtigt werden. Dementsprechend lassen sich die gewogenen durchschnittlichen Kapitalkosten im TCF Ansatz wie folgt bestimmen:[388]

$$k_{TCF} = i * \frac{FK^{MW}}{GK^{MW}} + r_{EK} * \frac{EK^{MW}}{GK^{MW}}$$

Die Theorie der Unternehmensbewertung befasst sich insbesondere mit der Bewertung von großen, oft kapitalmarktorientierten Unternehmen. Besonderheiten von KMU sowie deren Auswirkungen auf den Unternehmenswert wurden bis heute, trotz der hohen praktischen Relevanz, eher unzureichend erforscht.[389]

Die Anlässe für die Bewertung eines Unternehmens sind vielfältig und unabhängig von der Unternehmensgröße. Dennoch kann festgestellt werden, dass Aktien- und umwandlungsrechtliche Bewertungsanlässe, die bei Großunternehmen oft im Vordergrund stehen, bei KMU eine untergeordnete Rolle spielen.[390] Die hohe praktische Relevanz von Unternehmensbewertungen bei KMU und die Bedeutung von transaktionsbezogenen Bewertungsanlässen, zu denen dominierte Anlässe (z.B. Ausscheiden eines Gesellschafters, Familien- /erbrechtliche Auseinandersetzungen) und nicht dominierte Anlässe (z.B. Kauf /Verkauf des Unternehmens) gehören, wird beim Blick auf die aktuelle Situation deutlich. Das IfM in Bonn schätzte, dass sich zwischen 2010 und 2014 rund 110.000 Familienunternehmen mit der Frage der Nachfolge beschäftigen.[391]

Es ist nicht verwunderlich, dass sich die Frage nach dem Wert eines KMU oft als äußerst schwierig und emotionsbeladen erweist. Schließlich steht gerade im Mittelstand nicht nur ein Unternehmen zum Verkauf, sondern oft ein ganzes Le-

---

[388] Vgl. Baetge (2009) S. 349.
[389] Vgl. Hackspiel (2010) S. 131.
[390] Vgl. Schütte-Biastoch (2010) S. 10 f.
[391] Vgl. IfM Bonn (2010) IfM-Materialien Nr. 198.

benswerk. Dies veranlasst mittelständische Verkäufer oft dazu, mit zu hohen Preisvorstellungen in die Verhandlungen zu treten.[392]

Die Besonderheiten bei der Bewertung von KMU, insbesondere bei bewertungsbezogenen Transaktionsanlässen, werden beim Blick auf deren sehr speziellen Eigenschaften deutlich. Dazu gehören u.a. folgende Aspekte:

- begrenzter Eigentümerkreis und begrenzte Finanzierungsmöglichkeiten (fehlender Zugang zum Kapitalmarkt),
- oft fließender Übergang zwischen Betriebs- und Privatvermögen,
- häufig fehlendes unabhängiges Kontrollorgan,
- nicht dokumentierte oder fehlende Unternehmensplanung,
- Mitarbeit von Familienmitgliedern und hohe Abhängigkeit des unternehmerischen Erfolgs vom Eigentümer,
- teilweise ungenügendes Rechnungswesen.

Problematisch für eine solide und seriöse Unternehmensbewertung bei KMU sind die hohen Kosten, die Mittelständler und insbesondere kleine Unternehmen oft scheuen.[393] Auch die Auswahl des Bewertungsverfahrens unterscheidet sich bei KMU häufig von denen größerer Unternehmen. So wurde festgestellt, dass bei der Mehrheit aller mittelständischen Unternehmenstransaktionen Multiplikatorverfahren oder sogenannte Daumenregeln eingesetzt wurden. Multiplikatorverfahren, die zu den marktwertorientierten Verfahren gehören, sind wesentlich einfacher durchzuführen und transparenter. Sie erfreuen sich in der Praxis großer Beliebtheit, da sie nicht auf komplexen Berechnungen beruhen.

Zu beachten ist, dass Multiplikatorverfahren klar gegen den Grundsatz der Zukunftsbezogenheit verstoßen, da letztlich zurückliegende Gewinne herangezogen werden, selbst wenn aktuelle Zahlungen und Gewinnplanungen berücksichtigt werden. Zu beachten ist auch, dass Multiplikatorverfahren, wie alle gewinnbasierten Verfahren, hohe Manipulationsrisiken bergen.

Neben den Multiplikatorverfahren, den nachfolgend thematisierten Daumenregeln und den substanzwertorientierten Verfahren kommen nur bei rund 20% der KMU-Transaktionen Ertragswertverfahren zum Einsatz. Die Anzahl der Bewertungen mittels DCF- Verfahren ist verschwindend gering.[394]

---

[392] Vgl. Schauf (2009) S. 2.
[393] Vgl. Schauf (2009) S. 5.
[394] Vgl. Schauf (2009) S. 5.

Die genannten Daumenregeln, ein oft genutztes Bewertungsverfahren bei mittelständischen Unternehmenstransaktionen, werden wegen nicht ausreichender Transparenz und Nachvollziehbarkeit kritisch beurteilt. So werden mit diesen Daumenregeln häufig mengenmäßig orientierte „Performance-Indikatoren", wie z.B. die Anzahl von Zimmern /Betten bei Hotels oder Krankenhäusern oder die Anzahl der Mitarbeiter in Dienstleistungsunternehmen, anstatt finanzieller Kennzahlen wie EBIT, Umsatz oder Jahresüberschuss herangezogen. Dies führt zu einer Vernachlässigung vom Bezug zum Kapitalwertkalkül, da durch die Entfernung der Performance-Indikatoren von den für die entziehbaren, finanziellen Überschüsse relevanten- Zahlungsströmen eine ausreichende Transparenz und Nachvollziehbarkeit nicht mehr gewährleistet ist.[395]

Auch die bei der Bewertung von KMU weit verbreiteten Substanzwertverfahren sind kritisch zu beurteilen, da sie von dem theoretisch richtigen Kapitalwertkalkül abweichen. So ergibt sich der Substanzwert eines Unternehmens, traditionell definiert als Wiederbeschaffungswert des betriebsnotwendigen Vermögens, abzüglich Schulden, zuzüglich Liquidationswerte des nicht betriebsnotwendigen Vermögens, aus der Summe der einzelnen Unternehmensbestandteile und der historischen Kosten oder den Reproduktionskosten. Die Betrachtung der Wiederbeschaffungs- /Reproduktionskosten ist durch die Tatsache zu erklären, dass bei einem möglichen Unternehmenserwerb häufig die Neugründung eines vergleichbaren Unternehmens als Alternative in Betracht kommt. Dem Substanzwert kann für eine seriöse Unternehmensbewertung allerdings keine eigenständige Bedeutung beigemessen werden, da der direkte Bezug zu den zukünftigen finanziellen Überschüssen fehlt.[396]

In der Praxis finden die theoretisch korrekten Methoden der Unternehmensbewertung, wie die verschiedenen DCF – Verfahren oder die Ertragswertmethode, bei KMU-Bewertungen nur geringe Anwendung. Die bei KMU vorzugsweise angewandten Substanzwertverfahren, Multiplikatorverfahren oder Daumenregeln sind als reine Kompromisse zu werten, die theoretisch nicht ausreichend begründet werden können. Dennoch können auch diese Kompromissverfahren zu nachvollziehbaren Resultaten führen. Diese Resultate können insbesondere bei KMU mit betriebswirtschaftlich nicht besonders vertrauten Geschäftsführungen zu mehr Transparenz führen, als dies betriebswirtschaftlich fundierte Methoden hätten tun können.[397]

---

[395] Vgl. Zieger (2008) S. 594.
[396] Vgl. Zieger (2008) S. 592 f.
[397] Vgl. Helbling (2009) S. 716 f.

8.5 Kapitalisierungszinssatz als Größe der Risikoeinschätzung

Die Anwendung der verschiedenen Verfahren zur Unternehmensbewertung ist 2009 im steuerberatenden Berufstand von Fischer-Winkelmann und Busch empirisch untersucht worden. Die Autoren befragten 80 Steuerberater, Wirtschaftsprüfer und Rechtsanwälte mit dem Arbeits- oder Tätigkeitsschwerpunkt Unternehmensbewertung.[398] Beim Vergleich der Anwendung von Bewertungsverfahren zwischen KMU und allen Unternehmen zeigen sich sowohl Unterschiede als auch Übereinstimmungen:

Bewertungsverfahren	KMU		alle Unternehmen	
	absolut	relativ	Absolut	relativ
1. Ertragswertverfahren	64	80,00%	75	93,75%
2. „Stuttgarter Verfahren"	38	47,50%	47	58,75%
3. Gewinn- oder Umsatzmultiplikatoren	36	45,00%	38	47,50%
4. DCF – Verfahren	32	40,00%	33	41,25%
5. Substanzwertverfahren	19	23,75%	24	30,00%
n = 80				

Abbildung 8.11: Vergleich der Anwendung von Bewertungsverfahren
Quelle: Eigene Darstellung in Anlehnung an Fischer-Winkelmann (2009) S. 635

Ertragswertverfahren stehen sowohl bei der Bewertung von KMU als auch bei der Bewertung aller Unternehmen auf Platz 1. So nutzen 93,75% der befragten Steuerberater, Wirtschaftsprüfer und Rechtsanwälte Ertragswertmethoden als Bewertungsverfahren, allerdings lediglich 80% auch bei KMU. Auch DCF-Verfahren werden im Fall von KMU im Vergleich zur Gesamtheit der Unternehmen weniger genutzt. Dagegen haben die umstrittenen Multiplikatorverfahren bei KMU (Platz 3) eine höhere Relevanz als bei der Bewertung von allen Unternehmen (Platz 4).[399]

Auf die Frage, mit welchen zusätzlichen Problemen die Bewertung von KMU behaftet sei, gaben 88,75% der Befragten an, diese liegen in der Erfassung und Quantifizierung der Erfolgsfaktoren, die an die Persönlichkeit des Unternehmers geknüpft sind. Daraus folgend betrachteten es 60% der Befragten als problematisch, die Unternehmensentwicklung zu prognostizieren, dicht gefolgt von der quantitativen Bewertung personenabhängiger Beziehungen von Eigentümer-Unternehmern zu Kunden oder Lieferanten (58,75%).[400]

---

[398] Vgl. Fischer-Winkelmann (2009) S. 635.
[399] Vgl. Fischer-Winkelmann (2009) S. 716 f.
[400] Vgl. Fischer-Winkelmann (2009) S. 720 f.

Die Autoren fragten auch, ob die Bewertung von KMU mit DCF-Verfahren möglicherweise problematisch sei. Auffallend ist, dass 16,67% der Befragten dies verneinten und eine ähnlich große Zahl der Befragten (18,87%) derart große Probleme sah, dass sie DCF-Verfahren für die Bewertung von KMU ausschlossen. Die verbleibenden 64,15% sahen einige Probleme. Diese betrafen u.a. die schwierige Bestimmung der Werttreiber, die genaue Quantifizierung ihrer Erfolgsbeiträge, die ungenaue Prognose künftiger Cashflows sowie die Übertragung der sehr strikten DCF-Modellannahmen auf die Realität.[401]

---

[401] Vgl. Fischer-Winkelmann (2009) S. 722 ff.

9. Prüfung des Unternehmens

9.1 Prüfung von KMU

9.1.1 Prüfung beim Asset Deal

Der Asset Deal ist eine Art des Unternehmenskaufs, bei dem sämtliche Vermögensgegenstände (Wirtschaftsgüter und Verbindlichkeiten) einzeln übertragen werden.[402] Da das Unternehmen als solches nicht übertragen werden kann,[403] bedarf es einer Auflistung der zum Unternehmen gehörenden Vermögensgegenstände (Bestimmtheitsgrundsatz).[404] Es gehen nur die Wirtschaftsgüter in das Eigentum des Käufers über, die im Kaufvertrag einzeln aufgeführt werden.[405] Oftmals ist es schwierig abzugrenzen, welche Rechte und Pflichten übertragen werden und welche nicht.[406] Anhaltspunkte gibt die Bilanz, die eine Abgrenzung zum Privatvermögen ermöglicht.[407]

„Beim Asset Deal muss jedes einzelne Vertragsverhältnis übertragen werden",[408] wozu die Zustimmung eines jeden Vertragspartners erforderlich ist.[409] Mangelt es an dieser, so ist der entsprechende Vertrag nicht auf den Erwerber übergegangen. Zu den Assets eines Unternehmens gehören Immobilien, Kundenverträge, Inventar, Forderungen, Verbindlichkeiten aber auch immaterielle Güter, wie z.B. Lizenzen, Patente oder Marken. Der Käufer kann die Haftung reduzieren, indem er nur ausgewählte Vermögensgegenstände erwirbt. Für die Altverbindlichkeiten muss der Käufer aufkommen.[410] Allerdings kann er durch geschickte Verhandlungen und präzise Vertragsgestaltung die Haftung vermeiden.

---

[402] Vgl. Hannes, F./Kuhn, T./Brückmann, M., Familienunternehmen, S. 253 ff.
[403] Vgl. Rödder, T./Hötzel, O./Mueller-Thuns, T., Unternehmenskauf Unternehmensverk., S. 77.
[404] Vgl. Beisel (2006) S. 76.
[405] Vgl. Rödder, T./Hötzel, O./Mueller-Thuns, T., Unternehmenskauf Unternehmensverkauf, S. 78; Hinne, C., Mergers & Acquisitions Management, S. 6.
[406] Vgl. Beisel, W./Klumpp, H., Der Unternehmenskauf, S. 161.
[407] Vgl. Beisel, W./Klumpp, H., Der Unternehmenskauf, S. 371.
[408] Hannes, F./Kuhn, T./Brückmann, M., Familienunternehmen, S. 253.
[409] Vgl. Hannes, F./Kuhn, T./Brückmann, M., Familienunternehmen, S. 253.
[410] Vgl. Picot, G., Unternehmenskauf und Restrukturierung, S. 167.

Prinzipiell ist der Asset Deal für den Käufer vorteilhafter.[411] Nachteilig ist, dass Vermögensgegenstände, Verbindlichkeiten und Verträge einzeln übertragen werden müssen. Da dafür die Zustimmung Dritter erforderlich ist, kann dies den Unternehmenskauf verhindern oder deutlich in die Länge ziehen.[412]

9.1.2 Prüfung beim Share Deal

Der Share Deal ist ebenso wie der Asset Deal eine Art des Unternehmenskaufs. „Bei einem Share Deal werden die Gesellschaftsanteile übertragen. Alle Vermögensgegenstände, die zum Gesellschaftsvermögen gehören, werden damit automatisch übertragen."[413] Vermögensgegenstände, die sich im Eigentum eines Gesellschafters befinden und der Gesellschaft zur Nutzung überlassen werden, werden vom Übergang der Beteiligung nicht erfasst.[414] Bei einem einzelkaufmännischen Unternehmen ist ein Share Deal nicht möglich, sondern nur ein Asset Deal.[415] Da eine Gesellschaft per definitionem immer ein Zusammenschluss von mehreren Personen ist,[416] kann es bei einem einzelkaufmännischen Unternehmen keine Gesellschafteranteile geben, die abgetreten werden könnten.

Ein charakteristischer Share Deal ist die Übertragung einer Beteiligung.[417] Kaufgegenstand sind Aktien, GmbH- oder andere Gesellschaftsanteile.[418] Da nur der Inhaber der Gesellschaft wechselt, bleiben alle geschlossenen Verträge gewahrt,[419] eine Zustimmung der Vertragspartner ist nicht notwendig. Die Identität des Unternehmens bleibt erhalten.[420] Eine Bezeichnung der Einzelbestandteile des Unternehmens ist bei einem solchen Kauf entbehrlich.[421]

---

[411] Vgl. Manchot, P., Secondary Buyout, S. 62.
[412] Vgl. Rödder, T./Hötzel, O./Mueller-Thuns, T., Unternehmenskauf Unternehmensverk., S. 89.
[413] Hannes, F./Kuhn, T./Brückmann, M., Familienunternehmen, S. 252.
[414] Vgl. Menge, Petra, Asset-Deal vs. Share-Deal – Was ist das Richtige für mich?, 2010.
[415] Vgl. Rittershaus, G./Teichmann, C., Anwaltliche Vertragsgestaltung, S. 111.
[416] Vgl. Palandt, O., Bürgerliches Gesetzbuch, S. 1145.
[417] Vgl. Beisel, W./Klumpp, H., Der Unternehmenskauf, S. 128.
[418] Vgl. O.V., Sparkasse, Mergers & Acquisitions, 2006, S. 7.
[419] Vgl. Picot, G., Handbuch Mergers & Acquisitions, S. 127.
[420] Vgl. Jansen (2000) S. 152.
[421] Vgl. Picot, G., Handbuch Mergers & Acquisitions, S. 127.

Die Gesellschaft haftet weiterhin für bestehende Verbindlichkeiten mit dem Gesellschaftsvermögen,[422] der Erwerber hingegen nur als Gesellschafter. Seine Haftung bestimmt sich durch die jeweilige Rechtsform.[423]

Der Share Deal gilt als für den Verkäufer vorteilhaft.[424] Für den Käufer ist nachteilig, dass er für Altverbindlichkeiten weiterhin haftet. Weiterhin kann er nicht ausschließen, auch unrentable Vermögensgegenstände zu erwerben - ein Wahlrecht hinsichtlich der Assets steht ihm nicht zu.

9.1.3 Vergleich von Asset Deal und Share Deal

Welche Art des Unternehmenskaufs bzw. -verkaufs die angemessene ist, muss im Einzelfall entschieden werden. Zunächst ist zu prüfen, ob beide Arten des Unternehmenskaufs überhaupt durchführbar sind. Geht es um ein Einzelunternehmen, so ist ein Share Deal ausgeschlossen. Sollen nur einzelne Vermögensgegenstände und nicht das gesamte Unternehmen veräußert werden, ist nur ein Asset Deal möglich.

Beim Share Deal ist zu Beginn ungewiss, welche Vermögensgegenstände übertragen wurden. Innerhalb des Asset Deal kann festgelegt werden, welche Wirtschaftsgüter erworben werden. Aus diesem Grund ist der Asset Deal aufwändiger, da jeder Vermögensgegenstand einzeln übertragen wird und daher die Zustimmung jedes Vertragspartners eingeholt werden muss. Beim Share Deal hingegen ist die Zustimmung Dritter nicht erforderlich.

Der Share Deal ist, abhängig von der jeweiligen Rechtsform der Gesellschaft und der Gesellschafterstellung bei Kommanditisten, Gesellschaftern der GmbH und der AG, aufgrund der beschränkten Haftung weniger risikobehaftet.[425] Da der Käufer wählen kann, für welche Assets er sich entscheidet, ist die Haftung beim Asset Deal abhängig vom erworbenen Vermögensgegenstand. Der Share Deal erscheint somit für den Verkäufer, der Asset Deal für den Käufer attraktiver.

---

[422] Vgl. Hannes, F./Kuhn, T./Brückmann, M., Familienunternehmen, S. 255.
[423] Vgl. Hannes, F./Kuhn, T./Brückmann, M., Familienunternehmen, S. 255.
[424] Vgl. Manchot, P., Secondary Buyout, S. 62.
[425] Vgl. Picot, G., Unternehmenskauf und Restrukturierung, S. 172 ff.

Übertragungsobjekt	zivilrechtlich	steuerlich	Besteuerungssubjekt
Einzelunternehmen	Kauf von Sachen und Rechen	Asset Deal	Einzelunternehmer
Mitunternehmer-Anteile (OHG, KG)	Kauf eines Rechts (Gesellschaftsanteil)	Asset Deal	Mitunternehmer
Operativer Betrieb einer Mitunternehmerschaft	Kauf von Sachen und Rechten	Asset Deal	Mitunternehmer
Anteile an einer Kapitalgesellschaft (GmbH, AG)	Kauf eines Rechts (Gesellschaftsanteil)	Share Deal	Gesellschafter
Operativer Betrieb einer Kapitalgesellschaft	Kauf von Sachen und Rechten	Asset Deal	Gesellschaft (Gesellschafter erst bei Gewinnausschüttungen)

Abbildung 9.1: Vergleich der Besteuerung von Asset Deal und Share Deal

Quelle: Wegner, Andreas (2001), www.iww.de

9.2 Due Diligence

Bei nahezu allen Unternehmenskäufen bedient sich der potenzielle Erwerber einer Due Diligence,[426] weil ihm eine Vielzahl von Informationen fehlt.[427] Die Due Diligence soll ihm helfen, Entscheidungskriterien für die Transaktion zu ermitteln. Während der Due Diligence werden alle relevanten Informationen zum Unternehmen zusammengetragen und ausgewertet. Dabei werden Chancen und Risiken bekannt, die schließlich auch den Kaufpreis beeinflussen.[428] „Ziel der Due Diligence ist die Risikominimierung für den Käufer."[429]

Zu Beginn der Due Diligence wird ein auf das Unternehmen abgestimmter Fragebogen entwickelt. Dieser wird in einem Data-Room – einem oder mehrere Räume im Unternehmen, in denen das Informationsmaterial gesammelt ist – abgearbeitet.[430] Die Due Diligence wird meist durch den Käufer oder von ihm beauf-

---

[426] Vgl. Hölters (1992) S. 56.
[427] Vgl. Picot, G., Handbuch Mergers & Acquisitions, S. 268.
[428] Vgl. Hölters (1992) S. 55.
[429] Vgl. Peemöller, V., Praxishandbuch der Unternehmensbewertung, S. 235.
[430] Vgl. Hölters (1992) S. 55.

tragte Sachverständige, wie Wirtschaftsprüfer oder Steuerberater durchgeführt, die zugleich einen ausführlichen Bericht für den Käufer erstellen.[431]

Während früher eine Due Diligence weitgehend Großunternehmen vorbehalten war, wird sie inzwischen auch für mittelständische Unternehmen durchgeführt.[432] Es gibt jedoch keine auf mittelständische Unternehmen spezialisierte Due Diligence;[433] deren zentrales Problem ist häufig die Informationserfassung.[434]

Abbildung 9.2: Zeitlicher Ablauf der Due Diligence
Quelle: Eigene Darstellung in Anlehnung an Högemann (2008) S. 116

Während der Due Diligence muss Vertraulichkeit gewährleistet sein.[435] Die endgültige Dealstruktur muss in dieser Phase allerdings noch nicht festgelegt sein.[436]

9.2.1 Ablauf der Due Diligence

Nachdem der Übernehmer anhand des Phasenmodells (Vgl. Kapitel 4) im Rahmen der ersten Phase die eigene Situation analysiert hat, ist er zu einer konkreten Vorstellung von den für ihn geeigneten Unternehmen gekommen. Mit Hilfe dieses Soll-Profils ist es ihm möglich, ein angemessenes Unternehmen zu identifizieren. In der zweiten Phase wird er das Unternehmen seiner Wahl nun einer genauen Analyse und Prüfung unterziehen, der sogenannten Due Diligence.

Das Konzept der Due Diligence stammt aus dem US-amerikanischen Kapitalmarkt- und Anlegerschutzrecht (Securities Laws) und betrifft die Haftung von Wirtschaftsprüfern, Rechtsanwälten, Investmentbanken und anderen mit dem Handel von Wertpapieren beschäftigten Experten. Der Begriff der Due Diligence

---

[431] Vgl. Holzapfel (2003) S. 15.
[432] Vgl. Koch (2002) S. 8.
[433] Vgl. Koch (2002) S. 10.
[434] Vgl. Koch (2002) S. 14.
[435] Vgl. Koch (2002) S. 43.
[436] Vgl. Faller, M., Strategieorientierte HR Due Diligence, S. 27.

wurde bereits in den 1930er Jahren geprägt[437] und hat bis heute, insbesondere vor dem Hintergrund der Finanzmarktkrise, nicht an Aktualität verloren. Due Diligence wird mit „der Sorgfalt entsprechend" übersetzt, ohne dass eine verbindliche Definition existiert. Allgemein versteht man darunter eine detaillierte und systematische Erhebung und Analyse von qualitativen und quantitativen Informationen mit dem Ziel, ein aussagekräftiges Gesamtbild des Unternehmens zu erlangen. Nicht zuletzt geht es darum, Erkenntnisse über Gesetzmäßigkeiten und Zusammenhänge von Prozessen und Ressourcen zu gewinnen, die betriebswirtschaftlich relevant sind.[438]

Für den Erwerber eines Unternehmens soll die Due Diligence die Frage beantworten, ob das Unternehmen seinen strategischen Zielen entspricht und wie hoch der über die gängigen Bewertungsverfahren zu ermittelnde innere Wert des Unternehmens ist.[439] Die Analyse lässt sich in folgende Schritte einteilen:

- Sichtung und Ordnung vorhandener und Beschaffung noch notwendiger Unterlagen und Dokumente,
- Durchführung der Datenerhebung auf Grundlage vorhandener Unterlagen,
- Aufbereitung und Darstellung der Daten,
- Auswertung und Beurteilung anhand vorher festgelegter valider, verlässlicher und möglichst objektiver Kriterien,
- Kritik an der Erhebung und Auswertung.

Abhängig vom Anlass der Due Diligence können sich unterschiedliche Vorgehensweisen sowohl bei der Analyse als auch bei der Prüfung und Bewertung der gewonnenen Informationen ergeben.

Gemeinhin wird zwischen gesetzlich bedingter und freiwillig durchgeführter Due Diligence unterschieden. Bei *gesetzlich initiierten Anlässen* stehen die Ermittlung von Ausgleichszahlungen bei Abfindungen[440] sowie die Ermittlung von Anteilsverhältnissen bei Verschmelzungen, Vermögensübertragungen oder Umwandlungen im Vordergrund. In erbrechtlichen und scheidungsrechtlichen Verfahren kann die aus der Due Diligence hervorgehende Unternehmensbewertung Grundlage für Ausgleichzahlungen zwischen den streitenden Parteien sein.

---

[437] Vgl. Berens (2008) S. 6.
[438] Vgl. Berens (2008) S. 51 ff.
[439] Vgl. Berens (2008) S. 79.
[440] Vgl. §§ 304, 305 AktG.

9.2 Due Diligence

Bei den *freiwillig initiierten Anlässen* stehen der Unternehmens- oder Beteiligungskauf sowie Neuemissionen (go public) im Vordergrund. Die Due Diligence im Rahmen des Kaufs oder Verkaufs von Unternehmen oder Unternehmensteilen wird meist durch den Käufer veranlasst, der mögliche Risikopotenziale identifizieren möchte, die kaufpreismindernd in die Verhandlungen eingebracht werden können.

Veranlasst der Verkäufer eine Due Diligence, dient diese meist dazu, Chancenpotenzial aufzudecken, um dies kaufpreiserhöhend in die Verhandlungen einbringen zu können. Einen Anlass einer Due Diligence bildet das MBO. Es handelt sich dabei um die Übernahme eines Unternehmens durch das Management. Den Gegensatz zum MBO stellt das MBI dar. Erstere sind insbesondere bei Umstrukturierungen, Nachfolgeregelungen und bei Abwehrmaßnahmen gegen feindliche Übernahmen anzutreffen. Die Schwierigkeit in der Beurteilung des Unternehmens liegt in den Insiderkenntnissen, über die das Management von Natur aus verfügt. Diese Informationen könnten im Hinblick auf die Ermittlung eines möglichst niedrigen Kaufpreises eingesetzt werden, oder auf eine möglichst hohe Bewertung gegenüber möglichen Fremdkapitalgebern, die den MBO finanzieren sollen.[441]

Gegenstand der Due Diligence ist neben der allgemeinen ökonomischen Lage die Situation der Branche. Mit der internen Analyse werden darüber hinaus technische, organisatorische, umweltrelevante, psychologische, rechtliche und steuerrechtliche sowie finanzielle Prüfungsschwerpunkte abgearbeitet. Es geht im Idealfall um eine ganzheitliche Analyse des Unternehmens. Im Gegensatz zu einer Analyse der Jahresabschlüsse, bei der im Lagebericht lediglich vergangenheitsbezogene Aussagen gemacht werden können, lassen sich bei einer Due Diligence auch Aussagen zur zukünftigen Entwicklung des Unternehmens treffen. Diese ergeben sich u.a. aus der kontextuellen Betrachtung des Marktumfeldes des Unternehmens. Eine Due Diligence kann weitreichende Garantiebekundungen durch den Verkäufer bei Vertragsverhandlungen begründen und eventuelle Gewährleistungsansprüche vermeiden. Sie gehört heute insbesondere bei der Unternehmensnachfolge, dem Unternehmenskauf oder -verkauf zum Standard der Entscheidungsvorbereitung und trägt in einem hohen Maße dazu bei, Chancenpotenziale angemessen zu würdigen und Risiken zu vermeiden.[442]

---

[441] Eine Due Diligence, die aufgrund einer anstehenden Börsennotierung durchgeführt wird, hat das Ziel, die Chancen und Risikopotenziale eines Unternehmens zu ermitteln. Sie soll die Grundlage für die oft sehr ehrgeizige Unternehmensplanung bilden und plausible Aussagen über die Ausschüttungsfähigkeit erlauben.

[442] Vgl. Koch (2009) S. 3 ff.

9. Prüfung des Unternehmens

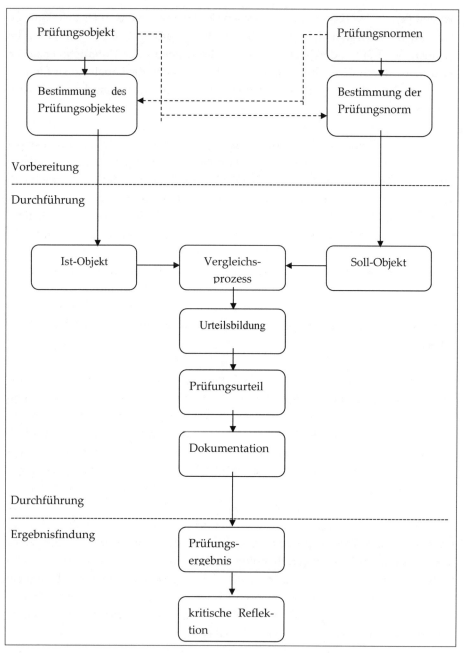

Abbildung 9.3: Prozess einer Due Diligence unter Maßgabe der Dokumentation
Quelle: Eigene Darstellung in Anlehnung Berens (2008) S. 81

Der Ablauf der Due Diligence lässt sich in die Phase der Vorbereitung, die Phase der Durchführung und die der Ergebnisfindung unterteilen. Die Darstellung soll diesen Prozess unter der Maßgabe der ständigen Dokumentation als einem weiteren Gütekriterium der Due Diligence verdeutlichen.

Vorbereitungsphase einer Due Diligence

Die Vorbereitung der Due Diligence umfasst die Auswahl des Gutachters, seine Beauftragung, die Kalkulation der mit ihr verbundenen Kosten, die Zusammenstellung eines geeigneten Teams, die Recherche und Aufbereitung der relevanten Informationen, die Planung der Vorgehensweise, der Planung der Dokumentation und der Berichterstattung sowie die Festlegung der Parameter für die Due Diligence. Auch werden die Rahmenbedingungen sowie der Analyseschwerpunkt und Analyseumfang festgelegt. Da eine Due Diligence zeit- und kostenintensiv sein kann, sollte eine effiziente Prüfung und Bewertung angestrebt werden, die den Analyseanlass gebührend berücksichtigt.[443]

Die Vorbereitungsphase einer Due Diligence versucht insbesondere Informationsasymmetrien zu überwinden. Die Aufbereitung und Offenlegung von bewertungsrelevanten Informationen des Unternehmens ist gleichermaßen für die betriebswirtschaftliche Beurteilung der Transaktion, als auch für die juristische Ausarbeitung des Vertragswerkes, einschließlich der Festlegung des Inhaltes und des Umfangs der Gewährleistungen und Garantien, relevant.[444] Der Verkäufer wird zu Beginn der Verhandlungen nicht vorbehaltlos sämtliche Informationen und Daten preisgeben. Da zu große Geheimhaltung jedoch den Verkaufserfolg in Frage stellen kann, wird er nach dem Motto „so wenig wie möglich, so viel wie nötig" handeln.[445] Mit den vertraulich zu behandelnden Informationen zum Unternehmen erhält der Interessent auch einen Teil des Unternehmenswissens.[446]

Die zur Verfügung gestellten Informationen müssen hinsichtlich ihres Gehaltes und ihrer Quelle bestimmten Anforderungen entsprechen. Ein wichtiges Kriterium für die Beurteilung der Quelle ist ihre Zuverlässigkeit, die wiederum anhand ihrer Unabhängigkeit, Qualifikation und Eindeutigkeit beurteilt wird. Eine Quelle ist unabhängig oder auch objektiv, wenn sie außerhalb des Einflussbereiches des Managements oder der Eigentümer der Zielgesellschaft liegt. Die Qualifikation,

---

[443] Vgl. Koch (2007) S. 28.
[444] Vgl. Berens (2008) S. 56.
[445] Vgl. Lochmann (2007) S. 29.
[446] Vgl. Berens (2008) S. 124.

welche sich in der Validität äußert, hängt von den Personen und den Institutionen ab, die die Informationen zusammenstellen und übermitteln. Die Quelle ist auch zuverlässig, wenn die Richtigkeit der aus ihr gewonnen Informationen mit hinreichender Sicherheit beurteilt werden kann.[447] Als weitere Gütekriterien für die Qualität der Informationsquelle gelten:

- die sachliche und zeitliche Eignung,
- der Aussagegehalt (Präzision, Detailliertheit, Klarheit),
- der empirische und logische Wahrheitsgehalt (Sicherheit, Fehlerfreiheit, Prüfbarkeit),
- die Verwendungsbereitschaft (Verfügbarkeit, Zugänglichkeit),
- die Vollständigkeit (Menge und Zweckeignung).[448]

Informationen können sowohl intern als auch extern gewonnen werden. Interne Informationsquellen stellen nicht öffentlich zugängliche Informationen bereit und sind nur in Kooperation mit dem Verkäufer zu erlangen. Externe Informationen hingegen sollten für den potenziellen Käufer ohne die Zustimmung des Verkäufers zugänglich sein. Die folgende Tabelle gibt einen Ausblick auf die wichtigsten internen und externen Informationsquellen:

	Interne Informationsquellen	Externe Informationsquellen
Jahresabschlüsse, Wirtschaftsprüfer (WP)-Berichte, Finanzbuchführung	Externes Rechnungswesen, Buchhaltung	Öffentl. Jahres- und Konzernabschlüsse, Lage-, Geschäftsberichte, Banken, WP, Anwälte, Wirtschafts- und Finanzauskunfteien[449]
Kosten- und Leistungsrechnung, Prozesskostenrechnung	Internes Rechnungswesen, Buchhaltung, interne Revision, Controlling	Publikationen, Banken, WP, Anwälte, Wirtschafts- und Finanzauskunfteien
Investitionsrechnung	Internes Rechnungswesen, Controlling, Revision	Sachverständige (SV)
Finanz- und Liquiditätsrechnung	Internes Rechnungswesen, Controlling, Revision	Wirtschafts- und Finanzauskunfteien

---

[447] Vgl. Berens (2008) S. 121.
[448] Vgl. Berens (2008) S. 122.
[449] z.B. Schufa, Bürgel, Hoppenstedt, Kreditversicherungen, etc.

Kredit-, Finanzierungsverträge, Substanzwerte	Rechtswesen	Grundbuch, Wirtschafts- und Finanzauskunfteien
Versicherungsunterlagen	Rechtswesen, Unternehmens-organisation, Versicherungs-mathematiker	SV
Target Costing	Internes Rechnungswesen, Controlling	Unternehmensberater (Cost Consultant)
Strategische- und operative Planung, Prozessmanagement, -organisation	Management, Unternehmensplanung, Controlling, Produktion, Personal	Publikationen, externe SV
Balanced Scorecard	Management, Unternehmensplanung, Controlling, Produktion, EDV	Unternehmensberater, SV
Organisation, Informationssysteme	EDV, Management	SV (Informatik)
Handelsregisterauszug	Rechts-, Personalwesen	Handelsregister
Gesellschafterverträge	Rechts-, Personalwesen	Fachanwälte, Unternehmensberater
Mitarbeiterdaten und –verträge	Rechts-, Personalwesen, Mitarbeitervertretung	Social Networks
Organigramm, Personalanalysen, -entwicklung, -planung, -bedarf, -beschaffung, -einsatz, -führung	Rechtswesen, Unternehmens- und Vertriebsorganisation, Personal, Produktion, Mitarbeitervertretung	Publikationen
Kundenanalyse	Marketing, Vertrieb, EDV	Kundenbefragung
Lieferantenanalyse	Produktion, Einkauf, EDV	Lieferantenbefragung
Kooperationen, Joint Ventures, etc.	Management, Rechts-, Personalwesen	Marktrecherche, Wirtschafts- und Finanzauskunfteien
Wettbewerb, Marktforschung	Management, Marketing, Vertrieb	Markterhebungen, SV
Patente, Innovationen	Management, Rechtswesen, F&E	Markterhebungen, SV

Abbildung 9.4: Interne- und externe Informationsquellen des Zielunternehmens
Quelle: Eigene Darstellung

Sind die erforderlichen Informationen zusammengetragen, werden im ersten Schritt der Ablaufplanung die Analyseschwerpunkte der Begutachtung bestimmt. Damit wird der Grundsatz der Wesentlichkeit erfüllt und die Gutachter können nun den Analyseumfang abschätzen. Dem ausführenden Team werden nach den verschiedenen Kompetenzen funktional abgegrenzte Prüfungsschwerpunkte zugeordnet. Dabei muss entschieden werden, ob sämtliche Prüfungsgebiete betrachtet werden oder aufgrund von Zeit- und Budgetrestriktionen eine Auswahl stattfinden muss.

Gegenstand der Analyse müssen in jedem Fall kritische Bereiche des Unternehmens, die „Problem Areas", sein.[450] Die Selektion berücksichtigt naturgemäß das Akquisitionsziel und basiert auf subjektiver Einschätzung, allgemeinen Branchenkenntnissen und Erfahrungen des Managements.[451] Die Reihenfolge einer Due Diligence ergibt sich aus sachlich aufeinander folgenden Schritten, aus Wirtschaftlichkeitsgesichtspunkten und sollte so gestaltet sein, dass möglichst frühzeitig „Deal Breakers" identifiziert werden können, die bei ihrer Entdeckung zum Abbruch der Übernahmeverhandlungen führen. Die Durchführung einer Due Diligence im Rahmen der Unternehmensnachfolge kann als Projekt charakterisiert werden, für dessen Planung, Organisation und Durchführung ein Projektmanagement eingerichtet werden sollte.[452]

Die Analyseschwerpunkte im Rahmen einer Due Diligence werden in der Regel durch ein Team bestimmt, das aus Vertretern des Käufers und Verkäufers sowie externen Beratern verschiedenster Fachrichtungen und Spezialisierungsgrade besteht. Zu den externen Beratern im Bereich der Due Diligence gehören Unternehmensberater, Wirtschafts- und Steuerprüfer, Rechtsanwälte sowie technische und kaufmännische Sachverständige. Durch ihre Neutralität wird die Objektivität der Due Diligence gewahrt. Die Größe des Teams ist abhängig von der Branche und Größe des Unternehmens; seine Koordination übernimmt der Auftraggeber. Bei ihm laufen auch die Ergebnisse der Untersuchungen zusammen. Bei mangelnder eigener Qualifikation empfiehlt es sich, einen Berater aus dem Bereich M&A zur Hilfe zu nehmen. Beratungsunternehmen, die auf M&A spezialisiert sind, verfügen über ein gutes Informationsnetz und eigene Fachgebietsexperten.[453] Angesichts der Komplexität einer Due Diligence sollten Gutachter gewählt werden, die sich auf Unternehmensbewertung spezialisiert haben. Sie können ggf. weitere

---

[450] Vgl. Berens (2008) S. 130.
[451] Vgl. Berens (2008) S. 131 f.
[452] Vgl. Berens (2008) S. 134.
[453] Vgl. Lochmann (2007) S. 33.

Gutachter für spezielle Fragestellungen hinzuziehen. Neben der fachlichen Qualifikation sollte darauf geachtet werden, dass die Gutachter im Unternehmensumfeld und in der Branche glaubwürdig sind.[454]

Das Prüfungsprogramm und die einzelnen Analyseschwerpunkte (Teilreviews) sollten schriftlich fixiert werden. Für die verschiedenen Prüfungsbereiche – z.B. das interne und externe Rechnungswesen oder das Personalwesen – werden die beteiligten Mitarbeiter und Ansprechpartner benannt. Auf diese Weise sind alle Beteiligten über ihre Rolle in der Due Diligence und die Termine bis zur Fertigstellung der einzelnen Analysen informiert.[455]

Durchführungsphase einer Due Diligence

Nachdem die notwendigen Informationen über das Unternehmen zusammengestellt sind, die Analyseschwerpunkte (Teilreviews) und die Abfolge der Analyse festgelegt und die Zusammensetzung und Organisation des Due Diligence Teams bestimmt worden ist, werden die einzelnen Prüfungs- und Analyseschritte durchgeführt. Es werden erste Markterhebungen vorgenommen und die Jahresabschlüsse der Vergangenheit analysiert. Die Prüfung vor Ort beginnt meist mit einer Betriebsbegehung. Der Gutachter erhält einen ersten Eindruck von den technischen Gegebenheiten des Betriebs und macht Feststellungen zum Betriebsablauf, seiner Effektivität und zu organisatorischen Besonderheiten. Durch Gespräche mit dem Management, ausgewählten Geschäftspartnern und Mitarbeitern kann er weitere Informationen gewinnen. Die ständige Abstimmung mit den Auftraggebern sorgt für die Validität der Prüfungen. In der Schlussbesprechung mit der Geschäftsleitung werden wesentliche Feststellungen vorgetragen, um mögliche Fehlwahrnehmungen von Zusammenhängen auszuschließen.[456]

Bereits im Laufe der Due Diligence werden die Prüfungsergebnisse dokumentiert und kommuniziert. Hierzu dienen schriftliche Berichte, die der Leiter der Due Diligence und die Entscheidungsträger erhalten. Auf diese Weise kann der Projektverlauf überwacht und später nachvollzogen werden. Die Berichte sollten, wenn möglich, auch Lösungsvorschläge für aufgedeckte Schwachstellen enthalten.[457]

---

[454] Vgl. Koch (2009) S. 35 f.
[455] Vgl. Berens (2008) S. 161.
[456] Vgl. Koch (2009) S. 48 ff.
[457] Vgl. Berens (2008) S. 144 ff.

Der Umfang des Due Diligence Berichts ist abhängig von den Analyseschwerpunkten. Am häufigsten wird der Bereich Rechnungswesen und Steuern (94,7%) bearbeitet, gefolgt von den Bereichen Recht (89,8%), Strategie und Markt (84,9%) sowie Umwelt (43,6%).[458]

Ergebnisphase einer Due Diligence

Sind die relevanten Daten aufbereitet und vollständig erfasst, sind sie dem potenziellen Käufer vorzulegen und zu präsentieren. Ziel ist es, den Entscheidungsprozess transparent zu machen sowie die Entscheidung auf der Basis eines höchstmöglichen Informationsstandes zu treffen und die Bestimmungsfaktoren für die Nachvollziehbarkeit der Entscheidung darzulegen.[459]

Eine Zusammenfassung zu Beginn des umfangreichen Gutachtens gibt dem Auftraggeber einen schnellen Überblick über die zentralen Ergebnisse der Due Diligence. Ist der Unternehmenskauf oder Unternehmensverkauf im Rahmen der Unternehmensnachfolge genehmigt, kann auf der Grundlage der Projektdokumentation, welche die wesentlichen Schwachpunkte, ungeklärte Sachverhalte und Risiken der Transaktion enthält, der Vertrag mit den Garantieregelungen und Kaufpreisbestimmungen ausgearbeitet werden. Sollte es nach dem Eigentumsübergang zu Rechtsstreitigkeiten kommen, obwohl zum Zeitpunkt des Kaufvertrages der Käufer über Mängel des Kaufobjektes informiert war, können der Prüfbericht als auch die Projektdokumentation zu Beweis- und Rekonstruktionszwecken dienen. Die Due Diligence muss bestimmten Grundsätzen genügen, die insbesondere im Abschlussbericht und in der Anlassdokumentation zum Ausdruck kommen. Dies dient auch der Entlastung des Prüfers, Beraters oder Sachverständigen. Die Grundsätze dieser Exkulpation sind:

Rechtzeitigkeit: Zu spät erfolgte Dokumentation oder Berichterstattung hat keinen oder nur einen geringen Informationswert. Die Ergebnisse können nicht rechtzeitig in den Entscheidungsprozess eingehen. So werden z.B. Dealbreaker nicht so schnell wie möglich erkannt.

Vollständigkeit: Die Dokumentation muss über alle für die Entscheidungsfindung relevanten Sachverhalte berichten. Es ist umfassend darzulegen.

---

[458] Vgl. Berens (2008) S. 144 ff.
[459] Vgl. Berens (2008) S. 178.

Präzision, Klarheit und Wahrheit: Hinsichtlich der formalen Ausarbeitung ist auf Verständlichkeit, insbesondere auf die Präzision und Klarheit der Informationen sowie auf deren Wahrheitsgehalt zu achten. Für die Kaufentscheidung sind nur fundierte Informationen relevant die sich die Entscheidungsträger ohne Sendeverluste aneignen können.[460]

9.2.2 Analyseschwerpunkte der Due Diligence – Teilreviews

Eine Due Diligence soll alle Teile des Unternehmens umfassen. In der Praxis hat es sich bewährt, Schwerpunkte zu bilden und Teilreviews durchzuführen. Diese Teilreviews ergeben abschließend ein Gesamtbild des zu bewertenden Unternehmens. Im Detail betrachtet werden die wirtschaftliche, die technische, die organisatorische, die psychologische, die rechtliche, die finanzielle und die steuerliche Situation.

9.2.2.1 Wirtschaftliche Due Diligence

Gegenstand einer wirtschaftlichen Due Diligence ist die Analyse des für das Unternehmen relevanten Marktes und Wettbewerbs. Auf diesen elementaren Teil der Due Diligence kann nur verzichtet werden, wenn der Auftraggeber selbst über umfassende Kenntnisse des betreffenden Marktes und der Wettbewerber verfügt.[461] Dies kann z.B. bei horizontalen M & A der Fall sein, d.h. wenn sich Unternehmen der gleichen Branche und Produktionsstufe zusammenschließen.[462] Ein Beispiel für einen solchen Zusammenschluss war 1999 die Fusion von der Krupp Stahl AG und der Thyssen Stahl AG zu der heutigen Thyssen Krupp Stahl AG.[463]

Aus der Sicht der potenziellen Unternehmensnachfolge interessiert insbesondere, welches Absatzrisiko und welche Innovationskraft das Zielunternehmen in der Zukunft aufweist, um damit die Plausibilität der Umsatz- und Gewinnprognosen zu prüfen und aufzuzeigen, inwieweit das Unternehmen in der Lage ist, die derzeitige Position im Markt zu halten oder auszubauen. Zur Bestimmung der Struktur und des Leistungsprogramms des Unternehmens im Verhältnis zur Branche müssen die Faktoren, die dem Wettbewerb zugrunde liegen, identifiziert werden.[464]

---

[460] Vgl. Berens (2008) S. 178.
[461] Vgl. Koch (2009) S. 57 ff.
[462] Vgl. Macharzina/ Wolf: Unternehmensführung, S. 696.
[463] Vgl. ThyssenKrupp (2010) krupp-ag: konzerngeschichte.
[464] Vgl. Berens (2008) S. 158.

Die Methodik bei der Analyse der Branche wird durch fünf Wettbewerbskriterien determiniert (Five Competitive Forces):

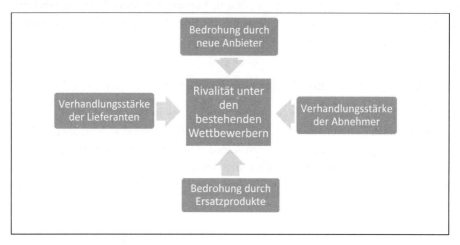

Abbildung 9.5: Fünf-Kräfte-Modell
Quelle: Eigene Darstellung in Anlehnung an Porter (2010)

Nachdem die elementaren Faktoren der *Intensität des Wettbewerbs einer Branche* bestimmt wurden, muss die Position des Zielunternehmens innerhalb der Branche ermittelt werden. Auskunft darüber gibt das u.a. aktuelle Leistungsprogramm. Die weitere Analyse beleuchtet nunmehr die Art und Qualität, die Preise und Preisdifferenzierung der angebotenen Produkte sowie ihre Marktanteile und ihre aktuelle Stellung im Produktlebenszyklus. Wenn ein Unternehmen übernommen wurde, welches im Produktportfolio hohe Einzahlungsüberschüsse hat, erwirbt der Nachfolger auch einen möglichen Ertragsverfall.[465] Insbesondere aus der Sicht der *Abnehmer* ist das Image des Unternehmens, der Produkte sowie die Markentreue und Kundenzufriedenheit im Markt zu beurteilen.[466] Zur Beurteilung des Portfolios kann eine Ansoff-Matrix, wie in der nachfolgenden Abbildung, verwendet werden.

---

[465] Vgl. Berens (2008) S. 159.
[466] Vgl. Berens (2008) S. 158.

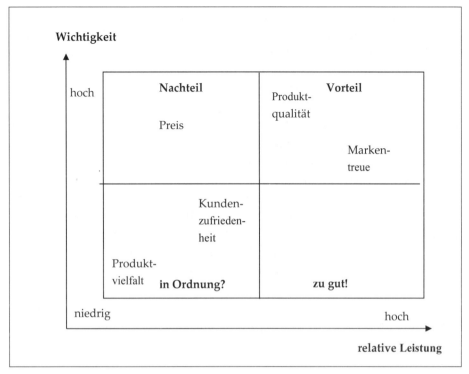

Abbildung 9.6: Wettbewerbsvorteilsmatrix
Quelle: Eigene Darstellung in Anlehnung an Macharzina (2005) S. 366

Im Idealfall werden hohe Leistungen seitens des Unternehmens (in Relation zum Wettbewerb) von den Marktnachfragern honoriert. Zu beurteilen ist, ob das Zielunternehmen ökonomisch sinnvoll arbeitet, ob es im Sinne von Effektivität das Richtige unternimmt und dies im Sinne von Effizienz auch richtig umsetzt.

9.2.2.2 Technisch-kommerzielle Due Diligence

Für den Begriff Technik existieren unterschiedliche Definitionen. Eine in diesem Zusammenhang geeignete Beschreibung ist: „(...) jede planvolle, zielgerichtete Vorgehensweise, die Natur dem Menschen nutzbar zu machen oder einen industriellen Wert zu schaffen (...)."[467]

Im Rahmen der technisch-kommerziellen Due-Diligence werden folglich die technische Ausstattung, der Zustand der Betriebsstätten, die Güte der eingesetz-

---

[467] Eigene Übersetzung ins Deutsche aus: The Chambers Dictionary in Röh: mir – Management International Review, S. 44.

ten Produktionsfaktoren und deren Allokation sowie die Fertigungsprozesse geprüft. Ziel ist es, die Plausibilität zwischen Buchwerten einerseits und Substanz- oder Ertragswerten andererseits zu prüfen. Weiterhin soll aufgezeigt werden, ob die Produktionsprozesse effizient und störungsfrei ablaufen und wie hoch das Innovations- und Synergiepotenzial ist.[468]

Der außerordentliche Nutzen der technisch-kommerziellen Due Diligence liegt in der integrierten Analyse von technologischen und wirtschaftlichen Aspekten, bei der sowohl prognostizierte Marktentwicklungen und Kostenstrukturen als auch die technologischen Ressourcen und Fertigungskapazitäten der Unternehmen betrachtet werden. Dabei ist es die Aufgabe dieser Due Diligence Form, die technische Zukunft des Zielunternehmens zu beleuchten. Basierend auf diesen Analysen soll die mögliche Wertentwicklung des Investitionsobjektes aufgezeigt werden. Dies beinhaltet die Bewertung leistungswirtschaftlicher Risiken, kann aber auch den Aufbau von möglichen Exit-Szenarien bedeuten.[469]

Die im Rahmen der technisch-kommerziellen Due Diligence formulierten Hypothesen müssen geeignet sein, durch Bestätigung oder Verwerfung wertende Aussagen zu der geplanten Unternehmensnachfolge oder der Unternehmensakquisition zu treffen. Auf der Basis der getroffenen Hypothesen wird eine detaillierte Vorgehensweise zur Bearbeitung festgelegt. Mithilfe eines konsequenten Projektmanagements werden sowohl die Methodik, der Bezug zu Informationsquellen, als auch die Verantwortlichkeiten festgelegt.[470]

Um ein zielgerichtetes Vorgehen bei der technisch kommerziellen Due Diligence zu ermöglichen, sind die Analysebereiche wie folgt zu strukturieren:

---

[468] Vgl. Berens (2008) S. 160.
[469] Vgl. Berens (2008) S. 589.
[470] Vgl. Schuh (2008) S. 592.

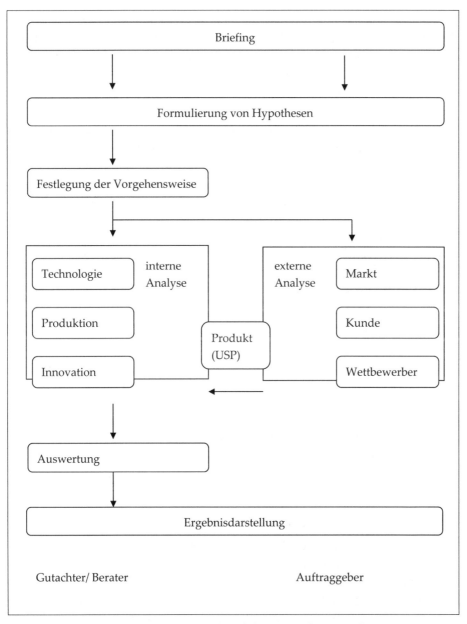

Abbildung 9.7: Vorgehensweise bei einer technisch-kommerziellen Due Diligence
Quelle: Eigene Darstellung in Anlehnung an Berens (2008) S. 591 f.

Die interne und externe Analyse der einzelnen Teilbereiche erfolgt in diesem Analyseschwerpunkt immer aus der speziellen Sicht der technisch-kommerziellen Due Diligence. Aus diesem Blickwinkel wird das Technologiepotenzial eines Unternehmens vor allem durch das tatsächliche Marktpotenzial der wichtigsten Kerntechnologien des Unternehmens determiniert. Insbesondere soll die Frage beantwortet werden, inwieweit die vorhandene oder durch Synergien erreichbare Technologie in einem gegenwärtigen Markt, z.B. als Produkttechnologie in Investitionsgütern, zum Einsatz kommen kann. Dabei ist zu berücksichtigen, ob die theoretischen Möglichkeiten dem tatsächlich umsetzbaren Marktpotenzial einer Technologie entsprechen. Faktoren wie unerwartete Leistungsverbesserungen der Vorgängertechnologie oder auftretende Schwierigkeiten bei der Umsetzung einer neuen Technologie, wie z.B. die Einführung der UMTS-Technologie, lassen sich nur schwer quantifizieren und somit auch nur vage bewerten. Umso wichtiger ist es, diese bei der Bewertung von Technologien qualitativ zu berücksichtigen.[471]

Um erste Eindrücke und augenfällige Sacherhalte aufnehmen zu können, sollte zu Beginn der technisch-kommerziellen Due Diligence eine Betriebsbesichtigung vorgenommen werden. Mit der Unterstützung durch sachverständige Mitarbeiter des Zielunternehmens können u.a. Erkenntnisse zu der Produktivität und der sie bestimmenden Faktoren wie Maschinenpark, Material- und Produktionsfluss, Organisation der Fertigungssteuerung, Integration und Art der Lagerwirtschaft sowie Qualitätskontrolle. gewonnen werden.[472] Zur Bewertung der Effizienz des Produktionsbereiches eines Unternehmens kann, bestehend aus folgenden elf Kategorien, die Rapid Plant Assessment (RPA)-Methode eingesetzt werden.

1. Kundenzufriedenheit,
2. Sicherheit, Umwelt, Sauberkeit, Ordnung,
3. Optisches Managementsystem,
4. Planungssysteme,
5. Raumnutzung, Materiallogistik und Produktionsfluss,
6. Lagerbestände und Arbeitsablauf,
7. Teamarbeit und Motivation,
8. Zustand und Wartung von Ausrüstung und Maschinen,
9. Umgang mit Komplexität und Vielfalt,
10. Integration der Zulieferer,
11. Einsatz für Qualität.[473]

Bei der Bewertung der Forschungs- und Entwicklungsbereiche (F&E) gilt es, die nachhaltige Innovationsfähigkeit des Unternehmens zu bewerten. Es soll analy-

---

[471] Vgl. Schuh (2008) S. 593 ff.
[472] Vgl. Humpert: Unternehmensakquisition, S. 30 ff.
[473] Vgl. Heise (2010) S. 180 ff.

siert werden, ob das Unternehmen mit den vorhandenen Ressourcen und Strukturen fähig ist, erfolgreiche Produkte und Technologien zu entwickeln. Die Integration von Zulieferern in den Produktionsentwicklungsprozess, ein ausgewogenes F&E-Projektportfolio, Transparenz und Flexibilität der Projektdurchführung sowie das Vorhandensein von Kernkompetenzen erhalten im Rahmen der Bewertung besonderes Gewicht.[474]

9.2.2.3 Organisatorische Due Diligence

Die organisatorische Due Diligence bewertet die Organisation der Betriebsabläufe, den Zustand des Rechnungswesens, des Berichtswesens, bei Bedarf auch des Controllings und des internen Kontrollsystems.[475]

Ziel der organisatorischen Due Diligence ist es, die Wirtschaftlichkeit der Organisation zu ermitteln. Zunächst wird geprüft, ob die Aufbauorganisation Art, Größe und Zweck des Unternehmens entspricht, also keine personelle Über- oder Unterbesetzung in bestimmten Bereichen besteht. Die Ablauforganisation wird hinsichtlich ihrer zeitlichen, räumlichen und sachlichen Zuordnung der Arbeitsprozesse sowie der Koordination der Teilaufgaben zu Arbeitsabläufen bewertet. Es wird ermittelt, inwieweit die internen Abläufe überwacht werden und ob klare organisatorische Zuständigkeiten definiert sind. Wichtig ist die Prüfung der Organisation der Zielgesellschaft an der Schnittstelle zwischen betriebswirtschaftlicher Zweckmäßigkeit und den Anforderungen in zivil-, straf- und verwaltungsrechtlicher Hinsicht. Dies beinhaltet auch Auflagen des Umweltschutzes und des Produkthaftungsrechts.[476]

Im Falle einer Zusammenführung zweier Unternehmen gibt die organisatorische Due Diligence nicht nur Auskunft über die Verwaltungsstrukturen des Zielunternehmens, sondern auch über deren unterschiedlichen Unternehmenskulturen, die eine Fusion erschweren oder sogar verhindern könnten.[477]

Als wesentliche Teile der Organisation müssen die Bereiche Rechnungswesen und Controlling ein aussagekräftiges und zeitnahes Reporting zur Entwicklung des Unternehmens garantieren. Sämtliche Geschäftsvorfälle müssen durch die

---

[474] Vgl. Schuh (2008) S. 596.
[475] Vgl. Lochmann (2007) S.44.
[476] Vgl. Berens (2008) S. 154.
[477] Vgl. Koch (2009) S. 86.

Buchhaltung verbucht und eine Überwachung der Aktiva und Passiva gewährleistet werden.[478]

Darüber hinaus ist die Struktur der Informationstechnologie des Unternehmens aufgrund eines außerordentlichen Bezugs zum organisatorischen Unternehmensaufbau im Rahmen der organisatorischen Due Diligence besonders zu bewerten. Sie spielen, differenziert nach Art und Umfang des Zielunternehmens, nahezu in alle Bereiche der operativen, taktischen und strategischen Ausrichtung hinein. Die informationstechnische Unterstützung muss sowohl den internen, als auch den externen Anforderungen des Unternehmens genügen und zudem den Standards der Branche entsprechen, um überhöhten zeitlichen und finanziellen Aufwand zu vermeiden. Im Zeitalter einer umfassenden Vernetzung der Wirtschaft verwenden Unternehmen überwiegend Enterprise Resource Planning (ERP)-Systeme. Das ist ein aus mehreren Komponenten bestehendes integriertes Softwarepaket, das die operativen Prozesse in allen wesentlichen betrieblichen Funktionsbereichen (u.a. Finanz-, Rechnungswesen, Personalwirtschaft, Materialwirtschaft, Produktion, Vertrieb) unterstützt. Die Integration wird dabei von einer zentralen Datenbank getragen, wodurch Datenredundanzen vermieden und integrierte Geschäftsprozesse ermöglicht werden. Dabei unterstützen E-Business-Systeme die betrieblichen Leistungsprozesse und die betriebsübergreifende Koordination sowie Kooperation, z.B. durch Customer-Relationship-, Supply-Chain-, oder durch elektronische Marktsysteme. Die Geschäftsabwicklung mit Dritten, Privatkunden, Geschäftskunden und Lieferanten erfolgt durch die Nutzung des Internets. Der direkte Zugang von Mitarbeitern und Marktpartnern wird durch Internetportale ermöglicht.[479]

Auch die Einkaufs- und Vertriebsabteilungen sind Schlüsselpositionen im Unternehmen, die einer eingehenden Prüfung unterzogen werden sollten. Die Aufgabe der Einkaufsabteilung ist es, dafür zu sorgen, dass erforderliche Hilfs-, Betriebs- und Rohstoffe und die Vorprodukte zur rechten Zeit in ausreichender Menge und zu marktgerechten Preisen zur Verfügung stehen. Der Vertrieb muss einen effektiven Absatz der Produkte und Dienstleistungen unter Einsatz entsprechender Marketingmaßnahmen sicherstellen. Alle Abteilungen des Zielunternehmens sollen aufgrund organisatorischer Vorgaben miteinander kommunizieren und Informationsdefizite vermeiden. Darüber hinaus sollte die Organisation des Unter-

---

[478] Vgl. Koch (2009) S. 94.
[479] Vgl. Hansen (2009) S. 528 ff.

nehmens ein internes Kontrollsystem vorsehen, welches sicherstellt, dass Anweisungen der Unternehmensleitung befolgt werden.[480]

9.2.2.4 Psychologische Due Diligence

Im Rahmen der psychologischen Due Diligence, bei der es inhaltlich um Personalangelegenheiten geht, erfolgt eine Einschätzung der Leistungsfähigkeit, Flexibilität und Motivation der Mitarbeiter sowie der von ihnen gelebten Unternehmenskultur.[481] Sie setzt sich zusammen aus der personellen sowie der unternehmenskulturellen Due Diligence.

Die personelle Due Diligence betrachtet in erster Linie zukunftsorientiert die personellen Kompetenzen durch das Aufzeigen von Entwicklungen und die Ursachenermittlung. Eine Beschränkung der Planung auf Basis vergangenheitsbezogener Daten erfolgt i.d.R. nicht. Ebenso wie das Personalcontrolling gewinnt die personelle Due Diligence durch den Vergleich von Ist-, Plan- und Soll-Informationen, welche die Bewertung personalwirtschaftlicher Strukturen und Prozesse möglich machen, an Bedeutung. Zum Instrumentarium der Datenerhebung zählen die Personalstatistik, Personalplanung und Zielsetzung. Zum Instrumentarium der Datenauswertung zählen die Trendverfahren, Zielvereinbarungen, die Balanced Scorecard, ursachenanalytische Verfahren, das Benchmarking und das personalwirtschaftliche Rechnungswesen.

Aus der Perspektive der Unternehmensnachfolge lassen sich, mit Blick auf die in Zukunft benötigten individuellen Kompetenzen, Engpass-, Anpassungs-, Motivations- und Austrittsrisiken differenzieren.[482] Aktuelle Personalentwicklungs- und Beurteilungsmodelle orientieren sich am Konzept der Kompetenzen.[483] Diese präzisieren ein fähigkeitsorientiertes Können, Wissen oder Wollen einer Person in einem bestimmten, eng umgrenzten Tätigkeits- oder Funktionsbereich.[484] Als wichtigste Kompetenzklassen lassen sich personale, aktivitäts- und umsetzungsorientierte, fachlich-methodische sowie sozial-kommunikative Kompetenzen definieren.[485] Je nach Betrachtungsweise werden darunter individuelle Fähigkeiten, Fertigkeiten, Wissen, Ziele, Verhaltensweisen, Ergebnisse, Outputs etc. verstan-

---

[480] Vgl. Koch (2007) S. 94.
[481] Vgl. Lochmann (2007) S. 47.
[482] Vgl. Aldering (2008) S. 523.
[483] Vgl. Erpenbeck (2003) S. XVII.
[484] Vgl. Aldering (2008) S. 524.
[485] Vgl. Erpenbeck (2003) S. XVII.

den. Insbesondere die Beurteilung des Kompetenzpotenzials nach erfolgter Unternehmensnachfolge unter Berücksichtigung des Akquisitions- und Integrationsprozesses spiegelt den eigentlichen Erfolg der personellen Due Diligence wieder. Die Kompetenzbewertung orientiert sich an vorhandenen Fähigkeiten, eine Potenzialbeurteilung richtet sich an zukünftig notwendigen Kompetenzen aus. Wesentlich zur Potenzialfeststellung ist die Identifikation und Bewertung der Determinanten, die noch entwickelbare und entfaltbare Potenziale beeinflussen. Dies sind insbesondere Motivationsfaktoren sowie einstellungsbeeinflussende Kriterien, Flexibilität, individuelle Lernfähigkeit und Lernbereitschaft.[486]

In der Literatur und Praxis werden unterschiedlichste Methoden zur Kompetenz- und Potenzialbewertung diskutiert. Die im Rahmen der personellen Due Diligence am häufigsten verwandten Methoden sind:

- Manager-Präsentationen,
- Einzel-Assessment,
- Management Audits oder Management Appraisals,
- Mitarbeiterbefragungen.[487]

Bei der unternehmenskulturellen Due Diligence, der zweiten Form der psychologischen Due Diligence, erfolgt eine umfassende Analyse und Bewertung der Unternehmenskultur.[488] „Kultur ist wichtig, denn die starken, latenten und oft unbewussten kulturellen Kräfte bestimmen individuell wie kollektiv Verhalten, Denkmuster und Werte. Unternehmenskultur ist wichtig, weil kulturelle Elemente Strategien, Ziele und Funktionsweisen bestimmen."[489]

Ziel der unternehmenskulturellen Due Diligence ist es, zu bewerten, ob die Unternehmenskultur des Bewertungsobjektes bei dem schnellen Wandel, dem Unternehmen, Produkte, Produktionsverfahren und Normen heute oft unterliegen, einen Kern von Überzeugungen und Identifikation bewahrt, der trotz dieser Änderungen relativ stabil bleibt.[490] Diese Stabilität kann sich für die Unternehmensnachfolge sowohl positiv als auch negativ auswirken. Positiv ist die Stabilität, wenn die Unternehmenskultur intakt ist, da sie Rückschlüsse auf die dauerhafte Funktions- und Entwicklungsfähigkeit zulässt. Negativ wirkt sie, wenn sich

---

[486] Vgl. Aldering (2008) S. 526.
[487] Vgl. Yuhl (2008) S. 380 ff.
[488] Vgl. Högemann (2011) S. 561.
[489] Vgl. Schein (2008) S. 29.
[490] Vgl. Wächter (1990) S. 114 ff.

Schwächen in der Unternehmenskultur zeigen und diese im Rahmen des Eigentümerwechsels behoben werden sollen.[491]

Etablierte Instrumente einer unternehmenskulturellen Due Diligence sind die „Allgemeine Kulturanalyse", das „Organizational Cultural Inventory (OCI)" sowie die „Gruppendiskussion" nach Schein. Bei allgemeinen Kulturanalysen erfolgt die Erhebung teils quantitativ und teils qualitativ. Die spezifischen Analyseinhalte richten sich meist an einer definierten Soll-Kultur aus. Regelmäßig werden die Unternehmensstrategie, gelebte Werte, Kommunikations- und Informationsverhalten, Entscheidungsverhalten, Arbeitsstil, Zusammenarbeit im Unternehmen, Flexibilität, Internationalität und Führungsverhalten hinterfragt.[492]

Das OCI gehört mit 120 standardisierten Fragen, die sich inhaltlich auf zwölf unterschiedliche, aber miteinander korrespondierende Verhaltensbereiche verteilen, den quantitativen Verfahren an. Diese sind Menschlichkeit und Mitarbeiterorientierung, Anschluss und Beziehungsorientierung, Zustimmung, Konvention, Abhängigkeit, Ausweichverhalten oder Vermeidung, Oppositions- oder Konfliktverhalten, Macht, Wettbewerb, Perfektion sowie Leistung und Selbstverwirklichung. Die Befragung in den verschiedensten Hierarchiestufen des Zielunternehmens erfolgt anonymisiert.[493] Die Gruppendiskussion repräsentiert einen qualitativ-hermeneutischen Untersuchungsansatz. Auf der Basis eines Drei-Ebenen-Kulturverständnisses werden die einzelnen Ebenen einer Kultur zugeordnet und versucht deren Beziehungen zueinander zu klären. Die Unternehmenskultur wird in Oberflächenphänomene und darunter liegende organisationale Prämissen untergliedert, die sich dem Prüfer nur durch Interpretation der Befragung erschließen. Differenziert werden in diesem Modell die drei Ebenen Artefakte (auch Machwerke), Werte und Prämissen (Grundannahmen) nach deren unterschiedlichen Grad an Sichtbarkeit.[494]

---

[491] Vgl. Berens (2008) S. 153.
[492] Vgl. Wucknitz (2002) S. 169.
[493] Vgl. Högemann (2011) S. 555.
[494] Vgl. Zielowski (2006) S. 64.

9. Prüfung des Unternehmens

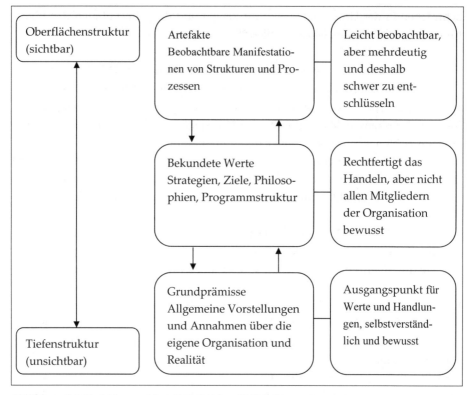

Abbildung 9.8: Drei-Ebenen-Modell nach Edgar H. Schein
Quelle: Eigene Darstellung in Anlehnung an Hedden (2008) S. 39

Die Gruppeninterviews setzen meist auf der zweiten Ebene an. Abschließend werden dann die der spezifischen Unternehmenskultur zugrunde liegenden Basisüberzeugungen und Grundannahmen im Rahmen einer Diskussionsphase analytisch aufbereitet und erfasst.[495]

Eine Vielzahl empirischer Untersuchungen hat die besondere Bedeutung der Post Merger Integration für die langfristige Erfolgsfähigkeit von Unternehmensübernahmen herausgestellt.[496] Die im Rahmen einer unternehmenskulturellen Due Diligence gewonnenen Erkenntnisse sollten die Grundlage eines möglichen Integrationsprozesses bilden. Sie können irrationalen Befürchtungen, die sich gerade in der Post Merger Phase destruktiv auswirken, entgegenwirken.[497]

---

[495] Vgl. Högemann (2008) S. 557.
[496] Vgl. Morosoni (2001a) (2001b) S. 522 f.;(2002); Jansen (2000) S. 136 ff.; Dicken (2000) S. 361.
[497] Vgl. Wiechell (2001) S. 374 ff.

9.2.2.5 Rechtliche Due Diligence

Die rechtliche Due Diligence geht der Frage nach, ob die Unternehmenstätigkeit im Hinblick auf die internen und externen Rechtsstrukturen einwandfrei begründet ist und ausgeübt wird. Es wird geprüft, welchen offenen und versteckten Bestands- und Haftungsrisiken das Zielunternehmen ausgesetzt ist. Weiter wird die wettbewerbsrechtliche Situation bewertet.[498] Die Erlaubnis zur rechtlichen Due Diligence erfolgt durch das Zielunternehmen. Um existenziellen Schaden oder zukünftige Wettbewerbsnachteile abzuwehren, können nur weitgehend unbelastete Unterlagen präsentiert werden. Selbst wenn eine Verschwiegenheitserklärung unterschrieben wurde, stehen den Auftraggebern der Due Diligence substanzielle Informationen auch dann weiterhin zur Verfügung, wenn sie sich gegen den Unternehmenskauf entschieden haben.[499]

Spiegelbildlich zur Frage der Erlaubnis, insbesondere bei einer rechtlichen Due Diligence, könnte die Geschäftsleitung des akquirierenden Unternehmens bei einer anstehenden Unternehmensübernahme verpflichtet sein, eine Due Diligence durchzuführen. Der Vorstand einer AG hat einen weitgehenden unternehmerischen Spielraum, muss aber die Sorgfalt eines ordentlichen und gewissenhaften Geschäftsleiters beachten.[500] Das gilt ebenfalls für den Geschäftsführer einer GmbH.[501] Der Erwerb eines Unternehmens ist regelmäßig mit einer umfangreichen Ressourcenbindung verbunden. Da die Due Diligence bei einer Unternehmensnachfolge oder Unternehmensakquisition gängige Praxis ist, begründet der Unternehmenserwerb ohne vorher durchgeführte Due Diligence in aller Regel eine Pflichtverletzung der Geschäftsleitung der Erwerbergesellschaft.[502]

In Bezug auf den nicht unwesentlichen Gesichtspunkt der Gewährleistungen kann es für das Zielunternehmen im Rahmen der Unternehmensnachfolge, bei allen berechtigten Vorbehalten, interessant sein, einer umfassenden rechtlichen Due Diligence zuzustimmen. Die rechtliche Überprüfung des Zielunternehmens kann dieses vor Gewährleistungsansprüchen nach erfolgtem Verkauf schützen. Gewährleistungsansprüche, die dem Erwerber aufgrund einer vorausgegangenen Due Diligence bei der Kaufentscheidung bekannt waren, werden für solche Umstände ausgeschlossen.[503]

---

[498] Vgl. Berens (2008) S. IX f.
[499] Vgl. Fritzsche (2008) S. 460 ff.
[500] Vgl. § 93 Abs. 1 AktG.
[501] Vgl. § 43 Abs. 1 GmbHG.
[502] Vgl. Kiethe (1999) S. 976 ff.; Holzapfel (2003) Rn. 17.
[503] Vgl. Fritzsche (2008) S. 462.

Die rechtliche Due Diligence umfasst auch die Analyse der Rechtsform einer Gesellschaft. Dabei werden insbesondere die handelsrechtlichen Formalien, wie Handelsregisterauszüge, Gesellschafterverträge oder Satzungen sowie unternehmensrechtliche Verträge wie Beherrschungs-, Gewinnabführungs- oder Organschaftsverträge geprüft. Darüber hinaus spielt auch die Durchsicht aller Verträge, die mit der Geschäftsführung oder den Vorständen einer AG geschlossen wurden auf Inhalt, Dauer und Ruhegeldzusagen sowie die Überprüfung etwaiger Bonussysteme, eine große Rolle.[504] In diesem Zusammenhang sei auf den Corporate Governance Kodex (DCGK) und das den DCGK untermauernde Gesetz zur Kontrolle und Transparenz im Unternehmensbereich (KonTraG) verwiesen: „Der vorliegende Deutsche Corporate Governance Kodex stellt wesentliche gesetzliche Vorschriften zur Leitung und Überwachung deutscher Gesellschaften (Unternehmensführung) dar und enthält international und national anerkannte Standards guter und verantwortungsvoller Unternehmensführung."[505]

Die Überprüfung der arbeitsrechtlichen Situation erfolgt anhand von Tarifverträgen, Betriebsvereinbarungen und den einzelnen arbeitsvertraglichen Regelungen. Auch hier sind übergreifende Regelungen, wie Pensionsvereinbarungen, Unterstützungskassen, Bonus- und Zulagensysteme und Mitarbeiterbeteiligungen von Bedeutung.[506] Besonderes Augenmerk sollte hier der Frage nach abgeschlossenen, anhängigen, oder drohenden Rechtsstreitigkeiten mit Arbeitnehmern oder dem Betriebsrat gelten. Sie lassen nicht nur einen Ausblick auf Kostenstrukturen zu, sondern geben auch Auskunft über das Klima, das im Unternehmen herrscht.[507]

Die rechtliche Due Diligence umfasst weiter die Sichtung und Bewertung aller vertraglichen Beziehungen mit Kunden, Lieferanten, Vermietern oder Verpächtern. Von besonderer Bedeutung ist darüber hinaus, in welchem Umfang dem Unternehmen Schutzrechte, Lizenzen und Patente zur Verfügung gestellt, oder vom Unternehmen anderen zur Verfügung gestellt werden. Weiter müssen die Risiken aus anhängigen oder drohenden Rechtsstreitigkeiten überprüft werden und inwieweit dafür Rückstellungen in der Bilanz gebildet wurden.[508]

---

[504] Vgl. Niewiarra: Unternehmenskauf, S. 46 f.
[505] Regierungskommission Deutscher Corporate Governance Kodex: Präambel des Deutschen Corporate Governance Kodex (i.d.F. vom 26. Mai 2010), S. 2.
[506] Vgl. Niewiarra: Unternehmenskauf, S. 47.
[507] Vgl. Fritzsche/ Griese: Legal Due Diligence, S. 470 f.
[508] Vgl. Niewiarra: Unternehmenskauf, S. 47.

Die rechtliche Due Diligence kann je nach Unternehmensgröße, Branche, nach Kooperationsbreite oder sozialer-, öffentlich-rechtlicher Verantwortung, nationaler oder internationaler Aufstellung sehr umfangreich werden. Die hier dargestellten Bereiche stellen die Kernpunkte der rechtlichen Überprüfung bei der Unternehmensnachfolge dar. Es wird unbedingt empfohlen, die Sichtung der Unterlagen und Überprüfung der Rechtsverbindlichkeit des Zielunternehmens gemeinsam mit internen und externen Experten der jeweiligen Fachbereiche vorzunehmen.

9.2.2.6 Finanzielle Due Diligence

Die finanzielle Due Diligence wird mit dem Ziel durchgeführt, die Vermögens-, Finanz- und Ertragslage genau zu durchleuchten. Besondere Bedeutung hat die Ermittlung der erwirtschafteten Gewinne und Cashflows der letzten Jahre für die Kaufentscheidung und die spätere Bestimmung des Kaufpreises.[509]

Mit einzubeziehen sind alle relevanten Gesichtspunkte monetärer Art. Darunter fallen auch die finanzwirtschaftlichen Geldströme, die durch die Unternehmenstransaktion selbst veranlasst werden. Für den Käufer ist es wichtig, ob die Finanzkraft des Unternehmens für die zukünftige Geschäftstätigkeit ausreicht, ob es Liquiditätsüberschüsse gibt oder ob Kapital zugeführt werden muss. Diese Kriterien haben Einfluss auf das Transaktionsvolumen, was wiederum den Kaufpreis maßgeblich beeinflusst.[510] In die finanzielle Due Diligence ist weiterhin die Identifikation möglicher finanzwirtschaftlicher Risiken, die im Rahmen der Unternehmensnachfolge zu einem unerwarteten Liquiditätsabfluss, oder einer plötzlich auftretenden Finanzierungslücke führen könnten, mit einzubeziehen. Diese könnten z.B. aus Nachzahlungsverpflichtungen, Haftungsverpflichtungen, oder dem plötzlichen Ausfall eines Großkredites entstehen. Ein seltenes, aber im Eintrittsfall signifikantes Risiko stellen bestimmte Garantieverpflichtungen (auch Contingent Liabilities) dar.[511]

Die finanzielle Historie des Zielunternehmens wird üblicherweise anhand der letzten drei Jahresabschlüsse sowie dem zum Zeitpunkt der Due Diligence laufendem Geschäftsjahr bis zum letzten Monatsabschluss (BAB) geprüft. Die Umsatzentwicklung wird über einen Zeitraum von zehn Jahren betrachtet. Die Ver-

---

[509] Vgl. Lochmann: So übernehmen Sie ein Unternehmen S. 41.
[510] Vgl. Brauner (2008) S. 399 f.
[511] Vgl. Tiedt (2010) S. 610.

gangenheitsanalyse dient dazu, Erkenntnisse für die Zukunft zu erlangen und die Planergebnisrechnung des Unternehmens auf Plausibilität zu überprüfen.[512]

Durch die Darstellung einer langfristigen Entwicklung im Rahmen der finanziellen Due Diligence wird die kurzfristige Schwankungsbreite relativiert. Die Jahresergebnisse sollten von allen außerordentlichen und aperiodischen Einflüssen bereinigt werden. Dazu gehören außerordentliche Erträge und Aufwendungen, langfristige Investitionsprozesse sowie nicht betriebsnotwendige Ergebnisse, wie sie z.B. für Grundstücke, die nicht mit dem Unternehmensgegenstand zusammenhängen, anfallen. Außerdem sollten Abschreibungen auf die tatsächliche und nicht auf die steuerrechtliche Nutzungsdauer abgestellt werden. Erträge und Aufwendungen, die nicht in der Ergebnisrechnung berücksichtigt wurden, sind fiktiv zu berechnen. In KMU kann das z.B. der Unternehmerlohn des ohne Gehalt in seinem Unternehmen tätigen Gesellschafters sein. Zurückliegende Umstrukturierungsaufwendungen sind zu eliminieren, wenn in der Zukunft keine weiteren Aufwendungen erwartet werden. Durch die Bereinigung der Jahresabschlussergebnisse wird die Vergleichbarkeit der Ergebnisse verbessert und ermöglicht somit eine genauere Aussage über die zukünftige Unternehmensentwicklung.[513]

Im Rahmen der finanziellen Due Diligence werden insbesondere Zahlungsströme bewertet. Weder die statische, bestandsorientierte Bilanz, noch die GuV, die zwar Stromgrößen enthält, aber auch nicht zahlungswirksame Bestandteile ausweist, eignen sich hierzu ausschließlich. Als Analysegrundlage lassen sich für die Vermögenslage generell die Bilanz, für die Finanzlage die Kapitalflussrechnung und für die Ertragslage die GuV anführen.[514] In der Kapitalflussrechnung werden die periodenspezifische Herkunft und Verwendung aller liquiditätswirksamen Mittel abgebildet. Sie ist Pflichtbestandteil des Jahresabschlusses nach International Financial Reporting Standards (IFRS) und United States Generally Accepted Accounting Principles (US-GAAP) sowie des HGB-Konzernabschlusses. Die Kapitalflussrechnung ist wesentlich detaillierter als die Erfassung der Zahlungsströme in der Finanzbuchhaltung und dient der Sicherstellung einer zu jeder Zeit ausreichenden Liquidität des Unternehmens. Sie gibt Aufschluss über die tatsächliche Finanzlage des Unternehmens, indem sie die Zahlungsströme in einen Cashflow aus laufender Tätigkeit, Investitionstätigkeit und Finanzierungstätigkeit aufteilt.[515] Insgesamt ist die bisherige Finanzorganisation des Zielunternehmens zu bewer-

---

[512] Vgl. Brebeck (2008) S. 381 f.
[513] Vgl. Koch: Praktiker-Handbuch Due Diligence S. 124 ff.
[514] Vgl. Brauner (2008) S. 400 f.
[515] Vgl. Weber (2006) S. 109 ff.

ten und damit einhergehend die Qualität der computergestützten Managementsysteme. Eine Übersicht über die Inhalte, Instrumente und Ziele der finanziellen Due Diligence gibt die folgende Abbildung:

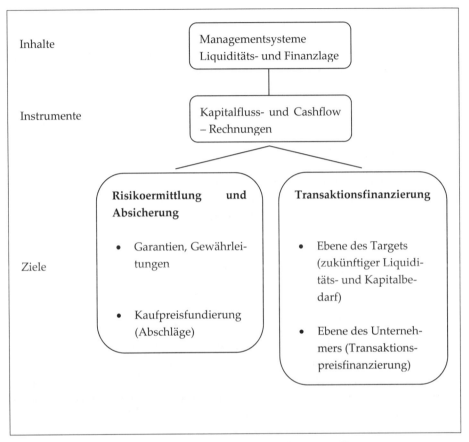

Abbildung 9.9: Inhalte, Instrumente und Ziele der finanziellen Due Diligence
Quelle: Eigene Darstellung in Anlehnung an Berens (2008) S. 401

Ein besonderes Augenmerk sollte den Risiko- und Cash-Managementsystemen des Finanzbereichs gelten.[516] Das „Cash-Management umfasst alle Maßnahmen und Instrumente zur Planung, Beschaffung, Sicherung, Freisetzung und laufenden Optimierung von liquiden Mitteln."[517] Als Hauptziel des Cash-Managements wird ein ausgewogenes Verhältnis von Sicherheit, Flexibilität und Rentabilität formuliert. Teilziele sind die Sicherstellung der jederzeitigen Zahlungsfähigkeit,

---

[516] Vgl. Brauner (2008) S. 400 f.
[517] Vgl. Werdenich: Modernes Cash-Management, S. 12.

die Minimierung der Transaktionskosten von Zahlungsströmen, zinsoptimale Anlage und Aufnahme flüssiger Mittel sowie die Minimierung des Zins- und Währungsrisikos.[518]

„Unter Risikomanagement wird die Messung und Steuerung aller betriebswirtschaftlichen Risiken unternehmensweit verstanden."[519] „Insgesamt lässt sich feststellen, dass die finanzielle Due Diligence, orientiert sie sich konsequent an der Liquidität des Unternehmens, die Grundlage für das Vertrauen in die Unternehmensnachfolge schafft. „Liquidität schafft stets Vertrauen und umgekehrt – Vertrauen schafft stets Liquidität."[520]

9.2.2.7 Steuerliche Due Diligence

Die steuerliche Due Diligence sollte fester Bestandteil jeder Due Diligence sein. Im Wesentlichen geht es bei ihr darum, die steuerlichen Risiken und Gewährleistungen auszuschließen und die steuerlich optimale Form der Unternehmensnachfolge zu bestimmen.

Im Rahmen der Risikoanalyse stellt sich die Frage, aus welcher Richtung Steuernachzahlungen drohen könnten. Die steuerliche Due Diligence kann durchaus mit einer steuerlichen Betriebsprüfung verglichen werden, auch wenn sich aus ihr völlig andere Konsequenzen ergeben. Ausgangspunkt für eine derartige Prüfung kann der Bericht über die letzte Betriebsprüfung sein, da sich bis zu diesem Zeitpunkt aufgrund der endgültigen Veranlagung seitens der Finanzbehörden keine Nachzahlungen mehr ergeben können. Typische steuerliche Risikofelder wie die Körperschaftssteuer, die Gewerbesteuer und die Umsatzsteuer müssen für jedes Zielunternehmen individuell ermittelt werden.[521]

Ein typisches Risiko für Körperschaften stellt die Geschäftsbeziehung zwischen einer Kapitalgesellschaft und ihren Gesellschaftern dar. Die Problematik der verdeckten Gewinnausschüttung - im internationalen Kontext wird vom „Transfer pricing" gesprochen - führt im Rahmen von Betriebsprüfungen nicht selten zu Steuernachzahlungen. Ein weiteres körperschaftliches Risikofeld ist die Gesellschafter-Fremdfinanzierung - im internationalen Kontext „Thin Capitalization" - die ebenfalls als verdeckte Gewinnausschüttung deklariert werden kann. Gehört

---

[518] Vgl. Werdenich: Modernes Cash-Management, S.14 f.
[519] Vgl. Wolke (2009) S. 1.
[520] Vgl. Brauner (2008) S. 430.
[521] Vgl. Welbers (2008) S. 442 ff.

die Zielgesellschaft als Organschaft zu einer körperschaftsrechtlichen Organschaft, sollte im Rahmen der steuerlichen Due Diligence untersucht werden, ob die Voraussetzungen dafür tatsächlich vorliegen. Besteht ein Ergebnisabführungsvertrag, ist dessen Wortlaut ebenso wie dessen Durchführung zu prüfen. Wird ein solcher Vertrag, der noch nicht fünf aufeinanderfolgende Jahre durchgeführt worden ist, ohne wichtigen Grund beendet, so ist die Organschaft als steuerlich unwirksam anzusehen. Das hat zur Konsequenz, dass Gewinnabführungen sogar rückwirkend als steuerlich verdeckte Gewinnausschüttungen behandelt werden können.

Ein weiteres Prüffeld im Rahmen der Körperschaftssteuer ist die Strukturanalyse, in der es darum geht, Risiken bei der Implementierung der gegenwärtigen Struktur herauszuarbeiten. Weiter sind neben allgemeinen Fragen zum Ansatz und der Bewertung von einzelnen Wirtschaftsgütern Fehlerquellen bei der Erstellung der jeweiligen Steuererklärungen auszumachen. Dies ist insbesondere bei Themengebieten der Fall, in denen das Steuerrecht einzelne Regelungen vorsieht, z.B. bei Abweichungen zwischen Handels- und Steuerbilanz. Dazu zählen Ansatzverbote für drohende Verluste aus schwebenden Geschäften[522], die Abzinsung von unverzinslichen Verbindlichkeiten[523] sowie die Vorschriften über den Ansatz von Rückstellungen.[524] Ebenso müssen im Rahmen der steuerlichen Due Diligence die Existenz und Verwertbarkeit von etwaigen Verlustvorträgen geprüft werden.[525]

Weiterer Gegenstand der steuerlichen Due Diligence muss die Prüfung der gewerbesteuerlichen Verhältnisse sein. Hierbei wird unterschieden, ob Anteile an einer Personengesellschaft (steuerlich ein Unterfall des Asset Deal) oder Anteile an einer Kapitalgesellschaft (Share Deal) erworben werden. Unabhängig von der Rechtsform des Zielunternehmens ist auch die Umsatzsteuer stets Teil der Prüfung. Ein Indikator für mögliche Umsatzsteuerrisiken ist der Zustand der Finanzbuchhaltung.

Eine eingehende Umsatzsteuerprüfung sollte dann durchgeführt werden, wenn Umsätze in beträchtlichem Umfang als steuerfrei behandelt wurden, u.a. bei innergemeinschaftlichen Lieferungen und Leistungen. Über die vergangenheitsbezogene Risikoanalyse hinaus soll die steuerliche Due Diligence auch dazu beitra-

---

[522] Vgl. § 5 Abs. 4a EStG.
[523] Vgl. § 6 Abs. 1 Nr. 3 EStG.
[524] Vgl. § 6 Abs. 1 Nr. 3a EStG.
[525] Vgl. Welbers (2008) S. 442 ff.

gen eine geeignete zivilrechtliche Gestaltung der Unternehmensnachfolge herauszuarbeiten.

Verkaufen eine oder mehrere natürliche Personen gemeinsam in Form einer Personengesellschaft ein gewerblich tätiges Unternehmen oder Teile davon im Wege eines Asset Deals, unterliegt der Ertrag der Einkommensteuer.[526] Ebenso verhält es sich, wenn ein Gesellschafteranteil eines Unternehmers an einer gewerblich tätigen Personengesellschaft verkauft wird.[527] Verkauft eine Kapitalgesellschaft einen Betrieb, einen Betriebsteil oder einen Gesellschafteranteil, ist diese körperschaftssteuerpflichtig. Darüber hinaus unterliegt der Veräußerungsgewinn uneingeschränkt der Gewerbesteuer.[528]

Veräußert eine natürliche Person oder eine Personengesellschaft Kapitalgesellschaftsanteile, ist zu differenzieren, ob sich diese im Privat- oder Betriebsvermögen befinden. Bei der Veräußerung aus dem Privatvermögen sind die Veräußerungsgewinne steuerfrei. Der Veräußerungsgewinn unterliegt dennoch der Einkommensteuer, wenn der Verkäufer innerhalb der letzten fünf Jahre am Kapital der Gesellschaft mit mindestens 1% beteiligt war.[529] Er unterliegt auch bei einer Beteiligung unter 1% der Einkommensteuer, wenn der Zeitraum zwischen der Anschaffung und Veräußerung nicht mehr als ein Jahr beträgt.[530] Die Besteuerung des Gewinns erfolgt in diesem Fall nach dem Halbeinkünfteverfahren, nachdem nur die Hälfte des Veräußerungsgewinns mit dem persönlichen Einkommensteuersatz besteuert wird.[531] Handelt es sich hingegen um die Veräußerung von Anteilen aus dem Betriebsvermögen, unterliegen die Veräußerungsgewinne unter Berücksichtigung der entsprechenden Freibeträge der Einkommensteuer.[532] Verkauft eine Kapitalgesellschaft ihre Anteile an eine andere, erhöht der Ertrag daraus den Gewinn der Kapitalgesellschaft. Diese Gewinne sind aber zu 95% von der Körperschaftssteuer befreit.[533] Fallen solche Veräußerungsgewinne an, so sind diese auch von der Gewerbesteuer befreit.

---

[526] Vgl. § 15 EStG i.V.m. § 2 Abs. 1 Nr. 2 EStG oder § 16 Abs. 1 Nr. 1 EStG.
[527] Vgl. § 16 EStG.
[528] Vgl. § 7 S. 2 GewStG.
[529] Vgl. § 17 Abs. 3 EStG.
[530] Vgl. §§ 22 Nr. 2, 23 Abs. 1 Nr. 2 EStG.
[531] Vgl. § 3 Nr. 40 lit. c) und j) EStG.
[532] Vgl. § 15 EStG oder § 16 Abs. 1 Nr. 1 Halbsatz 2 EStG i.V.m. § 16 Abs. 4 EStG.
[533] Vgl. § 8 b Abs. 2 und 3 KStG.

Eine Kapitalgesellschaft wird folglich immer versuchen, Anteile an eine andere Kapitalgesellschaft zu verkaufen, um die Vergünstigungen des § 8b KStG nach einer siebenjährigen Sperrfrist in Anspruch nehmen zu können.[534] Handelt es sich bei dem Zielunternehmen um eine Kapitalgesellschaft, ist es aus steuerlicher Sicht für den Verkäufer oft günstig das Unternehmen im Rahmen eines Share Deals zu veräußern. Der Verkauf von Gesellschaftsanteilen ist für den Verkäufer, wie dies vorstehend beschrieben wurde, unter bestimmten Voraussetzungen steuerfrei. Für den Käufer ist es aus steuerlicher Sicht hingegen meist günstiger, das Unternehmen im Rahmen eines Asset Deals zu erwerben. Beim Erwerb einzelner Vermögenswerte kann der Kaufpreis für das Unternehmen regelmäßig als Anschaffungskosten den mit dem Unternehmen erworbenen materiellen und immateriellen Wirtschaftsgütern zugeordnet und somit über den Abschreibungszeitraum steuermindernd geltend gemacht werden. Die Anschaffungskosten werden also auf leicht abschreibbare Wirtschaftsgüter verteilt.[535]

Anteile an Kapitalgesellschaften gehören nicht zu den absetzbaren Anlagegütern. Erwirbt eine natürliche Person eine Kapitalgesellschaft, sind Fremdfinanzierungskosten, nachdem Aufwendungen mit dem Halbeinkünfteverfahren im wirtschaftlichen Zusammenhang stehen, nur zur Hälfte abzugsfähig.[536] Erwirbt hingegen eine Kapitalgesellschaft Anteile, sind die Fremdfinanzierungskosten steuerlich voll abzugsfähig.[537]

9.3 Due Diligence im Rahmen der Bewertung von KMU

Eine Analyse des zu bewertenden Unternehmens im Rahmen einer Due Diligence sollte zu Beginn jeder Unternehmensbewertung vorgenommen werden. Sie erhöht durch Prüfung der Annahmen, die der Bewertung zugrunde liegen und der Erhebung von Basisgrößen, die Aussagekraft des zu ermittelnden Unternehmenswertes.[538]

Trotz stetig steigender Bedeutung der Due Diligence im Rahmen der Bewertung von KMU, existiert bisher keine speziell auf die Besonderheiten von KMU angepasste Due Diligence. Im Vergleich zu einer Due Diligence bei Großunternehmen

---

[534] Vgl. Ek (2007) S. 123 ff.
[535] Vgl. Ek (2007) S. 123 ff.
[536] Vgl. § 3 c Abs. 2 EStG i.V.m. § 3 Nr. 40 EStG.
[537] Vgl. § 8 b KStG unter Beachtung § 8 a KStG.
[538] Vgl. Seppelfricke (2007) S. 187.

würde eine speziell für KMU angepasste Due Diligence sich jedoch lediglich im Hinblick auf Umfang und Dauer unterscheiden.[539]

Im Regelfall erfolgt eine Due Diligence im Auftrag eines potenziellen Käufers mit der Zielsetzung den Informationsvorsprung des Verkäufers zu überwinden und mögliche Chancen und Risiken einer Akquisition offenzulegen.[540]

Im Rahmen der Unternehmensbewertung spielt die finanzielle Due Diligence eine besondere Rolle. Bei dieser Teilprüfung werden insbesondere die Vermögens-, Finanz- und Ertragslage des zu bewertenden Unternehmens untersucht. Es erfolgt eine Analyse der vorangegangenen Perioden, unter Nutzung der Jahresabschlüsse sowie einer Plausibilitätsprüfung der Geschäftsplanung.[541] Die inhaltliche Gestaltung sowie der Umfang einer finanziellen Due Diligence ist abhängig vom jeweiligen Bewertungsobjekt, von verfügbaren Kapazitäten sowie von der Zielsetzung der Bewertung. Aufgrund der Komplexität von Unternehmen bestehen zwischen den verschiedenen Teilprüfungen Abhängigkeiten, die dazu führen, dass eine finanzielle Due Diligence nicht isoliert durchgeführt wird. Weitere Teilbereiche, die in diesem Zusammenhang eine Rolle spielen, sind die steuerliche, rechtliche und technisch-kommerzielle Due Diligence. So lassen sich verlässliche Aussagen im Rahmen der finanziellen Due Diligence zur Umsatzplanung nur treffen, wenn auch Informationen aus der technisch-kommerziellen Due Diligence vorliegen. Die Prüfer analysieren im Rahmen der technisch-kommerziellen Due Diligence u.a. das Produktportfolio und die zu erwartenden Entwicklungen der relevanten Märkte. Eine weitere Teilprüfung, die besonders bei der Analyse von KMU berücksichtigt werden sollte, ist die psychologische Due Diligence, die die Abhängigkeit des Unternehmens von Einzelpersonen und die Gefahr eines Verlustes von Mitarbeitern bei der Übernahme prüft.[542]

Die im Rahmen der Due Diligence gewonnenen Informationen ergeben einen wirtschaftlichen Gesamteindruck des Unternehmens. Eine Unternehmensanalyse muss jedoch insbesondere bei der Bewertung von KMU weiter gehen, da KMU im Gegensatz zu Großunternehmen nach einer Handänderung zumeist neu ausgerichtet werden müssen. Es sind somit mögliche Wertoptimierungen, z.B. durch Restrukturierungsmaßnahmen zu prüfen und verdeckte Mehrwerte aufzuzeigen. Diese dienen der Verbesserung der Unternehmensstruktur und in der Folge der

---

[539] Vgl. Koch/ Wegmann: Due Diligence, S. 10.
[540] Vgl. Hölscher (2007) S. 32 f.
[541] Vgl. Helbling: Due Diligence, S. 161.
[542] Vgl. Behringer (2009) S. 193.

Optimierung des Unternehmenswertes. Eine Unternehmensanalyse mit dem Ziel der Wertoptimierung kann bei KMU folgende Punkte umfassen:

- Analyse durch Käufer und Verkäufer,
- Getrennte Bewertung des nicht betrieblichen Vermögens,
- Mehrwerte infolge von Umstrukturierungen,
- Verbesserung der Finanzierung.

Im Rahmen der Analyse durch Käufer und Verkäufer kann es das Ziel einer Due Diligence sein, einen wirtschaftlichen Gesamteindruck des Unternehmens zu vermitteln und versteckte Mehrwerte und Risiken aufzuzeigen. Die getrennte Bewertung von betriebsnotwendigem Vermögen und nicht betriebsnotwendigen Vermögen eröffnet dem Betrachter die Einsicht auf die tatsächliche Substanz des Unternehmens. Mehrwerte infolge von Umstrukturierungen, die sich aus Teilveräußerungen oder Rationalisierungen ergeben können, sind aufzudecken und in der Bewertung zu berücksichtigen. Hierzu gehört ebenfalls die Frage nach einer sich ändernden rechtlichen Struktur der Unternehmung im Rahmen der Unternehmensnachfolge. Zudem sind stets die steuerlichen Aspekte zu berücksichtigen. Des Weiteren ist die Kapitalstruktur des Unternehmens zu prüfen. So können sich Wertsteigerungen durch alternative Finanzierung, nach Ersetzen von Eigenkapital durch Fremdkapital, ergeben.[543]

Checkliste: Due Diligence	
1	**Due Diligence** ☐ Welche Analyseschwerpunkte im Rahmen der Due Diligence sind für die Unternehmensnachfolge relevant? ☐ Wurde eine Reihenfolgebildung für die Due Diligence vorgenommen? ☐ Wurde bereits ein LoI schriftlich fixiert? ☐ Wurde ein Team für die Due Diligence zusammengestellt? ☐ Stehen alle Informationsquellen zur Verfügung? ☐ Wird die Due Diligence angemessen dokumentiert?
2	**Wirtschaftliche Due Diligence** ☐ Wie stellt sich der relevante Markt des Unternehmens in der Vergangenheit und heute dar? ☐ Wie wird sich dieser Markt voraussichtlich in der Zukunft entwickeln? ☐ Wie stellt sich der Wettbewerb dar (relevante Wettbewerber und Substitute)?

---

[543] Der Abschnitt stützt sich weitgehend auf Helbling: Besonderheiten KMU Bewertung, S. 193 ff.

	☐ Wurde bereits eine Wettbewerbsanalyse durchgeführt? ☐ Wie beurteilen die Kunden das Unternehmen und die Produkte im Vergleich zum Wettbewerb? ☐ Wie ist die Marketing- und Vertriebsstrategie des Unternehmens? ☐ Wer sind die Kunden des Unternehmens? ☐ Gibt es einen festen Kundenstamm und welchen Einfluss hat der bisherige Unternehmer auf die Kundenbindung? ☐ Welche Lieferanten und sonstigen Kooperationspartner gibt es und in welcher Beziehung stehen diese zum Unternehmen?
3	**Technisch-kommerzielle Due Diligence** ☐ Welche technischen Ressourcen stehen dem Unternehmen zur Verfügung? ☐ In welchem Zustand und wie effektiv sind Maschinen, Anlagen und die technische Infrastruktur? ☐ Welchen Wert haben Patente und Lizenzen des Unternehmens? ☐ Welche Fähigkeiten zeichnen die Arbeitskräfte aus? Wie qualifiziert sind die Mitarbeiter? ☐ Wie flexibel lässt sich die Produktionskapazität des Unternehmens anpassen? ☐ Wie sind Qualitätskontrolle, Produktion und Lagerhaltung organisiert? ☐ Ist der Produktionsablauf effektiv und effizient? ☐ Welche Qualität haben die Produkte? ☐ Welchen Wert haben die Produktionsanlagen und besteht Investitionsbedarf? ☐ Welche Risiken ergeben sich aus der Produktion und Lagerhaltung? ☐ Welche Umweltlasten gibt es im Unternehmen? ☐ Welchen Stellenwert haben Innovation, Forschung & Entwicklung im Unternehmen? ☐ Auf welchem technischen Stand sind die computergestützten Systeme?
4	**Organisatorische Due Diligence** ☐ Orientiert sich die Unternehmensorganisation am Unternehmenszweck? ☐ Gibt es Stellenbeschreibungen im Unternehmen? ☐ Sind die Kompetenzen im Unternehmen klar abgegrenzt? ☐ Gibt es Standards für Betriebsabläufe? Erfüllen die vorhandenen Abteilungen ihre Aufgaben? ☐ Ist die Kommunikation zwischen den Abteilungen organisiert? ☐ Entspricht die Unternehmensorganisation den ISO-Zertifizierungen[544]? ☐ Gibt es ein Berichtswesen und wie ist es strukturiert? ☐ Gibt es ein Kontrollsystem und wie funktioniert es? ☐ Wie ist das interne und externe Rechnungswesen organisiert und erfüllt es seine Aufgaben?

---

[544] Vgl. International Organization for Standardization (2010).

	☐ Gibt es ein Controlling im Unternehmen und welche Aufgaben übernimmt es?
	☐ Entsprechen Art und Umfang der technischen Informationssysteme den betrieblichen Anforderungen?
5	**Psychologische Due Diligence**
	☐ Wie leistungsfähig, motiviert und flexibel sind die Mitarbeiter?
	☐ Wie stellen sich die fachlichen und sozialen Kompetenzen der Führungsmitarbeiter und der weiteren Belegschaft dar?
	☐ Gibt es im Zusammenhang mit der Unternehmensnachfolge Engpass-, Anpassungs-, Motivations- und Austrittsrisiken im Hinblick auf die Belegschaft?
	☐ Welche Personalentwicklungs- und Beurteilungsmodelle gibt es im Unternehmen?
	☐ Wie gestaltet sich der Führungsstil im Unternehmen?
	☐ Wie wird der Betriebsrat und wie werden die Mitarbeiter in unternehmensrelevante Entscheidungen mit eingebunden?
	☐ Wie stellt sich der Informationsaustausch im Unternehmen dar?
	☐ Welche Unternehmensverfassung und -philosophie wird von der Geschäftsleitung vorgegeben?
	☐ Wird eine Kulturanalyse durchgeführt?
	☐ Welche Kultur wird im Unternehmen gelebt?
6	**Rechtliche Due Diligence**
	☐ Wird die Unternehmenstätigkeit im Hinblick auf die internen und externen Rechtsstrukturen einwandfrei begründet und ausgeübt?
	☐ Welche internen und externen vertraglichen Verpflichtungen bestehen?
	☐ Gibt es Risiken durch Garantien und Patronatserklärungen?
	☐ Wie gestaltet sich die wettbewerbsrechtliche Situation des Unternehmens?
	☐ Welche Genehmigungen und Auflagen sind für das Unternehmen bedeutend?
	☐ Bestehen Haftungsrisiken?
	☐ Bestehen Prozessrisiken?
	☐ Bestehen Umweltrisiken?
	☐ Stehen steuerliche Verpflichtungen oder Nachzahlungen an?
	☐ Welche Verpflichtungen ergeben sich aus bestehenden Arbeitsverträgen und Versorgungszusagen?
7	**Finanzielle Due Diligence**
	☐ Wie gestaltet sich die Vermögens-, Finanz- und Ertragslage des Zielunternehmens?
	☐ Wie hat sich die Liquidität im Unternehmen in der Vergangenheit entwickelt?
	☐ Welche Prognose kann für die zukünftige Liquidität getroffen werden?
	☐ Welcher Liquiditäts- und Finanzstatus ist in Bezug auf die

		Transaktionsfinanzierung notwendig? Reicht die Finanzkraft in Bezug auf die zukünftige Geschäftstätigkeit aus?
		☐ Welche finanzwirtschaftlichen Risiken können identifiziert werden?
		☐ Wurden die Jahresabschlüsse korrekt geprüft?
		☐ Sind die Ausgaben um außerordentliche und aperiodische Verpflichtungen bereinigt?
		☐ Sind die Angaben über zukünftige Verpflichtungen vollständig?
		☐ Gibt es zur Finanzierung zukünftiger Verpflichtungen ausreichende Rückstellungen?
		☐ Gibt es stille Reserven?
		☐ Wie hoch ist die Planungsgenauigkeit im Unternehmen?
		☐ Welche Soll-Plan-Ist Abweichungsanalysen wurden mit welchen Ergebnissen durchgeführt?
		☐ Wie hoch ist das nicht betriebsnotwendige Vermögen?
8	**Steuerliche Due Diligence**	
		☐ Welche steuerlichen Risiken können ausgeschlossen werden?
		☐ Wo können Steuernachzahlungen drohen?
		☐ Welche steueroptimale Form der Unternehmensnachfolge bietet sich im vorliegenden Fall an?

Checkliste 9.1: Due Diligence

Praxisbeispiel

In der Wäller Backstube GmbH wird von einem Team, bestehend aus zwei Mitarbeitern der Führungsebene, einem externen Gutachter der Handwerkskammer, einem Steuerberater, einem Rechtsanwalt sowie einem Abschlussprüfer eine Due Diligence durchgeführt.

Die sorgfältige Prüfung umfasst inhaltlich folgende Analyseschwerpunkte:
- Wirtschaftliche Due Diligence,
- Technisch-kommerzielle Due Diligence,
- Organisatorische Due Diligence,
- Psychologische Due Diligence,
- Rechtliche Due Diligence,
- Steuerliche Due Diligence und
- Finanzielle Due Diligence.

Um eine detaillierte und systematische Unternehmensanalyse sämtlicher quantitativer und qualitativer Daten zu gewährleisten, werden zu Beginn die wichtigsten Basisunterlagen der Wäller Backstube GmbH zusammengestellt. Diese enthalten allgemeine Angaben sowie rechtliche und wirtschaftliche Grundlagen des Betriebes.

Im Rahmen der wirtschaftlichen Due Diligence steht die Analyse der Wettbewerber und des Marktes im Mittelpunkt. Die Wäller Backstube GmbH gehört der Branche des Ernährungshandwerks an. Aufgrund der insgesamt zehn Filialen gibt es keinen Mitbewerber, der regional eine ähnlich verbreitete Streuung aufweisen kann. Nach durchgeführten Kundenbefragungen ist die Wäller Backstube GmbH der bekannteste Bäckereibetrieb in der Region. Infolge des hohen Bekanntheitsgrades und des positiven Images der Bäckerei rechnet sich der Nachfolger Herr Schmidt gute Wachstumschancen für die kommenden Jahre aus. Auf gleiche Weise werden in der wirtschaftlichen Prüfung die personellen Verantwortlichkeiten im Unternehmen beleuchtet. Der Bäckereibetrieb ist seit vielen Jahren unter klaren Strukturen geführt, in der der Inhaber in oberster Hierarchiestufe die zehn Filialen überwacht. In jeder Filiale ist ein Filialleiter für die Personalverantwortlichkeit zuständig. Das bewährte System soll vom Übernehmer Herrn Schmidt vorerst so fortgeführt werden.

Die technisch-kommerzielle Due Diligence zeigt den technischen Zustand der Bäckereikette auf. Aus der Bilanz wird ersichtlich, dass die Betriebs- und Geschäftsausstattung noch acht weitere Nutzungsjahre zur Abschreibung aufzeigt. Aller Voraussicht nach muss der Nachfolger in naher Zukunft keine Investitionen für Instandhaltung oder Instandsetzung tätigen. Die technische Ablauforganisation sowie die Produktions- und Lagerkapazität des Bäckereibetriebes sind nach jahrelangen Erfahrungen optimal ausgelastet und werden in gleicher Art und Weise von Herrn Schmidt fortgesetzt. Ebenso wurden in den vergangenen Jahren regelmäßig Wartungsarbeiten durchgeführt, so dass der Qualitätsstandard sehr gut ist. Somit sind F&E Aufwendungen vorerst nicht erforderlich. Die umweltwirtschaftliche Betrachtung im Rahmen der technisch-kommerziellen Due Diligence ergibt keine offensichtlichen umweltrelevanten Probleme und keine damit verbundenen finanziellen Risiken. Es bestehen weder Altlasten noch umweltwirtschaftliche Verordnungen für den Bäckereibetrieb.

Im Rahmen der organisatorischen Due Diligence, bei der die Organisationsstrukturen des Unternehmens geprüft werden, ist in der Wäller Backstube GmbH eine klare Aufbauorganisation zu erkennen, die einen umfassenden Überblick über Qualifikationen und Verantwortungsbereiche der einzelnen Mitarbeiter gewährleistet. Herr Schmidt wird den Betrieb nach der Übergabe in gleicher Organisationsstruktur weiterleiten. Dabei wird er als Nachfolger die oberste Führungshierarchie besetzen und die Mitarbeiter seines Vorgängers in ihrer bisherigen Funktion weiter beschäftigen. Darüber hinaus wird Herr Schmidt das Produktionsprogramm um einige Backwaren ergänzen.

Die psychologische Due Diligence umfasst die Untersuchung der sogenannten leisen, nicht quantifizierbaren Faktoren. Der Mitarbeitermotivation in der Wäller Backstube GmbH wird der Nachfolger Herr Schmidt wie auch der Übergeber Herr Mustermann zuvor besondere Aufmerksamkeit schenken, um weiterhin deren Corporate Identity zu stärken. Die Mitarbeiter sind in ihren Positionen optimal qualifiziert und ihnen war eine Unternehmensübergabe seit längerer Zeit bekannt. Nach einem ersten Kennenlernen stehen sie dem Nachfolger positiv gegenüber. Es bestehen langjährige Lieferantenbeziehungen, die Vergünstigungen bei den Einkaufspreisen zum Vorteil haben, jedoch besteht auch die Gefahr der Abhängigkeit. Die Kundenbeziehungen sind in der Region gut gewachsen und fördern das positive Unternehmensimage.

Eine Prüfung der rechtlichen Due Diligence bildet die Bestandsaufnahme der internen und externen Rechtsverhältnisse des Unternehmens ab. Die Wäller Backstube ist in der Rechtsform einer GmbH organisiert, was zur Folge hat, dass die Haftungsrisiken des Nachfolgers auf das Geschäftsvermögen beschränkt sind. Es wird ein neuer Gesellschaftsvertrag geschlossen, in dem der neue Inhaber Herr Schmidt als Geschäftsführer bestimmt ist und mögliche stille Gesellschafter festgehalten werden. Der Übernehmer haftet nicht für Verbindlichkeiten seines Übergebers Herr Mustermann. Aktuell bestehende Rechtsstreitigkeiten sind keine vorhanden.

Zur steuerlichen Due Diligence wird ein unabhängiger externer Steuerberater hinzugezogen um zu prüfen, ob steuerliche Risiken bestehen, oder es aufgrund stiller Reserven zu Steuernachzahlungen kommen könnte, also einer nicht erkennbaren Differenz zwischen Buch- und Marktwert. Hierzu werden durch Herrn Schmidt die Steuererklärungen der vergangenen fünf Jahre überprüft. Als Ergebnis steht fest, dass keine zusätzlichen Kosten durch Steuernachzahlungen zu befürchten sind. Allerdings muss er eine erhöhte einmalige Gewerbesteuerbelastung durch die Übertragung von Betriebsgrundstücken und Gebäuden berücksichtigen.

Die finanzielle Due Diligence hat auf die Kalkulation des Kaufpreises die größte Bedeutung. Der Unternehmenswert wird im Praxisfall der Bäckereikette mithilfe des Ertragswertverfahrens ermittelt und beträgt demnach 3.108.573 Mio. €. Zur finanziellen Prüfung der Vergangenheitswerte und Prognose der

> zukünftigen Unternehmensentwicklung werden die notwendigen Unterlagen der vergangenen zehn Jahre, wie Bilanzen, GuVen sowie Jahresabschlüsse herangezogen und ein Investitions- und Finanzierungsplan erstellt. Sämtliche Ergebnisse der Due Diligence werden von externen, unternehmensunabhängigen Beratern in einem vollständigen Exposé festgehalten, das auch Auszüge aus der Bilanz und der GuV sowie Erfolgsprognosen enthält.[545]

Praxisbeispiel 9.1 Due Diligence im Rahmen der Bewertung von KMU

---

[545] Dieser Abschnitt bezieht sich weitgehend auf Endlein: Unternehmensnachfolge, S. 30 ff.

10. Finanzierung einer Übernahme

Eine Übernahme kann sowohl durch Eigenkapital- als auch durch Fremdkapitalfinanzierung erfolgen und umfasst sowohl kurzfristigen als auch langfristigen Kapitalbedarf. Zunehmend wird auch auf Mischformen der Finanzierung gesetzt. Entscheidend für die erfolgreiche Finanzierung einer Übernahme ist eine sorgfältige Planung der Finanzbedarfe.

10.1 Investitionsplan und Finanzierungsbedarf

Die Kapitalbedarfsermittlung stellt den Beginn einer jeden Finanzierungsplanung dar, mit der Zielsetzung den Kapitalbedarf für die ersten drei Geschäftsjahre zu ermitteln.[546]

Finanzierungsmängel aufgrund einer geringen Kapitalausstattung oder eines unzureichenden Kapitalbedarfsplanes sind die Hauptursache für das Scheitern von Unternehmensgründungen oder Unternehmensübernahmen. Durch eine fundierte Kapitalbedarfsplanung kann Liquidität gesichert und Zahlungsunfähigkeit vermieden werden. Weiterhin beantwortet die Kapitalbedarfsplanung die Frage nach der Höhe des Kapitals, das für verschiedene Verwendungszwecke erforderlich ist.[547] Die Kapitalbedarfspläne von Unternehmensgründungen und Übernahmen überschneiden sich in vielen Aspekten, wobei nachfolgend die Unternehmensübernahme betrachtet wird. Da der Unternehmensnachfolger oder Gründer innerhalb der ersten beiden Jahre von Aufwand und Kosten nicht überrascht werden soll, ist eine umfassende Kapitalbedarfsplanung durchzuführen. Diese zusätzlichen Investitionen würden sonst i.d.R. zu Liquiditätsengpässen führen und durch verweigerte Anschlusskredite die Geschäftsentwicklung empfindlich hemmen.[548] Darüber hinaus werden bei Finanzierungen des Gesamtinvestitionsbedarfs durch öffentliche Finanzierungshilfen nur Vorhaben mit entsprechenden Mindestkredithöhen berücksichtigt.[549]

---

[546] Vgl. Rödel (2002) S. 46.
[547] Vgl. Corsten (2002) S. 223.
[548] Vgl. Arnold (1999) S. 289.
[549] Vgl. Arnold (1999) S. 289.

Eine Unterscheidung des Kapitalbedarfes in langfristigen und kurzfristigen Kapitalbedarf ist für die Kapitaldeckungsrechnung relevant. Langfristiger Kapitalbedarf wird günstiger über langfristige Finanzierungsformen finanziert, kurzfristiger dagegen auch über teurere Kontokorrentkredite.[550]

Bei *langfristigen Investitionen* handelt es sich um Investitionen in das Anlagevermögen des Unternehmens, also Ausgaben für Posten, die über einen längeren Zeitraum im Unternehmen verweilen werden.[551] Das Anlagevermögen umfasst Grundstücke und Gebäude, Lagerausstattung, Maschinen und Transportmittel, Fahrzeuge sowie Patente und Lizenzen. Ergänzt werden die langfristigen Investitionen durch die *kurz- bis mittelfristigen Investitionen*, die u.a. das Umlaufvermögen, Ausgaben für die private Lebensführung des Unternehmers, Kosten für die Firmengründung sowie eine Risiko- und Liquiditätsreserve für Anlaufverluste umfassen.[552] Auch die finanziellen Belastungen während der Anlaufphase, die Tilgungszahlungen von Krediten sowie die Kosten für Betriebsmittel müssen berücksichtigt werden.

Folgende Abbildung zeigt die verschiedene Betriebskosten Lohn-, Material- sowie Gemeinkosteinsatz:

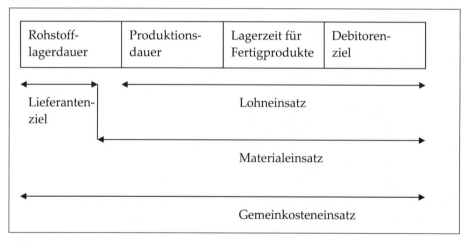

Abbildung 10.1: Betriebskosten

Quelle: Althof, Wolfgang: Incoming-Tourismus, S.18

---

[550] Vgl. Rödel (2002) S. 46.
[551] Vgl. Büllesbach (2011) Interview.
[552] Vgl. Corsten (2002) S. 223.

Entscheidend für die Höhe des vorzufinanzierenden Kapitals ist der Zeitraum, der voraussichtlich verstreicht, bis das Unternehmen die Ausgaben wieder über den Umsatzprozess eingenommen hat. Diese Zeit wird als durchschnittliche Vorfinanzierungsdauer bezeichnet und sollte mindestens 90 Tage betragen. Zur genauen Bestimmung des Kapitalbedarfs sollte das Produkt aus der durchschnittlichen Vorfinanzierungsdauer und der vorzufinanzierenden Geldsumme ermittelt werden.[553]

Zur Berechnung der Betriebskosten werden alle bei der Produktion anfallenden Kosten wie Löhne, Zinsen, Betriebs- und Verwaltungsaufwand mit der durchschnittlichen Produktionsdauer in Tagen multipliziert und durch die Gesamtanzahl an Tagen im Jahr dividiert. Diese Formel verdeutlicht den Kapitalbedarf, der zur Deckung der Betriebskosten benötigt wird. Im Folgenden wird eine detaillierte Differenzierung der Kosten vorgenommen.

$$\frac{\text{geschätzte Betriebskosten pro Jahr (Löhne, Zinsen, Betriebs \& Verwaltungsaufwand)} \times \text{durchschnittliche Produktionsdauer in Tagen}}{365}$$

Die Löhne setzen sich aus dem Bruttoarbeitslohn und den Lohnnebenkosten zusammen. Bei den Lohnnebenkosten sind der Arbeitgeberanteil für die Kranken-, Pflege- und Arbeitslosenversicherung des Arbeitnehmers einzukalkulieren. Darüber hinaus belasten den Arbeitgeber weitere Zahlungen wie Weihnachtsgeld, Urlaubsgeld sowie die Lohnfortzahlung im Krankheitsfalle. Abhängig von der Rechtsform des Unternehmens kann die Zahlung eines Geschäftsführergehalts notwendig werden.

Je nach Kapitalausstattung der Unternehmung werden verschiedene Positionen gemietet, gepachtet oder geleast. Dadurch kann die Kapitalbindung in materielle Güter verhindert werden, was einer Unternehmung in der Start-up Phase zu Gute kommen kann. Die hierzu notwendigen finanziellen Mittel werden im Umlaufvermögen erfasst. Bei den Ausgaben kann es sich um die Pacht für Grundstücke, die Miete für Räume oder Gebäude oder die Leasinggebühr für Maschinen, Geräte und Fahrzeuge handeln.

---

[553] Vgl. BMWi (2012) exitenzgründerportal: Kapitalbedarfsplan.

10. Finanzierung einer Übernahme

Im Umlaufvermögen müssen die Zinsen für Fremdkapital erfasst und entsprechend der Zahlweise eingeteilt werden. Teilweise wird bei staatlichen Fördergeldern in den ersten Jahren der Gründung auf Tilgungszahlungen verzichtet. Zur Gewährleistung einer vollständigen Kapitalbedarfsplanung sollten jedoch auch Tilgungszahlungen mit einbezogen werden.

In der Beschaffung und Produktion wird der gesamte Einkauf von Werkstoffen, Rohstoffen, Hilfsstoffen, Betriebsstoffen, Einzelteilen, Baugruppen und Fertigprodukten betrachtet. Diese Posten bleiben nicht lange im Unternehmen und sind daher dem Umlaufvermögen zugeordnet. Jedoch ist beispielsweise bei den Werkstoffen ein ständiger Bestand, auch „Eiserner Bestand" genannt, notwendig. Dieser soll die Betriebsbereitschaft auch bei Beschaffungsproblemen für eine bestimmte Zeit aufrechterhalten. Zur Berechnung der Kosten für die Lagerung von Rohmaterialien und Waren bis zur Verarbeitung dient folgende Formel:

$$\frac{\text{geschätzter Rohmaterial- und Warenverbrauch pro Jahr} \times \text{geschätzte Lagerdauer der Rohmaterialien und Waren in Tagen}}{365}$$

Der geschätzte Rohmaterial- und Warenverbrauchswert pro Jahr wird mit der geschätzten Lagerdauer der Rohmaterialien und Waren in Tagen multipliziert. Schließlich wird das Ergebnis durch die Gesamtanzahl an Tagen im Jahr dividiert, was den Kapitalbedarf für die Lagerung von Rohmaterialien und Waren ergibt. Ein weiterer Kapitalbedarf entsteht bis zum Verkauf durch die Lagerung der im Anschluss am Produktionsprozess hergestellten Waren, als Fertigwarenbestand

Mit der unten aufgeführten Formel lässt sich der Kapitalbedarf für das Fertigwarenlager wie folgt bestimmen:

$$\frac{\text{durchschnittlicher Lagerbestand der Fertigwaren} \times \text{geschätzte Lagerdauer in Tagen}}{365}$$

10.1 Investitionsplan und Finanzierungsbedarf

Der durchschnittliche Lagerbestandswert der Fertigwaren wird mit der geschätzten Lagerdauer in Tagen multipliziert und das Ergebnis durch die Gesamtanzahl an Tagen im Jahr dividiert. Als Ergebnis liefert diese Formel den Kapitalbedarf für das Fertigwarenlager.

Bei der Vermarktung der Produkte eines Unternehmens fallen je nach Vertriebsform innerhalb der ersten beiden Jahre eine Reihe vertriebsspezifischer Kosten an. Unter diese Vertriebskosten fallen beispielsweise Kosten für Kundenbesuche an. Firmiert das erworbene Unternehmen unter verändertem Namen, sind Marketingaktivitäten wie Produktwerbung, Messebesuche oder Sportsponsoring notwendig. Das Unternehmen hat Außenstände in Form von Forderungen gegenüber Dritten. Diese müssen vorfinanziert werden. Über die Höhe der Außenstände entscheiden zum einen der Anteil der Barverkäufe am Gesamtumsatz sowie zum anderen die durchschnittliche Zahlungszielinanspruchnahme der Kunden in Tagen.

Zur Berechnung der Außenstände kann die folgende Formel angewandt werden:

$$\frac{\text{durchschnittlicher Lagerbestand der Fertigwaren} \times \text{geschätzte Lagerdauer in Tagen}}{365}$$

Um den Wert der Warenverkäufe gegen Rechnung zu erhalten, muss der geplante Jahresumsatz aller Warenverkäufe um den voraussichtlichen Teil der Barverkäufe verringert werden. Die Warenverkäufe gegen Rechnung werden mit der durchschnittlichen Zahl an Tagen multipliziert, die die Kunden zum Begleichen der Rechnung benötigen. Das Ergebnis wird wiederum durch die Gesamtanzahl an Tagen pro Jahr dividiert und ergibt die Kosten, die entstehen, bis die Kunden die auf Rechnung bezogenen Waren bezahlt haben. Die prozentuale Verteilung der Zahlungseingangsdauer bei KMU setzt sich wie folgt zusammen:[554]

---

[554] Vgl. Vereine Creditreform 2006

10. Finanzierung einer Übernahme

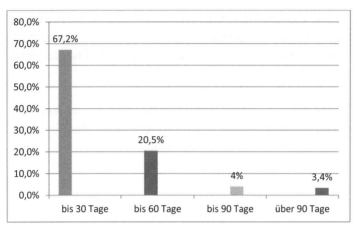

Abbildung 10.2: Zahlungseingangsdauer bei KMU

Quelle: Eigene Darstellung in Anlehnung an Vereine Creditreform 2006

Es ist zu erkennen, dass nur 67,2% der Kunden ihre Zahlschuld innerhalb 30 Tagen nach Lieferung beglichen haben. Erst innerhalb 60 Tagen sind 87,7% der Forderungen auf dem Konto des Unternehmens eingegangen. Hieraus lässt sich schließen, dass die Vorfinanzierung von Außenständen für das Unternehmen elementar wichtig ist. Fest steht, dass Außenstände eine Erhöhung des Kapitalbedarfs darstellen und daher in einer Kapitalbedarfsplanung in entsprechendem Maße zu berücksichtigen sind.

Dem Unternehmen werden im Laufe eines Geschäftsjahres Gebühren und Beiträge wie beispielsweise Beiträge für die Handwerkskammer, IHK oder Berufsgenossenschaft in Rechnung gestellt, die zu erfassen sind. Bei der Unternehmensübernahme fallen Gebühren für die Eintragung in das HR, Notargebühren sowie Gebühren bei Behörden für Genehmigungen und Sicherheitsanfragen an.

Gerade im produzierenden Unternehmen sind Ausgaben für die Wartung und Reparatur von Maschinen, Werkzeugen und Fahrzeugen zur Erhaltung der Betriebsbereitschaft unerlässlich. Bei der Unternehmensübernahme werden die vorhandenen Maschinen meist durch den Käufer des Unternehmens übernommen. Daher sollte er sich vor Vertragsunterzeichnung ein genaues und fachmännisches Bild vom Zustand und der Funktionstüchtigkeit des vorhandenen Maschinen-, Werkzeug- und Fuhrparks machen, um Vertragsanpassungen in Bezug auf den Preis der Maschinen oder auf entsprechende Gewährleistungen vorzunehmen.[555]

---

[555] Vgl. Büllesbach (2011) Interview.

10.1 Investitionsplan und Finanzierungsbedarf

Bei den Nebenleistungen werden laufend anfallende Nebenkosten wie Kosten für Heizung, Strom, Gas, Wasser, Abwasser sowie für die Müllentsorgung erfasst. Zu den Dienstleistungen zählen Kosten, die im Rahmen von Weiterbildungsmaßnahmen anfallen, genauso wie Kosten für Fachliteratur und Fachseminare, Marktstudien und Marktforschung sowie die Spesenabrechnung von Geschäftsreisen. Gründungskosten sind Kosten, die mit dem Gründungsvorgang in unmittelbarem Bezug stehen. Diese sollte im Rahmen der Finanzbedarfsermittlung unter Berücksichtigung der im Vorfeld der Gründung entstandenen Kosten gesondert erfasst werden.

Für die Gesamtbetrachtung der Übernahme werden oftmals ein Gründungsberater, ein Rechtsanwalt sowie ein Steuerberater konsultiert. Im Kapitalbedarfsplan werden diese Kosten als Beratungskosten erfasst. Der Übernehmer sollte bei fehlendem kaufmännischen oder fachlichen Knowhow Weiterbildungen wahrnehmen, die ihm die entsprechenden Kenntnisse vermitteln. Nicht nur für die Unternehmensführung sind die erworbenen Kenntnisse essentiell, auch im Rahmen der Kreditvergabe ist neben folgenden weiteren Kriterien die fachliche Ausbildung, Erfahrung und betriebswirtschaftliche Kompetenz des Gründers von großer Bedeutung:[556]

- Fachliche Ausbildung, Erfahrung und betriebswirtschaftliche Kompetenz des Gründers,
- Kundenbeziehungen,
- Markt und Branche,
- Unternehmensentwicklung,
- Wirtschaftliche Verhältnisse des Gründers (Selbstauskunft).

Die fachliche Ausbildung sowie die betriebswirtschaftlichen Kompetenzen entscheiden dabei zu einem großen Teil über die Kreditwürdigkeit des Käufers. Die durch Weiterbildungsmaßnahmen entstehenden Kosten werden im Kapitalbedarfsplan bei den Gründungskosten in der Sparte Weiterbildungskosten abgebildet. Sonstige Gründungskosten umfassen beispielsweise die Kosten für ein neues Firmenlogo, neues Briefpapier, neue Firmenhomepage, neue Visitenkarten, sowie Kosten für Werbemaßnahmen, die im Voraus getätigt werden.

Der Unternehmerlohn, der bei Einzelunternehmen und Personengesellschaften als private Entnahmen eingeplant wird, wird von einigen Neuunternehmern

---

[556] Vgl. Teia (2011).

schlichtweg ignoriert oder zu niedrig geplant. Daher gilt es im Voraus die privaten Ausgaben des Unternehmers in einer detaillierten Aufstellung, beispielsweise in Form einer vorgefertigten Checkliste, zu erfassen.[557] Einzuplanen sind die privaten Entnahmen des Unternehmers über einen Zeitraum von ca. sechs Monaten.[558] Die Kosten für die private Lebens- und Haushaltsführung werden auch als Unternehmerlohn bezeichnet.[559] Eine vollständige Aufgliederung des Unternehmerlohns berücksichtigt diverse Ausgaben, die folgender Abbildung zu entnehmen sind:

Mieten, Nebenkosten	EURO
Lebensunterhalt	EURO
Sparverträge, Immobilien, Wertpapiere	EURO
Kinderabsicherung, Kindergarten, Abitur	EURO
Vereinsbeiträge, Urlaub	EURO
Lebens- und Rentenversicherung	EURO
Kranken- und Unfallversicherung	EURO
Haftpflicht- und Hausratversicherung	EURO
Kfz- und Rechtsschutzversicherung	EURO
Private Steuern	EURO
Sonstiges	EURO
Summe Private Ausgaben	EURO

Abbildung 10.3: Private Ausgaben
Quelle: Eigene Darstellung in Anlehnung an Gruenderlexikon.de (2011) Vorlage Kapitalbedarfsplan

Nachfolgend werden eventuelle Risiken bei der Unternehmensübernahme genannt, die bei einem Kapitalbedarfsplan berücksichtigt werden sollten. Bei Umbaumaßnahmen können unerwartete Aufwendungen auf das Unternehmen zukommen. Soll ein Gebäude auf dem Grundstück des Unternehmens errichtet werden, kann die vorherige Nutzung des Geländes eine wichtige Rolle spielen. Wurde das Betriebsgelände beispielsweise von einer Schreinerei benutzt, kann der Boden aufgrund früher unbeachteter Umweltschutzmaßnahmen durch den

---

[557] Vgl. Büllesbach (2011) Interview.
[558] Vgl. IHK Potsdam (2012) starthilfe: festigung-wachstum.
[559] Vgl. Gründerlexikon (2011) Kapitalbedarfsplan.

Einsatz von Chemikalien belastet sein. Das hat zur Folge, dass bei dem Neu- oder Umbau eine Auskofferung des belasteten Boden durchgeführt werden muss. Die entstehenden Kosten für die Entsorgung des Bodens würden je nach Belastung sehr hoch ausfallen. Daher wäre in diesem Fall eine Bodenprobe vor Erwerb des Unternehmens zu empfehlen. Wird eine Belastung nachgewiesen, sollte der Kaufpreis angepasst und eine entsprechende Summe für anstehende Umbaumaßnahmen im Kapitalbedarfsplan verzeichnet werden.

Viele der im Kapitalbedarfsplan errechneten Daten hängen von einem geplanten Absatz ab, der nicht unbedingt in diesem Umfang eintreten muss. Beispielsweise kann es in der Anlaufphase zu Absatzeinbrüchen kommen, die vorher nicht absehbar waren. Aus diesem Grund sollte der Kapitalbedarfsplan großzügig gestaltet sein und Puffer für unvorhersehbare Szenarien aufweisen. Auch im Rahmen der Außenstände muss das Unternehmen damit rechnen, dass manche Waren sehr spät bezahlt werden.

Ein umfassender Kapitalbedarfsplan ist bei einer Unternehmensübernahme ein guter Grundstein, um die finanziellen Belastungen zu bestimmen. Jedoch bestehen diverse Möglichkeiten die Höhe des benötigten Kapitals zu verringern. Beim Anlagevermögen lässt sich durch die Miete von Gebäuden oder das Leasen von Maschinen und Fahrzeugen der Kapitalbedarf entsprechend verringern. Eine Möglichkeit ist, bei anfänglichen Liquiditätsproblemen das „Sale-and-Leaseback"-Verfahren, eine Alternative zum bestehenden Maschinenpark, zu nutzen. Durch den Verkauf der Maschinen und das anschließende Leasing können die Kapitalbindung verringert und liquide Mittel verfügbar gemacht werden. Die Gesamtkosten sind allerdings meist höher als ein eigener Maschinenpark.

Außenstände lassen sich durch zügige Rechnungsstellung und ein ausgereiftes Mahnwesen reduzieren. Abschlagszahlungen bei großen Aufträgen können ebenfalls den Kapitalbedarf senken. In der Beschaffung und Produktion ermöglicht ein innovatives Just-in-time Beschaffungssystem durch Verringerung der Lagerbestände eine Reduzierung des Kapitalbedarfs.

Die Vollständigkeit des Kapitalbedarfsplans als elementarer Grundpfeiler der Gründungsfinanzierung kommt also dadurch zum Ausdruck, dass neben dem Anlagevermögen auch das Umlaufvermögen mit dem entsprechenden Betriebsmittelbedarf erfasst wird. Gewisse Reserven für Anlaufverluste müssen berücksichtigt werden, wobei Anlaufverluste keine Aussagekraft über den langfristigen Geschäftsverlauf der Unternehmung haben, sondern besonders bei Neugründungen der Regelfall sind. Anlaufverluste im Rahmen der Unternehmensübernahme sind durch Veränderung der Unternehmensstruktur ebenfalls möglich. Auch diese müssen bei Finanzierungsverhandlungen im Rahmen des vollständigen Kapitalbedarfsplans erfasst und betrachtet werden. Sie sind zumeist unkritisch, wenn sie frühzeitig erkannt werden.[560]

Bei der Unternehmensübernahme muss in jedem Fall im Rahmen der Finanzplanungsrechnung ein detaillierter Kapitalbedarfsplan erstellt werden. Eine umfangreiche Aufstellung der einzelnen Posten des Kapitalbedarfsplans sowie eine aufwändige Kalkulation der entstehenden Kosten stellen sich zu Anfang als eine sehr arbeitsintensive Aufgabe dar. Dabei erweist sich diese Arbeit im späteren Verlauf der Gründung als lohnende Investition. Die umfangreiche Betrachtung der benötigten finanziellen Mittel gibt einen tiefen Einblick in die Belastungen eines Unternehmenskaufs und liefert das Ergebnis auf die „Gründerfrage", ob sich die Investition in das Unternehmen auch rentieren wird. Die fundiert ermittelten Werte erleichtern Gespräche über Kredite bei Banken und Förderinstituten. Dabei lässt die Vollständigkeit des erarbeiteten Kapitalbedarfsplans auf eine ausgeprägte Geschäftstüchtigkeit des Gründers oder des Käufers des Unternehmens schließen. Diese Eigenschaft eröffnet Potenziale für die finanzielle Unterstützung durch die Banken. Die Eigenschaft der Geschäftstüchtigkeit lässt jedoch auch auf fundierte Kenntnisse des Käufers für Chancen und Risiken der Selbstständigkeit schließen. Durch das Erarbeiten eines umfassenden Kapitalbedarfsplans wird der erste Grundstein für eine erfolgreiche Übernahme des Unternehmens gelegt und eine gute Etablierung des Unternehmens am Markt begünstigt.

10.1.1 Kosten der Übernahme

Kosten für Informationen

Der potenzielle Käufer eines Unternehmens muss sich bei der Suche nach dem idealen Unternehmen mit Informationen versorgen, da davon auszugehen ist, dass er nicht mit allen relevanten Daten vertraut ist. Die Suche ist ein dynamischer Prozess und kann aufgrund von Vorkenntnissen unterschiedlich intensiv und somit mit variablen Kosten verbunden sein. Je weniger das Unternehmen im bereits vorhandenen Fokus des Käufers ist, desto höher sind die zu erwartenden Kosten, um das optimale Unternehmen zu finden.

---

[560] Vgl. Corsten (2002) S. 225.

Im Folgenden werden die Informationskosten im Rahmen einer Übernahme am Beispiel der horizontalen, vertikalen und der konglomeraten Form der M&A sowie des MBO und dem Verkauf innerhalb der Familie näher erläutert:

In den letzten Jahren werden Unternehmen in Deutschland vermehrt durch ein *MBO* von den bisherigen Managern des Unternehmens übernommen.[561] Die Kosten, die für die Informationssuche anfallen, sind hier als gering zu bewerten, da davon auszugehen ist, dass das Management über alle wichtigen Informationen verfügt. Die Kosten, die für einen potentiellen Käufer anfallen, sind nicht genau monetär zu bestimmen. Eine langjährige Zusammenarbeit oder Anstellung im Unternehmen bewahrt den Nachfolger nicht davor, das Unternehmen zu durchleuchten. Hierbei muss Arbeitszeit investiert werden, die er gegebenenfalls anders hätte nutzen können. Der Sachverhalt, dass er mit dem Unternehmen täglich im Kontakt ist, lässt darauf schließen, dass er die Informationen intern erhält und keine Kosten für weitere Informationsquellen investieren muss.

Bei einem *Verkauf innerhalb der Familie* sieht die Sachlage ähnlich aus. Das Familienmitglied verfügt über die wesentlichen Informationen und deshalb fallen nur geringe Kosten an. Der Vorteil bei dieser Käufergruppe liegt besonders darin, dass hier eine noch größere Vertrauensbasis herrscht.

Bei der *horizontalen M&A* stammt das kaufende Unternehmen aus derselben Branche und Produktionsstufe. Bei dieser Käufergruppe sind die anfallenden Kosten höher, da sie über keine internen Informationen bezüglich des Unternehmens verfügen.

Häufig werden auch Unternehmen aus der eigenen Supply-Chain übernommen, was eine *vertikale M&A* darstellt. „Die Übernahme eines Unternehmens, das auf einem Spezialgebiet ein bestimmtes Know-how hat, ist häufig billiger als es die Aufwendungen im eigenen Betrieb für selbständige Entwicklungen sind".[562] Ein Verkäufer zieht es eventuell nicht an erster Stelle in Betracht, sein Unternehmen einem Wettbewerber zu verkaufen. Wenn das Verhältnis zu einem Wettbewerber oder einem Mitglied der Supply-Chain nicht optimal ist, wird er keine Insiderinformationen bezüglich des Verkaufs an diese weitergeben. Demnach muss der Käufer viel Zeit investieren, um sich die entsprechenden Informationen zum Unternehmen zu beschaffen. Zum Verkauf stehende Unternehmen findet man beispielsweise durch Firmenbörsen, welche meist kostenlos sind, oder durch Unter-

---

[561] Vgl. Hölters (1992) S. 25.
[562] Vgl. Beisel (2006) S. 2.

nehmensmakler. Bei Unternehmensmaklern fällt eine Provision an, die prozentual am Unternehmensobjekt errechnet wird.

Bei der *konglomeraten M&A* kommt die Käufergruppe in der Regel aus einer dritten Branche und steht in keiner wirtschaftlichen Verbindung zum Kaufobjekt. Demzufolge verfügt der Käufer über die geringsten Informationen über das Unternehmen und die Branche. Folglich sind die Kosten, die bei der Informationssuche anfallen im Vergleich zu den anderen Käufergruppen am höchsten.

Kosten für Wirtschaftsprüfer

Ein Unternehmenskauf macht i.d.R. nur dann Sinn, wenn er wirtschaftlich attraktiv ist und sich auf Dauer mit den Kosten für den Kauf deckt. Wichtig ist es also, den tatsächlichen Unternehmenswert vor den Kaufpreisverhandlungen zu ermitteln. Um den Wert eines Unternehmens zu ermitteln, werden häufig Wirtschaftsprüfer oder Wirtschaftsprüfungsgesellschaften eingesetzt. „Zu deren berufsrechtlichen Verpflichtungen gehört die Einhaltung der einschlägigen Standards. Diese Standards werden vom Institut der Wirtschaftsprüfer bestimmt".[563]

„Unter dem Wert eines Unternehmens ist der für den oder die beteiligten Vertragsparteien ermittelte Grenzpreis zu verstehen, der maximal gezahlt werden kann (Erwerbersicht) oder mindestens erzielt werden muss (Verkäufersicht), um gegenüber der Situation vor Veräußerung keinen wirtschaftlichen Nachteil entstehen zu lassen".[564] Wirtschaftsprüfer ermitteln somit keinen exakten Kaufpreis, der unbedingt eingehalten werden muss, sondern stecken vielmehr für den Käufer eine Obergrenze ab, die er bei den Verhandlungen über den Kaufpreis nicht überbieten sollte. Der Verkäufer sollte die Grenze nicht unterschreiten, da er sein Unternehmen sonst unter Wert verkauft.

Oftmals weichen die ermittelten Unternehmenswerte der beiden Parteien stark voneinander ab. Dies liegt an den vom Käufer erwarteten Synergien. Der Hintergrund der Synergien ist für den Verkäufer oft weder berechenbar noch vorhersehbar. Möglicherweise setzen beide Parteien aber auch den gleichen Wirtschaftsprüfer ein, dessen Aufgabe es dann ist, für beide einen fairen Preis zu ermitteln.

---

[563] Vgl. Sinewe (2010) S. 49.
[564] Vgl. ebd. (2010) S. 49.

In die Bewertung von Unternehmen fließen Annahmen ein, die sich auf Entwicklungen in der Zukunft beziehen und dadurch ungenau sind. Dadurch wird bei einer nachträglichen Unternehmensbewertung für einen Zeitpunkt aus der Vergangenheit ein anderes Ergebnis erzielt, als zum Zeitpunkt dieser Bewertung auf der Grundlage von Ungewissheiten. Noch ungenauer ist die ausschließliche Verwendung von Vergangenheitswerten.

Gegenstand der Bewertung eines Unternehmens ist die wirtschaftliche Einheit als Komplex. Üblich wirken in einem Unternehmen materielle und immaterielle Faktoren gemeinsam und ergeben ein finanzielles Gesamtergebnis. Der Unternehmenswert entsteht aus dem erwarteten Gesamterfolg und lässt sich theoretisch auf zwei Wege errechnen. Im Rahmen der *Einzelbewertung* werden die zukünftigen Erfolgsbeiträge aller einzelnen Faktoren summiert. Die *Gesamtbewertung* betrachtet das zukünftige Gesamtergebnis des Unternehmens.[565] Zu erwähnen ist weiterhin, dass es neben diesen beiden Verfahren das Kombinations- sowie das Multiplikationsverfahren gibt.[566]

Da die Einzelbewertung weniger gebräuchlich ist, wird im Folgenden auf die Gesamtbewertung eingegangen. Um den genauen Wert eines Unternehmens ermitteln zu können und Bewertungsprobleme zu vermeiden, ist es notwendig, dass die wesentlichen wertbeeinflussenden Faktoren bekannt sind. Hierbei ist es auch wichtig, dass es eine mittel- bis langfristige Unternehmensplanung gibt. Ohne lückenlose Informationen ist keine exakte Bewertung möglich. Ein absolutes Muss für eine erfolgreiche Unternehmensbewertung ist die Einsicht in die Jahresabschlüsse der letzten drei bis fünf Jahre.[567]

In der Praxis hat sich die Bewertung der Unternehmen durch einen Wirtschaftsprüfer bewährt. Er erarbeitet systematisch die Grundlagen für eine Bewertung und fügt die gewonnenen Informationen durchgängig in eine Bewertungsrechnung ein, die aus folgenden Arbeitsschritten besteht:

a) Bereinigung der Vergangenheitserfolgsrechnung
b) Feststellung der zum Bewertungszeitpunkt vorhandenen Ertragskraft
c) Zukünftiger Unternehmensumfang und Zukunftserfolgsrechnung
d) Planung des Abschreibungsbedarfs und der Re-Investition
e) Finanzbedarfsrechnung und Zinsprognose

---

[565] Vgl. Sinewe (2010) S. 51.
[566] Vgl. Hölters (1992) S. 76.
[567] Vgl. Hölters (1992) S. 76.

f) Ableitung des Ergebnisses für den Ertragswert

Die Arbeitsschritte c – f werden dabei in folgende drei Phasen unterteilt:
Phase 1 – Planung der nächsten ein bis drei Jahre
Phase 2 – Planung der folgenden drei bis fünf Jahre mit Trenderwartungen und Ableitungen aus den Plänen der Phase 1
Phase 3 – Schätzungen der weiteren, nicht mehr überschaubaren Zukunft.[568]

Die beschriebene Durchleuchtung des Unternehmens kann teilweise mit einer Due Diligence Prüfung gleichgesetzt werden. Um gewissenhaft über einen Kauf und den entsprechenden Preis für das Unternehmen entscheiden zu können, sind Unternehmensberater in den meisten Fällen absolut notwendig Da in den meisten Wirtschaftsprüfungskanzleien auch steuerberatende Tätigkeiten angeboten werden, bietet es sich an eine Kanzlei für beide Tätigkeiten zu beauftragen, um Kosten einzusparen. Die Kosten je Stunde können 100 Euro betragen und ein Tagessatz bis zu 1.500 Euro.

Kosten für Steuerberater

Der Steuerberater hat eine wesentliche Rolle beim Kauf eines Unternehmens, woraus entsprechende Kosten resultieren. Da die Aufgaben des Steuerberaters ein Wirtschaftsprüfer übernehmen kann, liegt es im Ermessen des Kunden, für welche Variante er sich entscheidet. Da Steuerberater der Kammeraufsicht unterliegen und somit die einschlägigen Vorschriften der Steuerberatergebührenverordnung (StbGebV) gelten, bedeutet dies, dass der Rahmen für das Honorar gesetzlich geregelt ist. Die Kosten für Beratungen sind von verschiedenen Bemessungsgrundlagen wie z.B. Jahresumsatz, Bilanzsumme oder Gewinn abhängig. Nach §§ 13,14 StbGebV ist es dem Steuerberater möglich eine Zeitvergütung festzulegen, die mit einem Stundenlohn vergleichbar ist. Dies ist beispielsweise bei strukturellen Beratungsfragen der Fall. Weiterhin ist in der StbGebV eine Beratungstabelle definiert, in der die Beratergebühr in Abhängigkeit des Gegenstandswertes aufgeführt ist, an der sich der Steuerberater zu orientieren hat.[569]

Von großer Bedeutung sind die Kosten, die bei einem Due Diligence Prüfung anfallen. Hierunter versteht man eine „umfassende Durchleuchtung eines zum Erwerb anstehenden Unternehmens".[570] Da die bedeutenden Faktoren, wie bei-

---

[568] Vgl. ebd. (1992) S. 80 f.
[569] Die Beratungstabelle ist im Anhang als nähere Erläuterung der Kosten angehängt.
[570] Vgl. Beisel (2006) S. 21.

spielsweise die Ertragsfähigkeit nicht durch eine einfache Betriebsbesichtigung erkennbar werden, muss eine Due Diligence durchgeführt werden. Hier wird außerdem der Wert des Unternehmens ermittelt und die Zahlungsmodalitäten werden festgelegt. Die Durchführung dieser Durchleuchtung soll dem Erwerber den Input für die Vertragsgestaltung liefern.[571] Die Kosten einer Due Diligence betragen in etwa 1,08% des Kaufpreises.

Kosten für Rechtsanwalt

Der Rechtsanwalt übernimmt bei einem Unternehmenskauf eine überwachende Funktion. Je komplizierter die Übernahme eines Unternehmens ist, desto bedeutender ist die Funktion des Rechtsanwalts. Dies ist beispielsweise bei feindlichen Übernahmen der Fall, die teilweise vor Gericht ausgetragen werden. Die Kosten des Rechtsanwalts sind im Rechtsanwaltsvergütungsgesetz geregelt. Sie richten sich nach dem Streitwert und dem Umfang der Anwaltstätigkeit. Entscheidend ist zum Beispiel auch, ob es zu einer Gerichtsverhandlung kommt. Je mehr Unklarheiten und Differenzen zwischen den Verhandlungspartnern herrschen, desto höher sind die Rechtsanwaltskosten.

Kosten für Notar

Bei der Übernahme eines Kaufobjektes ist der Gang zum Notar notwendig. Die hier entstehenden Kosten sind im Vergleich zu den anderen Beraterkosten eher gering. Eine notarielle Beurkundung eines Kaufvertrages ist beispielsweise dann nötig, wenn Grundstücke bei der Übernahme gekauft werden. Dies ist gemäß § 311b BGB, 11 ErbbauRVO gesetzlich geregelt. Weitere Aufgabenfelder des Notars umfassen u.a. auch das Anmelden beim Bundeskartellamt und das Heranziehen von staatlichen Genehmigungen. Die Gebühren, die vom Käufer zu zahlen sind, sind zum einen von den Kosten des Unternehmenskaufpreises abhängig und zum Anderen von den oben genannten Nebenkosten (Einholen von Genehmigungen, etc.). So liegen die Kosten bei einem Kaufpreis von 100.000€ bei ca. 500€ und bei einem Kaufpreis von 1.000.000€ bei rund 3.500€.

Opportunitätskosten

„Als Opportunitätskosten bezeichnet man den Nutzenentgang (=entgangener Erlös) aus der nicht realisierten Alternativverwendung knapper Güter".[572] Beim

---

[571] Vgl. Nordmeyer (2000) S. 155.
[572] Vgl. Wöhe (2008) S. 943.

Kauf eines Unternehmens muss der Käufer einen hohen zeitlichen Aufwand betreiben. Diese lange zeitliche Periode hätte er jedoch anderweitig nutzen und als Arbeitnehmer weiterhin tätig sein oder sich seinen vorhanden Aufgaben als Unternehmensinhaber widmen können. Die Kosten, die hier entstehen, sind somit nicht genau zu bestimmen, da es auf die individuelle Tätigkeit des jeweiligen Käufers ankommt. Ein Bäckergeselle hätte zum Beispiel Opportunitätskosten in Höhe seines Lohnes.

Kosten für Coaching

Die Kosten für Coaching sind vor allem dann von großer Bedeutung, wenn ein Unternehmen durch eine konglomerate M&A übernommen wurde. Hier fallen insbesondere Kosten für den Käufer an, da er sich nicht mit der übernommenen Branche auskennt. Die Höhe dieser Kosten ist individuell zu betrachten, da man von unterschiedlichen Erfahrungsständen ausgehen muss. Der neue Unternehmensinhaber kann sich u.a. von seinem Vorgänger coachen lassen und durch diesen in die betrieblichen Arbeitsvorgänge einweisen lassen oder alternativ einen externen Berater beauftragen. Entsprechend wird die Bezahlung unterschiedlich geregelt. Der Vorgänger coacht den neuen Inhaber so lange, bis dieser das Unternehmen selbstständig führen kann und erhält dafür eine fixe Vergütung, alternativ wird auf Stundenbasis abgerechnet. Beim Coaching durch einen externen Berater fallen die höheren Kosten an, da der externe Coach sich ebenfalls einarbeiten muss. In Teilbereichen eines Unternehmens kann dies jedoch von Vorteil oder notwendig sein. Externe Berater werden auf Stundenlohnbasis bezahlt.

Branchenspezifische Kosten

Je komplexer die Branche und der dort existierende Markt sind, desto schwieriger und damit kostspieliger kann eine Betriebsübernahme werden. Eine Bäckerei mit vier verschiedenen Zulieferern, 60 Mitarbeiten, einer übersichtlichen Buchhaltung und einem Vertriebsweg ist in der Regel übersichtlicher und damit einfacher zu verstehen, als ein Automobilhersteller, der mit mehreren Zulieferern kooperiert und im Ganzen ein komplexeres Produkt verkauft.

Besonders schwierig und komplex sind Übernahmen von Mischkonzernen. Ein solches Konstrukt zu verstehen, ist sehr zeitintensiv und setzt die Fähigkeit voraus, komplexe Zusammenhänge zu verstehen. Von einer Pauschalisierung innerhalb einer Branche wird abgeraten. Eine Übernahme von Unternehmen A kann im Vergleich zu einer Übernahme von Unternehmen B trotz gleicher Branche unterschiedlich verlaufen.

Zusammenfassend lässt sich festhalten, dass die Kosten für Wirtschaftsprüfer, Steuerberater, Rechtsanwalt und Notar mit der Komplexität des Übernahmekandidaten und damit der Komplexität der Übernahme steigen. Da sich einige der Kosten am Unternehmenswert orientieren, lässt sich zudem festhalten, dass die Kosten für die „Übernahmeberatung" aufgrund verschiedener Branchen mit unterschiedlichen Umsatzstärken teilweise höher ausfallen können. Die Kosten für den Notar in einer Automobilbranche fallen i.d.R. höher aus als in einem Bäckereiunternehmen, weil die Höhe seiner Vergütung sich u.a. am Verkaufspreis des Unternehmens bemisst.

Praxisbeispiel

Zum Verkauf steht eine Bäckerei mit zehn Filialen, 60 Mitarbeitern, einem erwirtschafteten Umsatz von 4,5 Millionen € sowie einer Umsatzrendite von 6%. Da das übernehmende Unternehmen ein direkter Wettbewerber aus derselben Branche ist, handelt es sich um eine horizontale Übernahme.

Verkäufer A, der über einen langjährigen, persönlichen Kontakt zu Käufer B verfügt, unterrichtet diesen von seiner Absicht, sein Unternehmen zu verkaufen. Er möchte sein Unternehmen nicht an einen unbekannten externen Käufer verkaufen, da das Unternehmen nach seinen Vorstellungen weitergeführt werden soll. In seiner Familie gibt es keinen potenziellen Nachfolger und ein MBO ist auszuschließen, da Verkäufer A in seinem Betrieb keinen potenziellen Übernehmer sieht. Als vertrauter Nachfolger kommt demnach nur der interessierte Käufer B in Frage, der zunächst von einem Wirtschaftsprüfer eine Due Diligence Prüfung durchführen lassen möchte.

Aufgrund der Tatsache, dass B ein Vertrauensverhältnis zu A hat, gelangt B an alle für die Übernahmevorbereitung relevanten unternehmensinternen Informationen, wodurch keine nennenswerten Kosten bei der „Suche nach Informationen" über das Unternehmen anfallen. Die Auswertung der entsprechenden Informationen und die Kaufpreisermittlung anhand der Gesamtwertmethode erfolgt durch den Wirtschaftsprüfer. Auf Basis dieser Informationen kann B schließlich eine Entscheidung treffen.

Im Fallbeispiel wird von einer 6 prozentigen Umsatzrendite und einem Jahresumsatz von 4,5 Millionen € ausgegangen. Für das erste Jahr ergibt sich ein Jahresüberschuss von 270.000 €. Für die Folgejahre ergeben sich folgende Überschüsse:

Jahr 2:   295.000 €
Jahr 3:   310.000 €

Jahr 4: 255.000 €
Jahr 5: 266.000 €

Aus den Jahresüberschüssen und einem festgelegten Investitionszinssatz von 10% kann der Unternehmenswert wie folgt ermittelt werden:

Unternehmenswert = (270.000 € /1,1) + (295.000 € /1,1^2) + (310.000 € /1,1^3) + (255.000 € /1,1^4) + (266.000 € /1,1^5) = <u>1.127.637 €</u>

Grundlage für die Preisverhandlung mit A ist der berechnete Unternehmenswert des Wirtschaftsprüfers, der beim Verkäufer jedoch, vor allem aufgrund der nicht berücksichtigten Synergien, zu einem anderen Wert kommen kann. Anzumerken ist, dass der Wirtschaftsprüfer in der Praxis eine präzisere Rechnung hätte durchführen müssen. Er weist B auf die Chancen und Risiken der Übernahme hin und stellt ihm für seine erbrachten Leistungen eine Rechnung über sieben Arbeitstage mit je 1.500 € Tagessatz über insgesamt 10.500 € aus. Darüber hinaus übernimmt die Kanzlei des Wirtschaftsprüfers die Steuerberatungsfunktion, im Rahmen derer B u.a. unterstützt wird, das neue Unternehmen in die richtige Unternehmensform einzugliedern. Dies geschieht unter den Gesichtspunkten, dass der Übernehmer seinen Betrieb so ausrichtet, dass er möglichst wenig Steuern zahlt. Das Honorar für diese Berechnung in Höhe von 3.996 € wird gemäß der StbGebV ermittelt. Demzufolge belaufen sich die bisherigen Beratungskosten durch den Wirtschaftsprüfer auf insgesamt 14.496 €.

Auf Grundlage der durch den Wirtschaftsprüfer gewonnenen Informationen entscheidet sich B dafür in Preisverhandlungen mit A zu gehen. Dabei wird er von seinem Rechtsanwalt begleitet, der lediglich eine überwachende Funktion in diesem Kaufprozess übernimmt und demzufolge von Kosten in Höhe der Mindestgebühr einer Anwaltstätigkeit (613 € laut Rechtsanwaltsvergütungsgesetz) ausgegangen wird.

Der durch den Wirtschaftsprüfer ermittelte Unternehmenswert verringert sich unter Berücksichtigung der Beratergebühren von 1.127.637 € auf 1.112.558 €:

   1.127.637 € Unternehmenswert
-   14.466 € Beratergebühren Wirtschaftsprüfer
-     613 € Beratergebühren Rechtsanwalt
= **1.112.558 €**

Zudem müssen bei den Verhandlungen mit A Notarkosten in Höhe von etwa 4.000 € berücksichtigt werden. Demnach beläuft sich die Kaufpreisgrenze von B auf etwa 1.108.500 €, was für B bedeutet, dass er in den ersten fünf Jahren nach

der Übernahme keinen Gewinn erzielen würde. Aus diesem Grund bietet er A nach zähen Verhandlungen einen Kaufpreis von 980.000 € an, dem A zustimmt, da er am langfristigen Weiterbestehen des Unternehmens interessiert ist.
Kosten für Coaching fallen für B nicht an, da sowohl er als auch das bestehende Personal mit den entsprechenden Aufgabenfeldern vertraut sind. Zusammenfassend lässt sich festhalten, dass sich die Berater- und Notargebühren in der Summe auf 18.979 € belaufen, was 2% des Kaufpreises entspricht.

Ausblick

Wie bereits dargelegt, ist die Übernahme eines Unternehmens mit unterschiedlichen Kosten verbunden. In der Praxis wird oft lediglich der Kaufpreis betrachtet. Sonstige Kosten (Berater, Notar etc.) werden außer Acht gelassen, sind jedoch nicht zu unterschätzen und können je nach Unternehmenswert und Beraterzweig sehr hoch ausfallen. So sind die Kosten für einen Rechtsanwalt bei einer gesetzmäßigen Unternehmensübernahme im Vergleich zu den Kosten für einen Wirtschaftsprüfer als gering zu bewerten.

Um die Übernahmekosten möglichst gering zu halten, ist zusammenfassend festzuhalten, dass eine sorgfältige Betrachtung aller anfallenden Kosten unbedingt notwendig ist. Darüber hinaus ist das Hinzuziehen von entsprechenden Beratern von hilfreich.

10.1.2 Betriebsmittelbedarf

Der kurzfristige Kapitalbedarf oder Betriebsmittelbedarf ist zur Vorfinanzierung der betrieblichen Kosten und Außenstände erforderlich, da eine gewisse Zeit verstreicht, bis die ersten Einnahmen verbucht werden können. In dieser Anlaufzeit sind die Einnahmen geringer als die Ausgaben. Erst wenn die Einnahmen die Ausgaben übersteigen, ist die erste „Durststrecke" überwunden.[573]

Da jedes Unternehmen und jede Branche unterschiedliche Merkmale aufweist, spielen bei der Berechnung des Betriebsmittelbedarfs viele Faktoren eine Rolle. Es gibt also keine allgemeingültige Lösung, jedoch sollten folgende Positionen für die Berechnung einbezogen werden:
- Außenstände,
- Personalkosten,
- Miete/Pacht,

---

[573] Vgl. Newcome (2012).

- Büro- und Verwaltungskosten,
- Energie- und Fahrzeugkosten,
- Zinsen.

Zudem sollten Materialkosten und das Warenlager beachtet werden. Der benötigte Lagerbestand lässt sich wie folgt ermitteln:

- voraussichtlicher Waren-/Materialeinsatz pro Jahr,
- durchschnittlicher Warenumschlag pro Jahr.

Durch sofortige Rechnungsstellung, rationelle Lagerhaltung, konsequente Zahlungsüberwachung und ein geordnetes Mahnwesen lässt sich der Betriebsmittelbedarf stark reduzieren. Zu beachten ist, dass bei steigenden Umsätzen auch die Kosten und Außenstände ansteigen und diese entsprechend finanziert werden müssen. Eine zu geringe Auslegung des Betriebsmittelbedarfs darf unter keinen Umständen erfolgen, da dies zu Liquiditätsengpässen führen kann. Auch eine Reserve für Unvorhersehbares sollte mit einkalkuliert werden, um in schwierigen Situationen zahlungsfähig zu bleiben. Privatentnahmen für Lebensunterhalt, Renten-, Kranken-, Lebensversicherung, persönliche Steuer, Miete und ggf. Belastungen für das eigene Haus sind ebenfalls zu berücksichtigen.[574]

Eine optimale Planung des kurz- und langfristigen Kapitalbedarfs eines Unternehmens trägt erheblich zum Unternehmenserfolg bei. Da der kurzfristige Kapitalbedarf (Betriebsmittelbedarf) sehr stark branchen- und konjunkturabhängig ist, lässt sich dieser weitaus schwerer planen, als der langfristige Kapitalbedarf (Investitionskapital). Die risikobehaftete Betriebsmittelplanung sollte für jedes KMU der Dreh- und Angelpunkt in der Planung sein.

Branchenabhängig hat der Betriebsmittelbedarf eine unterschiedliche Bedeutung. Besonderheiten ausgewählter Branchen werden nachfolgend beschrieben:

Ein geringer Betriebsmittelbedarf liegt in der *Dienstleistungs-* und *Gastronomiebranche* vor. In der *Dienstleistungsbranche* ist der Produktionsfaktor Know-how maßgebend, für den keine Ausgaben vor Erbringung der Dienstleistung nötig sind und zudem Forderungen zügig bezahlt werden. In der *Gastronomiebranche* hat der Unternehmer i.d.R. täglich Einzahlungen, um darauffolgende Bestellungen bei Lieferanten zu finanzieren. Da ein Zahlungsziel von 30 Tagen in dieser Branche eher unüblich ist, fällt auch hier der Betriebsmittelbedarf eher gering aus.

---

[574] Vgl. Sparkasse Aachen (2012).

In den Bereichen wie Handwerk, produzierendes Gewerbe und der Baubranche ist der Betriebsmittelbedarf sehr hoch, da der Unternehmer die Produktionsfaktoren wie Holz, Metall oder andere Baustoffe vorfinanzieren muss. In der *Baubranche* ergeben die langen Bauzeiten und die daraus resultierenden langen Zahlungsziele für den Unternehmer einen hohen Betriebsmittelbedarf. *Handwerker* kämpfen häufiger mit der schwindenden Zahlungsmoral der Kunden und müssen steigende Beträge zwischenfinanzieren, was wiederum zu starken Liquiditätsproblemen bis hin zur Schließung des Unternehmens führen kann. Beim *produzierenden Gewerbe* müssen alle Arten von Gütern, die zur Produktion oder für den Handel erforderlich sind, finanziert werden. Um eine sichere Planung des Betriebsmittelbedarfs gewährleisten zu können, sind zudem Maschinen, Energie und Produktionsmaterialien sowie Lagereinrichtungen, Patentrechte und Zahlungsziele für Kunden zu berücksichtigen.

Inwieweit in Bezug auf den Betriebsmittelbedarf konjunkturelle und saisonale Schwankungen neben den bereits beschriebenen Besonderheiten innerhalb unterschiedlicher Branchen eine Rolle spielen, wird nachfolgend beschrieben: Die *Konjunktur* der Branchen und der Wirtschaft bewirken ein verändertes Zahlungsverhalten der Kunden. In konjunkturell schlechten Zeiten werden Zahlungen tendenziell später geleistet.

Saisonale Bedingungen sind den Unternehmen meist bekannt. Dass ein Ski-Hersteller seine Waren nur in der Wintersaison absetzen kann, ist ihm bewusst, doch muss er auch das Jahr über liquide bleiben, um Rohstoffe kaufen zu können. Auch saisonale Branchen wie Motorradhersteller oder Speiseeishersteller müssen einen gewissen Betriebsmittelbedarf einplanen, um Zeiten, in denen der Absatz fehlt, zu überbrücken. Viele Unternehmen nehmen zur Überbrückung ihrer Absatzeinbußen auch einen saisonalen Gegensatz in ihrem Portfolio auf, beispielsweise ein Modelabel, das zusätzlich zur Surfbekleidung auch Snowboardbekleidung herstellt.

Generell ist festzuhalten, dass es häufig einen Zeitraum zwischen den Waren- und Rohstoffeinkäufen und dem Absatz der Produkte zu überbrücken, etwaige Liquiditätsschwankungen auszugleichen oder andere Ausgaben vorzufinanzieren gilt. Folglich verzeichnen Unternehmen aller Art eine Vielzahl von Zahlungseingängen für Leistungen und Lieferungen, denen aber auch zahlreiche Zahlungen gegenüberstehen. Hier kann es vorkommen, dass die Eigenmittel nicht ganz ausreichen, wichtige Zahlungen aber getätigt werden müssen, um etwa Vorleistungen für Aufträge zu tätigen, oder auch Zahlungsfristen nicht zu überschreiten und damit hohe Verzugszinsen zahlen zu müssen.

Häufig wird gerade in der Aufbauphase einer Unternehmung aufgrund kaum liquider Mittel eine Zwischenfinanzierung in Anspruch genommen. Im Wesentlichen stehen hier die Formen des Kontokorrent-/Betriebsmittelkredits[575], des Betriebsmitteldarlehens, des Lieferantenkredits, der Anzahlung sowie die Finanzierung aus dem Kapitalfluss zur Verfügung; andere Formen besitzen in der Praxis meist keine Bedeutung.[576]

Kontokorrent-/Betriebsmittelkredite dienen i.d.R. der Finanzierung von Roh-, Hilfs- und Betriebsstoffen, Fertigerzeugnissen sowie sonstigen betrieblichen Ausgaben. Es besteht meistens jedoch kein direkter Bezug zu einem konkreten Finanzierungsobjekt. Der Kontokorrent-/Betriebsmittelkredit wird in Form einer Kreditlinie auf dem Kontokorrentkonto der Unternehmung zur Verfügung gestellt und dient der Sicherung der Zahlungsbereitschaft. In der Regel wird er aus den erzielten Umsatzerlösen zurückgezahlt. Häufig erfolgt eine Besicherung der Kreditlinie durch Zession der Kundenforderung oder Sicherungsübereignung von Lagerbeständen des Unternehmens. Die Inanspruchnahme des Kredits kann innerhalb der vereinbarten Laufzeit in Höhe des eingeräumten Verfügungsrahmens beliebig erfolgen. Gleiches gilt auch für Tilgungen, die beliebig geleistet werden können. Der Zins ist variabel, abhängig von Marktzinssätzen, z.B. dem 3-Monats-FIBOR (Frankfurt Interbank Offered Rate) und der Unternehmensbonität.

Die Kosten des Kontokorrent-/Betriebsmittelkredits umfassen je nach Vertragsgestaltung die Sollzinsen, eine Kreditprovision als Entgelt für den von der Bank bereitgestellten, aber nicht in Anspruch genommenen Kreditbetrag, die Kontoführungsgebühren sowie ggf. eine Überziehungsprovision. Die Abrechnung der Kreditkosten erfolgt i.d.R. vierteljährlich und die Höhe der Kreditlinie wird in regelmäßigen Abständen überprüft und angepasst. Der Kontokorrent-/Betriebsmittelkredit hat formal kurzfristigen Charakter (z.B. sechs Monate), steht dem Kreditnehmer jedoch durch laufende Prolongation i.d.R. langfristig zur Verfügung. Diese Kreditform dient vor allem der Finanzierung des laufenden Umsatzprozesses und kann auch als Saison-, Überbrückungs- und Zwischenfinanzierungskredit fungieren. Generell ist zu sagen, dass der Kontokorrentkredit, abhängig von der Art und Weise der Nutzung, hohe Kosten verursachen kann. Dagegen stellt die flexible und einfache Handhabung einen wesentlichen Vorteil dar.[577]

---

[575] Vgl. Wirtschaftslexikon Gabler (2012) Betriebsmittelkredit.
[576] Vgl. BMWi (2012)
[577] Vgl. Hartmann (2000) S. 203-204.

Das eher kurzfristig (aber auch mittelfristig) verwendete *Betriebsmitteldarlehen* weist Ähnlichkeiten zum Kontokorrent-/Betriebsmittelkredit auf. So dient auch dieses meist der Finanzierung von Roh-, Hilfs- und Betriebsstoffen, Fertigerzeugnissen aber auch sonstiger betrieblicher Ausgaben. Es unterscheidet sich jedoch völlig in der vertraglichen Ausgestaltung und im Aufbau.

Beim Betriebsmitteldarlehen wird der Unternehmung ein fixer Darlehensbetrag für einen bestimmten Zeitraum zur Verfügung gestellt. Der Zinssatz wird für die gesamte Laufzeit festgelegt und orientiert sich sowohl an der Bonität des Unternehmens, als auch an der Laufzeit und des vorherrschenden Referenzzinssatzes der Banken. Die Tilgung des Darlehens erfolgt meist in festgelegten Raten, kann jedoch abhängig von der Vertragsgestaltung auch in Form von Sondertilgungen erfolgen. Auch das Betriebsmitteldarlehen wird in aller Regel in Form einer Zession der Kundenforderungen oder der Sicherungsübereignung von Lagerbeständen des Unternehmens besichert.[578] Die Kosten des Darlehens sind auch hier abhängig von der Vertragsgestaltung und umfassen i.d.R. die zu zahlenden Zinsen, eine etwaige Kreditprovision in Form eines Disagios oder Agios sowie eine Kontoführungsgebühr. Im Gegensatz zum Kontokorrent-/Betriebsmittelkredit sind die Kosten jedoch absolut planbar, da Zinszahlungen, Laufzeit sowie die Fälligkeitstermine von Zins-/Tilgungszahlung bekannt sind. Auch dieses Instrument dient der Finanzierung des laufenden Umsatzprozesses und kann als Saison-, Überbrückungs-, und Zwischenfinanzierungskredit fungieren. Gerade in Branchen, bei denen es zu einer geringen Warenumschlagshäufigkeit und einer somit längeren Vorlaufzeit kommt, findet dieses Instrument häufig Anwendung.[579] Die Vorteile des Betriebsmitteldarlehens liegen vor allem in der Planbarkeit und der Kostentransparenz und demzufolge verbesserten Kalkulation, wodurch wiederum eine bessere Umlage auf den Endabnehmerpreis ermöglicht wird. Der Nachteil liegt hauptsächlich in der Bindung an Zins und Laufzeit und der damit einhergehenden Inflexibilität.[580]

10.2 Finanzierungsmöglichkeiten bei der Unternehmensnachfolge

Der Unternehmer hat verschiedene Möglichkeiten, seinen Kapitalbedarf zu decken. Mittel, die der Eigentümer oder der Gesellschafter selbst in das Unternehmen einbringt sowie nicht ausgezahlte Gewinne, werden dem Eigenkapital zuge-

---

[578] Vgl. Wöhe (2008) S. 705-706.
[579] Vgl. Kredit.de (2011) betriebsmittelkredit.
[580] Vgl. Kredite-Infoportal (2011) betriebsmitteldarlehen.

rechnet.[581] Werden die Mittel dagegen von Dritten in das Unternehmen eingebracht, handelt es sich um Fremdkapital, welches im Gegensatz zum Eigenkapital dem Unternehmen nur zeitlich befristet zur Verfügung steht.

10.2.1 Eigenkapital

Das zur Deckung des Kapitalbedarfs eingesetzte Eigenkapital eröffnet dem Unternehmensnachfolger verschiedene Vorteile, die nachfolgend beschrieben werden. In erster Linie wird den Fremdkapitalgebern durch das Einbringen von Eigenkapital von Seiten des Unternehmensnachfolgers signalisiert, dass dieser von seiner Geschäftsidee überzeugt und auch bereit ist, ein eigenes Risiko einzugehen. Dies zeigt die Ernsthaftigkeit seines Vorhabens und schafft Vertrauen. Ein weiterer Vorteil besteht in der größeren Flexibilität bzw. Unabhängigkeit, denn es sichert das Unternehmen gegen unvorhergesehenen Finanzbedarf ab und schafft die Möglichkeit, sich bietende Chancen schnell wahrzunehmen.[582] Des Weiteren eröffnet eine höhere Eigenkapitaldecke größere Spielräume bei der Fremdkapitalbeschaffung, da die Höhe des Eigenkapitals den Banken als Maßstab für ihr eigenes Engagement dient. Eigenkapital kostet i.d.R. weniger als Fremdkapital und wirkt sich nicht als Aufwand in der GuV aus, da es im Gegensatz zum Fremdkapital nur kalkulatorisch verzinst wird.[583] Nur selten kann der Unternehmensnachfolger allerdings den notwendigen Kapitalbedarf ausschließlich aus seinem Eigenkapital decken.

Bareinlagen, Sacheinlagen und Eigenleistungen

Der Eigentümer hat die Möglichkeit, Geld- oder Sachwerte aus seinem Privatvermögen in das Unternehmen zu überführen. Bei Geldwerten, die der Unternehmer einbringt, handelt es sich um *Bareinlagen*. *Sacheinlagen* sind Investitionsgüter wie Maschinen, Werkzeuge oder Fahrzeuge, aber auch Patente oder Lizenzen, die der Unternehmensnachfolger mit in die Unternehmung einbringt und so dem Anlagevermögen zuführt. Da er diese Sachwerte nicht zusätzlich kaufen muss, verringert dies seinen Finanzbedarf. Sind diese Güter gebraucht, werden Ersatzinvestitionen früher notwendig. *Eigenleistungen* sind Leistungen, die mit eigenen Mitteln erbracht und genutzt sowie nicht an Dritte veräußert werden. Diese Leistungen können beim Finanzierungsbedarf vom Kreditinstitut als Eigenkapital anerkannt werden, wodurch die Position Eigenkapital in der Unternehmensbilanz erhöht werden kann.[584] Da es oft unterschiedliche Ansichten be-

---

[581] Vgl. Bieg (2009) S. 44.
[582] Vgl. BMWi (2010) Existenzgründerportal: Selbstständigkeit: Finanzierung - Wissen.
[583] Vgl. Bleiber (2004) S. 125.
[584] Vgl. Gründerlexikon (2010) Eigenleistung.

züglich der Bewertung dieser Sacheinlagen oder Eigenleistungen gibt, sind sie kritisch zu betrachten.[585]

Kapitalbeteiligungen

Reicht das eingebrachte Eigenkapital nicht aus, um den Kapitalbedarf zu decken, kann die Lücke alternativ durch die Zufuhr von weiterem *Eigenkapital durch Dritte*, die sich am Unternehmen beteiligen und im Gegenzug entweder Unternehmensanteile oder einen Teil des Gewinns erhalten, geschlossen werden. Eine weitere Möglichkeit ist das *Nachrangdarlehen*, bei dem der Darlehensgeber dem Unternehmensnachfolger ohne die sonst üblichen Sicherheiten Geld leiht und durch eine Nachgangserklärung oder eine Rücktrittserklärung auf seine Gläubigerrechte zugunsten der übrigen Kreditgeber verzichtet. Im Falle einer Insolvenz wird diese Finanzierungsmöglichkeit nachrangig bedient.[586] Der positive Aspekt solcher Beteiligungen ist, dass dadurch, ohne Verzicht auf jegliche unternehmerischen Macht- und Führungsansprüche, alle Vorteile des Eigenkapitals genutzt werden können. Weiterhin müssen den Kapitalgebern keine Rechte eingeräumt werden. Dies geschieht in erster Linie bei der atypischen stillen Gesellschaft, in welcher der stille Gesellschafter eher als Mitunternehmer gilt, da er auch an den Verlusten und den stillen Reserven beteiligt ist. Bei der typischen stillen Gesellschaft hingegen nimmt er die reine Rolle des Gläubigers ein und ist nicht am Vermögen des Unternehmens beteiligt.[587]

Als *potenzielle Gesellschafter* kommen Verwandte oder Freunde ebenso in Frage, wie zukünftige Geschäftspartner, also Kunden oder Lieferanten des Unternehmens. Die Auswahl der Gesellschafter muss der Unternehmer letztlich selbst treffen und dabei die jeweiligen Risiken in Betracht ziehen. Bei Freunden und Verwandten besteht die Gefahr der Fehlkommunikation und die Herausforderung, Privates und Geschäftliches zu kombinieren. Im Gegenzug sollten bei Geschäftspartnern Aspekte der Abhängigkeit in die unternehmerische Abwägung berücksichtigt werden.[588]

Des Weiteren gibt es laut BVK (Bundesverband Deutscher Kapitalbeteiligungsgesellschaften) aktuell 217 *private Beteiligungsgesellschaften*[589] in Deutschland. Diese Venture-Capital-Gesellschaften investieren meist in junge, technologieorientierte

---

[585] Vgl. Bleiber (2004) S. 126.
[586] Vgl. Boemle (1993) S. 186.
[587] Vgl. Jahrmann (2009) S. 237.
[588] Vgl. Bleiber (2004) S. 128.
[589] Vgl. BVK (2010) Privateequity.

Unternehmen, weil diese ein großes Wachstumspotenzial versprechen. Meist handelt es sich dabei um Unternehmen, die zwar ein großes Wachstumspotenzial, aber durch ihre Technologielastigkeit auch hohen Aufwand für Forschung und Entwicklung und daraus resultierend einen hohen Kapitalbedarf haben. Die Venture-Capital-Gesellschaften stellen ohne eine sonst bankübliche Sicherheit Eigenkapital in Form von Einlagen in Stamm- oder Grundkapital oder stillen Beteiligungen zur Verfügung.[590] Diese Gesellschaften gehen ein großes Risiko ein, welches sie sich mit hohen Renditeforderungen bezahlen lassen. Um diese Rendite zu erreichen, beschränken sie sich in ihrer Minderheitsbeteiligung von meist mindestens einer Mio. Euro[591] nicht auf die reine Kontrolle, sondern leisten auch mehr oder weniger intensive Managementberatung.[592] So können sie ihren Klienten im Rahmen ihrer eigenen Geschäftsbeziehungen und Erfahrungen Kontakte zu potenziellen Lieferanten und Kunden verschaffen und wertvolle Marktkenntnisse und Auslandsverbindungen vermitteln.[593]

Neben den erwähnten privaten Beteiligungsgesellschaften gibt es auch *öffentliche Beteiligungsgesellschaften*, die nicht in erster Linie aus erwerbswirtschaftlichem Interesse handeln. Diese öffentlich geförderten Beteiligungsgesellschaften bieten meist auf KMU sowie Existenzgründer zugeschnittene Hilfe an und greifen nicht in das operative Geschäft ein. Die Beteiligungsbeträge sind geringer und belaufen sich meist zwischen 50.000 € bis zu 2,5 Mio. €.[594] Die stillen Beteiligungen werden nach einer Laufzeit von zehn Jahren meist zum Nominalwert zurückgezahlt.

Business Angels agieren wie die privaten Venture-Capital-Gesellschaften, allerdings handelt es sich hierbei um Einzelpersonen bzw. um erfahrene Unternehmer, die sich in der Frühphase eine Minderheitsbeteiligung an einem Unternehmen sichern und den Existenzgründer mit Kapital, Kontakten und Know-How unterstützen. Wie die Venture-Capital-Gesellschaften haben sie eine hohe Renditeerwartung und verkaufen ihre Anteile nach einer Zeit von acht bis zehn Jahren an andere Investoren, den oder die Firmengründer oder an Aktionäre beim Börsengang.[595]

---

[590] Vgl. Prinz zu Hohenlohe (2006) S. 195.
[591] Vgl. Prinz zu Hohenlohe (2006) S. 195.
[592] Vgl. BMWi (2007) *GründerZeiten*Nr. 21, S. 2.
[593] Vgl. Prinz zu Hohenlohe (2006) S. 196.
[594] Vgl. BVK (2010) Privateequity: Mittelständische Beteiligungsgesellschaften.
[595] Vgl. Prinz zu Hohenlohe (2006) S. 196.

10.2.2 Mezzanine-Kapital

In der Finanzwelt ist Mezzanine ein Sammelbegriff für Finanzierungsinstrumente, die zwischen reinem Eigenkapital und reinem Fremdkapital stehen. Es handelt sich um eine hybride Finanzierungsform, die Elemente der Eigenkapitalfinanzierung und der Fremdkapitalfinanzierung miteinander kombiniert und dadurch sehr vielfältig und flexibel ist.[596]

Ob und in welcher Höhe Unternehmen Kredite gewährt werden, hängt von ihrer Eigenkapitalausstattung und der Besicherung ab. Eine unzureichende Eigenkapitalquote des Unternehmens mindert dessen Bonität und erschwert in der Folge die Kreditaufnahme. Mezzanine-Kapital stellt eine Möglichkeit dar, die daraus entstehenden Finanzierungslücken zu schließen. Die Gläubiger stellen dem Unternehmen Mittel zur Verfügung, die rechtlich als Fremdkapital behandelt werden, aber wirtschaftlich zum Eigenkapital zählen.[597] Der Kapitalgeber geht somit das Risiko eines Eigenkapitalgebers ein. Darüber hinaus fehlen die sonst bei Krediten üblichen Sicherheiten und das Mezzanine-Kapital wird im Insolvenzfall nachrangig gegenüber dem Fremdkapital behandelt, aber vorrangig gegenüber dem reinen Eigenkapital.[598] Dieses erhöhte Risiko muss demzufolge mit entsprechend höheren Zinsen von meist 12 bis 20% bezahlt werden.[599]

Häufig wird zu den Zinseinkünften noch eine Beteiligung an der Steigerung des Unternehmenswerts vereinbart, der so genannte Equity Kicker.[600] Folgender Abbildung sind die wichtigsten Merkmale der Mezzanine-Finanzierung im Vergleich zum klassischen Kredit sowie zur Eigenkapitalfinanzierung zu entnehmen:

---

[596] Vgl. Credit Suisse (2006) Economic Research Nr. 42, S. 6.
[597] Vgl. Credit Suisse (2006) Economic Research Nr. 42, S. 8.
[598] Vgl. Credit Suisse (2006) Economic Research Nr. 42, S. 8.
[599] Vgl. Credit Suisse (2006) Economic Research Nr. 42, S. 9.
[600] Vgl. Dahmen (2007) S. 62.

10. Finanzierung einer Übernahme

	Klassischer Kredit	**Mezzanine-Kapital**	**Eigenkapital**
Wirtschaftliche Betrachtungsweise	Fremdkapital	Eigenkapital	Eigenkapital
Rechtliche Betrachtungsweise	Fremdkapital	Fremdkapital	Eigenkapital
Steuerliche Wirkung	Schuldzinsen abzugsfähig	Schuldzinsen abzugsfähig	Kapitalsteuer
Mitbestimmung Investor	keine direkte Mitbestimmung	keine direkte Mitbestimmung	direkte Mitbestimmung
Laufzeit	4-5 Jahre, befristet	5-8 Jahre, befristet	langfristig
Sicherheiten	i.e.S. besichert	ohne Sicherheiten	ohne Sicherheiten
Verwendungszweck	vertraglich festgelegt	nicht festgelegt	nicht festgelegt

Abbildung 10.4: Wichtige Merkmale der Mezzanine-Finanzierung im Vergleich
Quelle: Eigene Darst. in Anlehnung an Credit Suisse (2006) Economic Research Nr. 42, S. 8

Die Gestaltungsmöglichkeiten bei der Mezzanine-Finanzierung hinsichtlich Volumen, Laufzeit, Rückzahlungsmodalitäten, Form und Fälligkeit der Zinsen sind sehr vielfältig und können spezifisch den jeweiligen Bedürfnissen angepasst werden. Die Vorteile liegen für den Unternehmer in der Stärkung der wirtschaftlichen Eigenkapitalbasis, wodurch wiederum die weitere Kreditaufnahme erleichtert wird und die Zinsen sinken. Es erfolgt keine Besicherung, die Laufzeit wird fest vereinbart, die Vergütung kann flexibel gestaltet werden, die rechtliche Behandlung erfolgt als Eigenkapital und die Zinsen können steuerlich geltend gemacht werden. Insbesondere bleibt das Unternehmen unabhängig und somit frei in seinen unternehmerischen Entscheidungen, da die Investoren keine Gesellschafterrechte erhalten. Die Nachteile gegenüber einem klassischen Kredit liegen in der höheren Verzinsung und bei Auszahlung des Equity Kicker in einer möglichen Liquiditätsbelastung am Ende der Laufzeit. Die Transparenzerfordernisse gegenüber den Investoren sind höher. Diese haben zwar kein Mitspracherecht, wollen ihr Geld aber gut verzinst wissen.[601]

Es lässt sich festhalten, dass die Mezzanine-Finanzierung eine altbewährte Finanzierungsmöglichkeit ist, deren typische Formen stille Beteiligungen, Genussrechte, nachrangige und partiarische Darlehen[602] sowie Wandel- und Optionsanleihen sind.[603] Mezzanine-Kapital sollte kritisch betrachtet werden. Da es für den Investor keine Sicherheiten gibt und er eigenkapitalähnliche Risiken eingeht, kommen

---

[601] Vgl. Credit Suisse (2006) Economic Research Nr. 42, S. 9.
[602] Hier gibt keine feste, sondern eine erfolgsabhängige Verzinsung.
[603] Vgl. Bieg (2009) S. 214.

für Mezzanine-Kapital nur solide Unternehmen mit hohem Wachstumspotenzial infrage, die stabile Cashflows vorweisen können. Eine Studie der Credit Suisse, wonach 86% des in Europa eingesetzten Mezzanine-Kapitals für Gesellschafterwechsel und Unternehmensnachfolgen verwendet werden, belegt demzufolge, dass sich diese Finanzierungsform durchaus für Unternehmensnachfolgefinanzierungen eignet.[604]

10.2.3 Fremdkapital

Fremdkapital wird dem Unternehmer von externen Kapitalgebern für einen vertraglich begrenzten Zeitraum zur Verfügung gestellt. Diese erwerben sowohl kein Eigentum als auch keine Gewinnbeteiligung am Unternehmen und sind somit mit diesem ohne jegliches Mitsprache-, Kontroll- und Entscheidungsrecht nur schuldrechtlich verbunden. Der Preis für das Fremdkapital ist ein für die Dauer der vereinbarten Laufzeit fester oder variabler Zinssatz. Um das Ausfallrisiko zu minimieren, werden Kredite meist dinglich abgesichert. Vor allem Kreditinstitute und Versicherungen, aber auch Unternehmen, Privatpersonen und staatliche Institutionen können Fremdkapitalgeber sein. Die wesentlichen Merkmale der Fremdfinanzierung sind:

- Vertragsfreiheit bei der Ausgestaltung der Kreditverträge im Rahmen des Kreditwesengesetzes und bestimmter Spezialgesetze,
- Offenlegung der wirtschaftlichen Verhältnisse des Kreditnehmers zur Überprüfung der Kreditfähigkeit und Kreditwürdigkeit sowie der Bonität,
- Ein vertraglich vereinbarter Kapitaldienst als Summe aus Zins und Tilgung, der in der Liquiditätsplanung berücksichtigt werden muss,
- Unveränderte Machtverhältnisse bei der Geschäftsführung, abgesehen von indirekter Einflussnahme des Kreditgebers bei hohem Kreditvolumen oder Zahlungsschwierigkeiten,
- Ein Befriedigungsvorrecht im Konkursfall,
- Eine Schuldrückzahlung zum Nominalwert,
- Eine mögliche Steigerung der Eigenkapitalrentabilität durch den Leverage-Effekt, sofern die Kreditkosten unter den Renditeerwartungen des Investitionsobjektes liegen,
- Keine Übernahme von unternehmerischen Risiken durch Fremdkapitalgeber,
- Eine Unterscheidung in kurzfristige (bis zu einem Jahr Laufzeit), mittelfristige (ein bis fünf Jahre Laufzeit) und langfristige Kredite (fünf Jahre und länger).[605]

---

[604] Vgl. Credit Suisse (2006) Economic Research Nr. 42, S. 15.
[605] Vgl. Jahrmann (2009) S. 54 f.

Merkmale	Eigenkapital	Fremdkapital
Rechtliche Stellung	Erwerb von Eigentum	kein Erwerb von Eigentum, lediglich schuldrechtliche Verbindung
Geschäftsbefugnis	i.d.R. vorhanden	nicht vorhanden (höchstens indirekt)
Dauer	Unbefristet	Befristet
Art der Entgeltung	Gewinnabhängig	gewinnunabhängig
Gewinnbeteiligung	Ja	Nein
Auswirkung der Entgeltung auf den Erfolg	Gewinnverwendung	Aufwand/Betriebsausgabe
Verlustteilnahme	in voller Höhe	(zunächst) nicht
Sicherheiten	nicht möglich	Normalfall

Abbildung 10.5: Charakteristika von Eigen- und Fremdkapital
Quelle: Eigene Darstellung in Anlehnung an Bieg (2009) S. 123

Kurzfristige Fremdfinanzierung

Zu den kurzfristigen Fremdfinanzierungsmöglichkeiten zählen der Lieferantenkredit, der Kundenkredit, der Kontokorrentkredit, der Lombardkredit, der Wechselkredit und der Avalkredit.[606]

Beim *Lieferantenkredit* wird dem Kunden ein Zahlungsziel eingeräumt, wodurch er die Wahl zwischen Rechnungsbegleichung nach Ablauf der Frist oder zu einem früheren Termin unter Gewährung eines Skontos hat. Unternehmen, die über ausreichend Liquidität verfügen, sollten das Skonto nutzen, da die anteilige Ersparnis zwischen Skontostichtag und Zahlungsziel ohne Skonto Jahreszinssätze von über 30%[607] erreichen kann. Ein Skontozinssatz von 2% für 10 Tage zu einem Zahlungsziel von 30 Tagen ergibt eine Effektivverzinsung von 36%. Dieser Prozentsatz ergibt sich aus der Division des Skontozinssatz von 2% durch die Differenz des Zahlungsziels von 30 Tagen und der Skontoabzugsfrist von 10 Tagen sowie der Multiplikation des Ergebnisses mit 360 Tagen für ein Jahr.[608]

Trotz des Ersparnisvorteils bei Inanspruchnahme des Skontos nutzen Unternehmen oftmals den Lieferantenkredit, da er schnell, formlos und ohne systematische Prüfung gewährt wird. Der Kunde hat Zeit, die Güter bis zum Zeitpunkt des Zahlungsziels weiterzuverkaufen und muss dabei nicht finanziell in Vorleistung tre-

---

[606] Vgl. Dahmen (2007) S. 56 f.
[607] Dieser Wert wird mit einer Näherungsformel errechnet.
[608] Vgl. Jahrmann (2009) S. 75.

ten. Außerdem erreicht er einen Liquiditätsvorteil, da er nicht die Kreditlinie seiner Bank beanspruchen muss und diese anderweitig verwenden kann. Als Sicherheit dient hier üblicherweise der Eigentumsvorbehalt.[609]

Beim *Kundenkredit* leistet der Kunde i.d.R. in Form von Teilbeträgen Anzahlungen, bevor er die Ware erhält. Für den Verkäufer reduziert sich sowohl das Risiko der Nichtabnahme, als auch das Risiko der Nichtzahlung. Des Weiteren erhält er im Voraus liquide Mittel, die er zur Leistungserstellung verwenden kann.[610]

Ein *Kontokorrentkredit* ermöglicht es, das Konto bis zu einem vertraglich vereinbarten Limit zu überziehen, um kurzfristige Schwankungen im Kapitalbedarf auszugleichen. Er ist bis zu dem Kreditlimit flexibel, ohne Ankündigung abrufbar und jederzeit rückzahlbar. Diese Flexibilität lässt sich der Gläubiger bezahlen, daher ist der Zinssatz höher als bei einem langfristigen Darlehen.[611] Der Kontokorrentkredit kann als Betriebsmittelkredit eingesetzt werden, um die zeitliche Lücke zwischen der Beschaffung von Vorräten und dem Zahlungseingang durch den Kunden zu überbrücken.

Vor allem in Branchen mit unterschiedlichen Produktions- und Verkaufsschwerpunkten dient der *Saisonkredit* als eine weitere Form der kurzfristigen Fremdfinanzierung u.a. zur Zwischenfinanzierung langfristiger Darlehen. Beim *Überziehungskredit* duldet der Kapitalgeber die Inanspruchnahme eines Kredites über das vereinbarte Kreditlimit oder die vereinbarte Laufzeit hinaus. Dies lässt er sich mit einem Aufschlag auf den ursprünglich vereinbarten Zins bezahlen.[612]

Ein *Lombardkredit* ist ein kurzfristig gewährtes Darlehen, das durch die Verpfändung von marktgängigen, beweglichen Sachen oder durch Verpfändung von Rechten gesichert wird.[613]

Der *Wechselkredit* hat heutzutage kaum noch Bedeutung, da Wechsel kein gebräuchliches Zahlungsmittel mehr sind. Es handelt sich dabei um einen kurzfristigen Kredit, bei dem ein Finanzinstitut oder ein sonstiger Dritter noch nicht fällige Forderungen mit Abzug eines Abschlags, des so genannten Diskonts, kauft. Der *Avalkredit* entspricht einer Bürgschaft für bestimmte Verpflichtungen. Es

---

[609] Vgl. Busse (2003) S. 326.
[610] Vgl. Becker (2007) S. 171 f.
[611] Vgl. Becker (2007) S. 173.
[612] Vgl. Becker (2007) S. 172.
[613] Vgl. Dahmen (2007) S. 56.

handelt sich hierbei um eine Kreditleihe. Die Kosten betragen für den Kreditnehmer, je nach Art und persönlicher Bonität, zwischen einem und drei Prozent.[614]

Langfristige Fremdfinanzierung

Die Möglichkeiten, den langfristigen Kapitalbedarf zu decken, bestehen in erster Linie in langfristigen Darlehen von Banken, Versicherungen, Unternehmen oder Privatpersonen. Darüber hinaus erfolgt langfristige Fremdfinanzierung durch Schuldscheindarlehen, Anleihen und Schuldverschreibungen sowie öffentliche Förderprogrammdarlehen.

Langfristige Darlehen werden nach ihrer Rückzahlungsmodalität in Raten-, Fest- und Annuitätendarlehen unterschieden. Beim *Ratendarlehen* bleibt der Tilgungsbetrag über die Laufzeit konstant. Die Zinsbeträge werden durch die sich verringernde Restschuld im Laufe der Zeit geringer und die Gesamtrate nimmt folglich ab. Beim *Festdarlehen* oder endfälligen Darlehen werden während der Laufzeit ausschließlich die Zinsen gezahlt. Die Schuld wird am Ende der Laufzeit schließlich in einem Betrag zurückgeführt. Bei einem *Annuitätendarlehen* wird über die gesamte Laufzeit eine gleichbleibende Rate gezahlt. Der Tilgungsanteil nimmt mit abnehmendem Zinsanteil stetig zu.[615]

Schuldscheindarlehen sind ähnlich wie *Anleihen,* nur dass sie durch Ausschaltung des Kapitalmarkts und geringere Mindestbeträge einem größeren Kreis von Unternehmen zugänglich gemacht werden und daher auch für Existenzgründer und KMU interessant sind.[616] Ein Schuldschein ist heutzutage höchstens in Form eines Dokumentes, welches als Beweismittel dient, erforderlich.[617] Da Anleihen einen Zugang zum Kapitalmarkt voraussetzen, dienen sie meist als Finanzierungsinstrument für Großunternehmen und sind für Unternehmensnachfolger KMU weniger geeignet.

10.2.4 Avalfinanzierung

Der Begriff Aval stammt vom lateinischen Wort avallo ab und kann mit dem Wort Wechsel übersetzt werden. Ein Aval ist eine Bürgschaft oder eine Garantie, welche meist von einem Kreditinstitut vergeben und aus diesem Grund auch

---

[614] Vgl. Jahrmann (2009) S. 111.
[615] Vgl. Jahrmann (2009) S. 134 f.
[616] Vgl. Dahmen (2007) S. 54.
[617] Vgl. Jahrmann (2009) S. 184 f.

Bankavale genannt wird[618] In erster Linie geht es bei der Avalfinanzierung nicht um einen monetären Betrag, sondern um die Kreditwürdigkeit an sich. Es fließt also zunächst kein Geld zwischen dem Avalgeber und dem Avalnehmer, vielmehr stellt die Avalfinanzierung eine Absicherung gegenüber dem Gläubiger in Form eines Zahlungsversprechens des Kreditinstituts oder eines sonstigen Avalgebers dar. Die Avalgeber sind somit verpflichtet bei Zahlungsunfähigkeit des Avalnehmers für diesen entsprechend in Form einer Schuldenbegleichung gegenüber dem Gläubiger zu bürgen Es entsteht demzufolge ein Dreiecksgeschäft zwischen der Bank, dem Kunden und dem Gläubiger:[619]

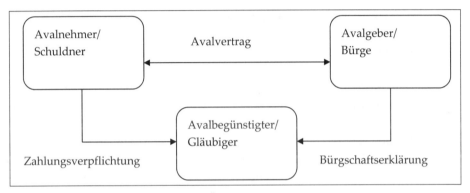

Abbildung 10.6: Die Avalfinanzierung im Überblick

Quelle: Eigene Darstellung in Anlehnung an Jahrmann (2009) S. 86

Sofern keine Komplikationen aufgetreten sind, muss weder der Avalgeber, noch der Avalnehmer finanzielle Mittel aufwenden. Die Bank als Avalgeber kann sich also bei dieser Art der Finanzierung den Einsatz von liquiden Mitteln sparen, dagegen muss der Avalnehmer eine Provision im einstelligen Prozentbereich, i.d.R. unterhalb des Marktzinsniveaus, zahlen.[620] Der Avalgeber profitiert somit von der Vergabe eines Avalkredits durch die Provisionseinnahmen.

Während die Avalkredite in Form von Bürgschaften akzessorischen Charakter haben, stellen Avalkredite in Form von Garantien ein abstraktes Zahlungsversprechen, also unabhängig von der Hauptforderung, dar. Der Begriff akzessorisch bedeutet, dass die Forderung bei einer Bürgschaft an Höhe und Existenz der zu-

---

[618] Vgl. (2011) www.finanz-lexikon.de
[619] Vgl. (2011) www.kreditundfinanzen.de/unternehmensfinanzierung/avalkredit.html
[620] Vgl. Bitz (1993) S. 305.

grundeliegenden Forderung gebunden ist.[621] Die folgende Tabelle zeigt Beispiele für solche Erscheinungsformen.

Bürgschaftsbasis	Garantiebasis
• Zoll- und Steuerstundungen	• Lieferungs- und Leistungsgarantien
• Frachtzahlungen	• Gewährleistungsgarantien
• Wechselverbindlichkeiten	• Bietungsgarantien
• Prozessverpflichtungen	• Anzahlungsgarantien

Abbildung 10.7: Beispiele für die Erscheinungsformen
Quelle: Eigene Darstellung in Anlehnung an Jahrmann (2009) S. 87

Bürgschaftsformen

Bei *Zoll- und Steuerstundungen* erfolgt eine Stundung von Steuerzahlungen oder Einfuhrabgaben. Zollbürgschaften kommen häufig im Importgeschäft aufgrund der AO vor. *Frachtzahlungen*, also Frachtavale, bieten dem Kreditnehmer eine Zusammenfassung mehrerer Bahntransporte für einen bestimmten Zeitraum und stellen eine Absicherung für die gestundete Fracht bei der Bundesbahn dar. *Wechselbürgschaften* sollen den Unternehmen die Möglichkeit gewähren, aktiv am Geldverkehr teilzunehmen und dienen somit zur Verbesserung der Umlauffähigkeit. Sie stellen eine schriftliche Verbindlichkeit eines Dritten dar, welcher für die Schuld eines Bezogenen (Avalakzept) einstehen muss. *Prozessbürgschaften* sind zeitlich unbegrenzte Bürgschaften und heutzutage eine typische Form der Sicherheitsleistung.[622]

Garantieformen

Bei *Lieferungs- und Leistungsgarantien* übernimmt der Garant die Verpflichtung einer termingerechten und vertragsmäßigen Warenablieferung. Bei verspäteter Erfüllung, Schlechterfüllung oder gar Nichterfüllung hat der Garantiegeber Schadensersatz zu leisten. Mit vertragsgerechter Ablieferung endet die Garantielaufzeit. Die Lieferungsgarantie ist verbreiteter als die Vertragsstrafe, da die Garantie auch im Konkursfall bestehen bleibt und sie somit sicherer ist.[623]

---

[621] Vgl. Bitz (1993) S. 306.
[622] Vgl. Jahrmann (2009) S. 88.
[623] Vgl. Jahrmann (2009) S. 89.

Bei den *Gewährleistungsgarantien* verspricht die Bank dem Gläubiger auf Grundlage des Kaufvertrags eine einwandfreie Ware innerhalb einer vereinbarten Gewährleistungsfrist. Diese Form der Garantie ist sinnvoll, da Mängel oft erst nach dem Gebrauch der gelieferten Waren festgestellt werden. Im Falle von Mängeln greift dann die Gewährleistungsgarantie auch noch einige Jahre nach der Inbetriebnahme mit bis zu 20% Schadenersatz des Warenwertes durch die Bank. Bei Nichteinhaltung von Ausschreibungsbedingungen, Rücktritt von Angeboten oder wahrscheinlicher Leistungsunfähigkeit eines Unternehmens verpflichtet sich der Garant einer *Bietungsgarantie* Schadenersatz bis zu einer bestimmten Summe, abhängig von den Ausschreibungsbedingungen, zu zahlen.[624]

Anzahlungsgarantien werden vor allem bei langen Liefer- oder Herstellungsfristen, einem hohen Auftragswert oder bei Spezialanfertigungen in Anspruch genommen. Der Garant verpflichtet sich, die geleisteten Anzahlungen zurückzuzahlen, wenn der Lieferant nicht oder nicht vertragsgemäß liefert bzw. herstellt.[625]

Es können sowohl Privatpersonen, als auch Unternehmen die Finanzierung durch Avalkredite, deren Vergabe jedoch an verschiedene Voraussetzungen gekoppelt ist, in Anspruch nehmen. So gewähren die meisten Finanzunternehmen einen Avalkredit nur, wenn sie die Kreditnehmer und deren finanzielle Leistungsfähigkeit kennen. Einwandfreie Bonität wird vorausgesetzt, d. h. der Kreditnehmer muss wirtschaftliche Rückzahlungsfähigkeit und Zahlungswilligkeit vorweisen. Des Weiteren hat der Kreditnehmer für die Beanspruchung einer Bürgschaft oder Garantie eine so genannte Avalprovision zu zahlen, die von der Art des übernommenen Risikos, der Bonität des Kreditnehmers, der Laufzeit und der Höhe des Avals abhängt. In der Regel liegen die Sätze unter dem jeweiligen Marktzinsniveau zwischen 1,5 und 3% p.a. und werden monatlich oder quartalsweise im Voraus berechnet.[626] Eine weitere Voraussetzung zur Avalfinanzierung ist ein so genannter Avalvertrag, der u.a. die Erscheinungsform des Avals (Garantie oder Bürgschaft), die Beteiligten des Dreieckgeschäfts, die Kreditlaufzeit, Kreditsumme sowie die Forderung definiert bzw. beinhaltet.

Ein Unternehmen sollte zur Erlangung eines Avalkredites über ein gewisses Geschäftsvolumen und einem renommierten Firmennamen verfügen sowie mindestens zwei Jahre mit einem hohen Marktanteil am Markt etabliert sein. Zudem sollte das Unternehmen komparative Kostenvorteile gegenüber aktuellen und poten-

---

[624] Vgl. Jahrmann (2009) S. 89.
[625] Vgl. Jahrmann (2009) S. 90.
[626] Vgl. Bitz (1993) S. 305.

tiellen Wettbewerbern vorweisen können. Vorausgesetzt wird, dass die Produkte der Unternehmen eine gute Qualität und Reputation im Gesamtmarkt haben. Dies ist für die Kreditgeber wichtig, da eine gute Reputation der Produkte einen hohen immateriellen Wert für die Unternehmen darstellt und Bestandteil des Firmenwerts ist. Zudem benötigen die Kreditnehmer keine hohen Investitionen in der Zukunft, um die Qualität der Produkte zu verbessern oder sie zu erhalten. Bei einem großen Marktanteil und Vorteilen gegenüber dem Wettbewerb benötigen die Unternehmen keine kostspieligen Investitionen, um einen bestimmten Marktanteil zu erhalten oder zu erlangen. Darüber hinaus sollten die Führungskräfte ausgezeichnete Branchenerfahrung haben und über spezifisches Know-How verfügen.[627]

Zur Überprüfung der Vertrauenswürdigkeit der Unternehmen sowie Schaffung einer Transparenz und frühzeitigen Risikoidentifikation, verlangen die Kreditinstitute verschiedene Unterlagen. Das sind der aktuelle Jahresabschluss, Kostenvoranschläge sowie betriebliche Auswertungen. Finanzplanungen und Rentabilitätsrechnungen sind für die Kreditinstitute nur dann relevant, wenn die Bürgschaften für das Investitionsgeschäft genutzt werden.[628]

Da es sich bei dem Avalkredit um eine Bürgschaft und somit ausschließlich um eine Übernahme des Risikos handelt, gehört diese Form der Finanzierung bei Privatpersonen nicht zu den Standardfinanzierungen. Eine Art des Avalkredits, die teileweise von natürlichen Personen genutzt wird, ist die Mietbürgschaft, welche die übliche Mietkaution durch eine Bankbürgschaft gegenüber dem Vermieter ersetzt. Dies kann u.a. von Vorteil sein, wenn dem Mieter keine liquiden Mittel zur Verfügung stehen.[629]

Häufiger wird der Avalkredit im gewerblichen Bereich, insbesondere von Unternehmen in der Baubranche, genutzt. Wenn beispielsweise ein Unternehmen in dieser Branche um einen Auftrag wirbt, zeigt die Bankbürgschaft dem Auftraggeber, dass der Auftragnehmer in der Lage ist, den Auftrag ordnungs- und vertragsgemäß zu erfüllen. Die Übernahme des Risikos durch die Bank stellt für den Auftraggeber somit eine Sicherheit und für das Unternehmen einen Wettbewerbsvorteil gegenüber den Wettbewerbern dar. Die Avalfinanzierung wurde 2011 von rund 40,9% der Unternehmen genutzt. Sie ist regelrechter Bestandteil

---

[627] Vgl. Milde (1990) S. 647 ff.
[628] Vgl. Milde (1990) S. 647 ff.
[629] Vgl. kredit.sc (2011) Spezialkredite: Avalkredit.

des Baugewerbes, da Unternehmer und dem Bau nahestehendes Handwerk gezwungen sind Bürgschaften vorzuweisen, um Aufträge zu erlangen.

Da die meisten Unternehmer aufgrund parallel laufender Aufträge nicht in der Lage sind, im Schadensfall für die Auftragnehmer 10% der Auftragssumme zu hinterlegen, greifen sie zur Avalfinanzierung zurück, um das Risiko und die Zahlungsfähigkeit auf die Bank zu übertragen.[630]

Problematisch für die Unternehmer ist, dass die Banken die Avalkredite als hundertprozentige Kredite bilanzieren, obwohl effektiv keine monetären Mittel fließen. Hierdurch erhöht der Unternehmer zum einen seine Kredite bei der Hausbank und verringert zum anderen seine Liquidität. Bei einer begrenzten Kreditlinie schöpft das Unternehmen seine finanziellen Möglichkeiten schnell aus, somit können vorübergehend keine weiteren Aufträge angenommen werden. Bei einer guten Auftragslage treten also paradoxerweise Liquiditätsprobleme ein. Häufig findet man das Problem der schlechten Liquidität bei Bauunternehmen, da im Vordergrund dieses Gewerbes das Thema Sicherheit und somit auch das Thema Bürgschaften steht, vor allem steigt der Bedarf an Mängel- und Gewährleistungsbürgschaften stetig. Aufgrund der zunehmenden Zurückhaltung der Banken bei einer Kreditvergabe, zurückzuführen auf die Kreditkrise, steigt jedoch die Nachfrage an Bürgschaftsgebern auch im Nichtbankensektor.[631]

Ein weiterer Grund der Liquiditätsprobleme im Baugewerbe ist die Verabschiedung des Änderungsgesetzes zum Bauforderungssicherungsgesetz vom 19.06.2009. Das umstrittene Gesetz schreibt Bauunternehmern vor, dass sie eingehende Zahlungen von Bauherren nur noch für das konkrete Bauprojekt nutzen dürfen. So ist es ihnen beispielsweise verboten, Ingenieuren, die parallel auf verschiedenen Baustellen arbeiten, mit dem bereitgestellten Geld aus dem anderen Bauprojekt zu entlohnen. Jede Arbeitsstunde muss anteilig bezahlt und genau abgerechnet werden. Gerade viele mittelständische Unternehmen haben Probleme mit dem gestiegenen buchhalterischen Aufwand. Erschwerend kommt hinzu, dass jeder Zahlungsverzug eines Unternehmers Liquiditätsprobleme in der gesamten Nachunternehmerkette verursacht.[632]

Mit der Insolvenz der Philipp Holzmann AG im März 2002 wurde durch den Insolvenzverwalter Ottmar Hermann die project engineering organization service

---

[630] Vgl. Schlütersche Verlagsgesellschaft (2011) handwerk.com: buergschaft-vom-versicherer.
[631] Vgl. buergschaftsservice.com (2011) Bauhaupt-und Baunebengewerbe.
[632] Vgl. anwalt.de (2011) Rechtstipps

(p.e.o.s) GmbH initiiert. Hierbei handelt sich um ein Dienstleistungsunternehmen, zu dessen Hauptaufgaben das Aval- und Bauprojektmanagement gehören. „Inzwischen arbeitet die p.e.o.s eigenständig und unabhängig von der Philipp Holzmann-Insolvenz."[633]

Die p.e.o.s. betreut kleinere und größere Bauinsolvenzen, u.a. betreute sie auch das Avalmanagement der Walter Bau AG, die bis zu ihrer Insolvenz in sämtlichen Baubereichen als einer der größten Bauunternehmen Deutschlands, tätig war. Da die Auftraggeber stets Sicherheiten für die Erfüllung Ihrer vertraglichen Verpflichtungen verlangen, ist bei Bauinsolvenzen mit hohen Avalvolumina zu rechnen. Die Kreditinstitute tragen im Insolvenzfall das finanzielle Risiko und sind verpflichtet, die in Anspruch genommenen Avale durch die Bauherren zu zahlen. Die p.e.o.s hilft mit ihrem technischen und kaufmännischen Sachverstand den Insolvenzverwaltern bei der Prüfung der behaupteten Ansprüche. Da bei einer erfolgreichen Abwehr die Kreditinstitute eine Vergütung in die Masse[634] zahlen, ist dies ein lukratives Geschäft für die Insolvenzverwalter. Auf Grund des professionellen Avalmanagements und der Kontakte der p.e.o.s GmbH zu den Sanierungsabteilungen der Kreditinstitute, sind die Chancen erhöht, dass wesentlich mehr Geld in die Masse fließt.

Ein weiterer Aufgabenbereich der p.e.o.s GmbH im Falle einer Insolvenz, ist die Beratung der Verwalter, u.a. beurteilen Sie, welche Projekte weiter verfolgt werden sollten. Durch das Know-How der Experten von p.e.o.s wird dem Insolvenzverwalter ein beachtlicher Mehrwert in Form eines objektiven Berichts eines unabhängigen Gutachters aus insolvenzrechtlicher Sicht sowie aus der Perspektive eines Baufachmanns geliefert. Des Weiteren bietet die p.e.o.s GmbH eine umfangreiche Avaldatenbank, welche dem Insolvenzverwalter die für ihn relevanten Informationen offenlegt. Die Datenbank verschafft einen Überblick über die oftmals zahlreichen Bürgschaften eines Unternehmens und hilft den Insolvenzverwaltern ihre Forderungen gegenüber Dritten effizienter durchzusetzen und die Masse zu vergrößern.[635]

Nachfolgend werden die zur Avalfinanzierung relevanten Paragraphen im BGB und HGB dargestellt:

---

[633] Vgl. WBDat(2011) INDat-Report 10-11/2005.
[634] Unter dem Begriff „Masse" ist der Betrag gemeint, welcher dem Insolvenzverwalter zur Erfüllung von Forderungen zu Verfügung steht.
[635] Vgl. WBDat(2011) INDat-Report 10-11/2005.

§ 765 BGB: Vertragstypische Pflichten bei der Bürgschaft. (1) Durch den Bürgschaftsvertrag verpflichtet sich der Bürge gegenüber dem Gläubiger eines Dritten, für die Verbindlichkeiten des Dritten einzustehen. (2) Die Bürgschaft kann auch für eine künftige oder eine bedingte Verbindlichkeit übernommen werden.

§ 766 BGB: Schriftform der Bürgschaftserklärung. Zur Gültigkeit des Bürgschaftvertrags ist schriftliche Erteilung der Bürgschaftserklärung erforderlich. Die Erteilung der Bürgschaftserklärung in elektronischer Form ist ausgeschlossen. Soweit der Bürge die Hauptverbindlichkeit erfüllt, wird der Mangel der Form geheilt.

§ 767 BGB: Umfang der Bürgschaftsschuld. (1) Für die Verpflichtung des Bürgen ist der jeweilige Bestand der Hauptverbindlichkeit maßgebend. Dies gilt insbesondere auch, wenn die Hauptverbindlichkeit durch Verschulden oder Verzug des Hauptschuldners geändert wird. Durch ein Rechtsgeschäft, das der Hauptschuldner nach der Übernahme der Bürgschaft vornimmt, wird die Verpflichtung des Bürgen nicht erweitert. (2) Der Bürge haftet für die dem Gläubiger von dem Hauptschuldner zu ersetzenden Kosten der Kündigung und der Rechtsverfolgung.

§ 349 HGB: [Keine Einrede der Vorausklage] Dem Bürgen steht, wenn die Bürgschaft für ihn ein Handelsgeschäft ist, die Einrede der Vorausklage nicht zu. Das gleiche gilt unter der bezeichneten Voraussetzung für denjenigen, welcher aus einem Kreditauftrag als Bürge haftet.[636] Durch die o. a. Paragraphen wird die Verbindlichkeit des Bürgen gegenüber dem Dritten deutlich. Die Bank ist somit verpflichtet, für die Schuld bzw. die Verbindlichkeit der Gläubiger gegenüber einem Dritten einzustehen. Allerdings kann der Gläubiger die Zahlung vom Bürgen nur verlangen, wenn der Schuldner nicht leistet. Dabei hat er jedoch folgende Einredemöglichkeiten:

a) Gleiche Einreden wie Hauptschuldner aus Verjährung, Minderung, Fälligkeit gem. § 768 BGB
b) Solange der Schuldner ein Anfechtungsrecht hat (§ 770 BGB mit § 119 BGB), ist der Bürge nicht zur Zahlung verpflichtet. Er selbst hat kein Anfechtungsrecht.
c) Kann der Gläubiger mit dem Schuldner aufrechnen, ist der Bürge nicht zur Leistung verpflichtet.
d) Vertragsänderungen zwischen Gläubiger und Schuldner nach Übernahme der Bürgschaft müssen nicht akzeptiert werden.

---

[636] HGB 2010.

e) Einrede der Vorausklage: (§§ 771 ff. BGB), d.h., solange der Gläubiger nicht die Zwangsvollstreckung betrieben hat, kann der Bürge die Zahlung verweigern. Eine Ausnahme ist jedoch die selbstschuldnerische Bürgschaft gemäß § 773 BGB. Die Bürgschaft eines Kaufmanns im Handelsgeschäft gemäß § 349 HGB ist immer selbstschuldnerisch, jedoch können auch Kaufleute sich die Einrede der Vorausklage vertraglich vorbehalten.[637]

Bürgschaften sind akzessorisch, was bedeutet, dass eine gesetzlich vorgesehene Verknüpfung einer Kreditsicherheit mit einer Kreditforderung bestehen muss. „Akzessorische Sicherheiten haben ein unselbstständiges Nebenrecht zum Gegenstand, das nur in Verbindung mit der zugrunde liegenden Forderung gilt."[638]

Avale oder Avalkredite bieten dem Kreditnehmer bedeutende Vorteile. Sie bieten ihm und dem Gläubiger eine gewisse Sicherheit. Der Gläubiger kann davon ausgehen, dass seine Forderungen eingehalten und ordnungsgemäß ausgeführt werden. Avalbürgschaften haben somit auch eine Versicherungsfunktion, wovon die Geschäftspartner des Avalnehmers profitieren.[639] Die Bankbürgschaft dokumentiert die Bonität durch den Bürgen, bzw. durch den Garanten. Die Bank stellt mit der Vergabe eines Avalkredits ihren guten Ruf bzw. ihren Namen zur Verfügung. Ein weiterer Vorteil dieser Finanzierungsart ist die Tatsache, dass Kreditnehmer und Kreditgeber keine liquiden Mittel zur Verfügung stellen müssen. Der Kreditnehmer kann somit seine vorhandenen liquiden Mittel für andere Zwecke nutzen. Im Gegensatz zu einem üblichen Kredit entsteht beim Avalkredit anstelle von Zinsen eine Avalprovision, die i.d.R. unter dem aktuellen Marktzinssatz liegt und somit kostengünstiger ist.[640]

Bei einer Avalfinanzierung ergeben sich jedoch auch gewisse Nachteile. Die Kaufkraft des Kreditnehmers wird nicht verbessert, was darauf zurückzuführen ist, dass ihm keine liquiden Mittel zur Verfügung gestellt werden. Da die Kreditvergabe an einige Voraussetzungen gekoppelt ist, sind die Hürden für potenzielle Kreditnehmer relativ hoch. Die Banken vergeben Avalkredite nur an Unternehmen, bei denen die Bonität sehr gut ist und die Prognosen positiv ausfallen. Ein weiterer Nachteil dieser Finanzierungsart ist die Belastung der Kreditlinie.[641]

---

[637] Vgl. Jahrmann (2009) S. 86
[638] Vgl. Wirtschaftslexikon Gabler (2010) Akzessorische Sicherheiten.
[639] Vgl. Bitz (1993) S. 306.
[640] Vgl. Deutsche-Bank (2011) Finanzierung-Bürgschaften: Garantien.
[641] Vgl. Wirtschaftslexikon Gabler (2010) Avalkredit.

Zusammenfassende lässt sich festhalten, dass die Finanzierung durch Avalkredite für Unternehmen in allen Branchen ein sehr wichtiges Finanzierungsinstrument ist und in Zukunft an Bedeutung gewinnen wird. Gerade durch die Finanzkrise hat für die Unternehmen das Thema Sicherheit an Bedeutung gewonnen und die Risikoübernahme wird für sie immer wichtiger.

10.2.5 Subventionen und Staatshilfen

Die EU, der Bund und die Länder bieten eine Reihe von Fördermöglichkeiten für Existenzgründer als Ergänzung zum Eigenkapital und Fremdkapital an. Einerseits handelt sich dabei um Zuschüsse oder Ausfallbürgschaften, andererseits werden langfristige Kredite mit niedrigen Zinsen gewährt, bei denen auf eine sonst übliche hohe Besicherung verzichtet wird. Dieser Bereich nimmt den überwiegenden Teil der Förderung ein.

KMU sowie Existenzgründer im Allgemeinen haben im Gegensatz zu Großunternehmen meist nicht die Möglichkeiten günstige Bankkredite aufzunehmen, oder gar Anleihen aufzulegen. Um diesen Nachteil auszugleichen, bietet der Bund zahlreiche Unterstützungsprogramme an.[642] Mit Hilfe von Fördermitteln sollen politische Ziele der EU umgesetzt werden. Insbesondere soll die innereuropäische Zusammenarbeit in Form von beispielsweise Joint Ventures im Rahmen gemeinsamer Entwicklungen von Unternehmen gefördert werden. Einfache Kunden- und Lieferantenbeziehungen qualifizieren nicht für die Förderung.[643] Auf Bundesebene gibt es eine Reihe regionaler und branchenspezifischer Entwicklungs- und Förderprogramme mit folgenden Voraussetzungen:

- Die Kredite werden über Kreditinstitute, meist über die Hausbank, vergeben. Dort erfolgt sowohl die Antragsstellung als auch die Beratung,
- Das Vorhaben, für das die Förderung in Anspruch genommen werden soll, darf noch nicht begonnen haben,
- Die Förderprogramme sind insbesondere für Freiberufler und gewerblich tätige Unternehmen aufgelegt worden. Für den Einzelhandel stehen kommunale Programme zur Verfügung,
- Förderprogramme des Bundes und der Länder schließen sich teilweise gegenseitig aus,

---

[642] Vgl. GründerZeiten (2010) Existenzgründung, S. 1.
[643] Vgl. IHK Reutlingen (2010) Öffentliche Fördermittel.

- Die Existenzgründung muss dem Unternehmer zumindest mittelfristig[644] als Vollexistenz dienen,
- Der Gründer und seine Hausbank müssen an der Finanzierung beteiligt sein, mindestens 15% des Kapitalbedarfs sollten durch ihre Mittel gedeckt sein.[645]

Aktuell werden in der Förderdatenbank des BMWi 199 Förderprogramme für Existenzgründer aufgeführt.[646] Die wichtigsten sind laut Aussage des BMWi das KfW-StartGeld, das Unternehmerkapital – ERP-Kapital für Gründungen, der KfW-Unternehmerkredit, der Gründungszuschuss der Bundesagentur für Arbeit, der Investitionszuschuss und das ERP-Beteiligungsprogramm oder ERP-Innovationsprogramm.[647]

Mit dem *KfW-StartGeld* werden Investitionen und in diesem Zusammenhang auch Betriebsmittel bis zu 100 Prozent von Existenzgründern, kleinen Unternehmen und Freiberuflern gefördert, die über die erforderlichen fachlichen und kaufmännischen Qualifikationen verfügen und deren Gesamtfremdfinanzierungsbedarf 50.000 Euro nicht übersteigt. Finanziert werden Investitionen und in diesem Zusammenhang auch Betriebsmittel bis zu 100 Prozent. Eine Antragstellung ist bis zu einem Unternehmensalter von drei Jahren möglich. Gefördert wird ebenfalls bis zu einem Höchstbetrag von 50.000 Euro eine Gründung im Nebenerwerb, wenn das Unternehmen mittelfristig auf den Vollerwerb ausgerichtet ist. Die Laufzeit ist auf fünf bis zehn Jahre beschränkt, wobei ein bis zwei tilgungsfreie Anlaufjahre einbezogen sind und eine kostenfreie außerplanmäßige Tilgung möglich ist. Bei mehreren Gründern kann für das gleiche Vorhaben der Höchstbetrag je Gründer in Anspruch genommen werden. Sind Sicherheiten vorhanden, sind diese auch zur Absicherung des Darlehens heranzuziehen. Ein Darlehen wird jedoch auch bei unzureichenden Sicherheiten bewilligt. Die KfW wird in diesem Fall die Hausbank obligatorisch zu 80% von der Haftung freistellen. Eine Kombination mit anderen Existenzgründungsprogrammen ist bis auf den Gründungszuschuss der Arbeitsagentur nicht möglich. Ein entsprechender Antrag an die KfW ist über die Hausbank des Gründers oder Unternehmers zu stellen.[648]

---

[644] Vgl. IHK (2010) Unternehmensnachfolge, S. 60 f.
[645] Vgl. Bleiber (2004) S. 132 f.
[646] Vgl. BMWi (2010) Förderdatenbank.
[647] Vgl. BMWi (2010) Förderdatenbank.
[648] Vgl. BMWi (2010) StartGeld.

Das *ERP-Kapital für Gründung* fördert Gründungsvorhaben und Investitionsvorhaben, die eine nachhaltig tragfähige selbstständige Existenz, gewerblich oder freiberuflich, als Haupterwerb erwarten lassen. Durch den eigenkapitalähnlichen Charakter des Nachrangdarlehns wird sowohl die Eigenkapitalbasis des jungen Unternehmens gestärkt, als auch eine Fremdkapitalaufnahme erleichtert. ERP-Kapital für Gründung ist vorgesehen für:

- die Gründung einer selbstständigen gewerblichen oder freiberuflichen Existenz,
- „tätige Beteiligungen" mit unternehmerischen Einfluss, z.B. als Geschäftsführer mit mind. 10% Gesellschaftsanteil,
- die Übernahme eines Unternehmens,
- die Festigung der selbstständigen gewerblichen oder freiberuflichen Existenz innerhalb von drei Jahren nach Aufnahme der Geschäftstätigkeit,

Das ERP-Kapital für Gründung fördert im Einzelnen:

- Grundstücke, Gebäude und Baunebenkosten,
- Sachanlageinvestitionen (Kauf von Maschinen, Anlagen und Einrichtungsgegenständen),
- Betriebs- und Geschäftsausstattung,
- Immaterielle Investitionen in Verbindung mit Technologietransfer, die vom Antragsteller zu Marktbedingungen erworben, durch ihn genutzt und mindestens drei Jahre in der Bilanz aktiviert werden,
- Erwerb eines Unternehmens oder Unternehmensteils, vorausgesetzt das Unternehmen oder der Unternehmensteil wird von einem unabhängigen Investor (weniger als 25% der Unternehmensanteile vor dem Erwerb) erworben,
- Material-, Waren- und Ersatzteillager (sofern es sich um eine Erstausstattung oder betriebsnotwendige, langfristige Aufstockung handelt),
- Extern erworbene Beratungsdienstleistungen, die einmalige Informationserfordernisse bei Erschließung neuer Märkte oder Einführung neuer Produktionsmethoden sicherstellen,
- Kosten für erste Messeteilnahmen.

Gefördert werden Existenzgründer, ausschließlich als natürliche Person, die über die erforderliche fachliche und kaufmännische Qualifikation für das Vorhaben und über eine ausreichende unternehmerische Entscheidungsfreiheit verfügen. Die Mehrheitsbeteiligung eines anderen Unternehmens, außer bei Kapitalbeteiligungsgesellschaften, ist nicht zulässig. Im Übrigen müssen nachfolgende EU Kriterien für KMU erfüllt werden. Für die Kreditgewährung muss der Antragsteller eigene Mittel einbringen. Die eingesetzten Mittel sollten 15% der förderfähigen Kosten in den alten Ländern, oder 10% der förderfähigen Kosten in den neuen Ländern und Berlin nicht unterschreiten. Mit dem Nachrangdarlehen können die förderfähigen Kosten auf bis zu 45% in den alten Ländern, oder bis zu 50% in den neuen Ländern aufgestockt werden. Der Rest wird i.d.R. durch die Hausbank finanziert. Ohne jegliche Sicherheiten beträgt der Höchstbetrag der Förderung 500.000 Euro je Antragsteller mit einer Laufzeit von 15 Jahren, davon 7 Jahre tilgungsfrei.[649]

Mit dem *KfW Unternehmerkredit* werden mittel- und langfristige Vorhaben von KMU sowie von größeren Unternehmen gefördert. Für KMU sind folgende Maßnahmen mit speziell günstigen Zinskonditionen förderfähig:
- Erwerb von Grundstücken und Gebäuden,
- Gewerbliche Baukosten,
- Kauf von Maschinen, Anlagen, Fahrzeugen und Einrichtungen,
- Betriebs- und Geschäftsausstattungen,
- Immaterielle Investitionen in Verbindung mit Technologietransfer,
- Die Übernahme eines bestehenden Unternehmens oder der Erwerb einer tätigen Beteiligung durch eine natürliche Person (mindestens 10% Gesellschaftsanteil und Geschäftsführerbefugnis),
- Extern erworbene Beratungsdienstleistungen, die einmalige Informationserfordernisse bei Erschließung neuer Märkte oder Einführung neuer Produktionsmethoden sicherstellen,
- Kosten für erste Messeteilnahme.

Der Höchstbetrag der Förderung beträgt mit banküblichen Sicherheiten 10 Mio. Euro pro Vorhaben. Unternehmen und Freiberufler, die seit mindestens zwei Jahren am Markt tätig sind, können eine 50-prozentige Haftungsfreistellung des durchführenden Kreditinstitutes in Anspruch nehmen. Dies hat den Vorteil, dass der Antragsteller nicht für die gesamte Kreditsumme Sicherheiten zur Verfügung stellen muss. Bei endfälligen Darlehen und für Betriebsmittel wird jedoch keine Haftungsfreistellung gewährt. Endfällige Darlehen werden am Ende der Laufzeit in einem Betrag zurückgezahlt. Es sind während der Darlehenslaufzeit also nur die Zinsen und keine Tilgungsraten zu zahlen.

Die Mittel des KfW-Unternehmerkredits müssen vor Beginn des Vorhabens bei der Hausbank bzw. bei den Landesförderinstituten beantragt werden. Die Höhe

---

[649] Vgl. BMWi (2010) Existenzgründungsportal: Unternehmer-Kapital für Gründung.

des Zinssatzes orientiert sich an der Entwicklung des Kapitalmarktes, wobei für KMU besonders günstige Konditionen gelten. Bei Krediten mit bis zu 10 Jahren Laufzeit und bei endfälligen Krediten ist der Zinssatz für die gesamte Kreditlaufzeit fest. Dagegen kann bei Krediten mit mehr als 10 Jahren Laufzeit der Zinssatz für zehn Jahre oder für die gesamte Laufzeit festgeschrieben werden.[650]

Die Bundesagentur für Arbeit fördert gründungsinteressierte Arbeitslose, die Arbeitslosengeld I beziehen, mit dem *Gründungszuschuss*. Die Förderdauer beträgt bis zu 15 Monate und ist in zwei Phasen unterteilt. In den ersten neun Monaten nach dem Unternehmensstart, der Phase 1, wird ein Zuschuss in Höhe des individuellen monatlichen Arbeitslosengeldes sowie ebenfalls monatlich eine Pauschale von 300 Euro für die soziale Absicherung, also Krankenversicherung, Pflegeversicherung und Altersvorsorge, gewährt. Nach Ablauf der ersten neun Monate kann sich eine zweite Förderphase von weiteren sechs Monaten anschließen. In diesem Zeitraum wird nur noch die Pauschale von 300 Euro zur sozialen Absicherung gewährt. Um diese Förderpauschale zu erhalten, müssen die Geschäftstätigkeit und die hauptberuflichen unternehmerischen Aktivitäten nachgewiesen werden. Gründer, die den Gründungszuschuss beantragen möchten, müssen durch die Existenzgründung ihre Arbeitslosigkeit beenden und eine hauptberuflich selbstständige Tätigkeit aufnehmen. Sie müssen jedoch bei Aufnahme der selbstständigen Tätigkeit noch einen Anspruch auf Arbeitslosengeld I (kein ALG II) von mindestens 90 Tagen haben und gegenüber Ihrem Arbeitsvermittler ihre persönliche und fachliche Eignung darlegen. Sollten Zweifel an der Eignung bestehen, kann von Ihnen verlangt werden, an einer Maßnahme zur Eignungsfeststellung oder an einem Existenzgründungskurs teilzunehmen. Für die Bewilligung des Gründungszuschusses muss eine fachkundige Stelle wie beispielsweise die IHKen, HwKen, Kreditinstitute, Gründungszentren oder Steuerberater das Existenzgründungsvorhaben begutachten und die Tragfähigkeit der Existenzgründung bestätigen., Darüber hinaus gibt es in den Bundesländern verschiedene Verbände, die Tragfähigkeitsprüfungen vornehmen. In Bayern kann dies beispielsweise durch den „Aktivsenioren Bayern e.V." erfolgen. Arbeitnehmer, die ihr bestehendes Arbeitsverhältnis selbst kündigen, erhalten für die Dauer einer Karenzzeit von drei Monaten keine Förderung.[651]

---

[650] Vgl. BMWi (2010) Existenzgründungsportal: KfW-Unternehmerkredit.
[651] Vgl. BMWi (2010) Existenzgründungsportal: Gründungszuschuss.

10.3 Kreditsicherheiten

Mit jeder Kreditvergabe geht der Kreditgeber ein Ausfallrisiko ein, da er als Fremdkapitalgeber keinerlei Einfluss auf das operative Geschäft hat und somit der Unternehmenserfolg nicht in seiner Hand liegt. Um diesen Nachteil auszugleichen, lässt er sich vom Kreditnehmer Sicherheiten zur Verfügung stellen, die er verwerten kann, sofern der Kreditnehmer seinen Rückzahlungsverpflichtungen nicht nachkommt. Diese Sicherheiten lassen sich einteilen in Personensicherheiten (auch schuldrechtliche) und Realsicherheiten (auch dingliche Sicherheiten).

Personensicherheiten

Zu den *Personensicherheiten* zählen Bürgschaften, Kreditaufträge, Schuldbeitritte, Garantien, Patronatserklärungen, Sicherungszessionen und Negativerklärungen.[652] Bei diesen haftet ein Dritter als Sicherungsgeber mit seinem Vermögen für den Kreditnehmer, falls dieser seine Zahlungsverpflichtungen nicht mehr rechtzeitig oder in der vereinbarten Höhe leisten kann.

Die *Bürgschaft* als eine Form der Personensicherheiten bedarf einer Bürgschaftserklärung in Schriftform. Gemäß §§ 765 ff. BGB verpflichtet sich der Bürge, die Verbindlichkeiten eines Hauptschuldners gegenüber dem Gläubiger zu begleichen, falls dieser sie nicht mehr bedienen kann. In diesem Fall geht die Forderung vom Gläubiger auf den Bürge über. Die Bürgschaftserklärung bedarf der Schriftform.[653]

Der *Kreditauftrag* ist als eine weitere Form der Personensicherheiten eng mit der Bürgschaft verwandt. Bei einem Kreditauftrag beantragt nicht der Schuldner selbst einen Kredit, sondern der Kreditgeber wird von einem Dritten beauftragt, im eigenen Namen und auf eigene Rechnung dem Schuldner einen Kredit zu gewähren. Dieser Dritte haftet als Bürge.[654]

Beim *Schuldbeitritt* verpflichtet sich ein Dritter gemeinsam mit dem Kreditnehmer als Gesamtschuldner zu haften.[655] Der Gläubiger hat in diesem Falle also zwei Hauptschuldner, von denen er die Erfüllung verlangen kann.[656]

---

[652] Vgl. Bieg (2009) S. 138 f.
[653] Vgl. §§ 765 ff. BGB.
[654] Vgl. Bieg (2009) S. 141.
[655] Vgl. Becker (2007) S. 165.
[656] Vgl. Dahmen (2007) S. 59.

Die *Garantie* unterscheidet sich von der Bürgschaft, indem sie losgelöst von einer einzelnen Forderung ist. Ein Dritter verpflichtet sich, bei Ausfall des Schuldners bis zu einer vorher festgelegten Höhe für dessen Verbindlichkeiten einzustehen. Aus welchem einzelnen Geschäft sich die Zahlungsverpflichtung ergibt, spielt dabei keine Rolle.[657]

Die *Patronatserklärung* bezeichnet Erklärungen unterschiedlicher Art mit der eine Muttergesellschaft dem Gläubiger ihrer Tochtergesellschaft zusichert, dass sie die Tochtergesellschaft ausreichend mit finanziellen Mitteln versorgt, oder ihren Einfluss nutzt, damit die Verbindlichkeiten fristgerecht zurückgezahlt werden können.[658]

Bei der *Sicherungszession* als gebräuchliche Form der Besicherung von Kontokorrentkrediten wird gemäß der Vorschriften der §§ 398 - 413 BGB eine Forderung des Kreditnehmers gegenüber einem Dritten als Sicherheit an den Kreditgeber abgetreten.[659] Differenziert wird zwischen offener und stiller Sicherungszession, wobei bei der offenen der Drittschuldner von der Abtretung benachrichtigt wird, bei der stillen hingegen nicht.

Bei einer *Negativerklärung* verpflichtet sich der Schuldner sein Vermögen nicht ohne Zustimmung des Gläubigers zu dessen Nachteil zu verändern, solange die Forderung besteht. Andernfalls muss er für den Gläubiger einen Ausgleich schaffen.[660]

Realsicherheiten

Zu den *Realsicherheiten* gehören Eigentumsvorbehalte, Sicherungsübereignungen, bewegliche Pfandrechte an Sachen und an Rechten sowie Grundpfandrechte, wie Hypotheken, Grundschulden oder Rentenschulden. Eine Unterteilung erfolgt in akzessorische und fiduziarische Kreditsicherheiten, wobei *akzessorische* Sicherheiten vom Rechtsbestand der gesicherten Forderung des Kreditgebers abhängig sind. Das bedeutet, bei Erlöschen der gesicherten Hauptforderung, erlischt auch die Sicherheit. Bei *fiduziarischen* Sicherheiten wird hingegen dem Kreditgeber im Außenverhältnis, unabhängig vom Bestand der Forderung, gegenüber Dritten

---

[657] Vgl. Dahmen (2007) S. 59.
[658] Vgl. Becker (2007) S. 165.
[659] Vgl. Jahrmann (2009) S. 65.
[660] Vgl. Becker (2007) S. 165.

eine isolierte Rechtsstellung eingeräumt.[661] Im Gegensatz zu den Personensicherheiten tritt bei *Realsicherheiten* kein Dritter in die Geschäftsbeziehung mit ein, sondern der Gläubiger erhält Rechte an Vermögensgegenständen des Schuldners.

Ist ein *Eigentumsvorbehalt* gemäß § 449 BGB vereinbart (meist in den Allgemeinen Geschäftsbedingungen geregelt), bleibt der Lieferant so lange Eigentümer der Ware, bis der Kunde als Noch-Besitzer die Rechnung bezahlt hat. Erst mit der Begleichung seiner Schuld geht das Eigentum auf ihn über. Sollte er seinen Zahlungsverpflichtungen nicht nachkommen, kann der Lieferant die Herausgabe der Sache verlangen. Der Eigentumsvorbehalt bietet jedoch bei Weiterverkauf, Weiterverarbeitung oder Verbindung des Kaufgegenstands mit anderen Waren durch den Käufer keine zuverlässige Sicherheit.[662] Daher wird heute häufiger mit dem verlängerten Eigentumsvorbehalt gearbeitet, der den Käufer zum Weiterverkauf der Ware ermächtigt, aber eine sogenannte Vorausabtretung der aus diesem Verkauf entstehenden Forderung vorsieht. Daneben gibt es den erweiterten Eigentumsvorbehalt, der den Käufer zur Weiterverarbeitung der Ware ermächtigt, aber das Eigentum an diesen Produkten dem Lieferanten zuspricht.[663]

Bei der *Sicherungsübereignung* wird dem Kreditgeber als Sicherheit das Eigentum an einer Sache verschafft, wobei der Kreditnehmer im Besitz dieser Sache bleibt. Ist die Schuld beglichen, geht das Eigentum auf den Kreditnehmer zurück. Diese Form der Kreditsicherheit wird nur bei beweglichen Vermögensgegenständen verwendet.[664]

Bei den *beweglichen Pfandrechten* an Sachen oder Rechten gelangt der Kreditgeber als Sicherheit in den Besitz des Pfandgegenstands, sollte der Kreditnehmer seinen Zahlungsverpflichtungen nicht nachkommen. In diesem Fall geht das Eigentum auf ihn über und er kann die Sache oder das Recht veräußern, um seine ausstehenden Forderungen zu decken. Für diese Art der Kreditsicherung eignen sich Wertgegenstände wie Wertpapiere oder Edelmetalle, die nicht im Unternehmen benötigt werden und leicht zu übertragen sind.[665]

Sowohl bei der *Hypothek* als auch bei der *Grundschuld*, werden zur Sicherung eines Kredits ein Grundstück belastet. Der Gläubiger ist dazu berechtigt, das Grund-

---

[661] Vgl. Bieg (2009) S. 138 f.
[662] Vgl. § 929 ff.-, insbesondere § 932 BGB.
[663] Vgl. Busse (2002) S. 326 ff.
[664] Vgl. marktform (2010) Förderland: Wissen für Gründer und Unternehmer.
[665] Vgl. Dahmen (2007) S. 61.

stück zu verwerten, auch zwangsversteigern zu lassen, um seine Forderung zu bedienen, sofern der Schuldner seinen Verpflichtungen nicht nachkommt. Der Unterschied dieser beiden Grundpfandrechte ist, dass eine Hypothek und eine Forderung immer zusammengehören. Demzufolge müssen Gläubiger der Hypothek und Gläubiger der Forderung zwingend dieselbe Person sein (akzessorischer Charakter). Die Grundschuld hat dagegen fiduziarischen Charakter und kann somit auch ohne zu sichernde Forderung eingetragen sein.[666]

10.4 Zahlungsmodalitäten

Als eine mögliche Zahlungsmodalität erhält der Unternehmer vom Nachfolger den Kaufpreis in Form einer Einmalzahlung und ist damit unabhängig vom weiteren wirtschaftlichen Erfolg des Unternehmens. Seine zukünftige Versorgung ist somit weniger risikoreich, aber auch weniger chancenbehaftet und er verfügt über ausreichende liquide Mittel, die es ihm ermöglichen, sich privaten oder neuen geschäftlichen Herausforderungen zu stellen. Alternativen zur Einmalzahlung im Rahmen der entgeltlichen Unternehmensnachfolge sind:

- Vereinbaren einer fixen Zahlung, auf die dann entweder ebenfalls fix oder z.B. abhängig von der Unternehmens- oder Marktentwicklung weitere Nachschläge entrichtet werden,
- Entrichten des Kaufpreises in Form einer unendlichen oder endlichen Rentenzahlung. Üblich sind lebenslange Rentenzahlungen, da sie dem Übergeber einen bestimmten Versorgungsgrad im Alter gewährleisten,
- Entrichten eines ratierlichen Kaufpreises,
- Abschließen eines vorübergehenden Pacht- oder Mietvertrages mit Ausstattung einer Kaufoption oder eines Vorkaufsrechtes,[667]

Checkliste: Finanzierungsbedarf bei der Übernahme

- ☐ Ist die Fixkostenbelastung zu hoch?
- ☐ Ist der Übernahmepreis gerechtfertigt und entspricht er den eigenen finanziellen Möglichkeiten?
- ☐ Steht der Betriebsmittelbedarf in einem gesunden Verhältnis zum Output?
- ☐ Sind die Personal- und Personalnebenkosten angemessen?
- ☐ Steigt der Umsatz wenigstens proportional zu den Personalkosten oder besser überproportional?
- ☐ Wird die Budgetplanung eingehalten und gibt es finanzielle Puffer?

---

[666] Vgl. Bieg (2009) S. 151 f.
[667] Vgl. Lochmann (2007) S. 62 f.

> ☐ Reichen die Deckungsbeiträge zur Fixkostendeckung aus?
> ☐ Steht der Eigenkapitaleinsatz in einem gesunden Verhältnis zur Gesamtinvestition?
> ☐ Reichen die Kreditlinien aus, besteht ausreichende Liquidität?
> ☐ Gibt es ausreichende Sicherheiten um Engpässe überwinden zu können?
> ☐ Ist das Verhältnis zu den Banken offen und ehrlich?
> ☐ Ist das Inkasso der Zahlungsmoral der Kunden angepasst?
> ☐ Werden alle Fördermöglichkeiten genutzt?
> ☐ Werden langfristige Investitionen entsprechend langfristig finanziert (Fristenkongruenz beachten)?

Checkliste 10.1: Finanzierungsbedarf bei der Übernahme

Praxisbeispiel

Herr Schmidt übernimmt als Nachfolger von Herrn Mustermann mit insgesamt zehn Filialen die Bäckereikette „Wäller Backstube GmbH".

Der Unternehmenswert, der gleichzeitig dem Kaufpreis der Bäckereikette entspricht, wurde mittels des Ertragswertverfahrens ermittelt und beträgt auf 3.108.573 €. Einzukalkulieren sind Kosten für Beratung, Notar, Anmeldung und Genehmigungen. Darüber hinaus müssen etwaige Investitionskosten, ein Sicherheitspuffer für eventuelle Zahlungsausfälle und Lebenshaltungskosten des Übernehmers Herrn Schmidt in der Kapitalbedarfsrechnung berücksichtigt werden, woraus sich insgesamt ein Kapitalbedarf von 3,5 Mio. € ergibt.

Finanzierungsmöglichkeiten:

1. Eigenkapital
Der Übernehmer Herr Schmidt verfügt über ein persönliches Eigenkapital von 300.000 €, welches er zur Eigenfinanzierung seiner Unternehmensübernahme verwendet.
Des Weiteren fließt ihm durch einen Verwandten Eigenkapital in Höhe von 500.000 € in Form einer stillen Gesellschaftsbeteiligung an der Wäller Backstube GmbH zu. Der Vorteil für den stillen Gesellschafter besteht in seiner beschränkten Haftung auf Höhe seiner Einlage und einer angemessenen Gewinnbeteiligung. Für Herrn Schmidt hat diese Art der Beteiligung den Vorteil, dass zum einen seine Eigenkapitalbasis erhöht wird wodurch er folglich einen größeren Spielraum bei der zusätzlich benötigten Fremdkapitalbeschaffung gewinnt und der stille Gesellschafter zum anderen keine Führungs- und Machtansprüche geltend machen kann.

Das Eigenkapital von insgesamt 800.000 € gilt vorrangig als Sicherheit für die weitere Fremdfinanzierung. Außerdem zählt die Bürgschaft des Vaters von Herrn Schmidt als Personensicherheit zur Kreditvergabe. Als Realsicherheit setzt Herr Schmidt die Kreditbelastung auf sein Privatgrundstück ein.

2. Fremdkapital/*Öffentliche Förderprogramme*
ERP-Kapital für Gründung
Die Voraussetzungen des ERP-Kapitals für Gründung bezüglich der fachlichen und kaufmännischen Qualifikation des Antragsstellers sowie der 15-prozentigen Einlage der Investitionssumme aus eigenen Mitteln werden vom Übernehmer Herrn Schmidt erfüllt.

Der Höchstbetrag des ERP-Kapitals für Gründungen beläuft sich auf 500.000 €. Herr Schmidt muss keine Sicherheiten für die Kreditaufnahme vorlegen.

KfW-Unternehmerkredit
Eine Beantragung des KfW-Unternehmerkredits setzt voraus, dass der Antragssteller die notwendige fachliche und kaufmännische Qualifikation nachweisen kann. Gefördert werden Existenzgründer und Nachfolger in der gewerblichen Wirtschaft und in den freien Berufen. Diese Voraussetzungen werden ebenfalls von Herrn Schmidt erfüllt.

Der Höchstbetrag des KfW-Unternehmerkredits beläuft sich auf 10 Mio. €. Herr Schmidt beantragt eine Förderung in Höhe von 2,2 Mio. €. Im Gegensatz zum ERP-Kapital für Gründung sind beim KfW-Unternehmerkredit bankübliche Sicherheiten notwendig. Unternehmen, die seit mindestens zwei Jahren am Markt tätig sind, können allerdings eine 50-prozentige Haftungsfreistellung in Anspruch nehmen.

Beide Förderprogramme müssen vor Beginn einer Abwicklung der Unternehmensnachfolge vom Übernehmer Herrn Schmidt bei seiner Hausbank beantragt werden.

Finanzierungsplan:

Eigenkapital:	
1. EK aus Privatvermögen	300.000 €
+ 2. EK aus stiller Gesellschaft	500.000 €
= Eigenmittel	800.000 €
	≈ 22,9%
+ ERP-Kapital für Gründungen	500.000 €

10. Finanzierung einer Übernahme

	≈ 14,2%
+ KfW-Unternehmerkredit	2,2 Mio. €
	≈ 62,9%
= Kapitalbedarf	3,5 Mio. €
	= 100%

Praxisbeispiel 10.1 Übernahme

11. After Sales

Nach der Übernahme des Unternehmens gilt es, das Unternehmen derart zu positionieren, dass eine profitable Zukunft gewährleistet ist. Dazu gehören die strategische Ausrichtung des Unternehmens und Sicherung des Marktes, das Coaching der neuen Führung, aber auch eine adäquate Notfallplanung.

11.1 Strategische Ausrichtung des Zielunternehmens

Bei der strategischen Ausrichtung geht es um die durchgängige und konsistente Kommunikation und Durchdringung aller Unternehmensbereiche und Organisationseinheiten mit den strategischen Inhalten und Ideen des Managements.[668] Primär geht es um die vollständige Überprüfung des Unternehmens, inwieweit eine Neuausrichtung erforderlich ist. Es soll der Frage nachgegangen werden, in welcher optimierten Form das Unternehmen die strategischen Aussagen des Managements und die gesamte Ausrichtung des Unternehmens im Verhalten der Mitarbeiter abbilden kann. Zusammenfassend bedeutet dies, das Verhalten aller beteiligten Führungskräfte und Mitarbeiter auf die im Unternehmen verfolgten Strategien auszurichten.[669] Es gilt, das Unternehmen an die sich ändernden Anforderungen einer sich dynamisch entwickelnden Umwelt anzupassen. Als ein Beispiel hierfür ist die Aufgabe zu nennen, die Emissionswerte der Produktion an gesetzliche oder freiwillige Auflagen anzupassen, sei es durch die Anpassung der Produktionsanlagen oder durch den Erwerb von Emissionsrechten. Ein umweltbewusst ausgerichtetes Unternehmen genießt auch in der Öffentlichkeit positives Ansehen und kann dadurch die Marktposition langfristig festigen.

Die langfristige Existenzsicherung ist ein wichtiges strategisches Ziel des Unternehmens und der Aufbau und die Ausschöpfung strategischer Potenziale im Unternehmen ein wesentlicher Gegenstand strategischer Aktivitäten.[670] So hat sich der Umweltschutz über die Entwicklung alternativer Energiegewinnungsmethoden in Deutschland zum wirtschaftlichen Erfolgsfaktor entwickelt. Insbesondere in der Photovoltaiktechnik und Windantriebsenergie hat sich die nationale Ökonomie zum Weltmarktführer entwickelt. Es ist in diesem Zusammenhang gelungen die Not zur Tugend zu machen.

---

[668] Vgl. Glazinski (2004) S. 15.
[669] Vgl. Glazinski (2004) S. 15.
[670] Vgl. TU Clausthal (2010) Strategische Unternehmensentwicklung.

Die neue Führungskraft muss ihre betriebswirtschaftlichen Fähigkeiten nutzen, um die strategische Ausrichtung des Unternehmens zu bewerten und nötigenfalls anzupassen. Die operative Umsetzung soll mit Mitarbeitern erfolgen, die flexibel sind und optimal mit dem Übernehmer zusammenarbeiten. So kann eine positive Entwicklung des Unternehmens auch in Zukunft gewährleistet und die Position im Markt gefestigt werden.

11.2 Coaching, Consulting, Networking

11.2.1 Coaching

Coaching ist eine partnerschaftliche Begleitung, die im Idealfall einen Prozess der Know-How Entwicklung nach sich zieht und in einer sich volatiler entwickelnden Welt von wachsender Bedeutung ist. Das kreative Potenzial eines Menschen soll frei gesetzt und die Fähigkeiten optimal entfaltet werden. Gerade in Zeiten der Neuorientierung entfaltet Coaching seine Wirkung.[671] „Coaching ist die professionelle Beratung und Begleitung einer Person (Coachee) durch einen Coach bei der Ausübung von komplexen Handlungen mit dem Ziel, den Coachee zu befähigen, optimale Ergebnisse hervorzubringen."[672]

Je nach Situation bietet ein Coach dem Übernehmer, seinem Management, Mitarbeitern oder individuell zusammengestellten Gruppen Hilfestellungen oder Anreize an. Das Angebot sollte als Hilfe zur Selbsthilfe verstanden werden. Die folgende Abbildung zeigt, dass beim Unternehmercoaching bestimmte strategische, strukturelle und kulturelle Voraussetzungen und Aspekte berücksichtigt werden müssen, die eng miteinander zusammenhängen und sich gegenseitig beeinflussen:

---

[671] Vgl. Balance Coaching (2010).
[672] Vgl. Dr. Kraft Consultants (2010) Glossar: Kompetenzen gewinnen.

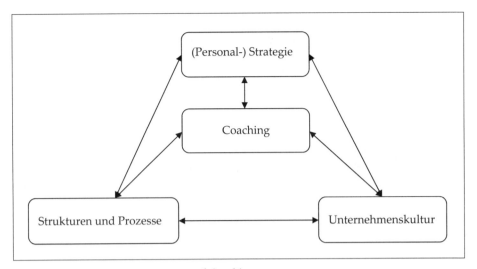

Abbildung 11.1: Managementsystem und Coaching
Quelle: Eigene Darstellung in Anlehnung an Backhausen (2006) S. 234

Die strategischen Aspekte geben einen Überblick darüber, welche personalstrategischen Ziele verfolgt werden sollen. Die strukturellen Aspekte beleuchten die Frage, welche organisatorischen Einheiten des Unternehmens für die einzelnen Aufgaben in Frage kommen. Die kulturellen Voraussetzungen zeigen auf, ob die Unternehmenskultur für ein entsprechendes Coachingprogramm geeignet ist, oder ob sie ein sinnvolles Mittel zur Unternehmensentwicklung darstellt.[673]

Beim Coaching sollen insbesondere organisatorische und individuelle Potenziale freigelegt werden, um eine gemeinsame Unternehmensphilosophie voranzutreiben. Ziel des Unternehmercoaching ist es, die Geschäftsidee der Unternehmung zum Erfolg zu führen. Dieser Coaching-Prozess kann in fünf Phasen durchgeführt werden:[674]

Phase 1 Come together:
Die Einstiegs- oder Kontaktphase wird zunächst durch den Kennenlernprozess im Rahmen einer Diskussion zwischen Coach und Coachee bezüglich der beruflichen Hintergründe und Arbeitsweisen geprägt. Anhand der ausgetauschten Informationen auf eine gemeinsame Ausgangsbasis erfolgt eine Einigung und durch die intensiven Gespräche wird gegenseitiges Vertrauen geschaffen.

---

[673] Vgl. Backhausen (2006) S. 234 f.
[674] Vgl. Trigon Entwicklungsberatung (2010) Die fünf Phasen des Coaching.

Phase 2 Orientation:
In der Vereinbarungs- und Kontraktphase des Coachings werden gemeinsam Beratungsschwerpunkte wie beispielsweise die Förderung der Eigenmotivation, die Performance-Optimierung, die Verbesserung der Arbeitsqualität etc., erörtert.[675] Die Ziel- und Zeitvorgaben sowie die Kostenplanung für das Coaching werden festgehalten.

Phase 3 Analysis:
Die Arbeitsphase, in der der Coach durch gezielte Fragestellungen Informationen sammelt, ist von großer Bedeutung im Coaching-Prozess. Hierdurch können sowohl mögliche Problemfelder identifiziert und konkretisiert werden, als auch mögliche Blockaden und Potenziale beim Coachee.

Phase 4 Change:
In der Veränderungsphase gibt der Coach ein erstes Feedback, reflektiert seinen momentanen Wissensstand und stellt Handlungsempfehlungen und mögliche Strategien vor, die aus seiner Sicht eine positive Veränderung nach sich ziehen. In der Entwurfsgestaltung überträgt der Coach die identifizierten Handlungsschritte in konkrete Alltagsaufgaben, die es vom Coachee umzusetzen gilt. Dem Coachee bleibt es zwar selbst überlassen, die empfohlenen Handlungsoptionen umzusetzen, der Erfolg des Coaching ist jedoch durch seine Disziplin und seinen Willen geprägt. Nur durch konsequentes Verfolgen der Ziele kann ein erfolgreiches Coaching gewährleistet werden.

Phase 5 Harbour:
In der Abschluss- und Evaluationsphase werden die im Laufe des Coachingprozesses erlernten Methoden und Kompetenzen evaluiert und konkrete Veränderungen aufgezeigt. Schließlich erfolgt durch den Coachee eine Effizienz- und Erfolgsanalyse der angewandten Strategien mit entsprechender Evaluierung des Coaches, u.a. hinsichtlich der Beratungszufriedenheit und der Zielerreichung des Coachings.

---

[675] Vgl. Backhaus (2006) S. 214.

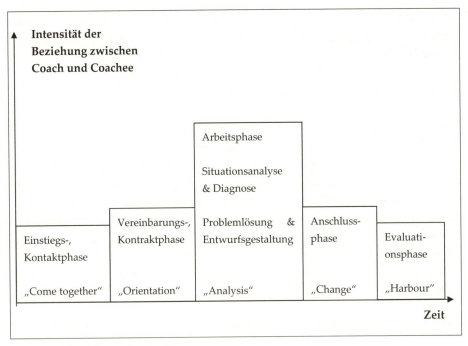

Abbildung 11.2: Phasen des Coachings

Quelle: Eigene Darstellung in Anlehnung an Trigon Entwicklungsberatung (2010): Die fünf Phasen des Coaching

11.2.2 Consulting

Consulting wird auch als Unternehmensberatung bezeichnet und sollte als Dienstleistung durch eine fachlich kompetente Person erbracht werden. Der Berater steht hierbei in einem hierarchisch unabhängigen Verhältnis zu den beratenen Klienten (auch Outhouse Consulting). Die Dienstleistung wird zeitlich befristet und üblicherweise gegen Entgelt durchgeführt. Zudem wird ähnlich wie beim Coaching das Ziel verfolgt, die betriebswirtschaftlichen Probleme des beauftragenden Unternehmens interaktiv mit dem Unternehmer zu definieren, zu strukturieren und zu analysieren. Gemeinsam mit dem Unternehmer werden Problemlösungen erarbeitet und auf Wunsch erfolgt eine Umsetzung dieser.[676]

11.2.3 Networking

Der Unternehmer soll, als Ideen- und Innovationsmanager, Ideen und Initiativen aktiv von seinen Mitarbeitern einfordern und diese bei der Formulierung, Präsen-

---

[676] Vgl. Nissen (2007) S. 3.

tation und Konzepterstellung unterstützen. Hierbei soll er natürliche Autorität besitzen, zuhören und motivieren sowie sowohl auf persönlicher, als auch auf technischer Ebene kommunizieren können. Das Vorhandensein eines umfangreichen Netzwerks sowie der Rückhalt bei Mitarbeitern und bei Mitanteilseignern spielt eine bedeutende Rolle für die Innovationsfähigkeit des Unternehmens.[677]

Über Netzwerke können Informationen und Erfahrungen auf allen Ebenen und über Produktionsbereiche und Zuständigkeiten hinweg ausgetauscht und so für alle Mitarbeiter nutzbar gemacht werden. Netzwerke können Karrierewege ebnen, Türen öffnen, Chancen eröffnen sowie Kompetenzen offenbaren und fördern. Sie bedeuten Zugehörigkeit und Identifikation mit einer Gruppe und stillen somit das Bedürfnis nach sozialer Identifikation. Gute Führungskräfte nehmen an den Knotenpunkten der Netzwerke Einfluss. Sie sammeln und verteilen Informationen und führen die richtigen Menschen zusammen. Erfolgreiche Unternehmer sollten sich als Menschen verstehen die Menschen verbinden.[678]

Checkliste: Coaching, Consulting, Networking	
1.	Was ist das strategische Unternehmensziel?
2.	Wie lässt sich die Strategie operativ umsetzen?
3.	Welche Methodik wird zur Umsetzung der Unternehmensstrategie angewandt?
4.	Welche Unterstützung ist hierzu notwendig?
5.	Welcher finanzielle Rahmen und welche Maßnahmen sind notwendig, um die gewünschte Unterstützung zu erhalten?

Checkliste 11.1: Coaching, Consulting, Networking

11.3 Vorsorge für den Notfall

Die Regelung der Nachfolge erfolgt überwiegend durch altersbedingte und planmäßige Rücktritte. Dennoch geschehen viele Unternehmensübertragungen infolge von Krankheit, Unfall oder Tod des Unternehmers unvorhergesehen.[679]

---

[677] Vgl. Braunschmidt (2005) S. 294 f.
[678] Vgl. Pinnow (2009) S. 195.
[679] Vgl. BMWi (2011) Unternehmensnachfolge, S. 13.

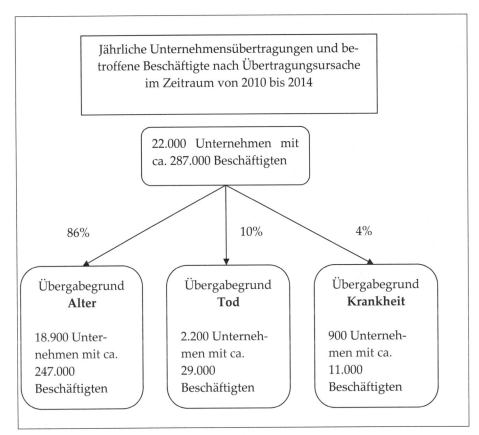

Abbildung 11.3: Jährliche Übertragungen nach Übertragungsursachen
Quelle: IfM Bonn (2010) St06-07a10

Ein Notfallplan gewährleistet auch in solchen unvorhergesehenen Fällen die Handlungsfähigkeit des Unternehmens.[680] Dieser Plan erhält seine Berechtigung aus der Verantwortung gegenüber Mitarbeitern und deren Familien, die durch einen unvorhergesehenen Arbeitsplatzverlust in eine Krise gedrängt würden. Die besondere Bedeutung des Notfallplans kristallisiert sich vor allem in der After Sales Phase heraus. Ist die Unternehmensübernahme vollzogen, besteht die Aufgabe des Übergebers darin, den Übernehmer zu coachen und sich nach einiger Zeit ganz aus dem Unternehmen zurück zu ziehen.

Fällt der Übergeber aus, kann der Ehepartner oder eine andere Person, die bereits von Anfang an in den Übernahmeprozess des Unternehmens integriert wurde und das Unternehmen über mehrere Jahre hinweg kennt, den Nachfolger best-

---

[680] Vgl. Herrmann (2007) S. 22.

möglich leiten und den Einstieg in das Unternehmen erleichtern. Diese Person ist im Idealfall bereits über alle wichtigen Meilensteine und Vorgehensweisen informiert und kann daher die Rolle des Übergebers einnehmen. Nachfolgend wird die Mindestanforderung für einen Notfallplan skizziert:

Gesellschaftsverträge:
Der Gesellschaftsvertrag definiert die Gesellschafter des Unternehmens und deren Rechte und Pflichten. Im Gesellschaftervertrag werden die Vertretung der Gesellschaft im Außenverhältnis, die Befugnisse der Gesellschafter im Innenverhältnis, die Haftungsfrage, die Frage nach der Fortsetzung im Todesfall eines Gesellschafters und die Gewinnverteilung festgelegt. Gesellschafterverträge müssen mit dem Testament abgestimmt sein, da es andernfalls im Notfall zu Konflikten kommen kann.

Handelsregisterauszüge:
Das Handelsregister ist ein öffentliches Verzeichnis, welches für den Rechtsverkehr wesentliche Tatsachen bekannt macht. Dort werden u.a. die Kaufmannseigenschaft, die Firma und die Prokura eingetragen.[681]

Vollmachten und Zugangsberechtigungen:
Im akuten Notfall, z.B. bei einer plötzlichen schweren Krankheit des Unternehmers, besteht große Gefahr für das Unternehmen. Um diese Gefahr zu minimieren, muss eine rechtswirksame Vertretungsvollmacht vorliegen. Mit Hilfe dieser können rechtsverbindliche Maßnahmen erfolgen. Dem Vertreter muss gemäß BGB eine Vollmacht vorliegen.[682] Vollmachten untergliedern sich in:
Generalvollmachten:
Berechtigung für den Bevollmächtigten im Namen des Unternehmers in allen Angelegenheiten zu handeln.
Handlungsvollmachten:
Ist eine auf das Handelsgeschäft begrenzte geschäftliche Vertretungsmacht, z.B. eine Bank- oder Kontovollmacht.
Prokura:
Ist eine Vollmacht, die eine natürliche Person zu allen Arten von gerichtlichen und außergerichtlichen Geschäften und Rechtshandlungen, die der Betrieb eines Handelsgewerbes mit sich bringt, ermächtigt. Das HGB regelt die Prokura in den §§ 48-53[683]

---

[681] Vgl. Oetker (2006) S. 39.
[682] Vgl. Schneider (2005) S. 15.
[683] Vgl. Valuenet GmbH (2010) Prokura.

Berater und sonstige Vertraute:
Das sind Berater des Unternehmens und dem Unternehmer vertraute Personen, die im Notfall Hilfestellungen leisten können. Es kann sich auch um Vertrauenspersonen oder Testamentsvollstrecker aus dem privaten Bereich handeln.

Beiratsmitglieder:
Wenn ein Firmenbeirat zum Schutz des Unternehmens besteht, dann müssen die diesem dauerhaft bestehenden Gremium angehörenden Personen im Notfallplan genannt werden, auch wenn diese überwiegend nur Beratungen und Empfehlungen aussprechen.

Bankverbindungen und Versicherungen:
Die Dokumentation aller Bankkonten und Versicherungen, die mit dem Unternehmen in Verbindung stehen, muss an dieser Stelle erfolgen. Die Bankberater sollten wissen, wer im Notfall dazu berechtigt ist, Konten zu führen.

Ansprechpartner:
Die Angabe der Kontaktdaten des Steuerberaters, Rechtsanwalts und des zuständigen Wirtschaftsprüfers lässt eine schnelle Reaktion in der Notfallsituation zu.

Stille Gesellschafter und etwaige Darlehensgeber:
Stille Gesellschafter, die mit einer Vermögenseinlage am Unternehmen beteiligt sind, müssen für den Nachfolger aufgezeigt werden. Sofern externe Darlehensgeber existieren, so sind diese zu nennen und die Darlehensverträge vorzuhalten.

Mietverträge:
Aktuell laufende Mietverträge mit exakten Adressangaben des Vermieters und eventuellen Zusatzvereinbarungen müssen schriftlich fixiert werden.

Leasingverträge:
Etwaige Leasingverträge des betrieblichen Anlagevermögens oder des Fuhrparks etc. sollten dargelegt werden. Bei einer Unternehmensnachfolge oder -übernahme ist es besonders wichtig, über laufende Verpflichtungen und den Vermögensstand informiert zu sein.

Stille Reserven:
Die Gefahr bei Immobilienvermögen besteht darin, dass bei einem Verkauf oder sogar einer Betriebsaufgabe stille Reserven aufgedeckt werden und dies eine hohe Nachversteuerung nach sich zieht. Dieser Liquiditätsabfluss kann Unternehmen

zur Insolvenz führen, da liquide Mittel in dieser Höhe meist nicht vorhanden sind.[684]

Jahresabschlüsse:
„Die periodische Erstellung des Jahresabschlusses ist für alle Kaufleute handelsrechtlich vorgeschrieben. Bestandteile sind die Bilanz sowie die Gewinn- und Verlustrechnung."[685] Je nach Rechtsform muss der Jahresabschluss noch um weitere Angaben ergänzt werden. Beispielsweise müssen Kapitalgesellschaften darüber hinaus einen Anhang und Lagebericht verfassen.

Schlüsselverzeichnis:
Alle ausgegebenen Schlüssel sollten mit den jeweiligen Besitzern in einem Schlüsselverzeichnis aufgelistet sein.

Passwörter, PIN-/TAN-Listen:
Einen Verantwortlichen für alle Passwörter, Codes und PINs zu benennen ist von herausragender Bedeutung. Mit steigender Bedeutung der elektronischen Datenverarbeitung könnte der Verlust von Passwörtern usw. den Geschäftsbetrieb sogar zum Erliegen bringen. Daher müssen alle Programme mit Lizenzen und Passwörtern sowie Zugangsdaten für das Online-Banking und sämtliche anderen wichtige Codes, Passwörter und PINs sicher aufbewahrt werden.

Testament/Erbvertrag:
Das Unternehmertestament muss Regelungen zum Unternehmensnachfolger enthalten, die zwingend mit dem Gesellschaftervertrag in Einklang zu bringen sind. Die Person des Unternehmensnachfolgers ist nicht zwingend als Erbe einzusetzen. Sie kann auch mit Hilfe eines Vermächtnisses das Unternehmen oder eine Unternehmensbeteiligung erhalten. Steuerliche sowie erbschaftssteuerliche Gesichtspunkte sind weiter von Bedeutung. Das Testament muss so ausgerichtet sein, dass sowohl die Existenz des Unternehmens und des verbliebenen Lebenspartners, als auch der Erhalt des Vermögens der Familie gewährleistet sind.[686]

„Liste - Erste Maßnahmen im Todesfall":
Der Senior sollte schriftlich festhalten, wer als Ansprechpartner fungiert und welche Personen informiert werden müssen. Weiterhin sind wirksame Sofortmaß-

---

[684] Vgl. Blaum (2010) S. 4.
[685] Vgl. Wirtschaftslexikon24 (2010) Jahresabschluss.
[686] Vgl. marktform (2010) Das Unternehmertestament.

nahmen schriftlich zu fixieren.[687] Für die Zusammenstellung aller Dokumente und Informationen können vier bis acht Wochen veranschlagt werden. Es ist wichtig, dass der Notfallplan alle sechs bis zwölf Monate überprüft und bei Veränderungen umgehend überarbeitet wird. Je genauer die Vorgehensweise dokumentiert wird, desto leichter wird es im Notfall dem Vertreter gelingen, das Unternehmen im Sinne des Übergebers weiter zu führen. Um bei der Zusammenstellung des Notfallplans keine Fehler zu machen, sollten alle Vorbereitungen und Maßnahmen mit den entsprechenden Experten wie beispielsweise Steuerberater, Anwälte, Notare, Versicherungsmakler und Wirtschaftsprüfer abgestimmt werden.

	Checkliste: Notfallplanung
1.	Liegt eine Notfallplanung für den Ernstfall vor?
2.	Liegt ein Stellenprofil zur Weiterführung des Unternehmens vor?
3.	Ist eine Nachfolgeregelung getroffen oder sind Vertreter mit entsprechenden Vollmachten ernannt worden?
4.	Liegt eine Anlassdokumentation zu allen relevanten Geschäftsvorfällen vor?
5.	Sind alle privaten und geschäftlichen Dokumente verfügbar?
6.	Sind Banken und Partner instruiert und gibt es einen Mittler der die weitere Nachfolge regelt?
7.	Sind alle steuerlichen und rechtlichen Rahmenbedingungen für den Fall einer plötzlichen Nachfolge bedacht?

Checkliste 11.2: Notfallplanung

---

[687] Vgl. Rechtsprakt. Informationsdienste (2010) Sieben Regeln und Thesen zur Unternehmensnachfolge und ein Notfallplan.

12. Schlussbetrachtung

Unternehmensnachfolge heißt enden und beginnen. Das vorliegende Buch hat das Ziel, die umfangreichen Managementaufgaben in einem Nachfolgeprozess gerade auch für KMU aufzuzeigen und Lösungshilfen anzubieten.

Anhand des aufgezeigten Phasenmodells kann die Nachfolge detailliert projektiert und erfolgversprechend vollzogen werden. Die einzelnen Bereiche einer Due Diligence unterstützen diesen Prozess wesentlich und helfen nicht nur die rechtlichen und steuerlichen Risiken zu minimieren, sondern legen auch die Chancen und Werte des Unternehmens offen. Es ist damit gelungen, den Zusammenhang zwischen Due Diligence und Unternehmensbewertung deutlich zu machen.

Für mittlere und größere Unternehmen stehen die kapitalmarkt- und ertragswertorientierten Verfahren im Fokus der Bewertung. Sie sollten auch für Kleinst- und Kleinunternehmen trotz der spezifischen Besonderheiten in Betracht gezogen werden. Alternativ können auch die traditionellen substanzwertbezogenen Methoden Auskunft über Marktwerte geben. Insgesamt ergänzen sich die Verfahren und sollten deshalb unternehmensspezifisch vergleichend zur Beurteilung herangezogen werden.

Der Umfang der Untersuchung macht deutlich, dass der Unternehmensnachfolgeprozess viele Facetten hat. Due Diligence und Unternehmensbewertung sind dabei, neben den Vertragsverhandlungen, häufig die Schwerpunkte. Der Nachfolgeprozess in KMU mit ihren inhabergeprägten Unternehmensstrukturen ist stark von persönlichen Einflüssen geprägt. Neben objektiven Kriterien haben deshalb die subjektiven Aspekte einen erheblichen Einfluss auf den Nachfolgeprozess. Berücksichtigen die Parteien alle Interessengruppen, orientieren sie sich an der Sachebene und befolgen sie die Regeln offener und ehrlicher Kommunikation, können selbst divergierende subjektive Einschätzungen im Sinne einer erfolgreichen Unternehmensnachfolge in Einklang gebracht werden.

Literaturverzeichnis

A

Albach, Horst/Freund, Werner (1989): Generationswechsel und Unternehmenskontinuität - Chancen, Risiken, Maßnahmen; eine empirische Untersuchung bei Mittel- und Großunternehmen gefördert von der Bertelsmann Stiftung, Verlag Bertelsmann Stiftung, Gütersloh 1989.

Albach, Horst (2000): Allgemeine Betriebswirtschaftslehre; 2. Aufl., Gabler Verlag /GWV Fachverlage GmbH, Wiesbaden 2000.

Aldering, Christoph/Högemann, Bernd (2007): Human Resources Due Diligence, in: Berens, Wolfgang/Brauner, Hans U./Strauch, Joachim (2008): Due Diligence bei Unternehmensakquisitionen; 5. Aufl., Schäffer-Poeschel Verlag, Stuttgart 2008.

Alpmann, Josef A. (2007): Gesellschaftsrecht; 13. Aufl., Alpmann und Schmidt Verlag, Münster 2007.

Althof, Wolfgang (2001): Incoming-Tourismus; 2. Aufl., Oldenbourg Wissenschaftsverlag GmbH, München, Wien, Oldenbourg 2001.

Arnold, Jürgen (1999): Existenzgründung; Von der Idee zum Erfolg!, 3. Aufl., Max Schimmel Verlag, Würzburg 1999.

B

Backhausen, Wilhelm/Thommen, Jean-Paul (2006): Coaching - Durch systemisches Denken zu innovativer Personalentwicklung; 3. Aufl., Gabler Verlag/ GWV Fachverlage GmbH, Wiesbaden 2006.

Baetge, Jörg/Niemeyer, Kai/Kümmel, Jens/Schulz, Roland (2009): Darstellung der Discounted Cashflow-Verfahren (DCF Verfahren) mit Beispiel, in: Peemöller, Volker H. (Hrsg.) (2009): Praxishandbuch der Unternehmensbewertung; 4. Aufl., Herne Verlag, Berlin 2009.

Ballwieser, Wolfgang (2007): Unternehmensbewertung: Prozeß, Methoden und Probleme; 2. Aufl., Schäffer-Poeschel Verlag, Stuttgart 2007.

Bauch, Cleo (2004): Planung und Steuerung der Post Merger-Integration; Deutscher Universitäts-Verlag/GWV Fachverlage GmbH, Wiesbaden 2004.

Becker, Hans Paul (2012): Investition und Finanzierung; Grundlagen der betrieblichen Finanzwirtschaft, 5. Aufl., Gabler Verlag/Springer Fachmedien GmbH, Wiesbaden 2012.

Behringer, Stefan (2009): Unternehmensbewertung der Mittel- und Kleinbetriebe; Betriebswirtschaftliche Verfahrensweisen, 4. Aufl., Schmidt Erich Verlag, Berlin 2009.

Beisel, Wilhelm/Klumpp, Hans-Hermann/Beisel, Daniel (2006): Der Unternehmenskauf; Gesamtdarstellung der zivil- und steuerrechtlichen Vorgänge ein schließlich gesellschafts-, arbeits- und kartellrechtlicher Fragen bei der Über tragung eines Unternehmens, 5. Aufl., C. H. Beck Verlag, München 2006.

Benneck, H. Gerhard (2005): Unternehmensverkauf - richtig gemacht; Von der Verkaufsentscheidung bis zur Übergabe an den Käufer, Wiley-VCH Verlag, Weinheim 2005.

Berens, Wolfgang/Brauner, Hans U./Strauch, Joachim (2008a): Due Diligence bei Unternehmensakquisitionen; 5. Aufl., Schäffer-Poeschel Verlag, Stuttgart 2008.

Berens, Wolfgang/Hoffjan, Andreas/Strauch, Joachim (2008b): Planung und Durchführung der Due Diligence, in: Berens, Wolfgang/Brauner, Hans U./Strauch, Joachim (2008): Due Diligence bei Unternehmensakquisitionen; 5. Aufl., Schäffer-Poeschel Verlag, Stuttgart 2008.

Bergmann, Lars/Crespo Isabel (2009): Herausforderungen kleiner und mittlerer Unternehmen, in: Dombrowski, Uwe/Herrmann, Christoph/Lacker, Thomas/Sonnentag, Sabine (Hrsg.) (2009): Modernisierung kleiner und mittlerer Unternehmen; Ein ganzheitliches Konzept, Springer-Verlag, Berlin Heidelberg 2009.

Bernecker, Michael/Eckrich, Klaus (2003): Handbuch Projektmanagement; Oldenbourg Wissenschaftsverlag GmbH, München 2003.

Berning, Detlev/Schwamberger, Gerald (2008): Wirtschaftsmediation für Steuerberater; Mediation als neues Beratungsfeld, Gabler Verlag/GWV Fachverlage GmbH, Wiesbaden 2008.

Bickhoff, Nils/Blatz, Michael/Eilenberger, Guido/Haghani, Sascha/Kraus, Karl -J. (Hrsg.) (2004): Die Unternehmenskrise als Chance; Innovative Ansätze zur Sanierung und Restrukturierung; Springer-Verlag, Berlin 2004

Bieg, Hartmut/Kußmaul, Heinz (2009): Investitions- und Finanzierungsmanagement 2; Finanzierung, 2. Aufl., Vahlen Franz GmbH, München 2009.

Bitz, Michael (1993): Finanzdienstleistungen; Oldenbourg Wissenschaftsverlag GmbH, München 1993.

Blaum/ Kaschny (2010): Haben Sie Ihren Notfallkoffer schon gepackt?; Sind Sie gerüstet für den Ernstfall?, in: Methodik, Heft 5, 2010.

Bleiber, Reinhard (2004): Existenzgründung; Geschäftsidee, Finanzierung, Verträge auf CD, 2. Aufl., Rudolf Haufe Verlag, Freiburg 2004.

Boemle, Max (1993): Unternehmensfinanzierung; Außenfinanzierung, Innenfinanzierung, Umwandlung, Unternehmenszusammenschlüsse, Sanierung, Kapitalrückzahlung, Liquidation, 10. Aufl., SKV Verlag, Zürich 1993.

Bohlender, Achim, (2004): Zivilrechtliche und Steuerrechtliche Aspekte von Nießbrauchsgestaltungen bei der Übertragung von Grundvermögen im Zuge der vorweggenommenen Erbfolge, Grin Verlag, München 2004.

Brauner, Hans U./Lescher, Julia (2007): Financial Due Diligence II: Liquidität und Finanzierung, in: Berens, Wolfgang/Brauner, Hans U./Strauch, Joachim (2008): Due Diligence bei Unternehmensakquisitionen; 5. Aufl., Schäffer-Poeschel Verlag, Stuttgart 2008.

Braunschmidt, Inken (2005): Technologieinduzierte Innovationen; Wege des innerbetrieblichen Technologie-Transfers in innovative Anwendungen, Deutscher Universitäts-Verlag/GWV Fachverlage GmbH, Wiesbaden 2005.

Brebeck, Frank/Bredy, Jörg (2007): Vermögen, Ertrag und Cashflow, in: Berens, Wolfgang/Brauner, Hans U./Strauch, Joachim (2008): Due Diligence bei Unternehmensakquisitionen; 5. Aufl., Schäffer-Poeschel Verlag, Stuttgart 2008.

Bröckermann, Reiner (2007): Personalwirtschaft; Lehr- und Übungsbuch für Human Resource Management, 4. Aufl., Schäffer-Poeschel Verlag, Stuttgart 2007.

Brück, Michael J. J./Sinewe, Patrick (Hrsg.) (2010): Steueroptimierter Unternehmenskauf; 2. Aufl., Gabler Verlag/GWV Fachverlage GmbH, Wiesbaden 2010.

Brüser, Hans-Joachim (2007): Unternehmensnachfolge; Wie sie als Mittelständler den Stab weitergeben, Cornelsen Verlag Scriptor, Berlin 2007.

Bundesministerium für Wirtschaft und Technologie (BMWi) (2007): Beteiligungskapital; GründerZeiten - Informationen zur Existenzgründung und -sicherung, Nr. 21, BMWi, Berlin 2007.

Bundesministerium für Wirtschaft und Technologie (BMWi) (2008): Familienexterne Nachfolge; Das Zusammenfinden von Übergebern und Übernehmern, Forschungsbericht Nr.573, BMWi, Berlin 2008.

Bundesministerium für Wirtschaft und Technologie (BMWi) (2009a): Existenzgründungsfinanzierung; GründerZeiten - Informationen zur Existenzgründung und -sicherung, Nr. 06, BMWi, Berlin 2009.

Bundesministerium für Wirtschaft und Technologie (BMWi) (2009b): Unternehmensnachfolge; Die optimale Planung, BMWi, Berlin 2009.

Bundesministerium für Wirtschaft und Technologie (BMWi) (2010a): Unternehmensnachfolge; Die optimale Planung, BMWi, Berlin 2010.

Bundesministerium für Wirtschaft und Technologie (BMWi) (2010b): Internet für Existenzgründungen; GründerZeiten - Informationen zur Existenzgründung und -sicherung, Nr. 29, BMWi, Berlin 2010.

Bundesministerium für Wirtschaft und Technologie (BMWi) (2010c): Starthilfe; Der erfolgreiche Weg in die Selbständigkeit, 35. Aufl., BMWi, Berlin 2010.

Bundesministerium für Wirtschaft und Technologie (BMWi) (2011): Unternehmensnachfolge; Die optimale Planung, BMWi, Berlin 2011.

Bundesministerium für Wirtschaft und Technologie (BMWi) (2012): Starthilfe; Der erfolgreiche Weg in die Selbständigkeit, Stand: Jan. 2012, BMWi, Berlin 2012.

Busch, Kai (2008): Unternehmensbewertung von kleinen und mittleren Unternehmen (KMU); Theorie und Praxis, Sierke Verlag, Göttingen 2008.

Busse, Franz-Joseph (2003): Grundlagen der betrieblichen Finanzwirtschaft; 5. Aufl., Oldenbourg Wissenschaftsverlag GmbH, München 2003.

C

Casey, Christopher (2000): Unternehmensbewertung und Marktpreisfindung.; Zur Mikrostruktur des Kapitalmarktes, Deutscher Universitäts-Verlag/GWV Fachverlage GmbH, Wiesbaden (2000).

Corsten, Hans (Hrsg.) (2002): Dimensionen der Unternehmensgründung; Erfolgsaspekte der Selbständigkeit, Erich Schmidt Verlag, Berlin 2002.

Credit Suisse AG (2009): Erfolgreiche Unternehmensnachfolge; Studie mit KMU-Unternehmern zu emotionalen und finanziellen Aspekten, Zürich 2009.

Credit Suisse Economic Research (2006): Mezzanine Finance - Mischform mit Zukunft; Economic Briefing, Nr. 42, Zürich 2006.

D

Dahmen, Andreas (2007): Kompaktstudium Wirtschaftswissenschaften; Band 6. Finanzierung, 3. Aufl., Vahlen Franz GmbH, München 2007.

Deutsche Börse AG (Hrsg.) (2006): Praxishandbuch Börsengang; Von der Vorbereitung bis zur Umsetzung, Gabler Verlag/GWV Fachverlage GmbH, Wiesbaden 2006.

Deutscher Industrie- und Handelskammertag (DIHK) (2004): Unternehmensnachfolge; Informationen für Nachfolger und Senior-Unternehmer, 2. Aufl., DIHK-Verlag, Berlin 2004.

Deutscher Industrie- und Handelskammertag (DIHK) (2011): „Fachkraft Chef" gesucht!; DIHK-Report zur Unternehmensnachfolge 2011, Zahlen und Einschätzungen der IHK-Organisation zum Generationswechsel in deutschen Unternehmen, Deutscher Industrie- und Handelskammertag, Berlin 2011.

Deutsche Unternehmerbörse (DUB) (2011): Studie zur Unternehmensnachfolge 2011; TNS Emnid - Zusammenfassung, Hamburg 2011.

Dicken, André Jacques (2000): Erfolg von Unternehmensfusionen aus aktueller Sicht, in: Betriebswirtschaftliche Forschung und Praxis (BFuP), 4/2000.

Dörschell, Andreas/Franken, Lars/Schulte, Jörn (2009): Der Kapitalisierungszinssatz in der Unternehmensbewertung; Praxisgerechte Ableitung unter Verwendung von Kapitalmarktdaten, IDW Verlag GmbH, Düsseldorf 2009.

Drukarczyk, Jochen/Ernst, Dietmar (Hrsg.) (2010): Branchenorientierte Unternehmensbewertung; 3. Aufl., Vahlen Franz GmbH, München 2010.

E

Eiffe, Franz Ferdinand/Mölzer, Wolfgang C. (1993): Mergers & Acquisitions; Leitfaden zum Kauf und Verkauf von Unternehmen, Service Fachverlag, Wien 1993.

Ek, Ralf/Hoyenberg, Philipp von (2007): Unternehmenskauf und -verkauf; Grundlagen - Gestaltung - Haftung - Steuer- und Arbeitsrecht - Übernahmen, C. H. Beck Verlag, München 2007.

Ernst, Dietmar K./Schneider, Sonja/Thielen, Bjoern, (2010): Unternehmensbewertungen erstellen und verstehen - Ein Praxisleitfaden, 4. Aufl., Vahlen Franz GmbH, München 2010.

Ernst & Young Finance (2003): Restrukturierung im Mittelstand; Wege aus der Krise, Reihe im FAZ Institut, Frankfurt am Main 2003.

Erpenbeck, John/Rosenstiehl, Lutz von (Hrsg.) (2003): Handbuch Kompetenzmessung; Erkennen, verstehen und bewerten von Kompetenzen in der betrieblichen, pädagogischen und psychologischen Praxis, Schäffer-Poeschel Verlag, Stuttgart 2003.

F

Faller, Markus (2006): Strategieorientierte HR Due Diligence, Books on Demand GmbH, Norderstedt 2006.

Felden, Birgit/Klaus, Annekatrin (2007): Nachfolgeregelung, Reihe Handelsblatt Mittelstand-Bibliothek, Band 8, Schäffer-Poeschel Verlag, Stuttgart 2007.

Fischer-Winkelmann, Wolf F./Busch, Kai (2009a): Die praktische Anwendung der verschiedenen Unternehmensbewertungsverfahren; Empirische Untersuchung im Steuerberatenden Berufsstand - 1. allgemeiner Teil zur Bewertungspraxis, in: Finanz Betrieb, Heft 11/2009, Düsseldorf 2009.

Fischer-Winkelmann, Wolf F./Busch, Kai (2009b): Die praktische Anwendung der verschiedenen Unternehmensbewertungsverfahren; Empirische Untersuchung im Steuerberatenden Berufsstand - 2. spezieller Teil zur Bewertung von kleinen und mittleren Unternehmen (KMU), in: Finanz Betrieb, Heft 12/2009, Düsseldorf 2009.

Franke, Günter/Hax Herbert (2004): Finanzwirtschaft des Unternehmens und Kapitalmarkt; 5. Aufl.,, Springer-Verlag, Berlin 2004.

Freund, Werner (2004): Unternehmensnachfolge in Deutschland; Neubearbeitung der Daten des IfM Bonn, in: Institut für Mittelstandsforschung Bonn (2004) (Hrsg.): Jahrbuch zur Mittelstandsforschung 1/2004, Schriften zur Mittelstandsforschung Nr. 106 NF, Wiesbaden 2004.

Fritzsche, Michael/Griese, Markus (2007): Legal Due Diligence, in: Berens, Wolfgang/Brauner, Hans U./Strauch, Joachim (2008): Due Diligence bei Unternehmensakquisitionen; 5. Aufl., Schäffer-Poeschel Verlag, Stuttgart 2008.

G

Gemar, Hans-Peter (2008): Ratgeber Unternehmensverkauf; 2. Aufl., Books on Demand GmbH, Norderstedt 2008.

Gieschen, Gerhard (2003): Wie junge Unternehmen Krisen bewältigen können; Überlebenshandbuch für Selbständige und Jungunternehmer, Cornelsen Verlag, Berlin 2003.

Glazinski, Bernd (2004): Strategische Unternehmensentwicklung; Krisensignale frühzeitig erkennen und abwenden, Gabler Verlag/GWV Fachverlage GmbH, Wiesbaden 2004.

Go! Das Gründernetzwerk (2001): Leitfaden zur Unternehmensnachfolge; Gründungs- und Mittelstandsoffensive NRW, Düsseldorf 2001.

Grass, Brigitte (2000): Einführung in die Betriebswirtschaftslehre; Das System Unternehmung, Neue Wirtschaftsbriefe Verlag, Herne 2000.

Groschoff, Jan/Komning, Enrico (2008): Unternehmensnachfolge; Unter Berücksichtigung der Erbschafts- und Schenkungssteuerreform, Diplomica Verlag, Hamburg 2008.

Grünewald, H. (1978): Motivation, in: Personal-Enzyklopädie; Bd. 2 Fachausbildung bis organisierte Arbeitnehmer, Verlag Moderne Industrie, München 1978.

H

Haack, Claudia (2010): Handels- und Gesellschaftsrecht; 8. Aufl., Alpmann und Schmidt Verlag, Münster 2010.

Habig, Helmut/ Berninghaus, Jochen (2003): Die Nachfolge im Familienunternehmen ganzheitlich regeln; 2. Aufl., Springer-Verlag, Berlin 2004.

Hackspiel, Thorsten/Fries, Walter (2010): Unternehmensbewertung von KMU; Prozessuale und quantitative Besonderheiten, in: M&A Review, Heft 03, 2010.

Hannes, Frank/Kuhn, Thorsten/Brückmann, Miriam (2008): Familienunternehmen; Recht, Steuern, Beratung, Gabler Verlag/GWV Fachverlage GmbH, Wiesbaden 2008.

Hansen, Hans Robert/Neumann, Gustaf (2009): Wirtschaftsinformatik 1; Grundlagen und Anwendungen, 10. Aufl., Lucius & Lucius Verlagsgesellschaft mbH, Stuttgart 2009.

Hartmann-Wendels, Thomas/Pfingsten, Andreas/Weber, Martin (2000): Bankbetriebslehre; 2. Aufl., Springer-Verlag, Berlin 2000.

Haunschild, Ljuba (2007): Arbeitsbericht 2006; Institut für Mittelstandsforschung, Bonn 2007.

Haunschild, Ljuba/Tchouvakhina, Margarita/Werner, Arndt (2010a): Unternehmensnachfolge im Mittelstand; Investitionsverhalten, Finanzierung und Unternehmensentwicklung, in: KfW-Research Standpunkt, Nr. 5, Frankfurt am Main 2010.

Haunschild, Ljuba/Wolter, Hans-Jürgen (2010b): Volkswirtschaftliche Bedeutung von Familien- und Frauenunternehmen, in: Institut für Mittelstandsforschung Bonn (Hrsg.): IfM-Materialien Nr. 199, Bonn 2010.

Hauser, Hans-Eduard/Kay, Rosemarie/Boerger, Sven (2010) : Unternehmensnachfolgen in Deutschland 2010 bis 2014; Schätzung mit weiterentwickeltem Verfahren, in: IfM Bonn (Hrsg.): IfM-Materialien Nr. 198, Bonn 2010.

Hayn, Marc (2000): Bewertung junger Unternehmen; 2. Aufl., Neue Wirtschaftsbriefe Verlag, Herne 2000.

Hedden, Birte (2008): Zwischen Anspruch und Realität; Analyse von Leitbildern und Organisationskulturen als Mittel der Evaluation, in: Kulturmanagement Konkret (2008): Interdisziplinäre Positionen und Perspektiven, Heft 2, 2008.

Heise, Wolfgang (2010): Business Monitoring; und der Umgang mit Kennzahlen, Wolfgang Heise, Erlensee 2010.

Helbling, Carl (2005a): Besonderheiten der Bewertung von kleinen und mittleren Unternehmen (KMU), in: Peemöller, Volker H./Angermayer-Michler, Birgit (Hrsg.) (2005): Praxishandbuch der Unternehmensbewertung, 3. Aufl., Neue Wirtschaftsbriefe Verlag, Herne 2005.

Helbling, Carl (2005b): Due-Diligence-Review, in: Peemöller, Volker H./ Angermayer-Michler, Birgit (Hrsg.) (2005): Praxishandbuch der Unternehmensbewertung, 3. Aufl., Neue Wirtschaftsbriefe Verlag, Herne 2005.

Helbling, Carl (2009): Sonderaspekte der Unternehmensbewertung; Besonderheiten beim Bewertungsobjekt - Besonderheiten der Bewertung von kleinen und mittleren Unternehmen, in: Peemöller, Volker H. (Hrsg.) (2009): Praxishandbuch der Unternehmensbewertung, 4. Aufl., Neue Wirtschaftsbriefe Verlag, Herne 2009.

Helfrich, Erich (Hrsg.) (2011): Die Geschäftsübergabe im Überblick; Ein Ratgeber für eine funktionierende Unternehmensnachfolge in Mainfranken, Schriftenreihe der IHK Würzburg-Schweinfurt, Nr. 28/2011, Würzburg 2011.

Henselmann, Klaus/Kniest, Wolfgang (2001): Unternehmensbewertung; Praxisfälle mit Lösungen, 2. Aufl., Neue Wirtschaftsbriefe Verlag, Herne 2001.

Hering, Thomas/Olbrich, Michael (2003): Unternehmensnachfolge; Oldenbourg Wissenschaftsverlag GmbH, München 2003.

Herrmann, Ralf (2007): Unternehmensnachfolge mittelständischer Unternehmen; Herausforderung und Chance für die Hausbank; Books on Demand GmbH, Norderstedt 2007.

Hillengaß, Horst W./Nökel, Rolf H. (2009): Strategien für Generationswechsel und Zukunftssicherung; Handbuch zur Unternehmensanalyse, Konflikterkennung und Problembewältigung, I. H. Sauer-Verlag GmbH, Heidelberg 1999.

Hinne, Carsten (2008): Mergers & Acquisitions Management; Bedeutung und Erfolgsbeitrag unternehmensinterner M&A-Dienstleister, Gabler Verlag/GWV Fachverlage GmbH, Wiesbaden 2008.

Högemann, Bernd (2008): Cultural Due Diligence in: Berens, Wolfgang/Brauner, Hans U./Strauch, Joachim (2008): Due Diligence bei Unternehmensakquisitionen; 5. Aufl., Schäffer-Poeschel Verlag, Stuttgart 2008.

Hölscher, Luise/Nestler, Anke/Otto, Ralf (2007): Handbuch Financial Due Diligence; Professionelle Analyse deutscher Unternehmen bei Unternehmenskäufen, Wiley-Vch GmbH & Co. KGaA, Weinheim 2007.

Hölters, Wolfgang/Bauer, Jobst-Hubertus (1992): Handbuch des Unternehmens- und Beteiligungskaufs; Grundfragen, Bewertung, Finanzierung, Steuerrecht, Arbeitsrecht, Vertragsrecht, Kartellrecht, Vertragsbeispiele, 3. Aufl., Dr. Otto Schmidt KG Verlag, Köln 1992.

Holzapfel, Hans-Joachim/Pöllath, Reinhard (2003): Unternehmenskauf in Recht und Praxis; Rechtliche und steuerliche Aspekte, 11. Aufl., RWS-Verlag, Köln 2003.

Homburg, Christian/Krohmer, Harley (2006): Grundlagen des Marketingmanagements; Einführung in Strategie, Instrumente, Umsetzung und Unternehmensführung, Gabler Verlag/GWV Fachverlage GmbH, Wiesbaden 2006.

Hommel, Michael/Dehmel, Inga (2006a): Unternehmensbewertung; case by case: mit Übungs-CD-ROM, Recht und Wirtschaft GmbH, Heidelberg 2006.

Hommel, Michael/Rammert, Stefan (2006b): Bilanzanalyse; case by case, Recht und Wirtschaft GmbH, Heidelberg 2006.

Huchzermeier, Malte (2006): Investor Relations beim Börsengang; Konzept für mittelständische Unternehmen, Deutscher Universitätsverlag/GWV Fachverlage GmbH, Wiesbaden 2006.

Humpert, Franz (1985): Unternehmensakquisition; Erfahrungen beim Kauf von Unternehmen, in: Berens, Wolfgang/Brauner, Hans U./Strauch, Joachim (2008): Due Diligence bei Unternehmensakquisitionen; 5. Aufl., Schäffer-Poeschel Verlag, Stuttgart 2008.

Humpert, Franz (1992): Unternehmensakquisitionen; Erfahrungen beim Kauf von Unternehmen, in: Busse von Colbe, Walther/Coenenberg, Adolf G. (Hrsg.) (1992): Unternehmensakquisition und Unternehmensbewertung; Grundlagen und Fallstudien, Schaeffer-Poeschel Verlag, Stuttgart 1992.

I

Industrie- und Handelskammern Baden-Württemberg (2010): Herausforderung Unternehmensnachfolge; Informationen für Unternehmensübergeber und Nachfolger, 4. Aufl., Heilbronn-Franken 2010.

Industrie- und Handelskammer Berlin (2009): Herausforderung Unternehmensnachfolge; Informationen für Unternehmensübergeber und Nachfolger, IHK Berlin, Berlin 2009.

J

Jahrmann, Fritz-Ulrich (2009): Finanzierung; Darstellung, Kontrollfragen, Aufgaben und Lösungen, 6. Aufl., Neue Wirtschaftsbriefe Verlag, Herne 2009.

Jansen, Stephan A. (2000): Mergers & Acquisitions; Unternehmensakquisition und -kooperation, Eine strategische, organisatorische und kapitalmarkt-theoretische Einführung, 3. Aufl., Gabler Verlag/GWV Fachverlage GmbH, Wiesbaden 2000.

Jenny, Bruno (2009): Projektmanagement; Das Wissen für eine erfolgreiche Karriere, 3. Aufl., vdf Hochschulverlag AG, Zürich 2009.

Jung, Hans (2008): Personalwirtschaft; 8. Aufl., Oldenbourg Wissenschaftsverlag GmbH, München 2008.

K

Kay, R./Schlömer, N. (2009): Können potenzielle Neugründer die so genannte Nachfolgerlücke bei Unternehmensübernahmen schließen?; Eine empirische Analyse, in: Institut für Mittelstandsforschung Bonn (2009) (Hrsg.): Jahrbuch zur Mittelstandsforschung 2008, IfM Nr. 116 NF, Wiesbaden 2009.

Kayser, Gunter (2006): Daten und Fakten - Wie ist der Mittelstand strukturiert?; in: Krüger, Wolfgang/Klippstein, Gerhard/Merk, Richard/Wittberg, Volker (Hrsg.) (2006): Praxishandbuch des Mittelstands; Leitfaden für das Management mittelständischer Unternehmen, Gabler Verlag/GWV Fachverlage GmbH, Wiesbaden 2006.

Kempert, Wolf (2008): Praxishandbuch für die Nachfolge im Familienunternehmen; Leitfaden für Unternehmer und Nachfolger, Mit Fallbeispielen und Checklisten, Gabler Verlag/GWV Fachverlage GmbH, Wies-baden 2008.

Kerzner, Harold (2006): Project Management; A Systems Approach to Planning, Scheduling and Controlling, 9th edition, John Wiley & Sons, Inc., Hoboken, New Jersey 2006.

Kiethe, Kurt (1999): Vorstandshaftung aufgrund fehlender Due Diligence beim Unternehmenskauf; in: Zeitschrift für Gesellschaftsrecht (NZG), 20/1999.

Kirst, Uwe/Bieler, Stefan (1996): Unternehmensnachfolge; Über vier Hürden zur gesicherten Nachfolgeregelung, Luchterhand Verlag, Köln 1996.

Klunzinger, Egon (2006): Grundzüge des Handelsrechts; 13. Aufl., Vahlen Franz GmbH, München 2006.

Knackstedt, Hans W. (2009): Klein- und Mittelunternehmen (KMU) richtig bewerten; Erfahrungen eines Eigentümer-Unternehmers aus Verkauf und Kauf, AVM Verlag, München 2009.

Koch, Lambert T./Zacharias, Christoph (Hrsg.) (2001): Gründungsmanagement; mit Aufgaben und Lösungen, Oldenbourg Wissenschaftsverlag GmbH, München 2001.

Koch, Wolfgang/Wegmann, Jürgen (2002): Praktiker-Handbuch Due Diligence; Analyse mittelständischer Unternehmen, 2. Aufl., Schäffer-Poeschel Verlag, Stuttgart 2002.

König, Rolf/Maßbaum, Alexandra/Sureth, Caren (2009): Besteuerung und Rechtsformwahl, 4. Aufl., Neue Wirtschaftsbriefe Verlag, Herne 2001.

Kraft, Cornelia/Kraft, Gerhard (2009): Grundlagen der Unternehmensbesteuerung; Die wichtigsten Steuerarten und ihr Zusammenwirken, 3. Aufl., Gabler Verlag/GWV Fachverlage GmbH, Wiesbaden 2009.

Krolle, Sigrid/Schmitt, Günter/Schwetzler Bernhard (Hrsg.) (2005): Multiplikatorverfahren in der Unternehmensbewertung; Schäffer-Poeschel Verlag, Stuttgart 2005.

Krüger, Wolfgang/Klippstein, Gerhard/Merk, Richard/Wittberg, Volker (Hrsg.) (2006): Praxishandbuch des Mittelstands; Leitfaden für das Management mittelständischer Unternehmen, Gabler Verlag, Wiesbaden 2006.

Kuch-Kuthe, Hildegard/Kriegelstein, Susanne (Hrsg.) (2009): Gründerpraxis; Wie Sie Ihre Firma sicher gründen, Kunden gewinnen und erfolgreich wachsen, 2. Aufl., abc-Buchverlag Ltd., Tübingen 2009.

Kuhner, Christoph/Maltry, Helmut (2006): Unternehmensbewertung; Springer-Verlag, Berlin 2006.

L

Lanz, Arnold H./Bolfing, Albert (2005): Unternehmensbewertung; der praktische Leitfaden für KMU, Cosmos Verlag, Muri bei Bern 2005.

Leukel, Stefan (2003): Neue Dienstleistungen für Wirtschaftsprüfungsunternehmen; Eine Analyse von Rahmenbedingungen und Konzeptionen einer systematischen Gestaltung des Entwicklungsprozesses, Tectum Verlag, Marburg 2003.

Liebermann, Franz (2003): Unternehmensnachfolge; eine betriebswirtschaftliche Herausforderung mit volkswirtschaftlicher Bedeutung, Bestandsaufnahme für den Kanton Zürich, AWA Schriftenreihe, 2003.

Lochmann, Dominik (2007): So übernehmen Sie ein Unternehmen; Unternehmensnachfolge als Alternative zur Neugründung, Interna Aktuell, Bonn 2007.

Lorz, Rainer/Kirchdörfer, Rainer (2004): Familienvermögensgesellschaften als Organisationsmodelle im Rahmen der Familienstrategie und Planung der Vermögensnachfolge; Verlagsgruppe Handelsblatt, 2004.

Lukas, Andreas (2004): Unternehmensbewertung und intellektuelles Kapital; Preisfindung im Merger & Acquisitions-Prozess, Erich Schmidt Verlag, Berlin 2004.

Lutter, Markus (1998): Der Letter of Intent; zur rechtlichen Bedeutung von Absichtserklärungen, 3. Aufl., Carl Heymanns Verlag, Köln – Berlin – Bonn, München 2007.

M

Macharzina, Klaus/Wolf, Joachim (2005): Unternehmensführung; Das internationale Managementwissen, Konzepte – Methoden - Praxis, 5. Aufl., Gabler Verlag/GWV Fachverlage GmbH, Wiesbaden 2005.

Manchot, Philipp (2010): Secondary Buyouts; Eine empirische Untersuchung von Werttreibern, Gabler Verlag/GWV Fachverlage GmbH, Wiesbaden 2010.

Mandl, Gerwald/Rabel, Klaus (2005): Methoden der Unternehmensbewertung; in: Peemöller, Volker H./Angermayer-Michler, Birgit (Hrsg.) (2005): Praxishandbuch der Unternehmensbewertung, 3. Aufl., Neue Wirtschaftsbriefe Verlag, Herne 2005.

Marschollek, Günter (2007): Arbeitsrecht; 16. Aufl., Verlag Alpmann und Schmidt Juristische Lehrgänge Verlagsgesellschaft mbH & Co. KG, Münster 2007.

May, Peter/Sies, Claudia (Hrsg.) (2000): Unternehmensnachfolge leicht gemacht; Tipps, Erfahrungsberichte und Checklisten für Unternehmer, Frankfurter Allgemeine Buch, FAZ-Verlag, 2000.

Meier, Karin (2009): Bilanzierung betrieblicher Versorgungsverpflichtungen nach dem BilMoG, Betriebsberater Heft 19, 2009.

Metz, Volker (2007): Der Kapitalisierungszinssatz bei der Unternehmensbewertung; Basiszinssatz und Risikozuschlag aus betriebswirtschaftlicher Sicht und aus der Sicht der Rechtsprechung, Deutscher Universitäts-Verlag/GWV Fachverlage GmbH, Wiesbaden 2007.

Meyer, Anna (2007): Unternehmerfamilien und Familienunternehmen erfolgreich führen; Unternehmertum fördern, Führungskultur entwickeln, Konflikte konstruktiv lösen, Gabler Verlag/GWV Fachverlage GmbH, Wiesbaden 2007.

Meyer, Anton/Oevermann, Dirk (1995): Kundenbindung; in: Tietz, Bruno/ Köhler, Richard/Zentes, Joachim (Hrsg.) (1995): Handwörterbuch des Marketing; 2. Aufl., Schäffer-Poeschel Verlag, Stuttgart 1995.

Milde, Hellmuth (1990): Übernahmefinanzierung und LBO-Transaktionen, in: Zeitschrift für Betriebswirtschaft, Heft Nr. 7, 60. Jg., 1990.

Morosoni, Piero (2001a): Managing cross-cultural M&As; Today`s organizational imperative is how to win in execution (1. Teil), in: M&A Mergers and Acquisitions, Heft 10, 2001.

Morosoni, Piero (2001b): Managing cross-cultural M&As: Today`s organizational imperative is how to win in execution (2. Teil), in: M&A Mergers and Acquisitions, Heft 11, 2001.

Möser, Susanne (2007): Familienexterne Unternehmensnachfolge; Unter besonderer Berücksichtigung der finanziellen und emotionalen Einflussfaktoren auf den Unternehmenskauf und den unternehmerischen Neuanfang, VDM Verlag Dr. Müller, Saarbrücken 2007.

Moxter, Adolf (1983): Grundsätze ordnungsmäßiger Unternehmensbewertung; Gabler Verlag/GWV Fachverlage GmbH, Wiesbaden 1983.

Munkert, Michael J. (2005): Der Kapitalisierungszinssatz in der Unternehmensbewertung; Theorie, Gutachtenpraxis und Rechtsprechung in Spruchverfahren, Dissertation, Deutscher Universitäts-Verlag; GWV Fachverlage GmbH, Wiesbaden 2005.

Müller-Ganz, Jörg (2000): Die Nachfolgeregelung in Familienunternehmen, in: Helbing Management Consulting AG (2000): Management Letter Sommer 2000, 5. Jahrgang, Zürich-München 2000.

N

Nickel, Eugen (2008): Unternehmenskauf und -übertragung als Asset Deal und Share Deal; GRIN Verlag, Norderstedt 2008.

Niewiarra, Manfred (2006): Unternehmenskauf; 3. Aufl., Berliner Wissenschafts-Verlag GmbH, Berlin 2006.

Nissen, Volker (Hrsg.) (2007): Consulting Research; Unternehmensberatung aus wissenschaftlicher Perspektive, Deutscher Universitäts-Verlag/GWV Fachverlage GmbH, Wiesbaden 2007.

Nordmeyer, Andreas/Picot, Arnold/Pribilla, Peter (Hrsg.) (2000): Management von Akquisitionen, Schäffer-Poeschel Verlag, Stuttgart 2000.

O

Oetker, Hartmut (2006): Handelsrecht; 5. Aufl., Springer-Verlag, Berlin Heidelberg 2006.

P

Palandt, Otto (2007): Bürgerliches Gesetzbuch; mit Einführungsgesetz, 66. Aufl., C. H. Beck Verlag, München 2007.

Peemöller, Volker H./Meister J. M./Beckmann C. (2002): Der Multiplikatoransatz als eigenständiges Verfahren in der Unternehmensbewertung, in: Finanz Betrieb, Heft 4, 2002.

Peemöller, Volker H. (2005a): Grundlagen der Unternehmensbewertung; Teil A: Wert und Werttheorien, in: Peemöller, Volker H. (Hrsg.) (2005): Praxishandbuch der Unternehmensbewertung; 3. Aufl., Herne Verlag, Berlin 2005.

Peemöller, Volker H. (2005b): Grundlagen der Unternehmensbewertung; Teil B: Grundsätze ordnungsmäßiger Unternehmensbewertung, in: Peemöller, Volker H. (Hrsg.) (2005), Praxishandbuch der Unternehmensbewertung; 3. Aufl., Herne Verlag, Berlin 2005.

Peemöller, Volker H./Kunowski, Stefan (2005c): Bewertungsverfahren; Teil A: Ertragswertverfahren nach IDW, in: Peemöller, Volker H. (Hrsg.) (2005), Praxishandbuch der Unternehmensbewertung; 3. Aufl., Herne Verlag, Berlin 2005.

Peemöller, Volker H./Kunowski, Stefan (2009): Bewertungsverfahren; Teil A: Ertragswertverfahren nach IDW, in: Peemöller, Volker H. (Hrsg.) (2009), Praxishandbuch der Unternehmensbewertung; 4. Aufl., Herne Verlag, Berlin 2009.

Perridon, Louis/Steiner, Manfred (2007): Finanzwirtschaft der Unternehmung; 14. Aufl., Vahlen Franz GmbH, München 2007.

Pfirsching, Frank (2007): Portfoliotransaktionen von Selbstnutzern; Eine immobilienwirtschaftliche Analyse, Deutscher Universitäts-Verlag/GWV Fachverlage GmbH, Wiesbaden 2007.

Philipp, Christoph/Viskorf, Stephan (2011): Besser Schlafen; Gut vorbereitet für die Unternehmensnachfolge, in: JUVE Handbuch Wirtschaftskanzleien 2011/2012, 2011.

Picot, Gerhard (Hrsg.) (2008a): Handbuch für Familien- und Mittelstandsunternehmen; Strategie, Gestaltung, Zukunftssicherung; Schäffer-Poeschel Verlag, Stuttgart 2008.

Picot, Gerhard (2008b): Familien- und Mittelstandsunternehmen im globalen Wandel von Wirtschaft und Gesellschaft, in: Picot, Gerhard (Hrsg.) (2008): Handbuch für Familien- und Mittelstandsunternehmen; Strategie, Gestaltung, Zukunftssicherung; Schäffer-Poeschel Verlag, Stuttgart 2008.

Pinnow, Daniel F. (2009): Führen; Worauf es wirklich ankommt, 4. Aufl., Gabler Verlag/GWV Fachverlage GmbH, Wiesbaden 2009.

Pöllath, Reinhard (2006): Unternehmensübertragungen; Nachfolge oder Verkauf als unternehmerische Organisationsaufgabe, Nomos Verlag, Baden-Baden 2006.

Popp, Matthias (2005): Vergangenheits- und Lageanalyse, in: Peemöller, Volker H. (Hrsg.) (2005), Praxishandbuch der Unternehmensbewertung; 3. Aufl., Herne Verlag, Berlin 2005.

Porter, Michael E. (1980): Competitive strategy; techniques for analyzing industries and competitors, with a new introduction, Free Press, New York 1980.

Porter, Michael E. (2010): Wettbewerbsvorteile; Spitzenleistungen erreichen und behaupten, 7. Aufl., Campus Verlag GmbH, Frankfurt/Main 2010.

Priermeier, Thomas (2006): Fundamentale Analyse in der Praxis: Kennzahlen, Strategien, Praxisbeispiele, FinanzBuch Verlag GmbH, München 2006.

R

Rasner, Carsten/Füser, Karsten/Faix, Werner G. (1997): Das Existenz-Gründer Buch; Von der Geschäftsidee zum sicheren Geschäftserfolg, 2. Aufl., Redline Wirtschaftsverlag, Heidelberg 1997.

Reinemann, Holger (2011): Mittelstandsmanagement; Einführung in Theorie und Praxis, Schäffer-Poeschel Verlag, Stuttgart 2011.

Rödel, Stefan/Wittemer, Bernhard/Gesmann, Klaus (2002): Existenzgründung; Finanzierung und öffentliche Fördermittel - Finanzierungshilfen, öffentliche Angebote, Darlehen - mit zahlreichen Checklisten und Musterbriefen, 3. Aufl., Redline Wirtschaftsverlag, München 2002.

Regierungskommission Deutscher Corporate Governance Kodex: Präambel des Deutschen Corporate Governance Kodex, Stand: 26.Mai 2010.

Riedel, Hanspeter (1996): Unternehmensnachfolge regeln; Strategien und Checklisten für den erfolgreichen Generationenwechsel, 2. Aufl., Gabler Verlag/GWV Fachverlage GmbH, Wiesbaden 1996.

Rittershaus, Gerald/Teichmann, Christoph (2003): Anwaltliche Vertragsgestaltung; Methodische Anleitung zur Fallbearbeitung im Studium, 2. Aufl., C.F.Müller Juristischer Verlag, 2003.

Rödder, Thomas/Hötzel, Oliver/Mueller-Thuns, Thomas (2003): Unternehmenskauf, Unternehmensverkauf; Zivil- und steuerrechtliche Gestaltungspraxis, Beck Verlag, Hildesheim, Berlin 2003.

Röh, Carsten (2003): mir - Management International Review, IuK-Technik und internationale Unternehmensführung; Kommunikation – Koordination – Konfiguration, Betriebswirtschaftlicher Verlag Dr. Th. Gabler/GWV Fachverlage GmbH, Wiesbaden 2003.

Röhl, Klaus-Heiner (2005): Mittelstandspolitik; eine wirtschaftspolitische Agenda zur Stärkung mittelständischer Unternehmen, Deutscher Instituts Verlag, Köln 2005.

RP Richter & Partner (Hrsg.) (2008): Gewerbesteuer; Gestaltungsberatung in der Praxis, Betriebswirtschaftlicher Verlag Dr. Th. Gabler/GWV Fach-verlage GmbH, Wiesbaden 2008.

Rudolph, Bernd (2006): Unternehmensfinanzierung und Kapitalmarkt; Mohr Siebeck Verlag, Tübingen 2006.

S

Saggau, Mathias (2007): Die wirtschaftliche Auswirkung von Private Equity als Finanzierungsalternative für mittelständische Unternehmen, Diplomica Verlag, Hamburg 2007.

Schacht, Ulrich/Fackler, Matthias (Hrsg.) (2009): Praxishandbuch Unternehmensbewertung; Grundlagen, Methoden, Fallbeispiele, 2. Aufl., Gabler Verlag/GWV Fachverlage GmbH, Wiesbaden 2009.

Schackmann, Valentin (2003): Unternehmensnachfolge im Familienbetrieb; Ein Leitfaden mit 15 Arbeitsplänen, Betriebswirtschaftlicher Verlag Dr. Th. Gabler/GWV Fachverlage GmbH, Wiesbaden 2003.

Schäfer, Anita/Schreier, Claus (2002): Kommunikationsmanagement eines Change Agents bei Unternehmenszusammenschlüssen, in : M&A Mergers & Acquisitions, Heft 6, 2002.

Schauf, Malcolm/Schmittmann, Jens M./Rhein-Ruhr-Institut für angewandte Mittelstandsforschung (Hrsg.) (2009): Spezifische Problemlagen bei der Bewertung kleiner und mittelständischer Unternehmen im Kontext von M&A Transaktionen, in: Schriften zur Mittelstandsforschung, Heft 04/2009, Rainer Hampp Verlag, München 2009.

Schein, Edgar H. (2003): Organisationskultur; The Ed Schein corporate culture survival guide, 3. Aufl., Edition Humanistische Psychologie - EHP, Bergisch Gladbach 2008.

Schierenbeck, Henner (1990): Bank- und Versicherungslexikon; Oldenbourg Wissenschaftsverlag GmbH München, Wien 1990.

Schlittgen, Rainer (2003): Einführung in die Statistik; Analyse und Modellierung von Daten; 10. Aufl.; Oldenbourg Verlag; München 2003.

Schlömer, Nadine (2008a): Unternehmensnachfolge; Probleme, Herausforderungen, Erfolgsfaktoren, Herausgeber: Institut für Mittelstandsforschung, Bonn 2008.

Schlömer, Nadine/Kay, Rosemarie (2008b): Familienexterne Nachfolge; Das Zusammenfinden von Übergebern und Übernehmern, Herausgeber: Institut für Mittelstandsforschung, IfM-Materialien Nr. 182, Bonn 2008.

Schmalen, Helmut/Pechtl, Hans (2006): Grundlagen und Probleme der Betriebswirtschaft; 13. Aufl., Schäffer-Poeschel Verlag, Stuttgart 2006.

Schneider, Alexander (2005): Vollmachten im Unternehmen; Handlungsvollmacht, Generalvollmacht, Prokura, Gabler Verlag/GWV Fachverlage GmbH, Wiesbaden 2005.

Schuh, Günther/Schöning, Sebastian/Untiedt, Dirk (2008): Commercial-technical Due Diligence, in: Berens, Wolfgang/Brauner, Hans U./Strauch, Joachim (2008): Due Diligence bei Unternehmensakquisitionen; 5. Aufl., Schäffer-Poeschel Verlag, Stuttgart 2008.

Schultze, Wolfgang (2003): Methoden der Unternehmensbewertung; 2. Aufl., IDW Verlag GmbH, Düsseldorf 2003.

Schuster, Michael (2003): Feindliche Übernahmen deutscher Aktiengesellschaften; Abwehrstrategien des Vorstandes der Zielgesellschaft, Tenea Verlag für Medien, Berlin 2003.

Schütte-Biastoch, Sonja (2010): Unternehmensbewertung von KMU; Eine Analyse unter besonderer Berücksichtigung dominierter Bewertungsanlässe, Gabler Verlag, Springer Fachmedien Wiesbaden GmbH, Wiesbaden 2010.

Scott, Cornelia (2001): Due Diligence in der Praxis; Risiken minimieren bei Unternehmenstransaktionen - mit Beispielen und Checklisten, Gabler Verlag/GWV Fachverlage GmbH, Wiesbaden 2001.

Seppelfricke, Peter (2007): Handbuch Aktien- und Unternehmensbewertung; Bewertungsverfahren, Unternehmensanalyse, Erfolgsprognose, 3. Aufl., Schäffer-Poeschel Verlag, Stuttgart 2007.

Sieben, Günter/Maltry, Helmut (2005): Der Substanzwert der Unternehmung, in: Peemöller, Volker H. (Hrsg.) (2005), Praxishandbuch der Unternehmensbewertung; 3. Aufl., Herne Verlag, Berlin 2005.

Sinewe, Patrick (Hrsg.) (2010): Tax Due Diligence; Tax Audit beim Unternehmenskauf - Ablauf, Beratung, Muster, Gabler Verlag/GWV Fachverlage GmbH, Wiesbaden 2010.

Stiftung Familienunternehmen (2011): Die volkswirtschaftliche Bedeutung von Familienunternehmen, Stiftung Familienunternehmen, München 2011.

Storck, Joachim (1993): Mergers & Acquisitions: Marktentwicklung und bankpolitische Konsequenzen, Gabler Verlag/GWV Fachverlage GmbH, Wiesbaden 1993.

Stradtmann, Philipp (2010): Systematisierung von Werbestrategien als Kernelement des Werbeplanungsprozesse: Eine explorative Untersuchung, Cuvillier Verlag Göttingen 2010.

T

Tcherveniachki, Vassil (2007): Kapitalgesellschaften und Private Equity Fonds; Unternehmenskauf durch Leveraged Buyout, Erich Schmidt Verlag, Berlin 2007.

Tiedt, Stefan (2000): Financial Due Diligence in der Technologie-Branche, in: Finanz-Betrieb, 10/2000.

V

Volkmann, Christine K./Tokarski, Kim Oliver (2006): Entrepreneurship; Gründung und Wachstum von jungen Unternehmen, Lucius & Lucius Verlagsgesellschaft mbH, Stuttgart 2006.

W

Wächter, Hartmut (1990): Personalwirtschaftliche Voraussetzungen und Folgen von Unternehmenszusammenschlüssen, in: Betriebswirtschaftliche Forschung und Praxis (BFuP), 2/1990.

Wallau, Frank (2009): Unternehmensnachfolge; eine kritische Analyse aus der Wissenschaft, Herausgeber: Institut für Mittelstandsforschung, Bonn 2009.

Weber, Hendrik (2009): Familienexterne Unternehmensnachfolge; Eine empirische Untersuchung über Akquisitionen von Familienunternehmen, Gabler Verlag/GWV Fachverlage GmbH, Wiesbaden 2009.

Weber, Jürgen/Schäffer, Utz (2006): Einführung in das Controlling; 11. Aufl., Schäffer-Poeschel Verlag, Stuttgart 2006.

Weinländer, Horst (1998): Unternehmensnachfolge; Strategien, Praxis, Recht, C. H. Beck Verlag, München 1998.

Welbers, Hartwig (2008): Tax Due Diligence, in: Berens, Wolfgang/Brauner, Hans U./Strauch, Joachim (2008): Due Diligence bei Unternehmensakquisitionen; 5. Aufl., Schäffer-Poeschel Verlag, Stuttgart 2008.

Werdenich, Martin (2008): Modernes Cash-Management; Instrumente und Maßnahmen zur Sicherung und Optimierung der Liquidität, 2. Aufl., mi-Fachverlag, FinanzBuch Verlag GmbH, München 2008.

Wessing, Taylor/Schmidt & Partner (Hrsg.) (2004): Unternehmensnachfolge; Handbuch für die Praxis, Erich Schmidt Verlag, Berlin 2004.

Wiechell, R. (2001): Psychologische Aspekte von Unternehmensfusionen; Ein Erklärungsansatz am Modell von Riemann, in: M&A Review, Heft 8, 2001.

Wirtz, Bernd W. (2003): Mergers & Acquisitions Management; Strategie und Organisation von Unternehmenszusammenschlüssen, Betriebswirtschaftlicher Verlag Dr. Th. Gabler/GWV Fachverlage GmbH, Wiesbaden 2003.

Wöhe, Günter/Döring, Ulrich (2008): Einführung in die allgemeine Betriebswirtschaftslehre, 23. Aufl., Vahlen Franz GmbH, München 2008.

Wolke, Thomas (2009): Risikomanagement, 2. Aufl., Oldenbourg Wissenschaftsverlag GmbH, München 2009.

Wollny, Paul (2005): Unternehmens- und Praxisübertragungen; Kauf, Verkauf, Anteilsübertragung, Nachfolgeregelungen in Zivil- und Steuerrecht, 6. Aufl., NWB Verlag, Berlin 2005.

Wolter, Hans-Jürgen (2008): Informationsasymmetrien in der familienexternen Nachfolge und ihre Überwindung, Herausgeber: Institut für Mittelstandsforschung, Working Paper 06/08, Nr. 191, Bonn 2008.

Wucknitz, Uwe D. (2002): Handbuch Personalbewertung; Messgrößen, Anwendungsfelder, Fallstudien, Schäffer-Poeschel Verlag, Stuttgart 2002.

Y

Yuhl, Garry (2002): Leadership in Organization,; Upper Saddle River, Prentice Hall 2002, in: Berens, Wolfgang/Brauner, Hans U./Strauch, Joachim (2008): Due Diligence bei Unternehmensakquisitionen; 5. Aufl., Schäffer-Poeschel Verlag, Stuttgart 2008.

Z

Zieger, Martin/Schütte-Biastoch, Sonja (2008): Gelöste und ungelöste Fragen bei der Bewertung von kleinen und mittleren Unternehmen (KMU), in: Finanz Betrieb, Heft 09, 2008.

Zielowski, Christian (2006): Managementkonzepte aus Sicht der Organisationskultur; Auswahl, Ausgestaltung und Einführung, Deutscher Universitäts-Verlag/GWV Fachverlage GmbH, Wiesbaden 2006.

Zu Hohenlohe, Carl-Ludwig Prinz (2006): Die erfolgreiche Unternehmensnachfolge; Betriebsübernahmen als Existenzgründung, mit Checklisten, Tipps und Finanzierungsbeispielen, Redline Wirtschaft Verlag, Heidelberg 2006.

Internetquellen

A

Andersch, Grit:
    Anwaltskosten und Gerichtskosten nach dem RVG; URL: http://www. rechts-anwaltsgebuehren.de/Berechnen/Zivilstreit.html, Zugriff am 10. April 2011.

Anwalt.de services AG:
    Bundestag stürzt Baubranche in massive Liquiditätsprobleme; URL: http://www.anwalt.de/rechtstipps/bundestag-stuerzt-baubranche-in-massive-liquiditaetsprobleme_004253.html, Stand: 01. Juli 2009, Zugriff am 27. April 2011.

Arbeitsgemeinschaft der wertermittelnden Betriebsberater im Handwerk (Hrsg.):
    Handbuch Unternehmensbewertung im Handwerk - AWH - Standard 4.1, Stand: 01.01.2009, URL: http://www.bishandwerk.de/Standardmodule/Download/GetDocment_neu.asp?document=3747, Zugriff am 18. August 2010.

Axodo GmbH:
    Betriebsmitteldarlehen; URL: http://www.kredite-infoportal.de/betriebsmitteldarlehen/, Zugriff am 14. April 2011.

B

Balance:
    Coaching; URL: http://www.balance-coaching.de/index.php?src=NQ, Zugriff am 18. August 2010.

Bundesministerium der Finanzen:
Brot- und Feinbäckerei; Gewerbeklasse 10710.0 und 47240.0, URL: http://www.bundesfinanzministerium.de/nn_53848/DE/Wirtschaft_und_Verwaltung/Steuern/Veroeffentlichungen_zu_Steuerarten/Betriebspruefung/Richtsatzsammlung/005_002_neu.html?_nnn=true, Zugriff am 21. April 2011.

Bundesministerium der Finanzen:
http://www.bundesfinanzministerium.de/Content/DE/Downloads/BMF_Schreiben/Steuerarten/Erbschaft_Schenkungsteuerrecht/2012-10-26-lebenslaengliche-Nutzungen-und-Leistungen.pdf?_blob=publicationFile&v=1, Zugriff am 02. Oktober 2013.

Bundesministerium für Wirtschaft und Technologie (BMWi):
Existenzgründungsportal: Wege in die Selbstständigkeit; URL: https://www.existenzgruender.de/selbstaendigkeit/entscheidung/qualifikation/index.php, Zugriff am 18. August 2010.

Bundesministerium für Wirtschaft und Technologie (BMWi):
Existenzgründungsportal: Kapitalbedarfsplan; URL: http://www.existenzgruender.de/selbstaendigkeit/finanzierung/wissen/00104/index.php, Zugriff am 18. August 2010.

Bundesministerium für Wirtschaft und Technologie (BMWi):
Existenzgründungsportal: Eigenkapital; URL: http://www.existenzgruender.de/selbstaendigkeit/finanzierung/wissen/00106/index.php, Zugriff am 18. August 2010.

Bundesministerium für Wirtschaft und Technologie (BMWi):
Förderdatenbank: Startseite; URL: http://www.foerderdatenbank.de, Zugriff am 18. August 2010.

Bundesministerium für Wirtschaft und Technologie (BMWi):
Existenzgründungsportal: Infotext "Förderprogramme"; URL: http://www.existenzgruender.de/imperia/md/content/workshoppaket_neu/foerderprogramme/infotext_foerderprogramme.pdf, Stand: Januar 2009, Zugriff am 18. August 2010.

Bundesministerium für Wirtschaft und Technologie (BMWi):
nexxt - Initiative Unternehmensnachfolge; Initiative, URL: http://www.nexxt.org/initiative/index.php, Zugriff am 18. August 2010.

Bundesministerium für Wirtschaft und Technologie (BMWi):
nexxt - Initiative Unternehmensnachfolge; Kommunikation, URL: http://www.nexxt.org/themenundtexte/kommunikation/00021/index.php, Zugriff am 18. August 2010.

Bundesministerium für Wirtschaft und Technologie (BMWi):
Existenzgründungsportal: Gründungszuschuss; URL: http://www.existenz-gruender.de/selbstaendigkeit/finanzierung/foerderprogramme/index.php, Zugriff am 12. September 2010.

Bundesministerium für Wirtschaft und Technologie (BMWi):
Existenzgründungsportal: KfW-Unternehmerkredit; URL: http://www.existenz-gruender.de/selbstaendigkeit/finanzierung/foerderprogramme/00559/index.php, Zugriff am 12. September 2010.

Bundesministerium für Wirtschaft und Technologie (BMWi):
Existenzgründungsportal: Unternehmer-Kapital für Gründung (0-3 Jahre); URL: http://www.existenzgruender.de/selbstaendigkeit/finanzierung/foerderprogramme/00558/index.php, Zugriff am 12. September 2010.

Bundesministerium für Wirtschaft und Technologie (BMWi):
nexxt - Initiative Unternehmensnachfolge; Schenkung und Erbschaft, URL: www.nexxt.org/themenundtexte/steuern/00030/index.php, Zugriff am 14. September 2010.

Bundesministerium für Wirtschaft und Technologie (BMWi):
: Unternehmensportal: Betriebsmittelfinanzierung; URL: http://www.bmwi-unternehmenspor-tal.de/finanzierung_foerderung/finanzplanung/00916/index.php, Zugriff am 15. April 2011.

Bundesverband Deutscher Kapitalbeteiligungsgesellschaften:
: Der BVK; URL: http://www.bvkap.de/privateequity.php/cat/3/aid/11/title/-Der_BVK, Zugriff am 18. August 2010.

Böttcher, Lars:
: Due Diligence beim Unternehmenskauf als Verkehrssitte; URL: http://www.oppenhoff.eu/stepone/data/downloads/15/00/00/dd_unternehmenskauf_als_verkehrssitte.pdf, Zugriff am 18. April 2011.

C

Cobis Gesellschaft für Unternehmensmarktdienste mbH:
: Unternehmensexposé – Inhalt/Nutzen/Kosten; URL: http://www.unter-nehmensmarkt.de/dienste/exposee.hhtml?LANG=de, Zugriff am 18. August 2010.

D

Deutsche Bank:
: Bürgschaften und Garantien; URL: http://www.deutsche-bank.de/pbc/gk-finanzierung-buergschaften_garantien.html, Zugriff am 24. April 2011.

Deutscher Bundesverband Coaching e.V. (DBVC):
: Coaching im Mittelstand; URL: http://www.dbvc.org/materialien/coaching-im-mittelstand.html, Zugriff am 18. August 2010.

Deutscher Bürgschaftsservice:
Bürgschaftslösungen für das Baugewerbe; Die Situation in der Bauindustrie 2011, URL: http://www.buergschaftsservice.com/seiten/195/27/Bauhaupt-_und_%3Cbr%3EBaunebengewerbe.html, Zugriff am 19. April 2011.

Deutscher Sparkassen Verlag GmbH:
Mergers & Acquisitions; URL: http://www.ifwniggemann.de/download/ifwpress_36.pdf, Zugriff am 13. April 2011.

Die deutsche Bauindustrie:
Insolvenzen und Neugründungen; Insolvenzen im Bauhaupt- und Ausbaugewerbe in Deutschland, URL: http://www.bauindustrie.de/zahlen-fakten/statistik/preis-und-ertragsentwicklung/insolvenzen-u-neugrundungen/, Zugriff am 20. April 2011.

Dr. Kraft Consultants:
Glossar; URL: http://www.kompetenzen-gewinnen.de/utilities/glossar/, Zugriff am 18. August 2010.

E

eTonix Interactive GmbH:
Der Avalkredit; URL: http://www.kredit.sc/spezialkredite/avalkredit/, Zugriff am 25. April 2011.

existXchange GmbH:
Existenzgründer-Chat; Unternehmenskauf und Unternehmensnachfolge, URL: http://www.existxchange.de/unternehmenskauf/existenzgruender-chat-unternehmenskauf-und-unternehmensnachfolge.html, Zugriff am 02. April 2011.

existXchange GmbH:

Unternehmenskauf oder Neugründung?; Die Vor- und Nachteile einer Unternehmensnachfolge, http://www.existxchange.de/unternehmenskauf/unternehmenskauf-oder-neugruendung-die-vorteile-und-nachteile-einer-unternehmensnachfolge.html, Zugriff am 30. August 2010.

F

Ficht, Alexander:

Unternehmenskauf/-verkauf; URL: http://www.stb-ficht.de/steuerbuero.php/hauptkat/3/kat/3102/subkat/310/aid/194, Zugriff am 02. April 2011.

Franke, Daniel:

Avalkredit; URL: http://www.kredit-und-finanzen.de/unternehmens finanzierung/avalkredit.html, Zugriff am 13. April 2011.

G

Gabler Wirtschaftslexikon:

Betriebsmittelkredit; URL: http://wirtschaftslexikon.gabler.de/Archiv/2432/betriebsmittelkredit-v6.html, Zugriff am 15. April 2011.

Gieseler, Norbert:

Das Unternehmertestament; URL: http://www.foerderland.de/fachbeitraege/beitrag/Das-Unternehmertestament/6045a83d58/, Stand: 06.11.2008, Zugriff am 18. August 2010.

Gründerlexikon:

Eigenleistung; URL: http://www.gruenderlexikon.de/eigenleistung, Zugriff am 18. August 2010.

Gründerlexikon:
Kapitalbedarfsplan; URL: http://www.gruenderlexikon.de/magazin/vorlage-kapitalbedarfsplan, Zugriff am 12. September 2010.

H

Handwerkskammer für München und Oberbayern:
Was müssen Sie bei deiner Betriebsaufgabe erledigen?; URL: www.hwk-bayern.de/viewDocument?onr=74&id=56, Zugriff am 17. August 2010.

Hertling, Jens:
Waffengleichheit herstellen; Indat-Report 10-11/2005, URL:http://www.indat-report.de/pdf-dienstleister/allianz.pdf, Zugriff am 18. August 2010.

I

Industrie- und Handelskammer (IHK) Potsdam:
Starthilfe und Unternehmensförderung; Kapitalbedarfsplan 1, URL: http://www.potsdam.ihk24.de/starthilfe/festigung_wachstum/downloads/1077508/kapital.html, Zugriff am 30. August 2010.

Industrie- und Handelskammer (IHK) Reutlingen:
Öffentliche Fördermittel; URL: http://www.reutlingen.ihk.de/start.oscms/0/2731/8172/Oeffentliche+Foerdermittel.html, Zugriff am 18. August 2010.

Institut für Mittelstandsforschung Bonn (IfM):
KMU-Definition des IfM Bonn; URL: http://www.ifm-bonn.org/mittelstands definition/definition-kmu-des-ifm-bonn/, Stand: 01.01.2002, Zugriff am 27. Oktober 2013.

Institut für Mittelstandsforschung Bonn (IfM):

KMU-Definition der Europäischen Kommission; URL: http://www.ifm-bonn.org/mittelstandsdefinition/definition-kmu-der-eu-kommission/, Stand: 01.01.2005, Zugriff am 27. Oktober 2013.

Institut für Mittelstandsforschung Bonn (IfM):

Schätzungen der Unternehmensübertragungen in Deutschland im Zeitraum 2005 – 2009; URL: http://ifm-bonn.de/index.php?id=111, Zugriff am 18. August 2010.

Investitionsbank Berlin:

Informationsblatt zur Definition der Kleinstunternehmen sowie der kleinen und mittleren Unternehmen (KMU); URL: http://www.investitionsbank.de/portaldata/1/resour ces/content/download/foerderung/kmu_eu_kriterium_merkblatt.pdf, Stand: 25.10.2010, Zugriff am 18. August 2010.

K

KfW Mittelstandsbank:

Konditionenübersicht für Endkreditnehmer; URL: https://www.kfw-formularsammlung.de/KonditionenanzeigerINet/KonditionenAnzeiger?Bankengruppe=1590781856&Programmgruppe=1137743161&ProgrammNameNr=61, Zugriff am 18. August 2010.

KfW Mittelstandsbank:

Merkblatt ERP-Beteiligungsprogramm; URL: http://www.kfw.de/kfw/de/I/II/Download_Center/Foerderprogramme/barrier efreie_Dokumente/Merkblatt_-_ERP-Beteiligungsprogramm_100_104.jsp, Zugriff am 18. August 2010.

KfW Mittelstandsbank:

Merkblatt ERP-Innovationsprogramm; URL: http://www.kfw.de/kfw/de/Inlandsfoerderung/Programmuebersicht/ERP-Innovationsprogramm_I/index.jsp, Zugriff am 18. August 2010.

KfW Mittelstandsbank:
Merkblatt KfW Unternehmerkredit; URL: http://www.kfw.de/kfw/de/Inlands foerderung/Programmuebersicht/KfW-Unternehmerkredit_A/index.jsp, Zugriff am 18. August 2010.

KfW Mittelstandsbank:
Merkblatt Unternehmerkapital ERP-Kapital für Gründung; URL: http://www.kfw.de/kfw/de/I/II/Download_Center/Foerderprogramme/barrier efreie_Dokumente/Unternehmerkapital.jsp, Zugriff am 18. August 2010.

KfW Mittelstandsbank:
Merkblatt KfW StartGeld; URL: http://www.kfw.de/kfw/de/I/II/Download_ Center/Foerderprogramme/barrierefreie_Dokumente/ERP-Gruenderkredit_-_StartGeld_067.jsp, Zugriff am 12. September 2010.

KfW Mittelstandsbank:
ERP-Gründerkredit; Startgeld, URL: http://www.kfw.de/kfw/de/Inlands foerderung/Programmuebersicht/ERP-Gruenderkredit-StartGeld/index.jsp, Zugriff am 20. April 2011.

KfW Mittelstandsbank:
ERP-Gründerkredit; Konditionen, URL: http://www.kfw.de/kfw/de/Inlands foerderung/Programmuebersicht/ERP-Gruenderkredit-StartGeld/Konditionen.jsp, Zugriff am 20. April 2011.

Kredit-Consultant:
Avalkredit und Akzeptkredit; URL: http://www.kredit-consultant.de/avalkredit.html, Zugriff am 24. April 2011.

Kredite.de:
Betriebsmittelkredit; URL: http://www.kredit.de/betriebsmittelkredit/, Zugriff am 14. April 2011.

L

Lang, Karl-Heinz:

Unternehmensbörsen; URL: http://www.progruender.de/236.htm, Zugriff am 18. August 2010.

Lübeck Online:

Unternehmenskauf und -verkauf/Geschäftsanteilskauf und -verkauf; Muster und Erläuterungen zu Verträgen beim Unternehmenskauf und -verkauf, URL: http://www.luebeckonline.com/mustervertraege/unternehmenskauf.html, Zugriff am 10. April 2011.

Lutz, Andreas:

Gründungszuschuss & Einstiegsgeld; URL: http://www.gruendungs-zuschuss.de/gruendungsfoerderung/gruendungszuschuss.html, Zugriff am 18. August 2010.

M

Mai, Jochen:

Die Coaching Phasen; URL: http://www.wiwo.de/erfolg/trends/coaching-die-coaching-phasen/5262060.html, Stand: 17. November 2008, Zugriff am 18. August 2010.

Menge, Petra:

Asset-Deal vs. Share-Deal - Was ist das Richtige für mich?; URL: www.bdws.de/cms/DSD/1-10/06.pdf, Stand: 01/2010, Zugriff am 20. April 2011.

M&A expert AG:

Unternehmensexposé; URL: http://www.muaexpert-ag.com/unternehmens expose.html, Zugriff am 18. August 2010.

N

Nester, Anke; Kraus, Peter:
: Die Bewertung von Unternehmen anhand der Multiplikatormethode; URL: http://www.iww.de/bbp/archiv/unternehmensbewertung-die-bewertung-von-unternehmen-anhand-der-multiplikatormethode-f34596, Stand 09/2003, Zugriff am 27. Oktober 2013.

P

Promecon GmbH:
: Betriebsverkauf von KMUs; URL: http://www.unternehmensverkauf-promecon.de/unternehmensverkauf_mergersandacquisitions.php?lang=de, Zugriff am 18. August 2010.

PricewaterhouseCoopers AG:
: Nachfolger gesucht; http://www.kmu.unisg.ch/FamilyBusiness/Studie_Nachfolger_2005.pdf, Stand: Aug. 2005, Zugriff am 18. August 2010.

R

Rauen, Christoph/Steinhübel, Andreas:
: Das Coach-Modell; URL: http://www.coaching-report.de/ablauf_des_coachings/coach-modell.htm, Zugriff am 18. August 2010.

S

Sächsisches Staatsministerium für Wirtschaft, Arbeit und Verkehr:
: Identifikation möglicher Konfliktfelder; URL: http://www.unternehmensnachfolge.sachsen.de/de/Ratgeber/Emotionen/Identifikation_moeglicher_Konfliktfelder/100819.html, Zugriff am 12. Februar 2012.

Sächsisches Staatsministerium für Wirtschaft, Arbeit und Verkehr:
   Unternehmensnachfolge im Sächsischen Mittelstand; URL: http://www.unternehmensnachfolge.sachsen.de/index_nachfolge.html, Zugriff 12. Februar 2012.

Scherlinzky, Ralf: Kassazins:
   URL: http://www.aktien-depot.de/kassazins/aktien-depot-boerse-kassazins.htm, Zugriff am 18. August 2010.

Schiffer, Jan K.:
   Sieben Regeln und Thesen zur Unternehmensnachfolge und ein Notfallplan; URL: http://www.rechtpraktisch.de/artikel.html?id=309 Stand: 18. Aug. 2006, Zugriff am 18. August 2010.

Schlütersche Verlagsgesellschaft mbH & Co. KG:
   Kautionsversicherung; Bürgschaft vom Versicherer, URL: http://handwerk.com/buergschaft-vom-versicherer/150/37/23654/1, Stand: 11. Juni 2003, Zugriff am 25. April 2011.

Schmidt, Theodor:
   Notarkosten; URL: http://www.notar-schmidt-bochum.de/notarkosten.php, Zugriff: 10. April 2011.

Startinformationen.de:
   Kapitalbedarfsplan; URL: http://www.startinformationen.de/index.php?id=60, Zugriff 20. April 2011.

Statistisches Bundesamt Deutschland:
   73% der privaten Haushalte haben einen Internetzugang; Pressemitteilung Nr. 464, URL:
   http://www.destatis.de/jetspeed/portal/cms/Sites/destatis/Internet/DE/Presse/pm/2009/12/PD09__464__IKT,templateId=renderPrint.psml, Stand: 03.12.2009, Zugriff am 30. August 2010.

Steuerberaterkammer Berlin:
: 4. Gebührenverordnung für Steuerberater, Steuerbevollmächtigte und Steuerberatungsgesellschaften (Steuerberatergebührenverordnung - StBGebV); URL: http://www.stbkammer-berlin.de/klcms2/mediathek/files/PDFs/berufsrecht_StBGebV.pdf, Stand: 8. April 2008, Zugriff am 20. April 2011.

T

Teia-AG:
: Entscheidungskriterien der Bank; URL: http://www.teialehrbuch.de/Kostenlose-Kurse/Basiswissen-fuer-Selbststaendige/images/pic_2_3_2.gif, Zugriff am 20. April 2011.

ThyssenKrupp:
: Krupp - auf dem Weg zur Fusion mit Thyssen; URL: http://www.thyssenkrupp.com/de/konzern/geschichte_konzern_k5.html, Zugriff am 18. August 2010.

Trigon:
: Entwicklungsberatung - Die fünf Phasen des Coaching; URL: http://www.personalentwicklung.trigon.at/pdf/5_phasen_coaching.pdf, Zugriff am 18. August 2010.

TU Clausthal:
: Strategische Unternehmensentwicklung; URL: http://www.wiwi.tu-clausthal.de/abteilungen/unternehmensfuehrung/studium/forum-unternehmerpraxis/strategische-unternehmensentwicklung/, Zugriff am 18. August 2010.

V

Valuenet GmbH:
: Prokura; URL: http://www.rechtslexikononline.de/Prokura.html, Zugriff am 18. August 2010.

W

Wegner, Andreas:
Asset Deal versus Share Deal; URL: http://www.iww.de/erbbstg/archiv/unter-nehmensverkauf_asset-deal-versus-share-deal-f47967, Stand: 10/2001, Zugriff am 27. Oktober 2013.

Weisz, Gerold: Special:
Familienunternehmen; URL:
http://www.unternehmerweb.at/emagazin_pdf/sonderbeilage_06.pdf, Zugriff am 18. August 2010.

Weka Media GmbH & Co. KG:
Sicherungsübereignung; URL: http://www.foerderland.de/Lexikon-Foerderung/S/3468/Sicherungsuebereignung/, Zugriff am 18. August 2010.

Witherton Jones Publishing Ltd.:
Jahresabschluss; URL: http://www.wirtschaftslexikon24.net/d/jahresabschluss/jahresabschluss.htm, Zugriff am 30. August 2010.

Witherton Jones Publishing Ltd.:
Kontokorrentkredit; URL: http://www.wirtschaftslexikon24.net/d/kontokorrentkredit/kontokorrentkredit.htm, Zugriff am 13. April 2011.

Wolter, Hans-Jürgen/Hauser, Hans-Eduard:
Die Bedeutung des Eigentümerunternehmens in Deutschland – eine Auseinandersetzung mit der quantitativen und qualitativen Definition des Mittelstands; URL: http://ifm-bonn.org/assets/documents/Aufsatz-2-1-2001.pdf, Zugriff am 18. August 2010.

Wolters Kluwer Deutschland Information Services GmbH:
Unternehmensnachfolge; URL: www.startothek.de/dokumente/unf.pdf; Zugriff am 13. Februar 2012.

Wolters Kluwer Deutschland Information Services GmbH:
Betriebsveräußerung und Betriebsaufgabe; Steuer-Lexikon, URL: http://www.steuerlinks.de/steuerlexikon/lexikon/betriebsveruerung-und-betriebsaufgabe.html, Zugriff am 15. Februar 2012.

Rechtsquellen

Burandt, Wolfgang (2011):
Erbrecht; Bürgerliches Gesetzbuch, Zivilprozessordnung, Beurkundungsgesetz, Erbschaftssteuergesetz, 2. Aufl., Beck-Texte, Deutscher Taschenbuch Verlag, München 2011.

Deutscher Taschenbuch Verlag (2012):
Bürgerliches Gesetzbuch; Produkthaftungsgesetz, Wohnungseigentumsgesetz, Erbbau Rechtsgesetz, allgemeines Gleichhandlungsgesetz, 69. Aufl., Beck-Texte, Deutscher Taschenbuch Verlag, München 2012.

Fischer, Peter/Loose, Matthias/Viskorf, Hermann-Ulrich/Meßbacher-Hönsch, Christine (2011):
Grunderwerbsteuergesetz; 17. Aufl., Beck Juristischer Verlag, München 2011.

Hefermehl, Wolfgang (2011):
Handelsgesetzbuch; Wechselgesetz, Scheckgesetz, Publizitätsgesetz, 52. Aufl., Beck-Texte, Deutscher Taschenbuch Verlag, München 2011.

Heinicke, Wolfgang (2012):
Einkommensteuergesetz; Einkommensteuer-Durchführungsverordnung, Einkommensteuer-Richtlinien, 22. Aufl., Beck-Texte, Deutscher Taschenbuch Verlag, München 2012.

Kreutzinger, Stephan/Lindberg, Klaus/Schaffner, Margit (2009):
Bewertungsgesetz; 2. Aufl., Beck Juristischer Verlag, München 2009.

Stichwortverzeichnis

Anleihen 356
Annuität 356
Äquivalenz 270
Äquivalenzgrundsätze 268
Argumentationswert 220
Asset Deal 54
Avalkredit 355
Basiszinssatz 267, 269
Beirat 385
Börsengang 205
Bruttokapitalisierung 267
Bürgschaft 370
Chancenäquivalenzprinzip 221
Darlehen 356
dingliche Sicherung 371
Diskontierungszinssatz 226
Dividendenwachstumsmodell 264
Due Diligence 2, 221
Due Diligence - Analyseschwerpunkte
 292
Due Diligence - Reihenfolgebildung .. 292
Effizienzkurve 242
Eigenkapital 374
Eigenleistungen 348
Eigentumsvorbehalt 372
Einzahlungsüberschüsse 225
Einzelbewertungsverfahren ... 234
Endfälliges Darlehen 356
Entgeltliche Unternehmensnachfolge 206
Entity-Verfahren 267
Entscheidungswert 219, 220
Erbvertrag 386
Ertragsprognose 225
Ertragswertverfahren 230, 234
Existenzgründung 117
Familie 175
Financial Due Diligence 316
Finzinstitute 259

Fördermöglichkeiten für
 Existenzgründer 365
Freibeträge 47
Fremdfinanzierungsmöglichkeiten 354
Fremdkapital 353, 374
Fremdkapitalkostensatz 267
funktionale Werttheorie 218
Garantie 371
Generalvollmacht 384
Gesamtbewertungsverfahren 223
Geschäftsleitung 260
Grunderwerbsteuer 51
Grundsätze ordnungsmäßiger
 Unternehmensbewertung 220
Grundschuld 372
Haftung 58, 72, 75
Handlungsvollmacht 384
Hypothek 372
Informationen 289
Informationsquellen 258
Inhaberwechsel 58
Institut der Wirtschaftsprüfer 273
Interessengruppen 125
Kapitalflussrechnung 310
Kapitalmarktlinie 266
Kapitalstruktur 317
Kapitalstrukturen 259
Kapitalwertmethode 223
KfW-Unternehmerkredit 368
Kleine und mittlere Unternehmen 257,
 260, 356
Kölner Schule 218
Kontokorrentkredit 355
Kreditauftrag 370
Kundenkredit 355
Lieferantenkredit 354
Liquidationswert 234
Lombardkredit 355

Management-Buy-In 287
Management-Buy-Out 287
Mehrwerte 317
Merger 54
Mischverfahren 249
Mitarbeiter 73
Mittelwertverfahren 249
Multiplikatorenverfahren 240
Nachvollziehbarkeitsprinzip 221
Negativerklärung 371
Netto-Ausschüttungen 224
Netto-Cashflow 224
Neugründung 117
Notfallplan 384
objektive Unternehmenswert 218
objektive Werttheorie 217
Patronatserklärung 371
Periodenerfolg 225
Personenbezogenheit 257
Pfandrechte 372
Phasen des Coachings 381
Portfoliotheorie 262
Praktikerverfahren 261
Projektmanagement 292, 298
Prokura 384
pure rate 267
Ratenkredit 356
Rechtsformen 59
Reproduktionswert 234
Residualgewinn 225
Risiko- und Managementsysteme 311
Risikofreie Kapitalanlage 227
Sacheinlagen 348
Saisonkredit 355
Schuldbeitritt 370
schuldrechtliche Sicherung 370
Schuldscheindarlehen 356
Schuldverschreibungen 356
Share Deal 54

Sicherungsübereignung 372
Sicherungszession 371
Spot Rate 270
Steuerpflicht 46
Stichtagsprinzip 220
Strategische Ausrichtung 377
subjektive Unternehmenswert 218
subjektive Werttheorie 218
Substanzwert 218
Substanzwert auf Basis von
  Liquidationswerten 236
Substanzwert auf der Basis von
  Reproduktionswerten 235
Substanzwert im Sinne von ersparten
  Ausgaben 236
Substanzwertverfahren 234, 237
Synergieeffekten 260
Technical-Commercial Due Diligence 316
Testament 386
Übergeber 102
Übergewinnkapitalisierung 249
Überziehungskredit 355
Umsatzsteuer 51
ungenügende Rechnungswesen 260
Unternehmensanalyse 221
Unternehmenseinheitsprinzip 220
Unternehmensentwicklung 260
Unternehmenslebenszyklus 260
Unternehmensnachfolge - Anlässe 10
Unternehmensnachfolge - Definition ... 23
Unternehmenspreis 217
Unternehmenswert 217
Venture-Capital 349
Vereinfachtes Ertragswertverfahren .. 262
Vergleichsverfahren 240
WACC-Ansatz 271
Wechselkredit 355
Zukunftsprinzip 220
Zweckadäquanzprinzip 220